DESCRIPTION DE L'ÉGYPTE,

RECUEIL
DES OBSERVATIONS ET DES RECHERCHES
QUI ONT ÉTÉ FAITES EN ÉGYPTE

PENDANT L'EXPÉDITION DE L'ARMÉE FRANÇAISE.

SECONDE ÉDITION

DÉDIÉE AU ROI

PUBLIÉE PAR C. L. F. PANCKOUCKE.

EXPLICATION DES PLANCHES D'ANTIQUITÉS.

IMPRIMERIE DE C. L. F. PANCKOUCKE.

M. D. CCC. XXIII.

DESCRIPTION

DE

L'ÉGYPTE.

DESCRIPTION
DE
L'ÉGYPTE
OU
RECUEIL
DES OBSERVATIONS ET DES RECHERCHES
QUI ONT ÉTÉ FAITES EN ÉGYPTE
PENDANT L'EXPÉDITION DE L'ARMÉE FRANÇAISE.

SECONDE ÉDITION
DÉDIÉE AU ROI
PUBLIÉE PAR C. L. F. PANCKOUCKE.

EXPLICATION DES PLANCHES.

PARIS
IMPRIMERIE DE C. L. F. PANCKOUCKE
M. D. CCC. XXI.

DESCRIPTION

DE

L'ÉGYPTE

OU

RECUEIL

DES OBSERVATIONS ET DES RECHERCHES

QUI ONT ÉTÉ FAITES EN ÉGYPTE

PENDANT L'EXPÉDITION DE L'ARMÉE FRANÇAISE.

SECONDE ÉDITION

DÉDIÉE AU ROI

PUBLIÉE PAR C. L. F. PANCKOUCKE.

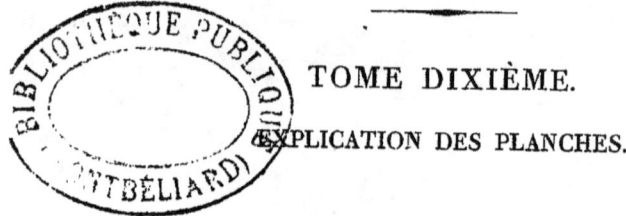

TOME DIXIÈME.

EXPLICATION DES PLANCHES.

PARIS

IMPRIMERIE DE C. L. F. PANCKOUCKE

M. D. CCC. XXVI.

DESCRIPTION DE L'ÉGYPTE

(DEUXIÈME ÉDITION)

TEXTE IN-OCTAVO.—VINGT-CINQ VOL., DONT UN DOUBLE.

VOLUMES PUBLIÉS.

Il a paru dix-neuf volumes :

1	2	3	4		6	7	8		10	11	12	13	14	15	16	17	18	19	20	21			
									*								**						

VOLUMES A PUBLIER.

Il reste à publier les six volumes suivans :

			5					9							18			22	23	24
															***					

* Le volume sans désignation de tome (*Explication des planches*) forme le tome 10°; le titre ci-joint devra être coupé par le relieur et reporté en tête de ce tome 10°.
** Première partie. *** Deuxième partie.

NOMS
DES AUTEURS DES DESSINS
FAISANT PARTIE
DES PLANCHES D'ANTIQUITÉS.

PREMIER VOLUME.

MM.

Balzac, architecte. *Voyez* pl. 2; pl. 11, fig. 2; pl. 12, fig. 1, 2, 3, 4, 5; pl. 13, fig. 3, 4; pl. 19; pl. 34; pl. 45, fig. 1, 5; pl. 47; pl. 48; pl. 63, fig. 1, 2, 7; pl. 69, fig. 2, 5, 6, 7; pl. 82, fig. 2; pl. 93.

Cécile, architecte, professeur de dessin au Conservatoire des arts et métiers. *Voyez* pl. 23, fig. 1, 2; pl. 25; pl. 27, fig. 1; pl. 37, fig. 1, 2; pl. 40; pl. 44, fig. 2, 8; pl. 45, fig. 3; pl. 55; pl. 58, fig. 1; pl. 59, fig. 1, 2, 3, 4; pl. 67; pl. 70; pl. 75; pl. 84, fig. 1; pl. 91.

Chabrol. *Voyez* pl. 11, fig. 4; pl. 13, fig. 2; pl. 22, fig. 3, 4, 5; pl. 27, fig. 2, 3, 22; pl. 36; pl. 37, fig. 2; pl. 41, fig. 4; pl. 43, fig. 20; pl. 44, fig. 5; pl. 45, fig. 14; pl. 57, fig. 6; pl. 58, fig. 2; pl. 59, fig. 5; pl. 60, fig. 12; pl. 63, fig. 3, 5, 6; pl. 68; pl. 69, fig. 1; pl. 80, fig. 4, 7, 8, 9, 10; pl. 85, fig. 6; pl. 89, fig. 1, 2, 3, 6; pl. 95, fig. 8; pl. 97, fig. 2, 3.

Corabœuf, capitaine au corps royal des ingénieurs-géographes. *Voyez* pl. 1; pl. 65, fig. 2, 4; pl. 71, fig. 1, 2, 3, 4; pl. 97, fig. 10.

Voyez la note au nom de M. Le Père, architecte.

Devilliers (Édouard), ingénieur des ponts et chaussées. *Voyez* pl. 1; pl. 5; pl. 6; pl. 7; pl. 8; pl. 9, fig. 1, 2, 3, 4, 5; pl. 10, fig. 1; pl. 11, fig. 1, 3; pl. 15, fig. 12, 13; pl. 17; pl. 20; pl. 21; pl. 24; pl. 26; pl. 28; pl. 29, fig. 28, 29, 30, 31, 32, 33; pl. 32, fig. 1, 2; pl. 38, fig. 3, 4, 5, 6, 7, 8, 9; pl. 39; pl. 41, fig. 1, 2, 3; pl. 42; pl. 46; pl. 56; pl. 57, fig. 2, 3, 4, 5, 7, 8; pl. 60, fig. 1, 2; pl. 61; pl. 68; pl. 72, fig. 2, 4; pl. 73; pl. 74; pl. 76; pl. 77; pl. 78, fig. 1.....19; pl. 79; pl. 80, fig. 1, 2, 3; pl. 83; pl. 84, fig. 2; pl. 85, fig. 1, 2, 3; pl. 86; pl. 87; pl. 88; pl. 89, fig. 7; pl. 90; pl. 95, fig. 2, 8; pl. 96, fig. 1, 2.

Exp. des Pl.

NOMS DES AUTEURS

DUTERTRE, membre de l'Institut d'Égypte. *Voyez* pl. 3; pl. 4; pl. 9, fig. 6, 7; pl. 10, fig. 3, 4; pl. 15, fig. 14, 15, 16; pl. 16, fig. 2; pl. 49; pl. 66, fig. 3; pl. 71, fig. 5.....15; pl. 80, fig. 6, 16, 17, 19, 20, 21; pl. 92; pl. 95, fig. 1; pl. 97, fig. 1, 4.

GIRARD, ingénieur en chef des ponts et chaussées, membre de l'Institut d'Égypte. *Voyez* pl. 33.

JOLLOIS (Prosper), ingénieur des ponts et chaussées. *Voyez* pl. 1; pl. 5; pl. 6; pl. 7; pl. 8; pl. 9, fig. 1, 2, 3, 4, 5; pl. 10, fig. 1; pl. 11, fig. 1, 3; pl. 15, fig. 12, 13; pl. 17; pl. 20; pl. 21; pl. 24; pl. 26; pl. 28; pl. 29, fig. 28, 29, 30, 31, 32, 33; pl. 32, fig. 1, 2; pl. 38, fig. 3, 4, 5, 6, 7, 8, 9; pl. 39; pl. 41, fig. 1, 2, 3; pl. 42; pl. 46; pl. 56; pl. 57, fig. 2, 3, 4, 5, 7, 8; pl. 60, fig. 1, 2; pl. 61; pl. 68; pl. 72, fig. 2, 4; pl. 73; pl. 74; pl. 76; pl. 77; pl. 78, fig. 1 .... 19; pl. 79; pl. 80, fig. 1, 2, 3; pl. 83; pl. 84, fig. 2; pl. 85, fig. 1, 2, 3; pl. 86; pl. 87; pl. 88; pl. 89, fig. 7; pl. 90; pl. 95, fig. 2, 8; pl. 96, fig. 1, 2.

E. JOMARD, ancien ingénieur du cadastre et du dépôt de la guerre. *Voyez* pl. 10, fig. 2, 5, 6, 7, 7'; pl. 22, fig. 1; pl. 23, fig. 3, 5; pl. 30, fig. 1, 2, 3, 4; pl. 32, fig. 3; pl. 35; pl. 38, fig. 1; pl. 43, fig. 18, 19; pl. 44, fig. 3; pl. 45, fig. 4; pl. 58, fig. 2, 3, 4; pl. 59, fig. 6; pl. 63, fig. 4; pl. 64; pl. 66, fig. 1; pl. 68; pl. 69, fig. 3; pl. 80, fig. 11, 12, 13, 14, 15, 18; pl. 82, fig. 3; pl. 85, fig. 4, 5; pl. 89, fig. 4, 5, 8; pl. 95, fig. 4, 6; pl. 96, fig. 3; pl. 97, fig. 6, 8, 9.

LANCRET (feu Michel-Ange). *Voy.* pl. 22, fig. 2, 6; pl. 23, fig. 4; pl. 44, fig. 1, 4, 6, 7; pl. 57, fig. 1; pl. 58, fig. 2; pl. 68; pl. 69, fig. 4; pl. 82, fig. 1; pl. 89, fig. 1, 2, 3, 6; pl. 95, fig. 5, 7; pl. 97, fig. 5.

LEGENTIL, lieutenant-colonel du génie. *Voy.* pl. 30, fig. 1; pl. 31; pl. 72, fig. 1, 3.

LENOIR, ingénieur pour les instrumens à l'usage des sciences. *Voy.* pl. 15, fig. 2, 11; pl. 16, fig. 3 .... 24; pl. 29, fig. 1 .... 27; pl. 45, fig. 6 .... 13; pl. 60, fig. 4, 6 .... 11, 13 .... 22; pl. 78, fig. 20, 21.

LE PÈRE, architecte, membre de l'Institut d'Égypte. *Voy.* pl. 18; pl. 50; pl. 51; pl. 52; pl. 53; pl. 54; pl. 62; pl. 65; pl. 94.

Nota. Les monumens dont M. Le Père a donné les dessins, ont été levés et mesurés par lui, conjointement avec MM. Saint-Genis et Coraboeuf.

H. J. REDOUTÉ, membre de l'Institut d'Égypte, peintre au Muséum d'histoire naturelle. *Voyez* pl. 14; pl. 15, fig. 1; pl. 16, fig. 1; pl. 37, fig. 2; pl. 45, fig. 2; pl. 57, fig. 9; pl. 58, fig. 2; pl. 60, fig. 3; pl. 81; pl. 95, fig. 3.

ROZIÈRE, ingénieur des mines. *Voyez* pl. 13, fig. 1.

DES DESSINS.

SAINT-GENIS, ingénieur en chef des ponts et chaussées. *Voyez* pl. 1; pl. 66, fig. 2, 4; pl. 71, fig. 1, 2, 3, 4.

Voyez la note au nom de M. Le Père, architecte.

VIARD, ingénieur des ponts et chaussées. *Voyez* pl. 60, fig. 5; plusieurs autres inscriptions hiéroglyphiques.

SECOND VOLUME.

MM.

BALZAC, architecte. *Voyez* pl. 14; pl. 15; pl. 18, fig. 8; pl. 24; pl. 35, fig. 2, 6; pl. 57, fig. 1, 6; pl. 84, fig. 5.

CÉCILE, architecte, professeur de dessin au Conservatoire des arts et métiers. *Voyez* pl. 3; pl. 10; pl. 26; pl. 32, fig. 6, 7; pl. 45, fig. 11, 13; pl. 83, fig. 2.

CHABROL. *Voy.* pl. 9, fig. 1; pl. 10; pl. 84, fig. 1, 2, 3, 4; pl. 86, fig. 10.

CORABŒUF, capitaine au corps royal des ingénieurs-géographes. *Voyez* pl. 1; pl. 2; pl. 19; pl. 38; pl. 40; pl. 77.

Voyez la note au nom de M. Le Père, architecte.

COUTELLE (le colonel), membre de la Légion d'honneur. *Voyez* pl. 47, fig. 5, 7, 8, 14, 15.

DEVILLIERS (Édouard), ingénieur des ponts et chaussées. *Voyez* pl. 1; pl. 2; pl. 11; pl. 13; pl. 18, fig. 1, 2, 3, 7, 9; pl. 19; pl. 21; pl. 22, fig. 1, 2, 4, 5; pl. 30, fig. 4; pl. 31, fig. 1; pl. 33; pl. 38; pl. 40; pl. 41; pl. 42; pl. 43; pl. 76, fig. 1...9; pl. 77; pl. 78; pl. 79; pl. 80; pl. 81; pl. 84, fig. 6, 7; pl. 85, fig. 1, 2, 3, 5, 6, 13; pl. 87, fig. 6; pl. 90.

DUTERTRE, membre de l'Institut d'Égypte. *Voyez* pl. 8; pl. 9, fig. 2; pl. 20; pl. 22, fig. 3; pl. 23; pl. 25; pl. 31, fig. 2, 3; pl. 32, fig. 1, 2, 3, 4, 5, 8; pl. 35, fig. 1, 3, 4, 5, 7; pl. 36; pl. 39, fig. 5; pl. 44; pl. 45, fig. 1, 2, 3; pl. 46; pl. 49; pl. 50; pl. 52, fig. 3; pl. 56; pl. 83, fig. 3, 4, 5, 6, 7; pl. 85, fig. 4, 7, 8, 9; pl. 88; pl. 89; pl. 91; pl. 92.

JOLLOIS (Prosper), ingénieur des ponts et chaussées. *Voyez* pl. 1; pl. 2; pl. 11; pl. 13; pl. 18, fig. 1, 2, 3, 7, 9; pl. 19; pl. 21; pl. 22, fig. 1, 2, 4, 5; pl. 30, fig. 4; pl. 31, fig. 1; pl. 33; pl. 38; pl. 40; pl. 41; pl. 42; pl. 43; pl. 76, fig. 1....9; pl. 77; pl. 78; pl. 79; pl. 80; pl. 81; pl. 84, fig. 6, 7; pl. 85, fig. 1, 2, 3, 5, 6, 13; pl. 87, fig. 6; pl. 90.

E. JOMARD, ancien ingénieur du cadastre et du dépôt de la guerre. *Voyez* pl. 9, fig. 3, 4; pl. 10; pl. 16; pl. 17; pl. 45, fig. 8; pl. 47, fig. 1, 2, 3, 4, 11; pl. 48; pl. 52, fig. 4.....14; pl. 58; pl. 59; pl. 76, fig. 10, 11; pl. 83, fig. 1; pl. 85, fig. 10, 11, 12; pl. 86, fig. 2, 3, 4, 5.

NOMS DES AUTEURS

Lancret (feu Michel-Ange). *Voyez* pl. 11; pl. 34; pl. 47, fig. 6, 9, 10; pl. 86, fig. 6, 7, 8, 9, 11.

Legentil, lieutenant-colonel du génie. *Voy.* pl. 57, fig. 5; pl. 82; pl. 86, fig. 1.

Lenoir, ingénieur pour les instrumens à l'usage des sciences. *Voy.* pl. 47, fig. 12, 13; pl. 57, fig. 2, 3, 4.

Le Père, architecte, membre de l'Institut d'Égypte. *Voyez* pl. 4; pl. 5; pl. 6; pl. 7; pl. 18, fig. 4, 5, 6; pl. 27; pl. 28; pl. 29; pl. 30, fig. 1, 2, 3; pl. 37; pl. 39, fig. 1, 2, 3, 4, 6, 7, 8.

Nota. Les monumens dont M. Le Père a donné les dessins, ont été levés et mesurés par lui, conjointement avec MM. Saint-Genis et Corabœuf.

H. J. Redouté, membre de l'Institut d'Égypte, peintre au Muséum d'histoire naturelle. *Voyez* pl. 12; pl. 45, fig. 4, 5, 6, 7, 9, 10, 12, 14, 15; pl. 49; pl. 50; pl. 57, fig. 7, 8, 9; pl. 87, fig. 1, 2, 3, 4, 5, 7.

Saint-Genis, ingénieur en chef des ponts et chaussées. *Voyez* pl. 1; pl. 2; pl. 19; pl. 38; pl. 40; pl. 77.

Voyez la note au nom de M. Le Père, architecte.

Nota. *Plusieurs dessins ont été exécutés d'après les originaux rapportés par*

MM.

A. Delile. *Voyez* pl. 49; pl. 50.

Geoffroy-Saint-Hilaire. *Voyez* pl. 54; pl. 55.

Labate. *Voyez* pl. 60.

Rouyer. *Voyez* pl. 61; pl. 62; pl. 63; pl. 64; pl. 65.

Savigny. *Voyez* pl. 51; pl. 52, fig. 1, 2; pl. 53.

Simonel, chef de bataillon au corps royal des ingénieurs-géographes. *Voyez* pl. 66; pl. 67; pl. 68; pl. 69; pl. 70; pl. 71; pl. 72; pl. 73; pl. 74; pl. 75.

Le papyrus composant les pl. 66, 67, 68, 69, a été communiqué par la Bibliothèque royale.

Le papyrus composant les pl. 70, 71, a été communiqué par M. Jacotin, colonel au corps royal des ingénieurs-géographes, membre de l'Institut d'Égypte.

Le papyrus composant les pl. 72, 73, 74, 75, a été communiqué par M. Marcel, ex-directeur de l'Imprimerie royale, membre de la Légion d'honneur.

DES DESSINS.

TROISIÈME VOLUME.

MM.

BALZAC, architecte. *Voyez* pl. 2; pl. 29, fig. 1, 4; pl. 31, fig. 2; pl. 32, fig. 4, 5; pl. 40, fig. 6; pl. 44; pl. 45; pl. 46, fig. 1; pl. 48, fig. 3; pl. 56, fig. 1, 2.

CÉCILE, architecte, professeur de dessin au Conservatoire des arts et métiers. *Voyez* pl. 3; pl. 4; pl. 13, fig. 3, 4; pl. 18; pl. 19; pl. 40, fig. 1, 3; pl. 43; pl. 48, fig. 1, 2, 6; pl. 49.

CHABROL. *Voyez* pl. 12, fig. 2; pl. 14, fig. 5; pl. 30, fig. 1, 1'; pl. 33, fig. 1, 2; pl. 46, fig. 2; pl. 58; pl. 59; pl. 60; pl. 61; pl. 62; pl. 63; pl. 66.

CORABŒUF, capitaine au corps royal des ingénieurs-géographes. *Voyez* pl. 1; pl. 16; pl. 68, fig. 1.

Voyez la note au nom de M. Le Père, architecte.

A. DELILE, membre de l'Institut d'Égypte. *Voyez* pl. 32, fig. 1, 2, 3; pl. 37, fig. 9.

DEVILLIERS (Édouard), ingénieur des ponts et chaussées. *Voyez* pl. 1; pl. 5; pl. 6; pl. 7; pl. 8; pl. 9; pl. 10; pl. 11, fig. 3; pl. 12, fig. 1, 3; pl. 14, fig. 6; pl. 16; pl. 30, fig. 6, 7, 8; pl. 36, fig. 1, 3; pl. 38, fig. 30, 31, 32; pl. 39, fig. 1; pl. 47, fig. 1, 2; pl. 68.

DUTERTRE, membre de l'Institut d'Égypte. *Voyez* pl. 17; pl. 20; pl. 36, fig. 2, 4, 5, 6, 7; pl. 37, fig. 1..... 8, 10, 11; pl. 40, fig. 7; pl. 47, fig. 3, 4, 5; pl. 54, fig. 1; pl. 57, fig. 8, 9; pl. 65; pl. 67.

JOLLOIS (Prosper), ingénieur des ponts et chaussées. *Voyez* pl. 1; pl. 5; pl. 6; pl. 7; pl. 8; pl. 9; pl. 10; pl. 11, fig. 3; pl. 12, fig. 1, 3; pl. 14, fig. 6; pl. 16; pl. 30, fig. 6, 7, 8; pl. 36, fig. 1, 3; pl. 38, fig. 30, 31, 32; pl. 39, fig. 1; pl. 47, fig. 1, 2; pl. 68.

E. JOMARD, ancien ingénieur du cadastre et du dépôt de la guerre. *Voyez* pl. 11, fig. 2; pl. 14, fig. 1, 2, 3, 4, 7; pl. 29, fig. 1, 5; pl. 30, fig. 5; pl. 31, fig. 1; pl. 33, fig. 2; pl. 40, fig. 4, 5; pl. 56, fig. 3, 4; pl. 57, fig. 5; pl. 58; pl. 59; pl. 60; pl. 61; pl. 62; pl. 63; pl. 66.

LANCRET (feu Michel-Ange). *Voyez* pl. 11, fig. 1; pl. 39, fig. 2; pl. 40, fig. 2; pl. 50; pl. 51; pl. 52; pl. 53; pl. 57, fig. 1, 2, 3, 4, 6, 7.

LE PÈRE, architecte, membre de l'Institut d'Égypte. *Voy.* pl. 21; pl. 22; pl. 23; pl. 24; pl. 25; pl. 26; pl. 27; pl. 28; pl. 29, fig. 2, 3; pl. 30, fig. 2, 3, 4; pl. 41; pl. 42; pl. 54, fig. 2; pl. 55.

Nota. *Les monumens dont M. Le Père a donné les dessins, ont été* levés et mesurés par lui, conjointement avec MM. Saint-Genis et Corabœuf.

PROTAIN, architecte, membre de l'Institut d'Égypte. *Voyez* pl. 48, fig. 4, 5.

H. J. REDOUTÉ, membre de l'Institut d'Égypte, peintre au Muséum d'histoire naturelle. *Voyez* pl. 13, fig. 1, 2; pl. 15; pl. 34; pl. 35; pl. 64.

SAINT-GENIS, ingénieur en chef des ponts et chaussées. *Voyez* pl. 1; pl. 16; pl. 68, fig. 1.

Voyez la note au nom de M. Le Père, architecte.

VIARD, ingénieur des ponts et chaussées. *Voyez* pl. 38, fig. 1 . . . . . 29; pl. 69.

QUATRIÈME VOLUME.

MM.

BALZAC, architecte. *Voyez* pl. 24, fig. 12; pl. 33, fig. 2; pl. 34; pl. 62, fig. 1, 2; pl. 64, fig. 1.

CARISTIE, ingénieur des ponts et chaussées. *Voyez* pl. 71.

CÉCILE, architecte, professeur de dessin au Conservatoire des arts et métiers. *Voyez* pl. 7; pl. 28, fig. 1, 2, 3, 4, 5, 6, 7, 8; pl. 37, fig. 6, 7; pl. 40; pl. 46, fig. 10; pl. 51; pl. 55; pl. 57; pl. 59.

CHABROL. *Voyez* pl. 5; pl. 6; pl. 23; pl. 38, fig. 2, 3, 4, 5, 6, 7, 8, 9; pl. 41; pl. 42; pl. 54; pl. 56; pl. 58.

CORABŒUF, capitaine au corps royal des ingénieurs-géographes. *Voyez* pl. 38, fig. 1.

DEVILLIERS (Édouard), ingénieur des ponts et chaussées. *Voyez* pl. 1, fig. 1, 2, 3, 4; pl. 2; pl. 8; pl. 9; pl. 10; pl. 11; pl. 14; pl. 15; pl. 16; pl. 18; pl. 19; pl. 20; pl. 21; pl. 22; pl. 23, fig. 3; pl. 30; pl. 31; pl. 32; pl. 33, fig. 1, 2; pl. 36; pl. 38, fig. 1; pl. 44; pl. 45; pl. 47; pl. 48; pl. 49; pl. 52; pl. 61.

DUTERTRE, membre de l'Institut d'Égypte. *Voyez* pl. 1, fig. 5, 6, 7, 8, 9; pl. 3; pl. 4; pl. 13, fig. 2, 3, 4, 5; pl. 24, fig. 1, 2, 3, 4, 5, 6, 7, 8, 9, 10, 11, 13; pl. 26; pl. 27; pl. 39; pl. 43; pl. 64, fig. 13, 14.

JOLLOIS (Prosper), ingénieur des ponts et chaussées. *Voyez* pl. 1, fig. 1, 2, 3, 4; pl. 2; pl. 8; pl. 9; pl. 10; pl. 11; pl. 14; pl. 15; pl. 16; pl. 18; pl. 19; pl. 20; pl. 21; pl. 22; pl. 23, fig. 3; pl. 30; pl. 31; pl. 32; pl. 33, fig. 1, 2; pl. 36; pl. 38, fig. 1; pl. 44; pl. 45; pl. 47; pl. 48; pl. 49; pl. 52; pl. 61.

E. JOMARD, ancien ingénieur du cadastre et du dépôt de la guerre. *Voyez*

DES DESSINS.

pl. 5; pl. 6; pl. 25; pl. 33, fig. 3; pl. 35; pl. 37, fig. 1, 2, 3, 4, 5, 8, 9, 10, 11, 12; pl. 38, fig. 2, 3, 4, 5, 6, 7, 8, 9; pl. 41; pl. 42; pl. 46, fig. 1, 2, 3, 4, 5, 6, 7, 8, 9; pl. 50; pl. 53; pl. 54; pl. 56; pl. 58; pl. 60; pl. 61, fig. 25, 26, 27, 28; pl. 62, fig. 3, 4, 5, 6, 7, 8; pl. 63; pl. 64, fig. 2, 3, 4, 5, 6, 7, 8, 9, 10, 11, 12; pl. 65; pl. 66; pl. 67; pl. 68; pl. 69; pl. 70; pl. 72.

LENOIR, ingénieur pour les instrumens à l'usage des sciences. *Voy.* pl. 33, fig. 4, 5, 6.

LE PÈRE, architecte, membre de l'Institut d'Égypte. *Voyez* pl. 12; pl. 13, fig. 1; pl. 29.

Nota. *Les monumens dont M. Le Père a donné les dessins, ont été levés et mesurés par lui, conjointement avec MM. Saint-Genis et Corabœuf.*

H. J. REDOUTÉ, membre de l'Institut d'Égypte, peintre au Muséum d'histoire naturelle. *Voyez* pl. 17.

ROZIÈRE, ingénieur en chef des mines. *Voyez* pl. 49.

SAINT-GENIS, ingénieur en chef des ponts et chaussées. *Voyez* pl. 38, fig. 1.

VIARD, ingénieur des ponts et chaussées. *Voyez* pl. 28, fig. 9 à 37.

CINQUIÈME VOLUME.
MM.

BALZAC, architecte. *Voyez* pl. 4, fig. 1; pl. 8; pl. 21, fig. 1, 2; pl. 22, fig. 1, 2; pl. 33, fig. 3, 4; pl. 34, fig. 6; pl. 35, fig. 2; pl. 37, fig. 1, 2, 3; pl. 38; pl. 39; pl. 47, fig. 3, 4, 5; pl. 82, fig. 44, 45, 46.

CASTEX, sculpteur. *Voyez* pl. 60, fig. 1, 2, 3, 4; pl. 61, fig. 1, 2, 3, 4, 5, 6, 7; pl. 62, fig. 1, 2, 3, 4, 5, 6; pl. 63; pl. 64; pl. 65; pl. 66; pl. 67, fig. 1, 2, 3, 4, 5, 6, 7, 8, 9, 10, 11, 12; pl. 68; pl. 77, fig. 1, 2, 3, 4, 5, 6, 7; pl. 78, fig. 1, 2, 3, 4, 5, 6, 7, 8, 9; pl. 79; pl. 80; pl. 81; pl. 85, fig. 2, 3, 6, 7, 8, 13, 14, 22, 23, 24.

CÉCILE, architecte, professeur de dessin au Conservatoire des arts et métiers. *Voyez* pl. 2; pl. 9; pl. 13; pl. 32.

CHABROL. *Voyez* pl. 74.

CONTÉ (feu Nicolas-Jacques). *Voyez* pl. 11.

COUTELLE (le colonel), membre de la Légion d'honneur. *Voyez* pl. 57, fig. 53 à 75; pl. 73, fig. 10, 12; pl. 89.

DEVILLIERS (Édouard), ingénieur des ponts et chaussées. *Voyez* pl. 71,

NOMS DES AUTEURS

fig. 1, 2, 3, 4, 5, 6, 7, 8, 9, 10, 12, 13, 17, 18, 19, 20, 21, 22, 23, 24; pl. 73, fig. 1, 2, 3, 4, 5, 6, 7, 8; pl. 82, fig. 1, 7, 8, 10, 11, 12, 13, 14, 15, 16, 17, 18; pl. 83, fig. 1 à 59, 62 à 77; pl. 86.

Du Bois-Aymé, ingénieur des ponts et chaussées. *Voyez* pl. 20, fig. 1, 2; pl. 26, fig. 2, 3, 4; pl. 30, fig. 1, 2, 10, 11, 12, 13, 14; pl. 71, fig. 11, 14, 15, 16; pl. 73, fig. 9; pl. 82, fig. 2, 6, 7, 8, 9; pl. 83, fig. 60, 61.

Dutertre, membre de l'Institut d'Égypte. *Voyez* pl. 3; pl. 5 (*d'après l'original communiqué par l'Institut*); pl. 7; pl. 10; pl. 12; pl. 17; pl. 18; pl. 30, fig. 3, 4, 5, 6, 7, 8, 9; pl. 47, fig. 6, 7, 8, 9, 10; pl. 55, fig. 3; pl. 56, fig. 30; pl. 59 (*d'après les originaux communiqués par le général Vial*); pl. 69; pl. 84; pl. 88, fig. 1 à 62.

Faye, ingénieur des ponts et chaussées. *Voyez* pl. 37, fig. 4 à 22.

Févre, ingénieur des ponts et chaussées. *Voyez* pl. 14, fig. 11, 12, 13, 14, 15, 16; pl. 29, fig. 6, 7, 8, 9, 10, 11, 12, 13; pl. 56, fig. 26, 27, 28, 29.

Girard, ingénieur en chef des ponts et chaussées, membre de l'Institut d'Égypte. *Voyez* pl. 29, fig. 16, 17, 18; pl. 47, fig. 1, 2; pl. 55, fig. 18, 31, 32, 33, 34, 35, 38, 42.

Les ingénieurs de l'armée d'Orient. *Voyez* pl. 31.

Jacotin (le colonel), directeur des ingénieurs-géographes, membre de l'Institut d'Égypte. *Voyez* pl. 1; pl. 6; pl. 26, fig. 1; pl. 28.

Jollois (Prosper), ingénieur des ponts et chaussées. *Voyez* pl. 30, fig. 1, 2, 10, 11, 12, 13, 14; pl. 55, fig. 8, 13, 14, 15; pl. 56, fig. 10; pl. 71, fig. 1, 2, 3, 4, 5, 6, 7, 8, 9, 10, 12, 13, 17, 18, 19, 20, 21, 22, 23, 24; pl. 73, fig. 1, 2, 3, 4, 5, 6, 7, 8; pl. 82, fig. 1, 7, 8, 10, 11, 12, 13, 14, 15, 16, 17, 18; pl. 83, fig. 1 à 59, 62 à 77; pl. 86.

E. Jomard, ancien ingénieur du cadastre et du dépôt de la guerre. *Voyez* pl. 4, fig. 2, 3, 4, 5, 6, 7, 8, 9; pl. 16; pl. 20, fig. 3, 4, 5; pl. 21, fig. 3, 4; pl. 22, fig. 3, 4; pl. 23; pl. 24; pl. 25; pl. 27; pl. 34, fig. 8, 9; pl. 35, fig. 3, 3', 4, 5, 6, 7, 7', 8, 9; pl. 36, fig. 1, 2, 3, 4, 5, 6, 7, 8, 9, 10; pl. 40; pl. 41; pl. 47, fig. 1, 2; pl. 48; pl. 50; pl. 51; pl. 52; pl. 55, fig. 4, 5, 6, 7, 9, 10, 11, 12, 16, 19, 20, 21, 22, 23, 24, 36, 37, 39, 40, 41, 43, 44, 45; pl. 56, fig. 1, 2, 3, 4, 5, 6, 7, 8, 9, 11, 12, 13, 14, 15, 16, 17, 18, 19, 20, 21, 22, 25; pl. 58, fig. 10, 47; pl. 73, fig. 11; pl. 74; pl. 76, fig. 1, 2, 3, 4, 5, 6, 7, 8, 9, 10, 11, 12; pl. 87.

Lancret (feu Michel-Ange). *Voyez* pl. 20, fig. 1, 2; pl. 26, fig. 2, 3, 4; pl. 43, fig. 1, 2, 3, 4, 5, 6, 7; pl. 49, fig. 32; pl. 73, fig. 13, 14.

Legentil, lieutenant-colonel du génie. *Voyez* pl. 56, fig. 23, 26, 27.

DES DESSINS.

LENOIR, ingénieur pour les instrumens à l'usage des sciences. *Voy.* pl. 49, fig. 1 à 31.

LE PÈRE, architecte, membre de l'Institut d'Égypte. *Voyez* pl. 14, fig. 1, 2, 3, 4, 5, 6, 7, 8, 9, 10, 10'; pl. 15; pl. 33, fig. 1, 2, 7; pl. 34, fig. 2, 3, 4, 5, 7.

LE PÈRE (Gratien), ingénieur en chef des ponts et chaussées. *Voyez* pl. 19, fig. 1, 2, 3; pl. 29, fig. 5; pl. 31; pl. 33, fig. 5, 6.

MARTIN, ingénieur des ponts et chaussées. *Voyez* pl. 42.

PROTAIN, architecte. *Voyez* pl. 34, fig. 1; pl. 35, fig. 1.

RAFFENEAU-DELILE, ingénieur des ponts et chaussées. *Voyez* pl. 19, fig. 4, 5; pl. 23, fig. 5; pl. 47, fig. 11, 12; pl. 53; pl. 54.

H. J. REDOUTÉ, membre de l'Institut d'Égypte, peintre au Muséum d'histoire naturelle. *Voyez* pl. 33, fig. 5, 6; pl. 36, fig. 11, 12, 13, 14, 15, 16, 17, 18; pl. 55, fig. 29, 30; pl. 60, fig. 5, 6, 7; pl. 61, fig. 8; pl. 62, fig. 7, 8, 9, 10, 11, 12, 13, 14, 15, 16; pl. 67, fig. 13 à 30; pl. 75; pl. 76, fig. 13, 14, 15, 16, 17, 18, 19, 20; pl. 77, fig. 8, 9; pl. 78, fig. 10, 11, 12, 13, 14, 15, 16, 17; pl. 85, fig. 1, 4, 5, 9, 10, 11, 12, 15, 16, 17, 18, 19, 20, 21.

ROZIÈRE, ingénieur en chef des mines. *Voyez* pl. 29, fig. 1, 2, 3, 4; pl. 57, fig. 1 à 52; pl. 82, fig. 19 à 35.

SAINT-GENIS, ingénieur en chef des ponts et chaussées. *Voy.* pl. 43, fig. 8.

Nota. Les originaux des fig. 14, 15 de la pl. 29 ont été communiqués par M. Cordier.

Les fig. 1, 2, pl. 55, ont été communiquées par M. Fourier; la fig. 17, même planche, par M. Regnault; les fig. 25, 26, 27, 28, même planche, par M. Villoteau.

Les fig. 1 à 9, 11 à 46, de la pl. 58, ont été tirées du cabinet de M. Tôchon.

Les manuscrits de la pl. 44 ont été communiqués par M. Denon, pour les fig. 1 à 6; et par M. Révil, pour la fig. 7.

Le manuscrit de la pl. 45 a été communiqué par le Musée Britannique; et celui de la pl. 46, par la Société des antiquaires de Londres.

Les pl. 70 et 72 ont été dessinées et gravées d'après les originaux communiqués par M. Marcel.

Les originaux des fig. 36 à 43 de la pl. 82 ont été communiqués par M. Descostils.

Les fig. 66, 67 de la pl. 88 ont été communiquées par M. de Corancez.

ILE DE PHILÆ.

EXPLICATION DES PLANCHES,

Par MM. JOLLOIS et DEVILLIERS,

Pour les pl. 1, 5, 6, 7, 8, 9, 17, 20, 21, 24, 26, 28 et 29;

Et par M. JOMARD,

Pour les pl. 2, 3, 4, 10, 11, 12, 13, 14, 15, 16, 18, 19, 22, 23, 25 et 27.

PLANCHE 1.

Plan général de l'île et de ses environs.

A. Point de vue de la pl. 2.
B. Point de vue de la pl. 3.
C. Point de vue de la pl. 4.
D. Point de vue de la pl. 25.
E. Point de vue de la pl. 17.
F. Point de vue de la pl. 24.
G. Point de vue de la pl. 28.
H. Point de vue de la pl. 29, fig. 33.
a. Obélisques en granit.
b. Lions en granit.
c. Obélisques en granit.
d. Escalier pratiqué sous la galerie. Il conduisait au Nil.

e. Quais.
f. Murs de quais qui s'élèvent peu au-dessus du niveau du terrain.
g. Pointe avancée de l'île, formée par les alluvions du fleuve.
h. Cahutes et maisons de boue, partie ruinées et partie habitées.
i. Colonnes encore subsistantes d'un monument de style égyptien.
k. Porte égyptienne.
l. Escaliers.
m. Roue à pots, servant à la culture des bords du fleuve.
n. Rochers de granit sur lesquels se trouvent quelquefois des hiéroglyphes.
o. Rocher en forme de *chaise*, sur lequel on a sculpté des hiéroglyphes.

PLANCHE 2.

Vue générale prise du côté du nord-ouest.

Cette vue est prise du point A, pl. 1. Elle représente l'île entière, pendant les hautes eaux.

1. Ruines de l'ouest.
2. Muraille antique.
3. Arc romain.
4. Colonnes égyptiennes dans l'île de Begeh.
5. Homme du pays traversant le Nil sur un tronc de palmier.
6. Groupe de maisons.
7. Rocher en forme de chaise, couvert d'inscriptions hiéroglyphiques.
8. Montagne de granit de l'île de Bégeh.
8′, 8″, 8‴. Chaînes de montagnes granitiques.

A. VOL. I. ILE DE PHILÆ.

PLANCHE 3.

Vue générale prise du côté du nord-est.

Cette vue est prise du point B, pl. 1. Elle fait voir toute l'île sous l'aspect que celle-ci présente du côté du nord. Les mouvemens de la terrasse indiquent des décombres. Deux soldats français escortent un chameau chargé. Une barque passe le Nil. On voit à droite les pics de granit de l'île de Begeh, à gauche la chaîne granitique de l'est : on remarque aussi une mosquée blanche et deux groupes d'arbres et de maisons. Les monumens de l'île sont environnés de masures en terre, qu'il est facile de distinguer, sans qu'il soit besoin de les désigner. Il est également superflu d'indiquer les petits jardins qui se rencontrent dans l'île.

1. Grand temple.
2. Édifice de l'est.
3. Arc romain.
4. Colonnes égyptiennes dans l'île de Begeh.
5. Pic de granit, à l'extrémité méridionale de l'île.

PLANCHE 4.

Vue des monumens de l'île, et des montagnes de granit qui l'environnent.

Cette vue est prise du point C, pl. 1. Elle présente l'ensemble des principaux monumens et de la colonnade qui borde l'île du côté de l'ouest, les débris de constructions anciennes et modernes, l'amas de décombres dont le sol est jonché, les îles de granit environnantes, enfin toutes les parties de ce tableau pittoresque, aussi varié qu'étendu.

EXPLICATION DES PLANCHES.

1. Ancienne construction ou terrasse, au-devant de l'édifice de l'est.
2. 4. Murs de briques ruinés, bâtis d'une colonne à l'autre.
3. Édifice de l'est.
5. Chaîne de granit, de l'autre côté du fleuve.
6. Masures construites sur la terrasse du grand temple.
7. Porte. (*Voyez* pl. 5, fig. 1, au point q.)
8. Deuxième pylône[1] du grand temple.
9. Porte. (*Voyez* pl. 5, fig. 1.)
10. Premier pylône du grand temple.
11. Chaîne libyque, couverte de sables, vue dans le lointain.
12. Famille de Barâbras. On les a représentés tout nus, tels qu'on les voit souvent dans le pays, exposés à l'ardeur du soleil, et le plus souvent d'une maigreur hideuse.
13. Sommité de l'île de Begeh, toute composée de blocs granitiques.
14. Maisons bâties au milieu des rochers de granit.
15. Ruines égyptiennes. (*Voyez* pl. 1, aux points i et k.)
16. Obélisque en grès, situé à l'extrémité sud de la colonnade.

[1] Embarrassés de donner à ces constructions, qui n'ont point d'analogues ni dans l'architecture grecque, ni dans l'architecture romaine, ni dans la nôtre, une dénomination qui en présentât une idée exacte, nous avons adopté celle de *pylône*, dérivée du mot grec πυλὼν dont se servent les anciens auteurs pour désigner l'espèce d'édifice dont il est ici question. Nous avons été particulièrement conduits à faire usage de cette expression, lorsque nous nous sommes occupés de démontrer l'identité du *Memnonium* ou palais de Memnon, et du tombeau d'Osymandyas. *Voyez* notre Description de Thèbes. J. et D.

A. VOL. I. ILE DE PHILÆ.

PLANCHE 5.

1, 1', 2. PLAN *et coupe générale des principaux édifices.*
3. *Coupe longitudinale du grand temple.*

Figure 1.

X. GRAND TEMPLE.
S. Deuxième pylône. (*Voyez* fig. 3, au point b.)
g. Portique à jour.
h. Escalier qui conduit sur la terrasse du temple.
i, k, l. Chapelles monolithes en granit. Celle qui est accompagnée de la lettre i, n'a pas été trouvée dans le lieu où on l'a marquée; elle est renversée par terre au milieu des débris, dans une des salles qui précèdent le sanctuaire. On aurait pu aussi bien la rétablir dans la salle de gauche, ainsi qu'on en voit une placée dans la salle de droite.
m. Vides ménagés dans l'épaisseur des murs.
n. Morceau de granit qui paraît avoir été appliqué après coup contre le pylône pour former une salle. Les parois intérieures sont sculptées.
G'. Point de vue de la pl. 18.
B'. *Galerie de l'est* formant un des côtés de la cour.
o. Petites salles obscures.
p. Cour.
q. Porte.
r. Petit escalier pris dans l'épaisseur du mur; il conduit sur la terrasse de la galerie de l'est.
a. Obélisques en granit rouge, maintenant brisés et renversés par terre.
b. Lions en granit rouge, mutilés et renversés. (*Voy.* pl. 9, fig. 6 et 7.)

C′. *Colonnade orientale.*

s. Portes qui conduisaient probablement dans de petites salles, comme celle du bout de la galerie. Il n'en reste que des monceaux de décombres.

D′. *Colonnade occidentale.* Il y a plus de fenêtres qu'on n'en voit dans le plan. Elles sont au nombre de douze. On ne les y a point marquées toutes, faute des cotes nécessaires pour les placer exactement.

A′. ÉDIFICE DU SUD. Le rang de colonnes à l'ouest est le seul qui soit encore debout.

c. Obélisques en grès : un seul reste debout et porte une inscription grecque; on ne voit plus de l'autre que son encastrement dans le mur.

d. Escalier qui conduit au Nil.

e. Porte. Elle n'a pu être mesurée à cause de sa dégradation; mais on est certain de son existence. L'entre-colonnement où elle se trouve, est un peu plus grand que les autres.

f. Murs de quais.

Y. TEMPLE DE L'OUEST, formant un des côtés de la cour. (*Voyez* pl. 17 et 20.)

E′. Construction maintenant ensevelie sous les décombres. On n'y pénètre que par une très-petite ouverture.

F′. Porte isolée et enfouie.

Z. ÉDIFICE RUINÉ DE L'OUEST, précédé d'une porte.

t. Restes de substructions.

Nota. Pour les autres lettres, *voyez* les explications des planches suivantes.

Fig. 1′. Coupe horizontale faite dans l'intérieur du premier pylône, à la hauteur du point a, fig. 2. (*Voyez* pl. 9, fig. 5.)

Fig. 2. Coupe restaurée et développée suivant les lignes AB, CD, EF, GH, HI.

A. VOL. I. ILE DE PHILÆ.

(La coupe sur une plus grande échelle, dont on voit une partie fig. 3, et dont les autres parties se voient pl. 6, fig. 3, 5 et 6, présente l'état actuel des monumens.) Les obélisques ont été rétablis ici d'après les proportions des obélisques de Thèbes. Les lions ont été relevés; le petit temple au sud a été restauré d'après l'édifice de l'est, avec lequel il a une analogie parfaite. (*Voyez* pl. 26.) On a restitué à l'obélisque en grès, le pyramidion qui lui manque. (*Voyez* pl. 2 et 4.)

Figure 3.

Coupe du grand temple, sur la ligne AB. (*Voyez* fig. 1.)

Le monument est dans l'état de conservation où cette gravure le représente. Tous les murs sont décorés de figures hiéroglyphiques; on a répété sur les trois colonnes du portique, la même décoration que l'on avait copiée exactement sur l'une d'elles. Les hiéroglyphes qui décorent l'architrave et les dés, ne sont point exacts : on les a substitués aux véritables pour l'effet architectural.

a. Escalier qui conduit de la terrasse du temple sur celle du portique.
b. Second pylône.

PLANCHE 6.

1, 6. Coupe et *élévation de la galerie de l'est.* — 2, 3, 4, 5. *Élévations des deux colonnades et de l'édifice du sud.* — 7. *Élévation du premier pylône.*

Fig. 1. Coupe sur la ligne KL. (*Voyez* pl. 5, fig. 1.)
Fig. 2. Élévation de la *colonnade orientale*. Tous les chapiteaux y sont en place. (*Voyez* pour les détails la pl. 8, où l'on n'a cependant pas reproduit les chapiteaux qui ont été

figurés ailleurs.) Les trois portes qu'on y voit communiquaient probablement à de petites chambres. (*Voyez* pl. 5, fig. 1, aux points s.) Il n'en reste plus de traces. Les bases des colonnes n'ont point été vues.

Fig. 3. Élévation de la *colonnade occidentale*.

Tous les chapiteaux des colonnes sont en place. (*Voyez* pour les détails la pl. 8.)

Même observation que pour la fig. 2. On n'a point reconnu par les fouilles l'existence des bases; elles ont été restaurées d'après celles des colonnes du portique.

Fig. 4. Élévation antérieure de l'*édifice du sud*. Elle a été en partie restaurée d'après l'élévation latérale. Les chapiteaux des colonnes placées de chaque côté de la porte n'existent plus; on les a indiqués comme non achevés.

Fig. 5. Élévation latérale de l'*édifice du sud*. Elle est ici figurée telle qu'elle subsiste encore. (*Voyez* pour la restauration la pl. 5, fig. 2.) Tous les chapiteaux sont en place; les bases des colonnes sont restaurées.

Fig. 6. Coupe sur la ligne BE. (pl. 5, fig. 1.) Tous les chapiteaux des colonnes sont en place; les bases n'ont pas été vues; une différence de hauteur trouvée entre les deux faces du pylône a motivé les marches que l'on voit sur la gravure. Tous les murs sont couverts d'hiéroglyphes.

On n'a point représenté le bloc de granit décrit dans l'explication de la pl. 5, fig. 1, au point n.

Fig. 7. Élévation antérieure du grand pylône. Toutes les figures qui composent sa décoration, ont été copiées avec exactitude; mais elles n'ont pas été gravées correctement. Comme on n'a pu dessiner tous les hiéroglyphes, on en a indiqué la place. On voit, à droite et à gauche de la porte, des rainures cunéiformes dans lesquelles on attachait des mâts pour y suspendre des étendards.

A. VOL. I. ILE DE PHILÆ.

PLANCHE 7.

1, 2, 3, 4, 11. Chapiteaux et corniches du portique du grand temple. — 5, 6. Corniches des deux pylônes. — 7, 8, 9, 10, 12, 13. Chapiteaux et corniches de la galerie de l'est.

Fig. 1, 2, 3, 4. Détails des chapiteaux des colonnes du portique. On les voit à leur place dans la perspective intérieure, suivant l'ordre où ils se répètent. (*Voyez* pl. 18.)
Fig. 5. Détail de la corniche d'une des petites faces du premier pylône. (*Voyez* pl. 6, fig. 6 et 7.)
Fig. 6. Détail de la corniche d'une des petites faces du deuxième pylône. (*Voyez* pl. 6, fig. 6; et pl. 5, fig. 3.)
Fig. 7, 8, 9, 10. Détails de deux chapiteaux de la coupe. (*Voyez* pl. 6, fig. 6.)
Fig. 11. Détail d'une portion de la corniche intérieure et de l'architrave du portique du temple; les hiéroglyphes sont exacts.
Fig. 12. Détail d'une portion de l'architrave et du couronnement de la galerie de l'est. (*Voyez* pl. 6, fig. 6.) Au-dessus de la corniche est un ornement composé de serpens connus des antiquaires sous le nom d'*ubœus*.
Fig. 13. Profil du couronnement de la fig. 12.

PLANCHE 8.

Détails de quatorze chapiteaux des deux colonnades. — 1, 2, 3, 4, 5. Chapiteaux ébauchés. — 15. Chapiteau de l'édifice du midi.

Fig. 1, 2, 3, 4, 5. Chapiteaux ébauchés de la colonnade orientale.

Fig. 6... 14. Détails de chapiteaux des colonnades orientale et occidentale.

Nota. On n'a donné de détails que pour les chapiteaux qui diffèrent de ceux figurés ailleurs.

Fig. 15. Détail d'un chapiteau du temple du sud. (On peut en voir la position pl. 5, fig. 6.)

PLANCHE 9.

1, 2, 3, 4, 5. Diverses *coupes du grand temple et des deux pylônes.* — 6, 7. *Détails des lions placés devant le premier pylône.*

Fig. 1. Coupe sur la ligne MN, en regardant l'axe du temple. (*Voyez* pl. 5, fig. 1.) Elle fait voir comment on parvient sur les terrasses du grand temple. On distingue d'abord l'escalier qui conduit à la terrasse du temple; il y avait ensuite un autre escalier, que l'on n'a pu voir à cause de l'encombrement formé par les débris des maisons modernes. Un troisième escalier conduisait sur la terrasse du portique. On voit, à l'extrémité de la terrasse, deux petites salles dont les dimensions n'ont pas été mesurées, mais dont l'existence a été constatée. Il est probable qu'il y en avait de pareilles de l'autre côté.

Fig. 2. Coupe sur la ligne OP. (*Voyez* pl. 5, fig. 1.) Pour les monolithes, *voyez* pl. 10.

Fig. 3. Coupe sur la ligne QR. (*Voyez* pl. 5, fig. 1.)

Fig. 4. Coupe faite dans le deuxième pylône, suivant la ligne ST. (*Voyez* pl. 5, fig. 1.)

Nous n'avons pas reconnu d'autre vide que les escaliers dans cette construction massive.

Fig. 5. Coupe faite dans le premier pylône, suivant la ligne UV. (*Voyez* pl. 5, fig. 1.)

On n'a point pénétré dans les deux pièces qui sont à gauche au premier étage; mais on en a aperçu une à travers les arrachemens qui sont dans l'escalier. On a été déterminé à la restauration qu'on voit dans ce dessin par la forme des vides pratiqués dans l'autre moitié du pylône[1].

Fig. 6, 7. Détails de l'un des deux lions mutilés et renversés devant le premier pylône. (*Voyez* pl. 5, fig. 1, aux points b.)

PLANCHE 10.

1, 2, 3, 4. Sculptures *du portique du grand temple.* — 5, 6, 7, 7'. *Élévation, coupe et plans d'un monolithe du même temple.*

Fig. 1. Bas-relief dessiné au portique du grand temple de la partie du plafond correspondante au point u. (*Voy.* pl. 5, fig. 1.)

Fig. 2. Bas-relief copié à l'angle du portique, près le deuxième pylône, au point x. (Voyez *ibid.*)

On a recueilli ce bas-relief avec tous ses hiéroglyphes, qui présentent des remarques intéressantes, principalement les deux phrases qui accompagnent les deux personnages à tête d'ibis et d'épervier : les hiéroglyphes en sont absolument les mêmes, sauf cette circonstance bien singulière, que la phrase du prêtre à tête d'ibis contient un épervier, et que celle du prêtre à tête d'épervier contient un ibis. A cela près, ces deux inscriptions sont la contre-épreuve exacte l'une de l'autre. Comme l'action des deux figures est aussi parfaitement la même, on est en droit de conclure que ces colonnes d'hiéroglyphes placées devant chaque

---

[1] On fait observer que ces cinq coupes sont dépourvues de cotes, à cause de la perte des papiers sur lesquels on les avait consignées.

personnage ont un rapport avec la scène du tableau et l'action du personnage : ce qui le prouve très-bien aussi, c'est le petit vase qu'on y voit, et qui représente celui qui est dans la main de chaque prêtre. Ce tableau curieux sera le sujet de plusieurs autres observations dans les Mémoires d'antiquités. (*Voyez* l'explication des pl. 22 et 23.)

Il ne manque aucun hiéroglyphe dans ce dessin, si ce n'est une légère lacune provenant de la dégradation. L'échelle est au dixième, comme dans les figures 5, 6, 7'. La figure du milieu a les mains bien placées ; ce qui est rare dans les figures qui ont cette attitude.

Fig. 3. Figure dessinée sous le portique au point y. (*Voyez* pl. 5, fig. 1.) Elle est au premier rang des tableaux, au-dessus du soubassement. Le costume qu'elle porte se trouve rarement dans les figures des temples.

Fig. 4. Sujet copié de la colonne z du portique (voyez *ibid.*) au premier rang au-dessus de l'ornement inférieur de la colonne.

Fig. 5. Façade d'un petit temple monolithe en granit, sculpté avec beaucoup de soin, et placé dans la salle, à droite du sanctuaire, au point l. (*Voyez* pl. 1, fig. 1.) Il est parfaitement conservé, mais fort sali par la fumée ; ce qui a empêché de distinguer plus d'hiéroglyphes qu'on n'en voit dans la gravure. Toutes les cotes de ce monolithe ont été recueillies avec la plus grande exactitude, pour donner le moyen d'étudier les proportions de cette espèce de monumens. Consultez ce qui en est dit dans la Description de l'île de Philæ, chap. I, §. v.

Figure 6.

Coupe en longueur du monolithe : contre le montant de

la porte, était une partie saillante où l'on remarque un trou, et où venait aboutir le grillage qui servait à le fermer. *Voyez* la description.

a. A ce point, la saillie sur le montant est de 0^m.01.
b. A ce point, la saillie sur le fond est de 0^m.02.

Fig. 7, 7'. Plans du monolithe à la hauteur du fond de la niche. La fig. 7 est à une échelle moitié plus petite que les autres, c'est-à-dire au vingtième.

Nota. Dans le titre inférieur de la planche manque le chiffre 7.

PLANCHE 11.

1, 2, 4. Sculptures *du portique du grand temple et du premier pylône.* — 3. *Bas-relief de l'édifice ruiné de l'ouest.*

Fig. 1. Développement d'une portion d'une des colonnes du portique. On a copié ce dessin sur la colonne a. (*Voyez* pl. 5, fig. 1.)

Fig. 2. Sculpture dessinée sur la colonne b du portique (*Voyez* pl. 5, fig. 1) à plus de deux mètres du sol. L'échelle est d'un seizième environ.

Le temps n'a pas permis de copier les hiéroglyphes qui accompagnaient les figures. Quatre autres tableaux de même hauteur, mais de composition différente, forment le reste de la décoration de la colonne[1].

Fig. 3. Bas-relief copié dans le renfoncement intérieur de la porte de l'édifice ruiné de l'ouest, au point c. (*Voy.* pl. 5, fig. 1.) L'échelle est du dixième.

Les hiéroglyphes n'ont pas été recueillis exactement dans ce dessin, ni dans celui de la fig. 1. Il y a aussi incorrection

[1] Dans le dessin original, les deux jambes de chacun des prêtres sont posées sur la pointe du pied.

dans la manière dont ils sont disposés. La disposition des hiéroglyphes est toujours régulière et symétrique. (*Voyez* la pl. 16, fig. 1, etc.)

Fig. 4. Scène copiée sur le grand pylône, au point d. (*Voyez* pl. 5, fig. 1.) Elle est sculptée en relief dans le creux, et non pas en relief comme on l'a figurée dans la gravure. Les figures se dirigeaient vers la porte de ce pylône.

On peut remarquer l'élégance et le goût qui ont présidé à la composition de cette barque symbolique, dont la poupe et la proue sont ornées d'une tête d'Isis. Le graveur a figuré trop grandes la tête et les mains de la première figure du tableau.

Nota. D'après une description qui a été faite de cette scène, il paraît que la décoration du petit temple placé au milieu de la barque n'a pas été complétement dessinée, et qu'on a oublié d'y figurer deux emblèmes analogues à ceux que l'on voit dans la gravure correspondante (pl. 12, fig. 3). Ces emblèmes sont ceux qui composent la fig. 4 de la pl. 22.

PLANCHE 12.

1, 3. SCULPTURES *des deux pylônes.* — 2. *Bas-relief du temple de l'ouest.* — 4, 5. *Bas-reliefs du grand temple.* — 6, 7, 8, 9, 10, 11. *Inscriptions hiéroglyphiques.*

Fig. 1. Tableau sculpté sur la petite face occidentale du second pylône. Le bas du tableau est à-peu-près à trois mètres de hauteur. Cette sculpture aurait dû être figurée en creux. Les hiéroglyphes du tableau n'ont pu être copiés.

Fig. 2. Portion du soubassement de la seconde salle du temple de l'ouest dessinée au point e. (*Voy.* pl. 5, fig. 1.) On n'a pu recueillir les hiéroglyphes de ce tableau. Tout le soubassement de cette pièce est décoré de figures de femmes coiffées de fleurs de lotus, et tenant alternativement, l'une deux vases surmontés d'une fleur de lotus, et l'autre un plateau chargé de diverses offrandes. (Les mains des figures sont gravées incorrectement.)

Fig. 3. Cette scène est sculptée sur le premier pylône au point *f*. (*Voyez* pl. 5, fig. 1.) Elle se dirige vers la petite porte, et fait le pendant de celle de la pl. 11, fig. 4. Les figures de l'une et l'autre scène sont de même proportion; elles sont aussi placées à la même hauteur. Les petites figures et les fleurs de lotus qui sont au-dessous de la scène principale, se continuent dans toute l'étendue de la face de ce pylône, dont elles forment le soubassement. Le temps n'a pas permis d'ajouter à ce dessin les hiéroglyphes.

Ce tableau couvre la hauteur de onze assises; ce qui n'est que le tiers de la hauteur totale du grand pylône. Les deux autres tiers sont décorés de tableaux composés de grandes figures : celles du haut sont assises, et celles du bas sont debout.

Au milieu de la gravure est une petite porte qui n'a été figurée dans aucun des plans qu'on a levés, probablement parce qu'elle était bouchée. Au côté gauche est le pieddroit de la petite porte du pylône; on y voit la distribution des cadres dans lesquels étaient sculptés de petits tableaux.

Fig. 4. Bas-reliefs de la troisième salle du grand temple, copiés au point *g*, près le chambranle de la porte. Le bas est à un mètre environ de hauteur. On n'a pu recueillir les hiéroglyphes de cette scène, ni les petits tableaux du chambranle voisin.

Fig. 5. Ce sujet a été copié dans le vestibule du grand temple au point v. Les intervalles de toutes les baguettes figurées dans la gravure sont remplis d'hiéroglyphes. Le bas est à la hauteur d'un mètre et demi environ.

Fig. 6... 11. Inscriptions hiéroglyphiques recueillies dans le grand temple de Philæ. Les figures 6, 8 et 9 sont des variantes de *la légende sacerdotale*, ou inscription ordinairement placée derrière les prêtres et les personnages qui font des offrandes.

PLANCHE 13.

1, 3, 4. SCULPTURES *de la galerie de l'est.* — 2. *Bas-relief du temple de l'ouest.*

Fig. 1. Sculpture copiée sous la galerie de l'est près le second pylône. (*Voyez* pl. 5, fig. 1.)

Fig. 2. Bas-relief copié dans le temple de l'ouest.

Fig. 3. Figure de cynocéphale, copiée sur l'embrasure de la porte de l'une des salles qui ont leur entrée sous la galerie du grand temple, au point *h*. (*Voyez* la pl. 5, fig. 1.) Entre les deux baguettes verticales, sont des hiéroglyphes. Les traits de cette figure de singe sont bien caractérisés. Ce qu'on voit de hachures sur le corps de l'animal, indique des poils qui étaient marqués davantage dans la sculpture. Le bas du dessin est à hauteur d'appui.

Fig. 4. Bas-relief copié sous la même galerie vers le point *i*. On n'a pu dessiner les nombreux hiéroglyphes qui étaient dans ce tableau, même entre les tiges des enseignes qui occupent la droite. Le bas du dessin est à un mètre au-dessus du sol. Les deux divinités assises ont une coiffure qui mérite d'être étudiée pour l'ajustement; la première est coiffée de la peau d'un vautour.

Nota. Le graveur a figuré incorrectement les mains du prêtre qui est à droite du tableau. L'objet placé sur l'autel qui est dans la barque, et sur lequel pose l'épervier, n'a pas été copié dans tous ses détails : du côté des figures assises, il en sortait comme un jet de liqueur. Mais, pour ne pas manquer à l'exactitude, on a préféré de laisser les formes incertaines.

PLANCHE 14.

COLLECTION *de vases sculptés, dans divers édifices.*

La plupart de ces vases ont été recueillis dans le grand temple. Les fig. 5, 7, 8, 9, 10, proviennent du temple de l'ouest. La fig. 1 vient d'Esné; et la fig. 3, de Gebel Selseleh.

L'échelle des fig. 4, 7, 8, 11, 14, 15, est au tiers de la grandeur originale.

Celle de la fig. 9 est à moitié.

Les formes de ces vases sont généralement pleines d'élégance. La fig. 12 est remarquable par le pied, ou support en bois, dont on use encore aujourd'hui en Égypte pour recevoir les grands vases destinés à l'usage domestique.

PLANCHE 15.

1. COLLECTION *de vases coloriés, sculptés et peints dans le grand temple.* — 2, 3, 4, 5, 6, 7, 8, 9, 10, 11. *Détails de coiffures symboliques.* — 12, 13, 15, 16. *Sculptures du grand temple.* — 14. *Bas-relief du temple de l'ouest.*

Fig. 1. Cette collection est tirée du grand temple, à l'exception du vase de gauche, d'où il sort une espèce de flamme: ce vase a été copié dans le temple de l'ouest. Tous sont figurés à l'échelle de moitié. Le galbe en est pur, et la forme élégante. Les couleurs qu'on voit dans la gravure, ont encore le même éclat sur les murs des temples. Les deux vases du milieu sont en vert foncé : le vase qui occupe l'angle à droite, est peint en ocre jaune; celui de l'angle à gauche est d'un bleu d'azur éclatant, et la flamme est rouge : les deux vases des angles inférieurs sont peints en ocre rouge.

Fig. 2... 11. Dix coiffures symboliques, ornées de différens attributs, et recueillies dans les temples de Philæ.

Fig. 13. Dessin recueilli sur la colonne *k*. (*Voyez* pl. 5, fig. 1.)

Fig. 14. Figure jouant de la harpe, dessinée sous la galerie du temple de l'ouest, du côté c d. (*Voyez* pl. 20, fig. 1.)

Fig. 15. Sujet copié derrière le grand temple, au point *l*. (*Voyez* pl. 5, fig. 1.) Ce tableau, très-remarquable par la richesse des costumes et par la nature de l'offrande, est encore plus précieux par une inscription en caractères cursifs égyptiens, fort semblables aux caractères du monument de Rosette : cette inscription paraît avoir été gravée par un particulier sur le socle de la figure du dieu.

Fig. 16. Sculpture dessinée sur la face extérieure du grand temple, au point *m*. (*Voyez* pl. 5, fig. 1.) On compte ici vingt-neuf figures dans la main du prêtre qui a la hache levée. Dans une description écrite sur les lieux, on a mentionné trente figures.

PLANCHE 16.

1, 2. BAS-RELIEFS *coloriés, sculptés sous le portique du grand temple.* — 3...24. *Détails de coiffures symboliques.*

Fig. 1. Bas-relief recueilli sur les lieux avec toutes ses couleurs, sur le mur du portique du grand temple du côté u. (*Voyez* pl. 5, fig. 1.) On a recueilli ce bas-relief avec tous ses hiéroglyphes et toutes ses couleurs, afin de faire connaître ce que c'est qu'un tableau égyptien absolument complet. Chaque hiéroglyphe est peint ici avec sa couleur vraie. Les couleurs employées dans ce bas-relief, sont le bleu foncé, le rouge d'ocre, le jaune d'ocre et le vert foncé.

Nota. On a omis de colorier le corps des oiseaux qui décorent le bas du siége de la fig. 1.

Fig. 2. Bas-relief colorié sur les lieux, recueilli sous le portique du grand temple, auprès de la fig. 1. Il faut supposer les figures de ce tableau accompagnées de colonnes hiéroglyphiques, comme le précédent.

Fig. 3...24. Vingt-deux coiffures différentes, dessinées dans les monumens de Philæ.

PLANCHE 17.

Vue *perspective du second pylône, et de la cour qui le précède.*

Cette vue est prise du point E. (*Voyez* pl. 1.)

On a supposé le premier pylône abattu, afin de faire voir l'intérieur de la cour, et l'on a complété la décoration pour l'effet architectural : cependant les tableaux du pylône sont exacts, aux hiéroglyphes près; la décoration de la porte a été suppléée. A droite est la galerie de l'est; à gauche, le temple de l'ouest.

1. Bloc de granit dont il a été parlé pl. 5. On a placé près de ce bloc un groupe de gens du pays, pour servir d'échelle aux monumens.

PLANCHE 18.

Vue *perspective intérieure coloriée, prise sous le portique du grand temple.*

Cette vue est prise du point G'. (*Voyez* pl. 5, fig. 1.) On a supposé le deuxième pylône abattu, afin de faire voir le portique dans son entier. Sur la gauche du tableau sont deux prêtres égyptiens représentés avec le costume antique. On a répété sur toutes les colonnes la même décoration, d'après le dessin exactement copié sur l'une d'elles. Les principaux tableaux et ornemens sont exacts, ainsi que tous les chapiteaux et les entablemens : il en est de même des couleurs ; on s'est servi de celles qui ont été recueillies et copiées sur les lieux dans plusieurs scènes, pour les distribuer dans toute cette perspective.

Partout où les couleurs du temple sont conservées, elles ont la même fraîcheur et le même éclat que dans la gravure.

PLANCHE 19.

1, 2. Bas-reliefs *de l'édifice ruiné de l'ouest.*
— 3. *Sculpture du grand temple.*

Fig. 1. Portion de la face n o de l'édifice ruiné de l'ouest. Le temps n'a pas permis de copier les hiéroglyphes qui étaient rangés entre les baguettes verticales de ce tableau. A gauche est indiquée la porte qui est près du quai du Nil.

Nota. On a cru pouvoir se dispenser de projeter l'ombre du jambage de la porte, et du mur qui est au-dessus.

Fig. 2. Portion de la face de muraille opposée à la précédente.

La scène ici représentée n'est pas complète, parce que la sculpture elle-même n'a pas été achevée.

Au travers d'une porte qui communiquait autrefois dans des salles voisines, on aperçoit le fleuve et les rochers qui bordent l'autre rive. La pierre carrée que l'on voit dans la corniche de cette porte, est le massif qui devait servir à la sculpture du globe ailé ; à droite du tableau est figuré en coupe le mur placé à l'ouest de l'édifice.

Fig. 3. Sculpture dessinée sur la face extérieure du portique du grand temple, près le point *m*. (*Voyez* pl. 5, fig. 1.) Il manque à ce tableau tous les hiéroglyphes sculptés entre les baguettes. La porte qui occupe la droite du tableau, est celle qui servait à entrer dans le portique.

PLANCHE 20.

PLAN, *élévations, coupes et détails du temple de l'ouest.*

Fig. 1. Plan du temple. On l'a gravé dans cette planche à l'échelle de 5 millimètres pour mètre, afin d'y placer plus facilement les cotes : dans la pl. 5, fig. 1, on le trouve gravé à l'échelle ordinaire.

Fig. 2. Élévation du portique du temple. Les décorations n'ont pas été copiées sur les lieux, excepté celles des montans de la porte d'entrée. On a cru devoir les compléter sur les murs extérieurs dans cette figure et les trois suivantes, pour l'effet architectural. Mais on aurait une idée inexacte du monument, si l'on ne se représentait par la pensée tous les murs intérieurs et extérieurs, et même ses colonnes, chargées de tableaux et d'hiéroglyphes.

Fig. 3. Élévation postérieure du temple : même observation pour les ornemens que dans la fig. 2.

Fig. 4. Élévation latérale du côté de l'est. Les chapiteaux des colonnes sont tous différens. La place en est ici exactement indiquée. On peut voir, pour les détails, la pl. 21. Ceux que l'on n'a pas figurés dans cette dernière planche, ont été donnés ailleurs.

Figure 5.

Élévation latérale du côté de l'ouest. Les murs d'entre-colonnement que l'on voit, sont restaurés. La restauration est motivée par des vestiges de ces murs qui ont été observés par nous et par plusieurs de nos collègues, bien que non constatés sur nos dessins originaux. D'ailleurs, ils rentrent parfaitement dans le système de l'architecture égyptienne.

e. Place d'une figure de lion, sculptée au milieu de la corniche, et omise dans la gravure, faute d'un dessin suffisamment exact. (*Voyez* fig. 8 pour la corniche.)

Fig. 6. Coupe sur la ligne AB. Il faut supposer tous les murs couverts de bas-reliefs et d'hiéroglyphes.

Fig. 7. Détail de la corniche extérieure du portique du temple. Les hiéroglyphes sont exacts.

Fig. 8. Ornement de la corniche de la partie postérieure du temple développée, copié sur le côté a c. (*Voyez* fig. 1.)

Il y a trois tableaux comme celui-ci depuis le point c jusqu'à l'axe du temple, et trois semblables depuis l'axe jusqu'au point a, mais dont les figures sont tournées en sens contraire; au milieu est une portion de figure de lion accroupi, sculpté en ronde-bosse, entre les pattes duquel est une gouttière.

Fig. 9, 10, 11. Médaillons ou légendes hiéroglyphiques, dessinés sur les murs du temple.

PLANCHE 21.

Détails *de chapiteaux du temple de l'ouest.*

On n'a figuré ici que les chapiteaux différens de ceux qui ont été représentés ailleurs.

Il est facile de reconnaître dans la pl. 20 la place de chacun de ces chapiteaux.

PLANCHE 22.

Bas-reliefs *sculptés sous la galerie du temple de l'ouest.*

Fig. 3, 4, 5. Bas-reliefs copiés sur les autres faces extérieures du temple. On n'a pu copier les hiéroglyphes que dans le tableau fig. 4, et l'on y a omis la légende du prêtre.

Nota. Le graveur a trop allongé les doigts des figures qui ont les mains ouvertes.

Fig. 1, 2, 6. Bas-reliefs dessinés sur le mur extérieur du temple, et à la même hauteur sous la galerie a b. (*Voyez* pl. 20, fig. 1.)

La fig. 1 présente la remarque la plus saillante, sous le rapport des hiéroglyphes : l'offrande du prêtre est une coiffure composée de deux pièces; on la voit aussi en tête de la colonne hiéroglyphique placée devant le prêtre; et le dernier signe de la phrase est formé des deux pièces réunies. Ce même signe est la coiffure du dieu à qui se fait l'offrande. Ce fait prouve le rapport de sens qu'il y a entre l'action du personnage et la phrase hiéroglyphique dont il est accompagné. On trouve encore la même analogie entre la figure du dieu, précédée d'un épervier, et deux petites figures pareilles placées dans sa colonne d'hiéroglyphes; enfin, entre les coiffures de la divinité assise et du prêtre, et les hiéroglyphes qui appartiennent à ces deux personnages. Divers tableaux que le lecteur peut consulter conduisent au même résultat, notamment la pl. 82, fig. 1, où l'arc et les flèches présentés en offrande sont répétés dans la phrase du dieu, et neuf fois dans celle du prêtre: ces remarques seront développées ailleurs.

Il y a de la fermeté dans le dessin du lion qui porte le trône, et les airs de tête des trois figures ont quelque chose de gracieux que la gravure n'a pas exprimé. Le relief est très-peu considérable dans ce tableau, ainsi que dans les autres (environ d'un centimètre et demi, ou sept lignes.).

Les hiéroglyphes de cette planche sont exacts. (*Voyez* la pl. 23.)

Les tableaux 2, 4 et 6 sont complets; ils peuvent donner une idée parfaitement exacte de ceux dont on n'a pas recueilli les hiéroglyphes, et, en général, de tous ceux qui décorent les monumens égyptiens.

PLANCHE 23.

1, 2, 3, 4, 5. BAS-RELIEFS *et autres sculptures du temple de l'ouest.* — 6...29. *Détails d'hiéroglyphes du même temple.*

Fig. 1, 2. Tableaux dessinés entre les deux portes qui sont ouvertes sous la galerie c d. (*Voyez* pl. 20, fig. 1.)

La harpe représentée dans la figure 2 a neuf cordes, que la gravure n'a pas marquées nettement.

Nota. D'après un second dessin qui a été fait de la fig. 1, et une description du même sujet, on croit que la figure de gauche tient à la main un *volumen*.

Fig. 3. Sujet dessiné sur le côté a b. (*Voyez* pl. 20, fig. 1.)

La harpe représentée ici a neuf cordes, comme celle de la fig. 2; sa forme et ses ornemens ne manquent pas d'élégance.

Les hiéroglyphes sont copiés avec la plus grande exactitude; on y trouve la même analogie que dans la fig. 1, pl. 22, entre les colonnes d'hiéroglyphes et les personnages qui en sont accompagnés.

Fig. 4. Développement d'une frise qui entoure la partie supérieure du fût des colonnes; elle ne forme que la huitième partie de la hauteur du fût, qui est entièrement couvert de sculptures.

Fig. 5. Détail de la corniche et de la frise entières, sous la galerie a b. (*Voyez* pl. 20, fig. 1.) Les hiéroglyphes sont parfaitement exacts.

On n'a dessiné qu'une portion de la corniche. La frise a été gravée en trois parties pour en diminuer le développement : la partie supérieure commence au point a (*voyez* pl. 20, fig. 5); la partie inférieure se termine au point b. Cette longue bande d'hiéroglyphes a été copiée très-exactement; il faut y remarquer le plumage détaillé des figures d'oiseaux.

Fig. 6, 7, 8, 9. Inscriptions hiéroglyphiques dessinées dans le temple.

On a jugé à propos de reproduire ici au trait, et avec toute l'exactitude possible, les figures qui suivent, déjà gravées au fini dans la pl. 22, afin de faciliter l'étude des hiéroglyphes des divers tableaux que renferme cette planche. Ces figures au trait doivent être consultées préférablement aux autres. On y remarque des coiffures et des parties indécises qui représentent fidèlement l'état actuel des tableaux.

Fig. 10, 11', 12, 13. Détails en grand de quatre inscriptions hiéroglyphiques de la fig. 2, pl. 22.

Fig. 14, 15, 16, 17, 22. Détails de quatre colonnes d'hiéroglyphes de la fig. 4, pl. 22.

Fig. 18, 19, 20, 21, 23. Détails d'hiéroglyphes de la fig. 6, pl. 22.

Fig. 24, 25. Détails des hiéroglyphes des deux colonnes latérales de la fig. 2, pl. 22.

Fig. 26, 27. Mêmes détails pour la fig. 4, pl. 22.

Fig. 28, 29. Mêmes détails pour la fig. 6, pl. 22.

Tous les hiéroglyphes de cette planche sont exactement copiés.

PLANCHE 24.

Vue perspective du temple de l'ouest, et de plusieurs autres édifices.

Le point de vue est marqué en F sur le plan général. (*Voyez* pl. 1.) La plus grande partie des décorations a été suppléée pour l'effet architectural. On n'a point ici rétabli les murs d'entre-colonnement, bien qu'ils existent. (*Voyez* ce qui a été dit pl. 20, fig. 5.) Le lecteur ne nous saura peut-être pas mauvais gré d'avoir pris ce parti, puisque nous lui offrons deux hypothèses entre lesquelles il peut choisir celle qui lui paraîtra la plus probable, d'après le style et le caractère des monumens égyptiens.

1. Obélisques restaurés. (*Voyez* pl. 5, fig. 1 et 2.)
2. Fellâh traversant le fleuve sur une botte de roseaux.

PLANCHE 25.

Vue de l'édifice de l'est et de plusieurs monumens.

Cette vue est prise du point D. (*Voyez* pl. 1.) Sur le premier plan, à droite, est l'édifice de l'est; à gauche, le grand temple et les édifices qui le précèdent; dans le fond, le Nil et les rochers de granit de la rive droite.

1. Masures en briques, bâties sur la terrasse du grand temple.
2. Murailles ruinées, bâties entre les colonnes de l'édifice de l'est.
3. Masures devant l'édifice de l'est : derrière est le massif où devaient être sculptés les murs d'entre-colonnement.
4. Groupe de Français occupés à lever le plan de l'île de Philæ, et à dessiner les monumens. Ils sont accompagnés de *sâys* et de *fellâh*.

PLANCHE 26.

Plan, *coupe, élévation et détails de trois chapiteaux de l'édifice de l'est.*

Fig. 1. Plan du temple.
Fig. 2. Élévation du temple. Elle est ici figurée telle qu'elle existe réellement. Le monument n'offre point d'autres sculptures que celles que l'on voit ici, et paraît n'avoir pas été terminé.
Fig. 3. Coupe sur la ligne AB. (*Voyez* fig. 1.) Les deux tableaux sculptés qu'on y voit, sont les seuls qui existent sur ce monument. On les retrouve sur une plus grande échelle et plus détaillés, pl. 27, fig. 1 et 2.
Fig. 4, 5, 6. Détails des chapiteaux, figurés à leur place dans l'élévation et la coupe.

Nota. Les ombres sont projetées sous un angle plus grand que 45 degrés.

EXPLICATION DES PLANCHES.

PLANCHE 27.

1, 2. Décorations *intérieures de deux murs d'entre-colonnement de l'édifice de l'est.* — 3...22. *Détails d'hiéroglyphes.*

Fig. 1. La place de ce tableau se voit pl. 26, fig. 3. Le temps a manqué pour revoir scrupuleusement sur les lieux tous les hiéroglyphes de ce tableau. Il y a aussi plusieurs détails dans la décoration qui sont incomplets ou défectueux, notamment les serpens de la corniche, qu'on a figurés sans tête, et les serpens qui couronnent et enveloppent les tiges de lotus, représentés avec deux têtes au lieu d'une seule. Ce temple n'ayant pas été achevé, c'est la cause pour laquelle plusieurs parties de ce tableau présentent des différences avec le tableau voisin.

Fig. 2. Tableau sculpté à côté du précédent. Il paraît que les sculpteurs y avaient mis la dernière main; aussi a-t-on pris le plus grand soin pour le dessiner avec exactitude : mais l'échelle de la gravure est trop petite pour les hiéroglyphes. (*Voyez* fig. 3, etc.)

Nota. Les doigts du personnage qui fait une offrande ont été gravés plus longs qu'ils ne le sont dans l'original.

Fig. 3...22. Détails des hiéroglyphes de la fig. 2, à l'échelle où ils ont été dessinés sur les lieux. Il est facile de reconnaître sur le tableau la place de chacun de ces détails.

PLANCHE 28.

Vue *perspective de l'édifice de l'est.*

Le point de vue est marqué en G sur le plan général. (*Voyez* pl. 1.)

Les palmiers figurés près du temple sont tels que la nature les produit, et qu'on en voit en grand nombre à Syène, à Éléphantine et dans tous les lieux environnans. Ils sont bien plus pittoresques que ceux que l'on cultive, et que l'on dépouille successivement de toutes les branches qui en ornent le tronc. Sur le devant on voit des rochers de granit, et plus loin, le premier et le second pylône. On a négligé de revêtir ces monumens de leurs décorations; il faut les supposer rétablies.

1. Restes d'une muraille antique. (*Voyez* pl. 1.)

PLANCHE 29.

1...27. DÉTAILS *de coiffures symboliques.* — 28, 29. *Plan et élévation d'un petit portique à l'est du grand temple.* — 30, 31, 32, 33. *Plan, élévation, coupe et vue perspective d'une construction romaine.*

Fig. 1...27. Détails de coiffures copiées dans les divers monumens de Philæ.

Fig. 28. Plan du petit portique de l'est, situé au levant du grand temple. (*Voyez* pl. 1.)

Fig. 29. Élévation du petit portique de l'est.

Ce petit monument est encombré jusqu'à la partie supérieure des chapiteaux. On n'y a pas fait de fouilles. Il a été restauré d'après d'autres monumens du même style. Il est très-probable qu'il servait d'entrée à un petit temple qui est maintenant enseveli sous les décombres.

Fig. 30. Plan d'une construction romaine en forme d'arc de triomphe.

Fig. 31 et 32. Élévation et coupe d'une construction romaine. Elle est figurée non terminée, et telle qu'on la voit maintenant.

Figure 33.

1. Muraille dont il a été parlé pl. 1.
2. Édifice de l'est. Sur le devant sont des murs de quai dont on ne voit qu'une très-petite partie dans le temps des hautes eaux. Ici le Nil n'est point encore à son *maximum* d'élévation. Cette vue est prise du point H. (*Voyez* pl. 1.)

ILE D'ÉLÉPHANTINE ET SYÈNE*.

EXPLICATION DES PLANCHES,
Par M. JOMARD.

ILE D'ÉLÉPHANTINE ET ENVIRONS.
PLANCHE 30.

1, 2, 3. Vue *et plans de la cataracte de Syène, et des environs.* — 4. *Vue des ruines d'Éléphantine.*

Fig. 1. Plan général de la cataracte, et des environs de Syène et de Philæ. Ce plan a été levé à l'époque des basses eaux : l'échelle est trop petite pour qu'on ait pu y marquer tous les détails des îles de granit dont le cours du fleuve est rempli; par la même raison, l'on n'a pu y tracer les limites des petits espaces cultivés qui bordent le Nil çà et là. Consultez les pl. 1 et 31, où sont les plans exacts de Philæ, de Syène et d'Éléphantine.

Nota. Il faut lire *Aouanarteh* au lieu d'*Aonanarteh*, dans l'une des îles.

Fig. 2. Détail de la cataracte dans les hautes eaux, avec les dix barres principales où j'ai vu l'eau s'écouler entre les

---

* *Voyez*, après la pl. 38, un supplément à l'explication des planches de Philæ.

rochers, le 29 fructidor an VII, (15 septembre 1799).
(*Voyez* la description des cataractes, *chapitre II, section* II.) Les formes des îles et des écueils découverts sont très-variables selon la hauteur des eaux.

Fig. 3. Vue de la cataracte, prise d'un rocher sur la rive droite du Nil. Les chutes d'eau que l'on voit figurées sur la gravure, sont peu considérables ; le cours du fleuve est plein de tourbillons qui rendent la navigation impraticable, excepté sur la rive gauche, comme on le voit à l'avant-dernier plan du tableau. Il faut distinguer une île où sont bâties des maisons de briques, et une autre où se trouve un palmier. Au fond se voient de grandes îles de granit, hérissées de blocs anguleux, que l'on a tâché d'exprimer par le dessin. Il faudrait un tableau revêtu de toutes ses couleurs, pour donner une idée d'un site aussi sauvage et aussi pittoresque.

Fig. 4. Vue des ruines d'Éléphantine et des restes de Syène, prise du point A, pendant les hautes eaux. (*Voy.* pl. 31.)

1. Temple du sud à Éléphantine.
2. Restes d'une porte en granit.
3. Murs de quai et nilomètre.

Sur le devant du tableau, on voit la grève remplie de sable, que le Nil inonde dans les très-hautes eaux ; à droite est une espèce de sensitive en fruits, ainsi que l'*asclepias gigantea* en fruits également. (*Voyez* la Description de Syène, *chapitre II, section* I.)

Sur le second plan, sont les restes des maisons de briques appartenant à l'ancienne ville de Syène, et qui étaient bâties sur le penchant du rocher. Ces maisons et ces palmiers par étages ne se retrouvent nulle part ailleurs dans toute l'Égypte. Au pied est le rocher nu et à pic, baigné par le fleuve, et couvert de figures hiéroglyphiques taillées profondément.

Sur le troisième plan, se voit une île avec la butte de décombres qui est le reste de l'ancienne ville d'Éléphantine. Cette ville était bâtie sur le rocher dont on voit encore des pointes saillantes qui percent les décombres; de grands blocs de granit sortant de l'eau sont au pied des ruines et devant le mur de quai.

Sur le dernier plan, on voit la chaîne libyque recouverte de sable.

On a représenté sur le Nil des hommes du pays traversant le fleuve sur des faisceaux de roseaux, et se dirigeant au moyen d'un petit aviron.

ILE D'ÉLÉPHANTINE ET SYÈNE.

PLANCHE 31.

PLAN *général de l'île d'Éléphantine, de Syène, et des carrières de granit exploitées par les anciens Egyptiens.*

Cette carte topographique des environs de Syène et d'Éléphantine est trop étendue, et elle comprend des détails trop multipliés, pour qu'on puisse les indiquer tous par des lettres de renvoi. Les noms et les désignations gravés sur la planche suffiront pour étudier les parties principales du plan. (Consultez la Description de Syène et celle d'Éléphantine, *chapitres II* et *III*.)

A. Point de vue de la pl. 30, fig. 4.
B. Point de vue de la pl. 32, fig. 1.
C. Point de vue de la pl. 32, fig. 2.
D. Point de vue de la pl. 34.
E. Point de vue de la pl. 38, fig. 1.
F. Point de vue de la pl. 38, fig. 4.

G. Mur de quai, concave du côté du Nil. C'est à ce point qu'est un nilomètre.

H. Place d'un bas-relief romain représentant le Nil. (*Voyez* pl. 32 et 38.)

I. Ilot de granit, dans lequel est pratiqué un escalier montant à une tourelle.

PLANCHE 32.

1. V*ue de l'île et des environs.* — 2. *Vue de Syène.* — 3. *Vue d'un rocher de granit portant les traces de l'exploitation.*

Fig. 1. Vue de la plus grande partie de l'île d'Éléphantine et de la chaîne libyque, prise du point B, pendant les basses eaux. (*Voyez* pl. 31.)

1. Place d'un bas-relief représentant le Nil.
2. Temple du sud.
3. Restes d'une porte construite toute entière en granit : un peu à gauche de cette porte, sur le bord du fleuve, on voit, au-dessus du quai, deux fenêtres vis-à-vis du nilomètre.

Sur le devant et à gauche, sont des débris de constructions en briques, qui ont probablement appartenu à la ville de Syène, sous le gouvernement des khalyfes. Sur le second plan, on aperçoit un très-beau mur de quai, qui garantit l'île d'Éléphantine des envahissemens du fleuve ; il est fondé sur les rochers de granit qui bordent l'île : la berge est coupée à pic, et forme un cap avancé dans le Nil, vers l'extrémité à droite. Sur le second plan, sont des champs ensemencés de *dourah* qui sont sur le point d'être moissonnés. Un grand nombre de palmiers sont distribués sur les bords et dans l'intérieur de l'île. Sur la crête des

A. VOL. I. ILE D'ÉLÉPHANTINE, ETC.

montagnes de la chaîne libyque, on découvre un santon.

Fig. 2. Vue de Syène et des environs, prise du point marqué C, pl. 31, pendant les basses eaux.
  1. (*Voyez* fig. 1, au point 1.)
  2. Temple du sud, dans l'île d'Éléphantine.
  3. Construction qui porte tous les caractères d'un édifice romain : une chaussée en pierres, soutenue de distance en distance par des arcades, conduit à cette construction. On croit que cet édifice était destiné à des bains publics; les Français en avaient fait une espèce de fort au moyen duquel on défendait le Nil.

Des rochers de très-beau granit rouge et noir sont derrière les palmiers.

Fig. 3. Vue d'un rocher de granit placé à environ 300 mètres au sud-est de Syène moderne. (*Voyez* pl. 31.) Ce bloc est recouvert des marques d'outils laissées sur le granit par les anciens Égyptiens qui l'ont exploité. Deux hommes du pays paraissent occupés à compter ces marques; à gauche est un Arabe a'bâbdeh, que l'on distingue à sa chevelure. Les traces de l'exploitation forment des lignes parallèles que j'ai comptées au nombre de trente; leur distance est d'environ 7 pouces : dans une seule de ces lignes, il y a trois cent quarante-sept marques d'outils. L'échelle de la figure est de trois centimètres pour mètre. (*Voyez* la Description de Syène, *chapitre II, section* 1, §. IV.)

ILE D'ÉLÉPHANTINE.

PLANCHE 33.

Plan, *élévation, coupe et détails d'un nilomètre.*

Fig. 1. Plan d'un escalier qui descend au Nil. (*Voyez* au point G, pl. 31.) Ce plan a été gravé à une échelle plus grande que l'échelle ordinaire, pour rendre les détails plus sensibles; il faut y remarquer un mur courbe, qui occupe la partie moyenne de l'escalier dirigé vers le fleuve.

Fig. 2. Élévation extérieure du quai et de l'escalier supérieur. CD. Niveau des hautes eaux.

On a marqué par des points les marches de l'escalier inférieur. A droite, et en bas de la gravure, se voit la porte par laquelle on communique de l'escalier au fleuve. Plus haut, sont deux ouvertures horizontales qui éclairent l'escalier.

Fig. 3. Coupe de l'escalier sur la ligne AB. (*Voy.* fig. 1.) CD. (*Voyez* fig. 2.) On voit, le long de l'escalier, des échelles graduées qui servaient à la mesure de la crue du Nil.

Les traits que l'on aperçoit au-dessus de la plus haute de ces échelles, indiquent des inscriptions grecques: celles-ci seront gravées dans la collection des inscriptions.

PLANCHE 34.

Vue *du temple du sud.*

Cette vue est prise du point E. (*Voyez* pl. 31.) Elle

A. VOL. I. ILE D'ÉLÉPHANTINE, etc.

donne une idée de l'amas de décombres qui environne le temple de toutes parts.

1. Restes d'un escalier démoli et des dés qui l'accompagnaient; on n'en voit plus que les degrés supérieurs.
2. Statue en granit rouge, de deux mètres et demi de proportion, d'un seul bloc, et non achevée.
3. Débris accumulés sur la terrasse du temple.
4, 4'. Décombres et amas de ruines qui couvrent les environs, et dont le sol est jonché depuis le temple jusqu'au Nil.

PLANCHE 35.

PLAN, *coupe, élévations, détails et bas-reliefs du temple du Sud.*

Figure 1.

Plan du temple.

a. Salle construite postérieurement au temple. (*Voy*. fig. 3.)
b. Pilier abattu.
c. Escalier restauré d'après les cinq ou six premières marches qui subsistent.

Nota. La largeur des marches a été figurée un peu trop grande. On n'est pas certain que les colonnes postérieures ne fussent engagées qu'à moitié dans le mur du fond.

Au lieu de minaret de Syenne, *lisez* minaret de Syène; statue à 100 mètres, *lisez* statue à 30 mètres.

Figure 2.

Façade antérieure du temple.

Consultez la Description d'Éléphantine, *chap. III*, §. II.
b. Pilier restauré. Il devait être sculpté comme ceux de la fig. 4. (*Voyez* fig. 1.)
c. *Voyez* fig. 1.

d. Angles de la corniche et du stylobate restaurés.

Tous les hiéroglyphes sont exacts, ainsi que les décorations.

Il faut avertir que l'échelle est double de l'échelle adoptée pour les élévations : il en est de même des fig. 3 et 4. Les ombres sont projetées sous un angle plus grand que 45 degrés.

Nota. Les cordons latéraux sont omis. (*Voyez* la coupe, fig. 4.)

Figure 3.

Élévation postérieure du temple. (*Voyez* fig. 1.)
a. Construction faite postérieurement au temple. (*Voy.* fig. 1.)
e. Le stylobate a été continué sans interruption dans cette partie, d'après l'analogie des autres temples, qui jamais n'ont deux entrées opposées. Les décombres accumulés à la partie postérieure du monument n'ont laissé voir aucune issue de ce côté, et ne permettent pas d'y supposer ni escalier ni entrée. Il est vrai qu'ainsi les colonnes sont engagées entièrement par le bas ; mais c'est une conséquence de la saillie du stylobate sur la colonne, saillie que l'on voit fig. 2.

Les hiéroglyphes gravés sur cette élévation sont parfaitement exacts ; le temps a manqué pour copier les autres.

Figure 4.

Coupe faite sur la ligne AB. (*Voyez* fig. 1.)
f. Trous destinés à recevoir les gonds de la porte ; les embrasures de cette porte sont évasées, comme on le voit ici et dans le plan. Cette remarque n'a été faite que dans ce temple.
g, g. Galeries souterraines, dont la largeur n'a pas été mesurée exactement.

h. Caveau restauré d'après l'analogie des galeries g, g.

i, k. Piliers décorés, dont les sculptures sont répétées sur tous les autres; ils sont en grand pl. 36.

La hauteur de cette coupe et celle des élévations ont été déterminées par la mesure du soubassement total de $3^m,1$; la mesure n'a pas été prise jusqu'au sol, mais seulement jusqu'au niveau supérieur des décombres du côté F. (*Voyez* fig. 1.) Il est donc possible que cette hauteur soit un peu trop petite.

Nota. Dans le profil coté, on a oublié une ligne d'attache pour marquer que la cote $0^m,5$ ne comprend que la corniche sans listel.

Fig. 5. Sections horizontales du chapiteau de la colonne. La moitié de cette figure, à droite, représente une section faite sur la ligne QR (*voyez* fig. 7), et projetée sur le plan OP; l'autre, une section faite sur cette même ligne OP.

Fig. 6. Section faite sur la ligne MN (fig. 7), et projetée sur le plan IK.

Fig. 7. Élévation du chapiteau et de la partie supérieure du fût de la colonne : le bas représente le plan de la colonne à la hauteur ST. Les hiéroglyphes du dé sont exacts.

Fig. 8. Coupe verticale de la moitié du chapiteau et de la colonne, faite sur la ligne GH (*voyez* fig. 6), et projetée sur le plan diagonal.

Fig. 9. Décoration de la poupe d'une barque symbolique, faisant partie du tableau qui est sculpté dans l'intérieur du temple du côté du midi, tableau qui fait pendant à celui gravé pl. 37.

Fig. 10. Inscription hiéroglyphique placée au-dessus du vautour, au haut des piliers angulaires. (*Voyez* la fig. 3, où l'on a gravé ces hiéroglyphes en petit.

Fig. 11. Inscription placée derrière une figure du temple, qui fait une offrande.

Fig. 12, 13. Légendes hiéroglyphiques copiées sur les murs du temple; savoir: 12, sur la frise extérieure du frontispice; 13, sur la frise intérieure de la galerie.

PLANCHE 36.

Coupes et bas-reliefs du temple du sud.

Figure 1.

Coupe faite sur la ligne CD. (*Voyez* pl. 35, fig. 1.)
a. Parties construites postérieurement au temple.
g, h. Caveaux restaurés.
m. Grand bas-relief qui décore toute la salle, représenté en détail pl. 37, fig. 2.

Le dé a été figuré en arrachement, à cause du défaut de place.

L'échelle de cette coupe et de la fig. 2 est double de l'échelle ordinaire, comme dans la pl. 35.

Nota. La colonne est un peu trop large inférieurement; les ornemens de la frise supérieure du grand tableau sont trop écartés. Pour l'exactitude des mesures, consultez les cotes, ainsi que la pl. 35 pour la correction de la gravure.

Fig. 2. Coupe faite sur la ligne EF. (*Voyez* pl. 35, fig. 1.)
Tous les bas-reliefs sont exacts.
(*Voyez* la note de la pl. 35, fig. 2.)

Fig. 3. Détail d'un des piliers de la galerie nord du temple; les autres piliers de cette galerie sont pareils: tous les hiéroglyphes sont exacts. L'échelle de la figure n'est pas marquée sur la planche; mais il est facile de la connaître au moyen des coupes.

Fig. 4. Détail d'un des piliers de la galerie sud. Mêmes observations que pour la figure précédente.

A. VOL. I. ILE D'ÉLÉPHANTINE, etc.

Fig. 5. Détail d'une figure de l'entrée du temple, offrant des bouquets de fleurs ; sa proportion est d'environ o^m,87, ou 32 pouces.

Fig. 6. Détail du collier d'un personnage placé au point n du tableau principal. (*Voyez* fig. 1.)

Fig. 7, 8. Inscriptions hiéroglyphiques du temple : la fig. 7 est dessinée sur une face latérale.

PLANCHE 37.

Bas-reliefs du temple du sud.

Fig. 1. Bas-relief qui recouvre le mur r t dans toute sa longueur. (*Voyez* pl. 35, fig. 1.)

Le temps n'a pas permis de copier les hiéroglyphes. Cette gravure peut donner une idée du style égyptien, de la netteté des contours, de la fermeté du ciseau et du caractère de la physionomie.

Fig. 2. Décoration complète de l'intérieur du temple sur la face v x. (*Voyez* pl. 35, fig. 1.)

Tous les hiéroglyphes de ce tableau sont exacts. (*Voyez* la Description, *chapitre II*, §. ii et v.)

Nota. Plusieurs figures de la barque symbolique ont une coiffure qui n'a pas été gravée correctement.

ILE D'ÉLÉPHANTINE ET SYÈNE.

PLANCHE 38.

1. Vue perspective du temple du sud à Éléphantine.
— 2, 3. Temple du nord. — 4. Vue de l'île et des environs. — 5, 6, 7, 8. Plan, élévation et chapiteaux d'un temple à Syène. — 9. Plan d'un édifice ruiné à Syène.

Fig. 1. Vue perspective du temple du sud à Éléphantine, prise du point E. (*Voyez* pl. 31.) Le temple est supposé neuf, et non totalement achevé : des ouvriers sont occupés à transporter les dernières pierres qui appartiennent à l'un des dés de l'escalier.

On a donné cette vue perspective pour éviter de graver une élévation latérale.

Fig. 2. Plan du temple du nord à Éléphantine : les parties tout-à-fait noires sont les seules entièrement debout. La restauration complète de ce plan était suffisamment indiquée par ce qui en subsiste encore, et aussi par la grande analogie qu'il a avec le temple du sud.

Fig. 3. Élévation latérale, en partie restaurée, du temple du nord. Nous avons constaté sur les lieux que les piliers sont ornés d'hiéroglyphes que nous n'avons pu copier, et nous avons remplacé ceux-ci par d'autres, pour l'effet architectural ; il en est de même des hiéroglyphes de l'architrave et de la décoration de la corniche.

Fig. 4. Le point de vue est marqué en F sur le plan général (pl. 31).

Cette vue représente, à droite, un cap de l'île, vers le sud-est. Le long du rivage, au point 1, on remarque une construction qui paraît avoir été faite pour favoriser les débarquemens : sur une des faces intérieures de cette construction est un bas-relief représentant le Nil ; cette pointe de l'île est couverte de palmiers. A gauche, on voit au milieu du fleuve, au point 2, la tête d'un des écueils dont le Nil est parsemé entre Syène et la dernière cataracte.

Plus loin, au point 3, est la côte de Syène, bordée d'énormes rochers de granit et surmontée d'anciennes constructions qui ont appartenu à la ville arabe. Au point 4, sont des tombeaux placés à droite de la route de Syène à Philæ.

La montagne que l'on voit dans le fond appartient à la chaîne libyque.

Fig. 5. Plan des restes d'un temple à l'ouest de Syène, à peu de distance des bords du Nil. Le temple est enseveli, jusqu'à la hauteur des chapiteaux, sous ses propres débris et sous les décombres qui proviennent de l'ancienne ville : on ne peut pénétrer que sous le portique. Les deux colonnes, d'une teinte pâle, n'ont pas été vues ; elles existent probablement encore sous les débris. On n'a figuré que la partie de ce temple qui a été vue hors des décombres.

Fig. 6. Élévation antérieure, en partie restaurée, du temple situé à l'ouest de Syène.

Fig. 7, 8. Détails des deux chapiteaux qui subsistent encore dans le temple de Syène.

Fig. 9. Plan des restes d'un édifice en granit, à Syène, situé à l'ouest du temple.

SUPPLÉMENT

A L'EXPLICATION DES PLANCHES DE PHILÆ.

PLANCHE 12.

Fig. 7. Cette légende est la plus commune à Philæ, dans tous les temples ; on la trouve aussi à Ombos.

Les fig. 6, 8, 9, sont des variétés de la légende sacerdotale.

La fig. 10 est la même que la fig. 11 renversée, excepté qu'elle a un signe de plus.

PLANCHE 15.

Fig. 2, 3. Ces deux coiffures appartiennent à un même personnage, qui porte tantôt l'une et tantôt l'autre. Les fig. 4, 5 et 6 appartiennent de la même manière à un autre personnage ; il en est de même des fig. 7 et 8, et des fig. 9 et 10.

PLANCHE 16.

Fig. 5, 7. Ces deux coiffures appartiennent à un même personnage ; il en est de même des fig. 17, 18 et 19.

PLANCHE 29.

Fig. 1, 11. Ces deux coiffures appartiennent à un même personnage ; il en est de même des fig. 2, 3 et 12, et des fig. 10 et 18.

KOUM-OMBOU
(OMBOS).

EXPLICATION DES PLANCHES,

Par MM. JOLLOIS et DEVILLIERS,

Pour les planches 39, 40, 41, 42 et 46;

Et par M. JOMARD,

Pour les planches 43, 44, 45 et 47.

PLANCHE 39.

PLAN *général des ruines et des environs.*

A. Point de vue de la pl. 46.
B. Point de vue de la pl. 40.

Nota. Ce que l'on a tracé sur le plan général du grand et du petit temple représente l'état de ces monumens à l'époque où nous les avons visités. On s'est imposé, dans ces sortes de plans, la condition de n'indiquer aucune restauration, pas même celles qui sont les plus probables.

PLANCHE 40.

VUE *du grand temple.*

Ce dessin est celui dont le point de vue est marqué en B sur le plan général. Les perpendiculaires ou ordonnées élevées

46 EXPLICATION DES PLANCHES.

par les points 1, 1, ont pour objet d'indiquer une muraille en briques crues: celles élevées par les points 2, 2, indiquent des groupes de Français et d'habitans du pays. Plusieurs voyageurs sont occupés à mesurer et à dessiner les ruines; d'autres prennent un repas à l'ombre du temple.

PLANCHE 41.

1, 2, 3. PLAN, *coupe et élévation du grand temple.* — 4. *Bas-relief du même temple.* — 5, 6. *Détails hiéroglyphiques.*

Fig. 1. Plan particulier du grand temple. Tous les murs que l'on voit pochés en noir, sont les parties encore subsistantes des monumens : les parties plus pâles sont de restauration; mais cette restauration est si clairement et si évidemment indiquée, qu'on peut la regarder comme l'état certain du monument, à l'époque de sa construction primitive. a et b indiquent les places de quelques sculptures du plafond. (*Voyez* l'explication de la pl. 44.)

Les colonnes c, d, e, f, g, sont toutes couronnées des mêmes chapiteaux, et ces chapiteaux se voient dans l'élévation, fig. 3.

i, l. Les chapiteaux de ces colonnes sont représentés dans la coupe, fig. 3, et détaillés dans la pl. 42, fig. 4.

u, r. Les chapiteaux de ces colonnes se voient dans la pl. 42, fig. 3.

o, q. Les chapiteaux de ces colonnes se voient fig. 3 au point y, et sont détaillés pl. 42, fig. 2.

h, m. Ces colonnes ont des chapiteaux à campane, décorés de tiges et de fleurs de lotus. On n'en a point ici donné les dessins, parce qu'ils sont les mêmes que celui qu'on voit à Philæ, et qui a été gravé pl. 7, fig. 1.

k. Cette colonne est couronnée d'un chapiteau à feuilles de palmier. Il est le même que celui qu'on voit à Philæ, à Edfoû et à Esné.

p. Le chapiteau de cette colonne est détaillé pl. 42, fig. 1.

s, t. (*Voyez* l'explication de la pl. 43.)

Fig. 2. Coupe longitudinale sur la ligne A B. (*Voyez* fig. 1.) On n'a point figuré dans cette coupe le mur de restauration, qui est indiqué dans le plan; on n'y a été déterminé par aucune autre raison que celle de laisser cette fois au lecteur la satisfaction de le suppléer lui-même. La base des colonnes est de restauration : l'encombrement formé par les sables mouvans était de telle nature, qu'il ne nous était pas possible d'exécuter des fouilles, sans employer beaucoup de temps et d'argent. La hauteur des colonnes a été restaurée d'après les proportions données par celles des autres temples de l'Égypte qui ont le même galbe; les ornemens du bas des colonnes sont aussi de restauration. Les colonnes du second portique sont enfouies jusqu'à la hauteur du chapiteau, elles ont été restaurées d'après les mêmes données dont on a fait usage pour les colonnes du premier portique.

Nota. La hauteur des dés des chapiteaux est trop petite; c'est une erreur qui s'est glissée dans l'exécution du dessin : il faut s'en rapporter à la cote. Les hiéroglyphes que l'on voit sur les colonnes sont restaurés, et suppléent pour l'effet aux vrais hiéroglyphes qui y existent encore.

Fig. 3. Élévation du portique; elle n'a point été restaurée, non plus que la coupe. Les deux lignes de grands hiéroglyphes que l'on voit sur l'architrave, remplacent d'autres hiéroglyphes que l'on n'a point eu le temps de dessiner. L'existence actuelle des murs d'entre-colonnement u et v que l'on a restaurés, a été constatée; ces murs sont entièrement cachés sous le sable. On a répété sur les colonnes la même décoration qui a été copiée sur une des colonnes de l'intérieur du portique. Des lignes ponctuées indiquent à droite la terminaison très-probable de ce beau temple.

Fig. 4. Ce dessin a été copié sur le montant de la première porte du temple.

Fig. 5 et 6. Inscriptions hiéroglyphiques copiées dans le grand temple.

PLANCHE 42.

1, 2, 3, 4. CHAPITEAUX *du grand temple.* — 5, 6, 7. *Plan, élévation et coupe du petit temple.*

Fig. 1, 2, 3, 4. Chapiteaux dont la place est marquée pl. 41, fig. 1. (*Voyez* l'explication de la pl. 41.)

Fig. 5. Plan du petit temple. Toutes les parties pochées en noir sont celles qui sont encore debout; les parties moins foncées sont des murs dont on a retrouvé les fondations; et les parties tout-à-fait pâles sont entièrement de restauration.

Fig. 6. Élévation du petit temple. Les murs latéraux ont été restaurés, et donnent au monument la configuration qu'il a dû avoir dans son état primitif : les hiéroglyphes qui sont sur la frise suppléent aux vrais hiéroglyphes, qu'on n'a pu dessiner.

Nota. C'est par erreur que le fût des colonnes n'est pas diminué par le haut.

Fig. 7. Coupe sur la ligne AB du plan. On a donné ici la coupe telle qu'on la voit sur les lieux : on se représentera facilement, par la pensée, les murs de fond qui n'ont pas été restaurés.

A. VOL. I. KOUM-OMBOU (OMBOS).

PLANCHE 43.

1...17. INSCRIPTIONS *hiéroglyphiques.* — 18, 19, 20. *Détails d'architecture et de bas-reliefs du portique du grand temple.*

Fig. 1.... 17. Inscriptions hiéroglyphiques dessinées dans le grand temple. La plus remarquable est la figure 2, à cause de la symétrie des signes. Les fig. 1, 3, sont copiées au haut de la colonne, et sont composées des mêmes signes, à deux près : la fig. 4, copiée au plafond, n'en diffère que d'un seul. La fig. 7 n'est que le commencement de trois colonnes d'hiéroglyphes d'une offrande. Les fig. 5 et 6 étaient accolées ainsi que 10 et 14. La figure 16, qui est sur la corniche et qui se retrouve sur une colonne, mais en sens inverse, et aussi ailleurs avec quelques variétés, est presque entièrement composée des mêmes signes que la fig. 5, bien que l'une soit verticale, et l'autre horizontale : il faut remarquer surtout que ce déplacement n'a pas dérangé les divers groupes de signes, qui sont demeurés unis trois à trois, ou quatre à quatre, soit à côté, soit au-dessus l'un de l'autre. Il en est de même des fig. 4 et 15. On peut faire les mêmes remarques dans la pl. 80, fig. 7, 8, 9 et 10, dans la pl. 20, et dans les autres planches d'hiéroglyphes. La disposition horizontale ou verticale des hiéroglyphes était commandée par la distribution des ornemens : il est probable que cette inversion n'en changeait pas le sens ; d'où il suit naturellement qu'on pouvait écrire les hiéroglyphes à droite ou à gauche, du haut en bas, ou du bas en haut, indifféremment. La fig. 11 est dans la corniche ; 12 et 13 se retrouvent dans le temple, tournées en sens contraire.

Fig. 18. Couronnement de la façade du temple proprement dit, au fond du portique: il a été copié au-dessus du point s (pl. 41, fig. 1). *Voyez* la coupe au point z, même planche. Le profil de gauche est pris entre deux serpens; le profil de droite est pris au milieu du corps. On a recueilli avec tout le soin possible les mesures de cette espèce de corniche, afin d'en bien faire connaître les proportions et le caractère. (*Voyez* la Description.)

Fig. 19. Bas-relief dont tous les hiéroglyphes sont exacts : il a été dessiné sur le mur marqué s (pl. 41, fig. 1). Les hiéroglyphes présentent les remarques déjà faites dans les pl. 10, 22, 23, 59, etc.

Fig. 20. Détail de la partie supérieure de la porte qui fait pendant à celle marquée t (pl. 41, fig. 1). On n'a pu recueillir les hiéroglyphes des tableaux.

PLANCHE 44.

Sculptures *et détails du grand temple.*

Fig. 1. Développement de la demi-circonférence de la colonne l. (*Voyez* pl. 41, fig. 1.) Les intervalles qui se trouvent entre les ornemens, renfermaient des hiéroglyphes que le défaut de temps n'a pas permis de dessiner; la partie inférieure était cachée sous le sable. L'une des deux légendes d'hiéroglyphes est la même que la fig. 3 de la pl. 43, mais disposée verticalement.

Fig. 2, 8. Bas-reliefs du plafond aux points marqués a et b. (*Voyez* pl. 41, fig. 1.)

Fig. 3. Sculptures tracées et non encore ébauchées au plafond du grand temple, entre le point b et la porte correspondante du portique. (Voyez *ibidem*, et consultez la Description.)

Fig. 4. Bas-relief copié sur une pierre du plafond, tombée au point b. (Voyez *ibidem.*)

Fig. 5. Frise supérieure dessinée dans une des salles du grand temple.

Fig. 6, 7. Hiéroglyphes dessinés sur la colonne u (*voyez* pl. 41, fig. 1), entre deux anneaux pareils à ceux de la fig. 1, pl. 44.

PLANCHE 45.

1...5 BAS-RELIEFS *du petit temple.* — 6...13. *Coiffures symboliques.* — 14. *Bas-relief des grottes de Selseleh.*

Fig. 1...3. Bas-relief et portion de frise du petit temple d'Ombós.

Fig. 2. Bas-relief faisant partie du tableau qui couronne la seconde porte du petit temple après le portique.

Fig. 4. Portion d'une frise supérieure dessinée dans la seconde ou la troisième salle du petit temple vers la droite.

Fig. 5. Bas-relief dessiné au-dessus de la première porte du petit temple après le portique.

Fig. 6...13. Coiffures symboliques. Les coiffures 6, 8, 9, 10, appartiennent à un même personnage : même observation pour les quatre autres.

Fig. 14. Bas-relief sculpté sur l'une des grottes de Selseleh; on y voit des attributs absolument pareils à ceux qu'on a fait remarquer parmi les hiéroglyphes de la pl. 22, fig. 1.

Nota. Le titre de la planche porte 6...15, par erreur, au lieu de 6.. 13.

PLANCHE 46.

Vue perspective des deux temples et de l'enceinte.

Le point de vue est marqué A sur le plan général, pl. 39. Il faut que le spectateur se suppose placé sur le haut d'une barque qui serait à l'ancre, au moment où les eaux de l'inondation sont à leur plus grande hauteur.

Le grand temple, le petit temple et la grande porte qui se trouve en face, ont été restaurés dans leur état primitif, ainsi que les murs d'enceinte en briques. Toutes les sculptures et les hiéroglyphes qui décorent ces édifices, sont de restauration. Sur le devant, on voit le Nil et les bords argileux de la butte factice sur laquelle s'élève l'ancienne ville.

SELSELEH
(SILSILIS).

PLANCHE 47.

Vue des grottes taillées à l'entrée des anciennes carrières.

A droite du tableau est une grande germe arrêtée devant les grottes; les colonnes et les sculptures que l'on voit, sont taillées dans le rocher; les carrières de grès sont au-delà. Sur le second plan, est un rocher isolé qui a une large tête, et auquel on a prétendu, sans fondement, qu'était jadis attachée une chaîne, servant à barrer le Nil.

EDFOU
(APOLLINOPOLIS MAGNA).

EXPLICATION DES PLANCHES,

Par M. JOMARD.

Nota. L'explication des planches 56 et 61 est de MM. Jollois et Devilliers.

PLANCHE 48.

Vue générale.

Cette vue est prise d'un point placé entre le Nil et le village d'Edfoû, au sud-est du temple; elle montre une grande partie du village et le grand temple tout entier. La construction pyramidale qui se remarque en avant du second plan, a cent huit pieds environ d'élévation; elle domine sur tout le pays à une grande distance : les habitans l'appellent *Qala'h* (citadelle).

1. Citerne à l'ombre d'un sycomore, où des *felláh* se rafraîchissent; il y en a de pareilles dans la plaine, de distance en distance.
2. Maisons bâties sur le portique du grand temple.
3, 3'. Décombres qui environnent le temple à l'ouest, et qui appartiennent aux restes de l'ancienne ville.
4. Mamlouks et cavaliers du pays.

EXPLICATION DES PLANCHES.

PLANCHE 49.

Vue du grand temple.

Cette vue pittoresque est prise au sud-ouest. Sur le premier plan est le grand temple; sur le second, la vallée et le Nil; et sur le dernier, la chaîne arabique : sur le devant, sont des buttes de décombres; la gauche est occupée par une scène domestique.

1. Maisons du village d'Edfoû, construites sur le temple.
2. Tente de Mamlouk. L'auteur du dessin est représenté en avant de la tente, s'entretenant avec un cavalier fellâh; un domestique porte ses armes; d'autres serviteurs préparent son repas.

PLANCHE 50.

1, 2. Plan et coupe générale du grand temple. — 3, 4. Détails de constructions intérieures.

Figure 1.

Ce plan peut donner une idée de la symétrie et de la distribution de toutes les parties d'un temple égyptien.
a. *Voyez* l'explication de la pl. 55.
b. *Voyez* l'explication de la pl. 61.
c, f, ii. *Voyez* l'explication de la pl. 57, fig. 9, 1, 8 respectivement.
d. *Voyez* l'explication de la pl. 60, fig. 3.
e, m, n. *Voyez* l'explication de la pl. 59, fig. 1, 2, 3, 4, 5, 6.
f, f', f''. *Voyez* l'explication de la pl. 56, fig. 1.
gh, i, kl. *Voyez* l'explication de la pl. 58, fig. 1, 3, 4, 2.

A. VOL. I. EDFOU (APOLLINOPOLIS MAGNA).

o. Il y a en cet endroit une ouverture au plancher.

p. On trouve là deux murs en briques, qui empêchent de parvenir dans l'intérieur : j'en ai forcé l'entrée pour pénétrer dans les couloirs et dans le second portique. (*Voy.* fig. 3 et 4.)

s. Bandeaux ou plates-bandes qui joignent les deux parties de la muraille. (*Voyez* fig. 3, au point dd; et fig. 4, au point ff.) Toute cette partie du plan a été reportée symétriquement de l'autre côté, quoique je ne l'aie pu voir que du côté du couchant.

t. Endroit par où l'on arrive actuellement dans le temple. A ce point, il y a une rampe douce formée par les décombres, qui s'élève jusque sur le dessus du mur d'enceinte.

v. Cour ou *péristyle* : toute la galerie qui l'environne est occupée par des masures en briques, habitées par différentes familles d'Égyptiens et de Barâbras.

x. Angles du portique, répondant aux *antes* des temples grecs.

y. Grands corridors ou promenades.

z. Premier portique, répondant au *porticos* des temples grecs.

aa. Second portique, répondant au *pronaos*.

bb. Sanctuaire, répondant au *sécos* ou *cella*.

cc. Derrière du temple, répondant au *posticum*.

Nota. L'escalier figuré à l'extrémité du temple, du côté droit, a été observé dans la partie gauche; c'est par erreur qu'on ne l'a pas figuré de ce dernier côté.

Figure 2.

Coupe générale prise sur la ligne AB (*voyez* fig. 1); à l'échelle du plan.

hh. Pylône, nom que nous donnons à ces constructions pyramidales qui précèdent les grands édifices égyptiens. (*Voyez* la Description, *chapitre V*, §. III.)

Cette coupe est représentée nue et sans décoration, à cause de la petitesse de l'échelle, et aussi parce que l'encombrement n'a pas permis de dessiner les sculptures intérieures.

Figure 3.

Coupe prise sur la ligne CD. (*Voyez* fig. 1.)
q, q. Hauteur de l'encombrement des salles intérieures et du second portique. L'encombrement du premier portique est plus grand du côté l, et moindre du côté k (*voyez* fig. 1.): consultez la pl. 55.
r. Trou étroit par lequel on peut descendre du couloir dans les salles inférieures.
dd. Plates-bandes qui servent à lier les deux côtés du couloir. (*Voyez* fig. 1, au point s; et fig. 4, au point ff.)
ee. Passage étroit par lequel on pénètre dans le couloir.

Figure 4.

Coupe sur la ligne EF.
ff. Plates-bandes. *Voyez* dd, fig. 3.
gg. Passage du couloir, vu de face. (*Voyez* fig. 3, au point ee.)

PLANCHE 51.

Élévation *du pylône du grand temple.*

Les décorations de cette façade sont en grande partie copiées d'après les dessins pris sur les lieux, et complétées par l'analogie des autres temples. Les caractères hiéroglyphiques manquent dans les colonnes; c'est une lacune qu'il est aisé au lecteur de remplir par la pensée.

La porte est montrée ici dans toute sa hauteur : sa vraie

A. VOL. I. EDFOU (APOLLINOPOLIS MAGNA). 57

proportion a été donnée par le niveau du sol de la cour, que les fouilles ont fait découvrir. Cette planche peut faire connaître les portes colossales qui précèdent les temples égyptiens. A travers la porte, on voit l'entrée et le fond du premier portique. A droite et à gauche il y a des enfoncemens en forme de coin, dont l'usage est indiqué dans la Description (*chapitre V*, §. 11). Au-dessus, sont huit trous carrés, qui éclairent les salles de l'intérieur du pylône; et plus loin, seize autres ouvertures plus petites qui donnent du jour aux escaliers. (*Voyez* pl. 52.)

Aux angles de la porte, on voit des massifs qui ont pu servir à supporter des figures de lions, correspondantes à celles de l'extrémité du temple. Le sujet représenté dans le bas du pylône près des angles est le même que celui qui est figuré à Philæ, pl. 15 et 19. Les trente personnages qui sont dans la main du prêtre, paraissent des figures allégoriques. (*Voyez* la Description de Philæ et celle d'Edfoû.)

Nota. Cette gravure est plutôt destinée à faire connaître les proportions exactes et l'aspect d'un pylône égyptien, ainsi que l'effet général de la décoration, qu'à donner le caractère précis et le style des figures égyptiennes: pour en avoir une connaissance exacte, il faut recourir aux planches de détails. (*Voyez* principalement les pl. 15, 16, 57, 80, 82, etc.)

PLANCHE 52.

Coupe *et élévation intérieure du pylône du grand temple.*

La partie de cette gravure qui est à la gauche du spectateur, est une coupe faite sur la ligne GH du plan (*voyez* pl. 50, fig. 1), et la partie à droite est une coupe faite sur la ligne LM, en regardant la porte. Cette planche fait connaître la construction intérieure d'un pylône, et la distribution de l'un des plus élevés qu'il y ait en Égypte. On y voit la manière dont les chambres et les escaliers recevaient le jour.

On a figuré entièrement nue la face du pylône du côté de la cour, afin de montrer principalement la disposition des différens jours et ouvertures pratiqués sur les faces du pylône, et d'éviter un double emploi avec la pl. 61. Il est possible qu'il y eût un ou deux étages de salles dans la partie inférieure; mais ces salles (s'il y en a) n'ont aucune issue connue.

Nota. Le graveur a altéré plusieurs mesures, comme la largeur supérieure du pylône, qui est de 25^m,662; mais les cotes sont exactes, et peuvent servir à les rectifier. Il en est de même des cotes 2^m,98, 0^m,49, 16^m,08 et 15^m,43.

Observation importante. L'axe du cordon qui est à droite de la partie en coupe, doit se diriger exactement sur le pied de la porte, ainsi qu'on le voit pour le cordon opposé, et non en avant de cette même porte, comme on l'a figuré dans la gravure; ce qui produit un porte-à-faux qui ne se rencontre jamais dans les monumens égyptiens.

PLANCHE 53.

ÉLÉVATION *du portique du grand temple.*

Cette élévation est une coupe faite sur la ligne LM, en regardant le temple. (*Voyez* la pl. 50, fig. 1.) On peut y prendre une idée de l'aspect extérieur d'un portique égyptien et de la richesse de la décoration. Les ornemens sont puisés en partie dans les dessins recueillis sur cette façade, et complétés avec d'autres semblables. Ceux qu'on a gravés sur les colonnes, sont tirés de la décoration de l'une d'entre elles, qu'on a fouillée jusqu'à la base; ce qui a donné aussi la hauteur totale du portique.

A. VOL. I. EDFOU (APOLLINOPOLIS MAGNA).   59

Les colonnes qu'on voit sur le devant de la coupe, étaient décorées comme les autres; mais on n'en a point dessiné les ornemens.

Cette planche fait aussi connaître les grands degrés qui occupaient la cour ou péristyle, de colonne en colonne. (*Voyez* pl. 54, et la Description d'Edfoû, *chap. V*, §. III.) On trouvera les mesures de ce portique dans la pl. 54, où l'on a jugé qu'il convenait mieux de les placer.

PLANCHE 54.

COUPE *longitudinale du grand temple.*

Cette coupe est gravée en deux parties séparées; la lettre A sert à les rejoindre. Tous les chapiteaux sont exacts, et chacun est à sa place : il en est de même des corniches. Les hiéroglyphes des frises ont été ajoutés pour l'effet. Les tableaux sont tirés en partie de ceux qu'on a dessinés dans le portique et dans le temple. On doit se représenter couverts d'ornemens, les portes, les salles intérieures, le second portique et ses colonnes, les murs de la galerie, le mur d'enceinte, enfin toutes les parties que l'on a figurées nues, le défaut de temps et l'encombrement n'ayant pas permis de recueillir ces décorations.

On voit en avant du pylône la saillie de l'un de ces massifs dont il a été parlé pl. 51.

Il est probable qu'au fond du sanctuaire, qui est la troisième salle après le second portique, il devait exister une niche. Les décombres ont empêché d'en prendre connaissance.

Le sol du pylône et celui du portique diffèrent entre eux; ce qui suppose de grands degrés pour monter de l'un à l'autre. (*Voyez* la Description d'Edfoû.)

Nota. Il faut s'en tenir aux cotes pour la mesure précise des divers membres d'architecture figurés sur cette planche.

PLANCHE 55.

Vue *de l'intérieur du portique du grand temple.*

Cette vue pittoresque, fidèlement dessinée sur les lieux et prise du point a (*voyez* pl. 5o, fig. 1), peut faire concevoir l'exacte et régulière distribution des ornemens dans l'intérieur d'un portique égyptien, la pureté et la simplicité des lignes, ainsi que la proportion gardée entre les diverses décorations, selon la place qu'elles occupent, et les membres d'architecture auxquels elles appartiennent : elle fait connaître aussi l'état de conservation du portique et son encombrement du côté droit, en entrant. Il faut, par la pensée, supposer tout ce portique déblayé d'environ dix mètres, et imaginer, sous la poussière, des colonnes toutes couvertes des ornemens les plus riches. (*Voyez* pl. 57, fig. 1.) Des figures de *fellâh* servent d'échelle à ce tableau. Dans le fond, à droite, on aperçoit un angle de la galerie recouvert par les décombres et par les masures de briques.

PLANCHE 56.

Détails *d'architecture du grand temple.*

Fig. 1. Le chapiteau qui répond à la lettre a, appartient à la colonne marquée f sur le plan, et à celle qui lui correspond symétriquement. (*Voyez* pl. 5o, fig. 1.)

Le chapiteau a′ appartient à la colonne f′ et à sa correspondante. (Voyez *ibid.*)

Le chapiteau a″ appartient à la colonne f″ et à sa correspondante. (Voyez *ibid.*)

A. VOL. I. EDFOU (APOLLINOPOLIS MAGNA).

On a placé ces trois chapiteaux sous la même partie de l'entablement, bien qu'ils appartiennent à l'intérieur du portique, uniquement pour l'effet et l'ensemble du dessin. On voit employés dans les portiques d'Edfoû, cinq chapiteaux qui diffèrent de ceux-ci, mais qui ont été détaillés (aux proportions près) dans les planches précédentes, tandis que c'est la première fois que nous avons occasion de représenter les trois chapiteaux que nous donnons ici.

Nota. La corniche est figurée trop basse d'une quantité égale à la hauteur du listel. Il faut s'en tenir aux mesures cotées.

Les bandes circulaires d'hiéroglyphes marquées b, b', b", à la partie supérieure des colonnes, ne se trouvent pas sur celles de la façade, non plus que les ornemens qui sont au-dessous (*voyez* l'élévation pl. 53); ils ont été dessinés dans l'intérieur.

Les hiéroglyphes qui sont sur les dés a, a', a", ne se trouvent pas au-dessus des chapiteaux auxquels on les a réunis dans le dessin; mais ils ont été exactement copiés dans l'intérieur du portique.

Les décorations de la corniche, de la frise, et de la portion d'ante qui est ici représentée, sont exactes, aux hiéroglyphes près.

Fig. 2. Projection de l'entablement des dés et des chapiteaux, sur un plan horizontal pris à la hauteur des murs d'entre-colonnement.

PLANCHE 57.

BAS-RELIEFS *et sculptures du grand temple.*

Fig. 1. Décoration de l'anneau supérieur des colonnes du portique, développé dans son entier. Elle a été dessinée sur la colonne f. (*Voyez* pl. 50, fig. 1.) Les hiéroglyphes sont fidèlement copiés.

Fig. 2. Fragment sculpté sur le mur extérieur du temple en face de l'enceinte, côté du levant.

Fig. 3, 4, 5, 7. Fragmens sculptés sous le portique.

Fig. 6. Figure de femme répétée plusieurs fois sur les architraves du portique. (*Voyez* pl. 55.) On a tâché d'exprimer dans ce dessin la physionomie douce et les contours moelleux de cette figure.

Fig. 8. Fragment placé au point ii. (*Voyez* pl. 50, fig. 1.) Il fait partie d'un petit tableau sculpté dans la partie supérieure du mur.

Fig. 9. Tableau copié au fond du portique, entre deux architraves, au-dessus du point c. (*Voyez* pl. 50, fig. 1.) Les hiéroglyphes sont exacts.

Nota. L'échelle des fig. 2, 3, 4, 5, 7, n'est pas connue.

PLANCHE 58.

1, 2. FRISES *sculptées dans l'intérieur du portique.*
— 3, 4. *Autres sculptures du portique.*

Fig. 1. Frise copiée sur le côté gh du portique, occupant toute sa largeur. *Voyez* pl. 50, fig. 1, pour connaître l'échelle du dessin.

Fig. 2. Frise copiée au-dessus de la corniche de l'avant-corps sur la ligne kl (voyez *ibid.*), occupant toute la profondeur du portique, et gravée en cinq bandes. Il faut supposer ces cinq bandes rapprochées l'une de l'autre, en les réunissant par les lettres A, B; C et D qui leur sont communes. Tous les hiéroglyphes en sont exacts. On a pris soin de dessiner complétement, et avec la plus grande fidélité, cette longue frise presque entièrement conservée.

Fig. 3, 4. Décoration de lotus qui occupe l'espace i au fond du portique, entre la face latérale et le cordon de l'avant-corps. (Voyez *ibid.*) Elle s'élève jusqu'à la corniche qui règne dans le fond.

PLANCHE 59.

BAS-RELIEFS *et détails du grand temple.*

Fig. 1, 2, 3, 4. Faces du dé de la colonne e. (*Voyez* pl. 50, fig. 1.) L'échelle peut se déduire des pl. 53 et 54.

Fig. 5. Bas-relief qui représente le sacrifice d'une tortue, dessiné avec ses hiéroglyphes, sur le côté du portique, au point m. (*Voyez* pl. 50, fig. 1.)

Fig. 6. Bas-relief copié sur le mur extérieur du temple, au point n. (Voyez *ibid.*) On n'a pu dessiner qu'une partie des hiéroglyphes de ce tableau curieux, représentant le sacrifice d'une tortue. L'une des colonnes d'hiéroglyphes commence par une petite pique et une petite tortue; ce qui confirme les remarques déjà faites dans l'explication des pl. 10, 22, 23, etc. La fig. 5 présente le même fait : la gazelle sacrifiée se retrouve en petit dans les hiéroglyphes du tableau.

L'échelle des fig. 5 et 6 est d'un vingtième.

PLANCHE 60.

1, 2, 12. DÉTAILS *d'architecture du grand temple.* — 3, 5. *Dés de chapiteaux du portique.* — 4, 6, 7,...22. *Détails d'hiéroglyphes et de coiffures symboliques.*

Fig. 1. Entablement et chapiteaux de la cour du grand temple. La frise est ornée de deux lignes d'hiéroglyphes, que l'on n'a pas suppléées dans ce détail. On peut voir la place des chapiteaux dans les pl. 52 et 54, et aussi pl. 61.

Fig. 2. Corniche extérieure du temple proprement dit : elle

se reproduit dans l'intérieur du portique sur la corniche du mur de fond, qui n'en est que la suite, comme cela arrive dans presque tous les temples de l'Égypte.

Ces deux couronnemens et celui qui est représenté pl. 56, font voir comment les anciens Égyptiens mettaient de la variété dans des ornemens qui, au premier aspect, pourraient paraître ne point différer essentiellement.

Fig. 12. Dessin détaillé d'une légende hiéroglyphique des fig. 1 et 2.

Fig. 3, 5. Hiéroglyphes copiés sur des dés de chapiteaux dans le portique.

Fig. 9, 17, 22. Inscriptions hiéroglyphiques recueillies sur la frise intérieure de l'enceinte du *grand temple*. L'inscription de la fig. 9 se voit dans la même frise, en sens inverse : on a oublié de graver, au-dessus de l'hiéroglyphe inférieur à gauche, le signe ☉.

Pour la fig. 22, *voyez* la Description d'Edfoû, *chap. V*, §. VI.

Fig. 4. Inscription accompagnant chacune des figures de femmes assises, sur les architraves du premier portique. (*Voyez* pl. 55, et la pl. 57, fig. 6.)

Fig. 7, 8. Inscriptions copiées sur le dé d'une colonne du portique. Les signes ne diffèrent que par la disposition des cinq premiers à droite. (*Voyez* ci-dessus, fig. 5, et pl. 57, fig. 3, 4.)

Fig. 21. Inscription copiée sur la frise de la galerie : depuis le septième signe, elle est la même que celle donnée à Philæ, pl. 12, fig. 7. On a omis dans la gravure les deux signes inférieurs de cette inscription.

Fig. 6, 10, 16. Inscriptions recueillies dans le *petit temple*. La fig. 16 est la même que la fig. 6 depuis le sixième signe, mais retournée.

Fig. 11, 13, 14, 15, 18, 19, 20. Coiffures symboliques

A. VOL. I. EDFOU (APOLLINOPOLIS MAGNA). 65
de divers personnages. 14 et 20 appartiennent à une même figure.

Nota. L'échelle des fig. 1 et 2 est de $0^m,03$ pour mètre, et non de $0^m,05$, comme on l'a gravé. C'est aussi par erreur que l'échelle des fig. 3 et 5 est marquée de $0^m.1$ ou un décimètre pour mètre; elle doit être de 0^m06, c'est-à-dire double de l'échelle des fig. 1 et 2. Quant à l'échelle des autres figures, elle peut se déduire des divers bas-reliefs du monument.

PLANCHE 61.

Vue perspective du pylône et de la cour du grand temple.

Le point de vue est pris en b (pl. 50, fig. 1). Le tableau est placé un peu en avant du listel de la corniche des colonnades : il se termine latéralement aux paremens intérieurs du mur d'enceinte.

Bien que l'on ait ici représenté ce péristyle dans l'état où il a dû être lors de sa construction primitive, on n'a cependant pas indiqué les marches dont la restauration est marquée sur le plan : il eût été difficile de les exprimer dans le dessin. On peut voir dans la description sur quoi cette restauration est motivée.

Toutes les décorations que l'on remarque sur la corniche et l'architrave des deux colonnades sont exactes, à l'exception des hiéroglyphes, qui, existant sur les monumens, ont été suppléés ici par d'autres pour produire le même effet. Tous les chapiteaux sont en place, et se suivent sur les lieux dans l'ordre où on les voit dans la gravure : nous avons mis un soin particulier à les dessiner. On a laissé lisse le fût des colonnes, sur lequel il y avait cependant des décorations.

Le fond de cette vue présente la face postérieure du pylône qui forme l'entrée du temple. Tous les tableaux que l'on y voit figurés, sont exacts, aux hiéroglyphes près. On peut remarquer que les sujets qui y sont représentés, se répètent symétriquement sur les deux parties du pylône, et que les seules différences consistent dans la coiffure des personnages, et dans les offrandes qu'ils font.

Les ornemens de la frise supérieure ne sont pas exacts; on y a figuré ceux qui se trouvent à la même hauteur sur la face extérieure du pylône. Quant aux décorations de la corniche, qui était en partie ruinée, comme on peut le voir dans la pl. 49, on y a suppléé par celles qui ornent la corniche des colonnades.

Les décorations de la frise et des montans de la porte enchâssée dans le pylône, ne sont pas exactes.

On a restitué les volets par lesquels étaient très-probablement fermées les ouvertures qui donnaient du jour aux chambres intérieures du pylône, et que l'on voit figurés pl. 52.

On a distribué, sur les devants et dans le fond de cette perspective, divers groupes d'anciens Égyptiens, pour servir d'échelle aux différens membres d'architecture dont se compose le beau péristyle que la gravure représente.

PLANCHE 62.

Plan, coupes et élévations du petit temple.

Fig. 1. Plan du petit temple.

> *Nota.* La largeur de la première salle est de $3^m,086$, ainsi que le marque la cote, bien que, d'après l'échelle, on y trouve un mètre de moins. C'est une incorrection de la gravure.

Fig. 2, 3. Élévations antérieure et latérale du petit temple.

Le défaut de temps et l'encombrement n'ont pas permis de

A. VOL. I. EDFOU (APOLLINOPOLIS MAGNA).   67

copier les tableaux et les hiéroglyphes qui recouvrent ces deux façades.

Fig. 4, 5. Coupe longitudinale et transversale du petit temple. Même observation que ci-dessus. Pour la fig. 4, *voyez* la note de la fig. 1.

PLANCHE 63.

FRISES *et autres sculptures du petit temple.*

Fig. 1, 2. Bas-reliefs copiés sur les murs du temple; 2 est sculpté au point c. (*Voyez* pl. 62, fig. 1.)

Fig. 3. Frise sculptée sous la galerie et tout autour du temple, au-dessus du cordon.

Fig. 4. Figure détachée et brisée, faisant partie d'un bas-relief placé au point d. (*ibid.*)

Fig. 5. Frise sculptée sous le plafond autour de la salle principale.

Fig. 6. Portion de la frise sculptée sous la galerie, sur l'architrave e f (*voy.* pl. 62, fig. 1), qui fait pendant à celle figurée pl. 64.

Fig. 7. Frise qui couronne la porte d'entrée en g. (*Voyez* pl. 62, fig. 4.)

Nota. La main de la seconde figure à droite pose sur un attribut qui a été gravé incorrectement.

Il n'y a pas d'échelle à cette planche; mais la frise de la fig. 6 est cotée; et la proportion des frises 3, 5, 7, peut se connaître par la pl. 62, où elles sont représentées. On peut juger de l'échelle des fig. 1, 2, 4, par analogie.

PLANCHE 64.

FRISE *sculptée sous la galerie nord du petit temple.*

Cette frise, gravée en trois bandes, occupe toute la longueur de l'architrave ab, sous la galerie. (*Voyez* pl. 62, fig. 1.) Les lettres A et B sont des marques pour joindre ensemble les trois bandes. L'interruption indiquée dans la bande inférieure dénote qu'il y a dans la frise une série de colonnes d'hiéroglyphes beaucoup plus considérable : le nombre s'en élève à soixante-quinze ; on n'a pu en copier que les hiéroglyphes que l'on voit figurés ici. Quant aux inscriptions hiéroglyphiques qui accompagnent chacun des personnages de la frise, elles sont toutes parfaitement exactes et complètes. Les cassures indiquent l'état du tableau. (*Voyez* la description du petit temple d'Edfoû.)

Nota. Aucun hiéroglyphe ne se voit gravé à côté des sept dernières figures de la bande inférieure, parce que ces figures elles-mêmes ont été dessinées précipitamment ; il est même possible qu'il s'y soit introduit quelque inexactitude.

Il faut observer que le graveur a marqué mal-à-propos des prunelles dans les yeux de plusieurs figures : celles qui tiennent le bâton augural doivent avoir le pouce sur l'objet, et non par derrière ; enfin, l'on a omis le haut du vêtement dans quelques figures de femmes.

PLANCHE 65.

Vue *perspective du petit temple.*

Cette vue est prise sur l'angle nord-est du temple. On a supposé le temple entièrement déblayé, avec un petit socle général, et on l'a représenté orné de toutes ses décorations que l'on a puisées dans des monumens semblables. Cette planche peut donner une idée de l'aspect propre aux petits temples surnommés *Typhonium.*

EL-KAB
(ELETHYIA).

EXPLICATION DES PLANCHES,

Par M. JOMARD.

PLANCHE 66.

1, 2. PLANS *des ruines et des environs.* — 3, 4. *Vue et plan particulier des édifices.*

Figure 1.

Plan général des ruines d'*Elethyia*, des grottes et des antiquités voisines.

a. Enceinte d'*Elethyia*.
b c. Grand chemin conduisant à Thèbes.
d. El-Kâb, village peu considérable.
e. El-Mahammed, autre village de même étendue.
    Nota. Le nom que j'ai écrit sur les lieux est *el-Nahammid*.

f. Petit temple bâti auprès de la montagne, en partie démoli du côté du sud.

g. Grand rocher saillant au pied de la montagne, et qui paraît le reste d'une exploitation considérable. (*Voyez* pl. 67, fig. 1; *voyez* aussi la Description.)

h. Deux grottes taillées dans le rocher, sur le penchant de

la colline, et dont l'ouverture est presque comblée par les sables.

l. Différens points de la montagne, où se trouvent des grottes.

m. Grottes nombreuses, situées en face de l'ancienne ville d'*Elethyia*, renfermant des peintures antiques. La principale de ces grottes est appelée, par les habitans, du nom de *Soultâny*.

Figure 2.

Plan des restes de l'ancienne ville d'*Elethyia*.

e. *Voyez* fig. 4, au même point.

g i k h. Enceinte où était comprise l'ancienne ville : elle est composée de murs de briques, qui ont onze mètres et demi d'épaisseur (plus de trente-quatre pieds). Les briques sont elles-mêmes d'une très-grande dimension; la longueur est de trente-huit centimètres (près de quatorze pouces et demi).

l. Grande ouverture qui paraît le reste d'une ancienne porte de la ville située au levant; c'est par cette ouverture que les sables pénètrent dans l'enceinte.

m. Porte en pierre, par laquelle on entrait dans l'enceinte des temples.

o. Ouverture qui répond au point où devait se trouver la porte du nord.

p. Restes de murailles et de constructions en briques, formant une assez grande élévation, et dont plusieurs renferment des voûtes. Tout l'intérieur de l'enceinte contenait des constructions pareilles, dont la majeure partie est encombrée par le sable : on ne les voit plus à découvert que du côté du nord.

q r s t. Enceinte intérieure où étaient renfermés le temple et divers édifices.

Figure 3.

Vue des restes des principaux édifices d'*Elethyia*. Cette vue est prise du point A, fig. 4.
1. Pan de muraille représenté en plan, fig. 4, sur la ligne b c.
2. Rang de pierres appartenant à une assise démolie ; ce qui annonce que ce pan de muraille n'est pas un soubassement, et que le mur s'élevait davantage.

On voit dans le fond du tableau l'enceinte de briques et le désert.

Figure 4.

Plan particulier des divers édifices subsistans ou démolis.

b c. Pan de muraille figuré dans la vue au point 1, et appartenant à l'édifice v.

u. Salle subsistante de l'édifice v.

x. Six colonnes subsistantes d'un autre édifice. (*Voy.* fig. 3.)

e. Monument démoli, ainsi que les autres édifices de ce plan qui ne sont marqués d'aucune lettre.

m. Restes d'une porte en pierre. (*Voyez* fig. 2, au même point.)

A. Point de vue de la fig. 3.

A gauche de l'édifice e, on voit un espace rectangulaire, qui représente un bassin antique, construit en pierre, et dont on n'a pu prendre les mesures exactement.

Ces plans sont à l'échelle ordinaire des monumens, c'est-à-dire $0^m,0025$ pour un mètre.

EXPLICATION DES PLANCHES.

PLANCHE 67.

1. Vue de l'intérieur de la grotte principale. — 2. Vue d'une ancienne carrière.

Fig. 1. Cette vue est prise au levant du point g, pl. 66, fig. 1. Le rocher qu'elle représente est le reste d'une ancienne exploitation. (*Voyez* la Description d'*Elethyia*.)

Nota. La gravure ne représente pas assez distinctement les lits de pierre égaux et continus qui forment ce rocher, et qui ressemblent assez bien à des assises, parce qu'ils sont horizontaux.

Fig. 2. Cette vue représente le fond de la grotte principale d'*Elethyia*, taillée dans le rocher, dont le plan se trouve pl. 71, fig. 16. Les trois figures sculptées en ronde-bosse dans la niche sont considérablement mutilées. A droite et à gauche, on voit les deux murailles couvertes de peintures, et un des voyageurs occupé à les dessiner. Au sommet de la voûte est une ouverture qui sert à donner du jour dans une autre grotte.

PLANCHE 68.

Bas-relief *sculpté sur l'une des faces de la grotte principale.*

On a distingué par des chiffres romains et par des lettres les différentes parties de ce grand tableau, afin d'en faciliter l'étude. (*Voyez* le Mémoire sur les grottes d'*Elethyia*.) On s'est attaché à copier les hiéroglyphes avec la plus parfaite exactitude. Les scènes très-intelligibles que ces hiéroglyphes accompagnent, pourront servir à leur interprétation, si, comme tout le démontre, les inscriptions hiéroglyphiques ont du rapport avec les tableaux. (*Voyez* l'explication des pl. 10, 22, 23, 59, etc.)

PLANCHE 69.

1, 2, 3, 4. Bas-reliefs *des grottes.* — 5, 6, 7. *Fragmens de statues trouvées dans les ruines de la ville.*

Fig. 1. Cérémonie funéraire sculptée dans une des grottes.

Fig. 2. Portion d'une scène où l'on offre à deux figures assises, des fruits et des racines.

Fig. 3. Portion d'une suite de personnages dessinés dans la grotte principale, près de la porte a. (*Voy.* pl. 71, fig. 16.) Le premier est dans l'action d'écrire sur des tablettes; le second porte aussi des tablettes à la main : la marche se dirige vers un personnage principal. Toute cette face de la grotte est revêtue de tableaux pareils à ceux de la pl. 68.

Fig. 4. Tableaux sculptés dans la grotte dite *du Vizir*, à gauche en entrant. (*Voyez* la description des grottes.)

Fig. 5, 7. Dessins d'un fragment de statue en grès, de six mètres environ de proportion, trouvé dans l'enceinte près des monumens.

Fig. 6. Autre fragment de statue en basalte, de deux mètres de proportion, et trouvé au même lieu.

PLANCHE 70.

Bas-reliefs *de plusieurs grottes.*

Fig. 1. Fragment d'une scène copiée dans la grotte principale, près de la porte a. (*Voyez* pl. 71, fig. 16.)
  Il faut remarquer une figure de singe attachée au pied

du siége, et qui paraît se jouer avec des fruits : on a laissé dans la gravure la tête indécise, à cause de l'état du bas-relief.

Fig. 2. Peinture copiée sur le même côté de la grotte principale. Cette scène musicale est digne d'être étudiée pour les instrumens que l'on y voit, principalement pour la flûte à deux becs; la harpe a une corde de plus que dans les bas-reliefs de Philæ. (*Voyez* pl. 23.) Les trois figures qui sont en avant paraissent marquer la mesure avec les mains.

Fig. 3. Détail en grand et colorié d'une barque sous voile, représentée dans la pl. 68.

Fig. 4. Peinture copiée dans la grotte principale.

Fig. 5. Cérémonie funèbre copiée dans la grotte du *Vizir*, sur le mur à droite en entrant.

PLANCHE 71.

1, 2, 3, 4. PLAN, *coupe et élévations d'un petit temple isolé.* — 5....15. *Bas-reliefs des grottes.* — 16, 17, 18. *Plan et coupes de la grotte principale.*

Fig. 1. Plan du temple représenté au point f, dans la pl. 66, fig. 1.

Fig. 2 et 3. Élévations en partie restaurées du même temple.

Fig. 4. Coupe du même temple, sur la ligne AB. Ce temple était revêtu de sculptures en dedans et en dehors; on n'a pas eu le temps de les copier.

Fig. 5, 6, 7. Portions d'un même bas-relief, dessinées dans l'une des grottes qui sont à gauche de la grotte principale.

Fig. 8. Bas-relief copié en face des précédens.

Fig. 9, 10, 13, 14 et 15. Bas-reliefs copiés au fond de la

grotte principale, à droite, faisant suite aux tableaux de la pl. 68.

Fig. 11, 12. Sujets dessinés dans la même grotte que les fig. 5, 6, 7.

Fig. 16. Plan de la grotte principale appelée *Soultâny*.

Fig. 17. Coupe de la même grotte sur la ligne CD. (*Voyez* fig. 16.)

Fig. 18. Coupe de la même grotte sur la ligne AB. (*Voyez* fig. 16.)

ESNÉ

(LATOPOLIS).

EXPLICATION DES PLANCHES,

Par MM. JOLLOIS et DEVILLIERS.

PLANCHE 72.

1, 3. Plans *des environs d'Esné et d'une partie de la ville.* — 2. *Plan du temple.* — 4. *Coupe du portique.*

Fig. 1. Plan des environs de la ville, dans lequel on a réuni une portion du cours du Nil, les trois temples, le couvent *qobte*, l'ancien canal, et une partie des deux chaînes de montagnes opposées. On voit dans la chaîne arabique l'ouverture d'une vallée qui conduit à la mer Rouge. La ligne ponctuée indique la route ordinaire des caravanes : c'est un petit sentier, qui, le plus souvent, n'est tracé que par les pas des chameaux.

Figure 2.

Plan d'une partie de la ville. Le plan entier de la ville est figuré pl. 1 de l'Égypte moderne. On en a extrait la partie qu'on voit ici représentée, et qui contient toutes les antiquités que renferme la ville.

a. Plan du portique ancien.

EXPLICATION DES PLANCHES.

b. Restes considérables d'un ancien quai.
c. Maison d'Haçan-bey, dans laquelle étaient réunis les principaux établissemens de la garnison française.
d. Place principale de la ville.
e. Okel très-considérable et très-bien construit, fréquenté principalement par les marchands de la caravane de Sennar.
f. Maisons en très-mauvais état, par-dessus lesquelles on aperçoit de loin une partie de la corniche du temple.
g. Maison de Mamlouks, occupée par les membres de la Commission des sciences et arts d'Égypte.
h. Lieu de débarquement.
k. Maisons modernes dont le sol est très-exhaussé, et sous lesquelles il paraît qu'une partie du temple est enfouie.

Figure 3.

Plan du portique, et plan restauré du temple.
a. Portes qui conduisaient de l'intérieur du portique dans les galeries qui environnent le temple, suivant la restauration.
b. Murs élevés entre les colonnes, jusques aux deux tiers de leur hauteur. (*Voy.*, pour leur détail, pl. 80, fig. 1, 2, 3.)
c. Façade du temple dans le portique.
d. Porte de communication du temple avec le portique.
e. Place du bas-relief représenté pl. 81.
f. Arrachement des murs du temple.
g. Face latérale qui est représentée pl. 74.
h. Place du bas-relief représenté pl. 82, fig. 2.

Nota. On a teinté en noir les parties du plan qui ont été mesurées; les parties de restauration sont plus pâles. Les colonnes sont marquées de lettres qui serviront à indiquer les places des chapiteaux dont les dessins sont donnés dans les planches suivantes. La coupe horizontale du fût de la colonne est en noir; les cercles concentriques indiquent les bases.

A. VOL. I. ESNÉ (LATOPOLIS).

Figure 4.

Coupe du portique.
a. Pierres de la corniche qui s'élèvent au-dessus de celles du plafond, et forment parapet sur les terrasses.
b. Coupe de la porte de communication du portique et du temple.
c. Corniche de cette porte.
d. Corniche de la façade du temple dans le portique.
e. Escalier par lequel on montait des terrasses du temple sur celles du portique.

Nota. De toutes les décorations de cette coupe, il n'y a d'exactes que celles des chapiteaux, des parties supérieures et inférieures des colonnes, de la corniche de la porte, et des cordons. Le grand bas-relief du fond est celui de la pl. 74, qui a été dessiné de l'autre côté du portique. On aurait dû le mettre en contre-épreuve, afin que les divinités qui paraissent recevoir les offrandes eussent le dos tourné vers l'intérieur du temple. Cela est bien démontré par la position des figures dans le bas-relief représenté pl. 82, fig. 1, qui fait partie de la décoration de cette face latérale. Les décorations de la partie intermédiaire des fûts des colonnes, et de la porte de l'architrave et des dés, ne sont pas exactement copiées; mais leur disposition générale est la même que dans le monument. L'architrave était décorée de trois bandes d'hiéroglyphes, comme on le voit ici; mais on n'a point eu le temps de les copier exactement. Les bases sont lisses, comme on le voit sur le dessin. La porte est décorée par des lignes d'hiéroglyphes, comme on l'a indiqué ici. La décoration se termine à la base par des fleurs de lotus. Toutes ces sculptures sont en relief, excepté celles de la colonne qui appartient à la façade extérieure du temple, lesquelles sont en relief dans le creux.

PLANCHE 73.

ÉLÉVATION *du portique.*

Dans ce dessin, comme dans celui de la coupe représentée *planche précédente*, les décorations ne sont pas toutes exactes. Il n'y a de vrai que les corniches, les chapiteaux, les parties supérieures des colonnes, et l'un des murs d'entre-colonnement; le reste des colonnes a été fait d'après le dessin exact de l'une d'elles. Il y a vingt-huit colonnes d'hiéroglyphes dans le tour entier de la colonne.

Les murs d'entre-colonnement sont surmontés de vingt-un serpens; c'est par erreur qu'il n'y en a que vingt dans la gravure. Toutes ces sculptures extérieures sont en relief dans le creux. Le tableau que l'on aperçoit dans le fond, au-dessus de la porte du temple, est en relief : il est donné en détail dans la pl. 80, fig. 4. Le reste de la décoration n'est point exact dans tous ses détails; mais la distribution générale des sculptures s'éloigne peu de la vérité, en sorte que l'effet de l'ensemble est parfaitement rendu. Il a fallu faire des fouilles assez considérables pour dessiner les parties inférieures de l'édifice.

L'échelle de cette élévation est la même que celle de la coupe dans la planche précédente, de 0,0133 pour 1 mètre. Ces deux dessins étaient livrés à la gravure avant que l'on eût fixé les échelles qui ont été adoptées ensuite pour tous les monumens figurés dans l'ouvrage.

PLANCHE 74.

Face latérale de l'intérieur du portique.

On peut considérer ce dessin comme une coupe faite sur la ligne CD du plan. (*Voyez* pl. 72, fig. 3.) On voit la décoration de la face latérale marquée *g* sur le même plan. Tous les tableaux qui composent cette décoration sont exacts; les hiéroglyphes n'y sont pas représentés, parce qu'il n'a pas été possible de les copier. Ce côté du portique est le moins encombré; cependant il a fallu faire quelques fouilles pour en

A. VOL. I. ESNÉ (LATOPOLIS).

dégager le bas, et dessiner les parties inférieures que l'on voit ici représentées.

Le premier tableau de la quatrième rangée en descendant à gauche, a été donné avec plus de détails et quelques hiéroglyphes, pl. 82, fig. 3.

PLANCHE 75.

Vues *de douze chapiteaux du portique.*

Le n°. 1 appartient aux colonnes marquées gk sur le plan (*voyez* pl. 72, fig. 3);
Le n°. 2, à la colonne y;
Le n°. 3, à la colonne o;
Le n°. 4, aux colonnes dh;
Le n°. 5, à la colonne c;
Le n°. 6, à la colonne l;
Le n°. 7, à la colonne u;
Le n°. 8, aux colonnes er;
Le n°. 9, à la colonne x;
Le n°. 10, à la colonne p;
Le n°. 11, à la colonne z;
Le n°. 12, aux colonnes abv.

Nota. En comparant les dessins de ces chapiteaux à ceux des trois planches suivantes, qui ont été exécutés par une autre personne, on sera plutôt frappé de la conformité presque parfaite des dessins, que des légères différences qui peuvent y exister. Trois des chapiteaux de la collection des planches suivantes manquent dans celle-ci.

PLANCHE 76.

Plans *et élévations de six chapiteaux du portique.*

Fig. 1. Élévation géométrale du chapiteau des colonnes mar-

Exp. des Pl.

quées *a b v* sur le plan (*Voyez* pl. 72, fig. 3), lequel est numéroté 12 dans la pl. 75.

Fig. 2. Demi-plan supérieur de ce chapiteau.

Fig. 3. Élévation géométrale du chapiteau des colonnes marquées *e r* sur le plan, lequel est numéroté 8 dans la pl. 75.

Fig. 4. Coupes de ce chapiteau à différentes hauteurs, servant à indiquer les saillies des sculptures.

Fig. 5. Élévation géométrale du chapiteau des colonnes marquées *f m s* sur le plan. Il manque dans la collection de la pl. 75.

Fig. 6. Plan supérieur de ce chapiteau.

Fig. 7. Élévation géométrale du chapiteau de la colonne marquée *o* sur le plan, lequel est numéroté 3 dans la pl. 75.

Fig. 8. Coupe de ce chapiteau à sa naissance près du fût de la colonne.

Fig. 9. Élévation géométrale du chapiteau de la colonne marquée *x* sur le plan, lequel est numéroté 9 dans la pl. 75.

Fig. 10. Plan supérieur de ce chapiteau.

Fig. 11. Élévation géométrale du chapiteau des colonnes marquées *i n* sur le plan. Il manque dans la collection de la pl. 75.

Fig. 12. Coupes de ce chapiteau à différentes hauteurs, servant à faire connaître les saillies des sculptures.

PLANCHE 77.

Plans *et élévations de six chapiteaux du portique.*

Fig. 1. Élévation géométrale du chapiteau de la colonne marquée *l* sur le plan général, lequel est numéroté 6, pl. 75.

A. VOL. I. ESNÉ (LATOPOLIS).

Fig. 2. Plan supérieur de ce chapiteau, et coupe à moitié hauteur.

Fig. 3. Élévation géométrale du chapiteau des colonnes marquées dh sur le plan, lequel est numéroté 4, pl. 75.

Fig. 4. Plan supérieur de ce chapiteau.

Fig. 5. Élévation géométrale du chapiteau de la colonne marquée p sur le plan, lequel est numéroté 10, pl. 75.

Fig. 6. Plan supérieur de ce chapiteau, et coupe à moitié hauteur.

Fig. 7. Élévation géométrale du chapiteau des colonnes marquées qt sur le plan. Il manque dans la collection de la pl. 75.

Fig. 8. Plans supérieur et inférieur de ce chapiteau.

Fig. 9. Élévation géométrale du chapiteau de la colonne marquée y sur le plan, lequel est numéroté 2, pl. 75.

Fig. 10. Plan supérieur de ce chapiteau.

Fig. 11. Élévation géométrale du chapiteau des colonnes marquées gk sur le plan, lequel est numéroté 1, pl. 75.

Fig. 12. Plans supérieur et inférieur de ce chapiteau.

PLANCHE 78.

1....6. PLANS *et élévations de trois chapiteaux du portique.* — 7. *Corniche de l'intérieur du portique.* — 8...19. *Décorations de colonnes.* — 20, 21. *Détails de coiffures.*

Fig. 1. Élévation géométrale du chapiteau de la colonne marquée u sur le plan, lequel est numéroté 7, pl. 75.

Fig. 2. Plan supérieur et coupe de ce chapiteau.

Fig. 3. Élévation géométrale du chapiteau de la colonne marquée c sur le plan, lequel est numéroté 5, pl. 75.

Fig. 4. Plan supérieur et coupe de ce chapiteau.

Fig. 5. Élévation géométrale du chapiteau de la colonne marquée *z* sur le plan, lequel est numéroté 11, pl. 75.

Fig. 6. Plan supérieur et coupe de ce chapiteau.

Ces trois chapiteaux, et les douze des deux planches précédentes, forment la collection complète des chapiteaux du portique.

Les fig. 1, 3, 7, 11, de la pl. 76, portent les cotes principales de tous ces chapiteaux.

Fig. 7. Détail de la corniche de la façade du temple dans l'intérieur du portique.

Nota. La corniche du portique n'a pas été dessinée en grand, parce qu'elle se trouve suffisamment exprimée dans l'élévation, pl. 73.

Fig. 8, 9, 10, 11, 12, 13. Détails des décorations des parties supérieures des colonnes. On les voit en place au-dessous des chapiteaux de cette planche et des deux précédentes.

Fig. 14, 15, 16, 17, 18 et 19. Différens détails des décorations des *apophyges* des colonnes. On en voit quelques-uns en place dans la coupe, pl. 72; sur l'élévation, pl. 73; et dans la perspective, pl. 83. On n'a pu obtenir ces détails qu'en faisant des fouilles autour des colonnes.

Fig. 20, 21. Détails de coiffures, recueillis dans le portique d'Esné.

PLANCHE 79.

Zodiaque *sculpté au plafond du portique.*

Ce zodiaque est placé au plafond de l'entre-colonnement marqué EF sur le plan, fig. 3, pl. 72. La gauche du dessin est du côté de la façade, la droite dans le fond du portique : il est sculpté en relief. Il n'a pas été possible de dessiner les hiéroglyphes. *Voyez*, pour de plus grands détails, la description qui a été donnée de tous les monumens astronomiques recueillis en Égypte.

PLANCHE 80.

DÉTAILS *d'architecture, bas-reliefs et inscriptions hiéroglyphiques du portique.*

Fig. 1, 2, 3. Coupe et élévation d'un des murs d'entre-colonnement marqués bb sur le plan, fig. 3, pl. 72. Le tableau qui le décore a été exactement copié. Les hiéroglyphes manquent. On peut y remarquer le couronnement de la corniche, composé de vingt-un serpens vus de face. Ce mur d'entre-colonnement se trouve à droite en entrant dans la partie la moins encombrée; cependant on n'a pu connaître sa hauteur qu'en faisant des fouilles à sa base.

Fig. 4. Ce tableau se trouve dans le portique au-dessus de la porte du temple. Le disque dans lequel est le dieu à tête de belier est directement au-dessus du milieu de la porte, en sorte qu'il occupe la place de cet intérieur qui est le plus en évidence. Cette divinité à tête de belier est très-fréquemment représentée dans toutes les décorations du monument d'Esné[1].

Fig. 5. Espèce d'autel orné de tiges de lotus enlacées, sur lequel sont souvent déposées les offrandes dans les tableaux de la décoration.

Fig. 6. Danseur qui fait partie d'un des tableaux qu'il a été impossible de dessiner entièrement.

Fig. 7, 8, 9, 10. Phrases hiéroglyphiques très-exactement

---

[1] On n'a marqué, dans chaque bande d'hiéroglyphes, que quelques hiéroglyphes : ce sont les seuls que l'on ait eu le temps de copier, et on a jugé important de les conserver dans le dessin. La proportion du bas-relief peut se déduire de la pl. 73.

copiées. Elles se trouvent souvent répétées dans la décoration du portique.

Fig. 11, 12, 13, 14, 15. Têtes de belier, de lionne, d'ibis, d'épervier et de crocodile, placées sur des corps humains, et qui font partie des tableaux du côté gauche du portique.

Fig. 16, 19, 21. Coiffures et détails d'ajustement copiés dans le portique.

Fig. 17, 20. Décorations des parties de l'édifice qui touchent au sol : elles sont, en grande partie, composées de fleurs de lotus.

Fig. 18. Figure qui fait partie d'un des tableaux que l'on n'a pas dessinés complétement.

PLANCHE 81.

Décoration *intérieure d'un des murs d'entre-colonnement du portique.*

Ce tableau est compris entre les deux colonnes n et r du plan fig. 3, pl. 72, à la place marquée e. Les deux colonnes sont ici en coupe, ainsi que leurs bases. Dans la partie inférieure, près de la colonne n, on voit une cassure de deux à trois pouces de profondeur. D'ailleurs ce tableau est parfaitement conservé, et il a été dessiné dans tous ses détails avec la plus grande exactitude : il a fallu faire une fouille considérable pour en dessiner le bas, à cause de l'encombrement de l'édifice.

PLANCHE 82.

Bas-reliefs *du portique.*

Fig. 1. Ce tableau fait partie de la décoration du mur latéral du portique à gauche en entrant: il est dans la partie supérieure. Tous les hiéroglyphes ont été copiés exactement. Ce tableau complet peut donner une idée parfaite des tableaux du portique : il fait voir que la décoration du mur du fond, qui a été suppléée dans la coupe représentée fig. 4, pl. 72, aurait dû être retournée de manière que les divinités auxquelles on fait les offrandes eussent le dos tourné vers l'intérieur du temple ; c'est d'ailleurs la disposition ordinaire de ces tableaux. Le mur latéral, sur lequel se trouve ce bas-relief, est encombré jusqu'à la hauteur de sept à huit mètres.

Fig. 2. Ce tableau est à la partie supérieure du mur d'entre-colonnement compris entre les colonnes *r* et *v* du plan. (*Voyez* pl. 72, fig. 3, dans la place marquée h.) Il n'y a qu'une partie des hiéroglyphes qui ait été copiée : la partie inférieure du tableau n'a point été dessinée. On voit en coupe les deux colonnes entre lesquelles ce bas-relief est compris.

Fig. 3. Ce tableau fait partie de la décoration de la face latérale représentée pl. 74. Il est à la première rangée en bas à gauche, et se trouve représenté ici avec plus de détails et une partie de ses hiéroglyphes.

PLANCHE 83.

Vue *perspective de l'intérieur du portique.*

Le tableau de cette vue perspective est placé suivant la ligne EF du plan. (*Voyez* pl. 72, fig. 3.) Le point de vue n'a été pris qu'à une distance double de la largeur du tableau, afin que l'œil pût embrasser plus d'objets à-la-fois : il est à deux mètres du sol. Le temple est supposé débarrassé de tous les décombres : le mot de *restauration* serait impropre dans cette circonstance; car si les déblais des immondices qui encombrent ce monument avaient été faits comme nous l'avions projeté, nous aurions certainement trouvé le temple dans un état de conservation aussi parfait que nous le représentons ici.

Toutes les décorations données dans les planches précédentes ont été mises à leur place, autant que cela a été possible. Le dessous des architraves est décoré de trois lignes longitudinales de grands hiéroglyphes. Les seuls plafonds que l'on aperçoive sont ceux de l'entre-colonnement du milieu et du devant du tableau : le premier est, comme dans presque tous les temples, décoré de vautours qui étendent leurs ailes dans le sens de la largeur du plafond; le second représente un zodiaque. (*Voyez* la description qui en a été donnée.) Le désir de faire voir ce bas-relief dans la position exacte qu'il occupe, nous a décidés dans le choix de la ligne du tableau de notre perspective. On pourra juger par-là facilement de la disposition et de la marche des signes; mais pour les détails de ce bas-relief, il faudra consulter le dessin que nous en avons donné pl. 79.

On a supposé qu'une procession solennelle entrait dans le temple, et l'on s'est servi, pour l'ensemble des personnages de cette marche religieuse, d'un dessin recueilli dans un des édifices de Thèbes.

A. VOL. I. ESNE (LATOPOLIS).

ENVIRONS D'ESNÉ
(LATOPOLIS).

PLANCHE 84.

1. Vue d'un temple à Contra-Lato. — 2. Vue d'un temple au nord d'Esné.

Fig. 1. Vue d'un temple à Contra-Lato.

On voit dans ce dessin l'état de vétusté du monument. Les monceaux de décombres qui l'environnent, proviennent de l'ancienne ville de Contra-Lato. On trouve dans ces décombres une grande quantité de briques d'une forte dimension : les unes sont cuites, les autres n'ont subi qu'une demi-cuisson, d'autres paraissent seulement séchées au soleil.

Fig. 2. Vue d'un temple au nord d'Esné.

Ce temple n'est guère mieux conservé que le précédent. Il n'est pas environné d'une aussi grande quantité de décombres, et ne paraît pas avoir appartenu à une ville.

On voit sur le devant quelques pierres qui appartiennent à des constructions dont nous n'avons pu déterminer positivement la destination. (*Voyez* la Description.)

Plus près du temple sont des amas de pierres du plafond. On voit, dans le fond du temple, à gauche, une colonne qui s'est enfoncée de près de trois pieds en conservant son aplomb.

On distingue encore quelques arrachemens des murs d'entre-colonnement, et des ouvertures récemment forcées dans les murs latéraux.

EXPLICATION DES PLANCHES.

On a indiqué l'appareil irrégulier des pierres.

Les montagnes qu'on voit dans le fond sont celles de la chaîne libyque.

PLANCHE 85.

Plan, coupe, élévation et détails du temple au nord d'Esné.

Figure 1.

Plan du temple.

f, h. Colonnes tombées.

a. Colonne enfoncée verticalement de près d'un mètre.

i. Ouverture forcée.

k, l. Places des deux bas-reliefs représentés dans la planche suivante.

m. Arrachement d'un mur du sanctuaire qui est détruit.

n, n. Couloirs dans l'intérieur des murs du portique.

p. Ouverture par laquelle il paraît que l'on pénétrait dans ces couloirs.

Fig. 2. Élévation du temple.

Fig. 3. Coupe du temple, suivant la ligne AB du plan, fig. 1.

On ne trouve dans ces deux dessins aucune autre décoration que celles des chapiteaux et des bases des colonnes : le reste n'a point été dessiné, ou n'est point achevé.

Fig. 4. Un des chapiteaux du portique, en perspective; c'est celui des colonnes marquées f g sur le plan : l'anneau de la colonne, orné d'hiéroglyphes, est copié exactement.

Fig. 5. Décorations des bases des colonnes, où l'on voit réunis la fleur, la feuille et le bouton du lotus.

Fig. 6. Fragment de bas-relief faisant partie de la décoration intérieure du portique : le bas-relief entier contient

A. VOL. I. ESNÉ (LATOPOLIS).

trois figures de cynocéphales tournées vers autant de figures de femmes.

PLANCHE 86.

DÉTAILS *d'architecture et bas-reliefs du temple au nord d'Esné.*

Fig. 1. Chapiteau correspondant à la colonne marquée c sur le plan.

Fig. 2. Coupe de ce chapiteau renversé.

Fig. 3. Chapiteau correspondant aux colonnes marquées f g sur le plan.

Fig. 4. Dessus de ce chapiteau.

Fig. 5. Chapiteau des colonnes marquées e h sur le plan.

Fig. 6. Ce même chapiteau vu par-dessous.

Fig. 7. Chapiteau de la colonne b.

Fig. 8. Chapiteau de la colonne d.

Fig. 9. Chapiteau de la colonne a.

Fig. 11. Base commune à toutes les colonnes.

Fig. 10. Frise du temple.

Fig. 13. Frise de l'intérieur du portique.

Fig. 12. Coiffure d'une figure sculptée au bas du mur latéral à gauche au point marqué k sur le plan, pl. 85, fig. 1.

Fig. 14. Hiéroglyphe sculpté sur le même mur au point marqué l. L'étoile n'était que peinte; l'oiseau lui-même n'avait que très-peu de relief.

PLANCHE 87.

ZODIAQUE *sculpté au plafond du temple au nord d'Esné.*

La partie supérieure marquée b est sculptée au plafond, entre le mur latéral à gauche en entrant et les colonnes voisines; la partie inférieure est sculptée au plafond opposé à droite.

La gauche du dessin est dans le fond du portique, et la droite du côté de la façade. Une partie du tableau inférieur est tombée avec les colonnes de la façade.

On trouve les parties du zodiaque qui manquent au plafond, sur les pierres qui sont à terre ; toutes les sculptures sont en relief. Il n'a pas été possible de dessiner les hiéroglyphes. (*Voyez*, pour de plus grands détails, la Description générale des monumens astronomiques.)

PLANCHE 88.

Vue perspective du temple au nord d'*Esné*.

On a suppléé, dans cette vue, à toutes les décorations, afin de rendre d'une manière plus exacte l'effet général du monument.

ENVIRONS D'ESNÉ

(CONTRA-LATO).

PLANCHE 89.

PLAN, coupe, élévation et détails d'un temple à Contra-Lato.

Figure 1.

Plan du temple.

a. Arrachement de murailles. (*Voyez* fig. 3.) Le surplus de ces murs est détruit jusqu'aux fondations, et l'on n'a pas cru devoir indiquer jusqu'où ils ont pu s'étendre, ni ce que devaient être les parties du monument actuellement détruites, attendu que celles qui subsistent encore sont si irrégulières et si incohérentes entre elles, que les règles de l'analogie n'eussent été d'aucun secours pour faire cette restauration.

c. Vide dans l'épaisseur du mur. Il y en a de semblables dans le mur qui forme le fond du portique, ainsi qu'on les voit indiqués dans le plan.

Fig. 2. Élévation du temple.

On n'a point fait de fouilles au pied des colonnes pour en mesurer la hauteur; mais, comme on connaissait la distance entre le dessous de l'architrave et le dessus des murs d'entre-colonnement, il a suffi de donner à ces murs et aux encadremens qui y sont sculptés, les proportions qu'ils ont le plus communément dans d'autres édifices semblables, pour avoir, au moins d'une manière très-approchée, la hauteur du monument. (Consulter la pl. 84, fig. 1, pour connaître la quantité de l'encombrement.) Quant aux corniches et aux ornemens qui y sont sculptés, on a trouvé, comme on peut en juger par la vue, pl. 84, fig. 1, de très-grandes parties bien conservées, et leur restauration était suffisamment indiquée.

Figure 3.

Coupe faite sur la ligne AB de la fig. 1.

a. (*Voyez* l'explication de la fig. 1.)

Fig. 4, 6. Détails des chapiteaux de la façade mis en perspective.

Fig. 5. Détails d'un des chapiteaux de l'intérieur du portique mis en perspective.

Fig. 7. Détails d'une partie des sculptures de l'architrave.

On en voit la position dans la fig. 2, où, pour la symétrie, l'on a placé, à la gauche du bateau, les mêmes figures qui sont à la droite. Cette symétrie s'observe d'ailleurs dans la plupart des sculptures qui occupent des positions analogues à celle-ci.

Fig. 8. Bas-relief sculpté sur le chambranle de la porte qui conduit du portique dans l'intérieur du temple, au point b du plan : on n'a eu le temps de copier qu'un petit nombre d'hiéroglyphes.

PLANCHE 90.

Vue perspective d'un temple à Contra-Lato.

Dans cette vue, on a restauré le temple et suppléé aux décorations qui manquaient. On voit dans le fond les montagnes de la chaîne arabique.

ERMENT
(HERMONTHIS).

EXPLICATION DES PLANCHES,

Par M. JOMARD.

PLANCHE 91.

Vue *du temple prise au sud-ouest.*

Cette *vue* montre le temple tel qu'on l'aperçoit du côté du Nil : elle est prise du point A, pl. 97, fig. 8. Les colonnes sont plus élancées que celles de la plupart des temples; ce qui donne à celui-ci une physionomie particulière.

1. Corniche telle que celle de la pl. 42, fig. 18.

Nota. Les figures de serpens sont représentées avec trop de saillie inférieurement. (*Voyez* pl. 92.)

2. Restes de l'enceinte extérieure du temple. (*Voyez* le plan, pl. 94.)
3. Tombeau de cheykh, vulgairement appelé *santon*, assez grand de proportion, et sur le premier plan.
4, 5. Divers tombeaux de musulmans.

En avant du temple sont des voyageurs qui se préparent à dessiner les ruines; ils sont accompagnés d'une escorte et de leurs domestiques.

PLANCHE 92.

Vue du temple prise à l'ouest.

Cette vue représente la façade du temple dans son état actuel : elle est prise du point B, pl. 97, fig. 8.

Les pierres accumulées sur le devant sont les restes de l'enceinte et des colonnes qui occupaient la partie antérieure du temple.

PLANCHE 93.

Vue du temple prise au nord-ouest.

Cette vue montre le temple tel qu'on le voit du côté du désert : elle est prise du point C, pl. 97, fig. 8. En avant, est un reste de construction, qui paraît avoir appartenu à une enceinte générale. Il ne reste presque aucune trace de la galerie qui environnait le temple.

Nota. On a représenté nues et sans décoration, toutes les murailles, bien qu'elles soient chargées d'ornemens, parce que le temps n'a pas permis de les dessiner.

PLANCHE 94.

Plan, coupe et élévations du temple.

Figure 1.

Plan du temple.

a, a. Colonnes dont il n'existe plus que les fondations.
b, b, b. Galerie restaurée. On ne voit plus que les arasemens des colonnes et des murs d'entre-colonnement, qui formaient la galerie.

A. VOL. I. ERMENT (HERMONTHIS).

c. Escalier qui conduit sur la terrasse.
d. Porte du sanctuaire.
e. Sanctuaire.
f. Enfoncement dont l'usage n'est pas connu.
g. *Voyez* pl. 95.
h. *Idem.*
i. *Idem.*
k. *Idem.*
l. *Idem.*
m. *Idem.*
n. *Idem.*
o, p. Espaces où l'on a fait des fouilles pour retrouver des colonnes, sans qu'on ait pu en découvrir.
q. Vestibule.
r. Première salle du temple.
s. Salle principale du temple.

Nota. C'est par erreur qu'on a marqué $14^m,916$ pour la longueur du temple proprement dit, il faut lire $17^m,84$.

Fig. 2. Élévation sur la ligne AB, fig. 1.

Les élévations et la coupe sont représentées avec toute leur hauteur, laquelle a été trouvée au moyen des fouilles. On a également restauré les galeries latérales, d'après l'analogie du petit temple d'Edfoû (*voyez* pl. 62) et de plusieurs autres monumens. Les dés qui surmontent les colonnes, devaient recevoir des figures de Typhon. Faute de données suffisantes, on n'a pas décoré les murs des tableaux hiéroglyphiques qui les ont probablement recouverts. Les hiéroglyphes que l'on a figurés, n'ont pas été copiés sur les lieux; les ornemens ont été puisés dans les vues pittoresques.

Fig. 3. Élévation sur la ligne DC, fig. 1. (*Voyez* les observations de la fig. 2.)

Nota. La corniche de la construction intermédiaire étant en partie

EXP. DES PL.

7

EXPLICATION DES PLANCHES.

renversée, on l'a restaurée avec son listel ; mais on l'a faite trop basse de la hauteur de ce même listel, à consulter la règle de l'analogie, suivant laquelle la corniche et l'architrave sont toujours de hauteur égale.

Fig. 4. Coupe prise sur la ligne EF, fig. 1. (*Voyez* les observations de la fig. 2.)

Nota. La gravure a altéré plusieurs dimensions que les cotes serviront à rectifier.

PLANCHE 95.

BAS-RELIEFS *de l'intérieur et de l'extérieur du temple.*

Fig. 1. Bas-relief copié dans le temple.
Fig. 2. Bas-relief sculpté sur le côté i du temple. (*Voyez* pl. 94, fig. 1.)
Fig. 3. Bas-relief sculpté au point g. (*Voy.* pl. 94, fig. 1.)
Fig. 4. Bas-relief sculpté au point c. (Voyez *ibid.*)
Fig. 5. Bas-relief sculpté au point h. (Voyez *ibid.*)
Fig. 6. Bas-relief sculpté au point i. (Voyez *ibid.*)
Fig. 7. Bas-relief sculpté au point l. (Voyez *ibid.*) Consultez la Description.
Fig. 8. Bas-relief sculpté au-dessus du point k. (Voyez *ibid.* entre le dessus de la porte et le plafond. *Voyez* aussi la pl. 94, fig. 4.)

Nota. Ce bas-relief ayant été dessiné par plusieurs personnes, il a fallu réduire les dessins à une même échelle ; ce qui a pu altérer les proportions du sujet inférieur.

Il n'y a pas d'échelle sur cette planche ; mais la proportion des bas-reliefs peut se déduire de celle de la fig. 8, qui est gravée en place, pl. 94, fig. 4.

PLANCHE 96.

BAS-RELIEFS *sculptés dans le sanctuaire du temple.*

Fig. 1. Bas-relief occupant toute la longueur de la salle ou

A. VOL. I. ERMENT (HERMONTHIS).

sanctuaire, sur le côté m. (*Voyez* pl. 94, fig. 1.) Une partie est dégradée. Les figures n'ont pas été gravées correctement : le temps et le défaut de jour n'ont pas permis de copier les hiéroglyphes.

Fig. 2. Bas-relief occupant le plafond du sanctuaire.

Le même dessin est gravé au trait dans la collection des monumens astronomiques, sous la lettre c.

Fig. 3. Bas-relief occupant toute la longueur du sanctuaire, côté n. (*Voyez* pl. 94, fig. 1.) L'ouverture qu'on voit dans l'angle inférieur à gauche, est une partie de la porte d. (Voyez *ibid.*)

ERMENT ET ENVIRONS

(HERMONTHIS).

PLANCHE 97.

1, 2, 3, 4. BAS-RELIEFS *du temple d'Erment.* — 5, 6, 7. *Vue, plan et détail d'un édifice bâti des débris du temple.* — 8, 9. *Plan général des ruines et d'un bassin antique.* — 10. *Plan des restes d'un édifice à Tôd.*

Fig. 1, 3. Bas-reliefs sculptés sur le côté i du temple. (*Voy.* pl. 94, fig. 1.)

Fig. 2. Bas-relief de l'intérieur du temple.

Fig. 4. Détail de la draperie de la fig. 3.

Fig. 5. Vue d'un ancien édifice qui paraît avoir servi d'église aux premiers chrétiens.

Le sol est jonché de colonnes de granit. Cette vue est prise du point D. (*Voyez* fig. 8.)

EXPLICATION DES PLANCHES.

Fig. 6. Plan du même édifice; les parties indiquées en noir sont debout, les autres sont presque rasées.

Fig. 7. Détail d'une cymaise copiée sur cet édifice dans la partie de l'est.

Figure 8.

Plan général des ruines de l'ancienne ville d'*Hermonthis*.
A. Point de vue de la pl. 91.
B. Point de vue de la pl. 92.
C. Point de vue de la pl. 93.
D. Point de vue de la pl. 97, fig. 5.
b. Traces d'anciennes constructions qui paraissent avoir formé une enceinte générale.
a. Bassin antique où arrive encore aujourd'hui l'eau du Nil. (*Voyez* fig. 9.)
ac. Ancienne allée, dirigée sur le centre du bassin.

Figure 9.

Plan du bassin et d'une partie du temple.
L'axe du bassin correspond précisément au milieu de la longueur du temple.
a. Partie où l'eau du Nil séjourne long-temps. C'est là qu'on croit qu'il y avait une colonne nilométrique.
e. Escaliers qui descendent dans le fond du bassin; ils sont très-dégradés. On n'a pu reconnaître exactement le nombre des marches, qui sont très-dégradées.
f. Petit escalier qui sert à descendre du temple vers le bassin.
Fig. 10. Plan des restes d'un ancien édifice à Tôd ou *Tuphium*, situé au-dessus de Thèbes sur la rive droite du Nil. (*Voyez* la Description.)

FIN DU VOLUME I.

THÈBES.

EXPLICATION DES PLANCHES.

Nota. MM. Jollois, Devilliers et Jomard ont mis en ordre et rendu conformes aux descriptions qu'ils ont rédigées, les notes remises par les auteurs des dessins, pour former le recueil des explications de planches du deuxième volume d'Antiquités.

PLANCHE 1.

Plan général de la portion de la vallée du Nil qui comprend les ruines.

Ce plan a été levé avec tout le soin que réclamait l'importance des ruines dont il présente l'ensemble. Les points principaux ont été déterminés astronomiquement par M. Nouet : ils ont été en outre liés par des triangles qui ont été construits sur le dessin, au moyen des distances des sommets de leurs angles à une méridienne et à une perpendiculaire passant par l'angle sud-ouest de la façade du premier pylône du tombeau d'Osymandyas, ou palais de Memnon. (*Voyez* ci-après l'explication du plan topographique et des autres planches relatives à ce monument.) Toutes les indications que renferme la planche suffisent pour donner une première idée des objets qu'elle contient. Pour en prendre une connaissance plus ample et plus détaillée, il est nécessaire de recourir aux plans topographiques de chacun des lieux principaux, tels que Medynet-abou, pl. 2, *A.*, vol. ii; le Memnonium, comprenant le tombeau d'Osymandyas, pl. 19, *A.*, vol. ii; les monumens situés au nord du tombeau d'Osymandyas, pl. 38, *A.*, vol. ii; Qournah, pl. 40, *A.*, vol. ii; les Tombeaux des rois, Byban el Molouk, pl. 77, *A.*, vol. ii; Louqsor, pl. 1, *A.*, vol. iii; Karnak, pl. 16, *A.*, vol. iii, et Méd-a'moud, pl. 68, *A.*, vol. iii. Les lignes très-fines tracées sur le plan général, autour de ces lieux, indiquent la portion qui en a été détaillée dans les planches précitées.

La chaîne libyque est remplie de grottes sépulcrales ou hypogées qui n'ont point été indiquées sur la planche. On n'aurait pu parvenir à en relever le plan et à déterminer la position de ces catacombes, qu'en séjournant à Thèbes beaucoup plus long-temps que nous ne l'avons fait, bien que nous y soyons restés pendant deux mois entiers en différens voyages.

THÈBES

(MEDYNET-ABOU).

PLANCHE 2.

Plan *topographique des ruines et des environs.*

Toute l'étendue qu'occupe dans la plaine de Thèbes la

A. VOL. II. THÈBES (MEDYNET-ABOU). 103

portion de terrain circonscrite dans cette planche, est indiquée, dans le plan général (*voyez* pl. 1, *A*., vol. II), par un cadre oblong tracé en lignes très-fines autour des ruines de Medynet-abou, et portant le n°. I.

A. Point de vue de la pl. 3, *A*., vol. II.
B. Point de vue de la pl. 14, *A*., vol. II.
C. Point de vue de la pl. 15, *A*., vol. II.

PLANCHE 3.

Vue *des propylées du temple et du pavillon, prise du côté du sud.*

1. Mur d'enceinte formant une cour en avant des propylées du temple.
2. Colonnes en avant du premier pylône.
3. Porte latérale de l'enceinte.
4. Mur d'entre-colonnement. (On voit au-dessus deux domestiques turcs, qui font leur prière.)
5. Premier pylône des propylées.
6. Portion du mur d'enceinte de la seconde cour du temple.
7. Reste d'un mur d'enceinte enfoui, qui est surmonté d'espèces de créneaux demi-circulaires.
8. Entrée du pavillon.
9. Créneaux qui couronnent le pavillon : ils ne sont pas demi-circulaires comme ceux du mur d'enceinte. Ils sont terminés par deux arcs de cercle, qui se rencontrent en formant un angle dans la partie supérieure.
10. Restes d'habitations modernes en briques séchées au soleil. Les gens du pays les abandonnent, lorsqu'elles commencent à se dégrader : ils aiment mieux en aller construire d'autres ailleurs, que de les réparer. On en voit à Medynet-abou

dans l'intérieur des monumens et jusque sur leurs terrasses.

11. Tente de Mamlouk dressée par les artistes français, pour dessiner à l'abri du soleil. En avant, on voit un domestique du pays approcher de la tente, en portant, sur sa main renversée dans une position horizontale, un petit *ballâs* rempli d'eau.
12. Cheykh d'un village voisin avec un domestique.
13. Restes du tombeau d'Osymandyas, ou palais de Memnon, vus dans l'éloignement.
14. Grottes sépulcrales percées dans la montagne libyque.

PLANCHE 4.

1., 4. PLAN et coupe longitudinale du temple et de ses propylées. — 2, 3. Plan et coupe longitudinale du palais. — 5. Plan du pavillon.

Figure 1.

a. Mur d'enceinte formant une cour en avant des propylées.
b. Rangée de colonnes formant une galerie en avant du premier pylône.
c. Colonnes aux angles du premier pylône. Elles paraissent avoir eu pour objet de porter les architraves et le plafond de la galerie.
d. Murs d'entre-colonnement.
e. Porte latérale de l'enceinte.
f. Portes de la galerie.
g. Premier pylône des propylées. Il paraît n'avoir point été terminé : il est construit, partie en grès, partie en pierres calcaires. (*Voyez* la description de Medynet-abou, sect. 1 de la Description générale de Thèbes, *chap.* IX.)

g'. Mur d'enceinte de la seconde cour du temple.
h. Deuxième pylône des propylées.

> *Nota.* Nous avons adopté la dénomination de *propylées*, pour désigner l'ensemble des cours et des pylônes qui précèdent le temple. On peut voir, dans la Description de Karnak, *section* VIII du *chapitre IX*, les raisons qui nous ont déterminés à adopter cette dénomination.

i. Cour précédant le temple.
k. Galeries formées par les pilastres qui entourent le temple.
l. Colonnes polygonales qui paraissent avoir été mises après coup, pour soutenir les pierres du plafond des galeries.
m. Pièce dépendante du temple. Son entrée est maintenant obstruée par les décombres.
n. Autre pièce dépendante du temple : elle est ornée de colonnes et éclairée par des claires-voies en pierre. Elle est remplie de décombres jusqu'à la hauteur du chapiteau des colonnes.
o. Pièce qui paraît avoir formé la *cella*. Ses plafonds sont tombés.
p, q, r, s, t, u. Pièces obscures dépendantes du temple. Les pièces r, s et t ont sans doute été des sanctuaires. On voit encore dans la pièce t une de ces chapelles monolithes où l'on renfermait les objets sacrés du culte. (*Voyez* la description de Medynet-abou, *section* 1 du *chapitre* IX.)
v. Reste d'une porte qui paraît avoir été dépendante du temple.

Figure 2.

a. Premier pylône formant l'entrée du palais.
b. Piliers-cariatides formant la galerie nord-est de la cour du palais.
c. Colonnes formant la galerie sud-ouest de la cour du palais.
d. Entrée d'un édifice maintenant caché sous les décombres.

e. Portes des escaliers qui conduisent à la partie supérieure du deuxième pylône.
f. Deuxième pylône.
g. Porte en granit.

Les galeries du péristyle sont formées, au nord et au sud, par des colonnes, et à l'est et à l'ouest, par des piliers-cariatides. Il y a en outre, à l'ouest, un rang de colonnes derrière les piliers-cariatides.

Pour rendre les indications plus faciles, nous désignons les galeries du péristyle par les quatre points cardinaux, bien qu'elles n'y correspondent point parfaitement.

h. Escalier.
i, k, l, m, n. Pièces maintenant entièrement cachées sous les décombres. On ne peut y pénétrer que par une ouverture pratiquée de vive force sous la galerie, et indiquée par erreur comme une porte, dans le plan.
o. Espace entièrement rempli de décombres jusqu'à la partie supérieure des murs. Il est très-probable qu'en y faisant des fouilles, on retrouverait des monumens bien conservés.
p. Mur d'enceinte en grès. (*Voyez*, pour l'explication des autres lettres, les planches suivantes.)

Figure 3.

Coupe générale du palais, suivant la ligne AB. (*Voyez* fig. 2.)

Tous les hiéroglyphes qui ornent les architraves, les dés des chapiteaux et les bases des colonnes, suppléent aux vrais hiéroglyphes que l'on n'a point eu le temps de dessiner. Les colonnes de la première cour sont encombrées jusqu'à la partie inférieure des chapiteaux; des fouilles entreprises au pied de l'une d'elles ont fait connaître leur véritable hauteur, et la manière dont elles se terminent par le bas.

A. VOL. II. THÈBES (MEDYNET-ABOU).

Figure 4.

Coupe longitudinale des propylées et du temple, suivant la ligne AB. (*Voyez* fig. 1.)
a. Élévation du mur de clôture marquée en g. (*Voy.* fig. 1.)
b. Élévation latérale du pavillon placé sur le second plan.
c. *Cella* du temple. La coupe a été représentée, comme si l'édifice n'avait point dû être couvert par un plafond; ce que l'on pouvait croire au premier aspect sur les lieux. (*Voyez* la description de Medynet-abou, *section* 1 du *chapitre* IX.)

Figure 5.

Plan du pavillon. (*Voyez*, pour les détails, l'explication de la pl. 16, fig. 1.) La fig. 2 et la fig. 5 ne forment qu'un seul dessin.

PLANCHE 5.

1, 2, 3, 4, 5. Élévation *et chapiteau des propylées, coupes transversales et détail d'une colonne du temple.* — 6. *Détails du chapiteau des colonnes de la cour du palais.*

Fig. 1. Élévation des propylées, prise suivant la ligne CD. (*Voyez* pl. 4, fig. 1, *A.*, vol. II.) On a indiqué les colonnes dans l'état où on les a trouvées : il n'y a que les deux qui accompagnent la porte, qui soient entièrement terminées. Les murs d'entre-colonnement et le pylône, dépourvus de sculptures, annoncent assez que tout l'édifice n'a pas été achevé.

Fig. 2. Détail des chapiteaux des propylées. Les sculptures

de ces chapiteaux sont couvertes des couleurs les plus vives et les plus brillantes.

Fig. 3. Coupe transversale du temple, suivant la ligne EF. (*Voyez* pl. 4, fig. 1, *A.*, vol. II.)

Fig. 4. Autre coupe transversale du même temple, suivant la ligne GH. (*Voyez* pl. 4, fig. 1, *A.*, vol. II.)

Fig. 5. Détail de l'une des colonnes polygonales qui portent les pierres de plafond aux angles des galeries du temple. (*Voyez* pl. 4, fig. 1, en *l.*) Les hiéroglyphes sont exacts.

Fig. 6. Détail du chapiteau des colonnes de la cour du palais. (*Voyez* pl. 4, fig. 2, en *c*, *A.*, vol. II.)

PLANCHE 6.

Coupes *transversales de la cour et du péristyle du palais.*

Fig. 1. Coupe du péristyle, suivant la ligne EF. (*Voyez* pl. 4, fig. 2, *A.*, vol. II.) Les hiéroglyphes qui ornent la frise, les piliers-cariatides et leurs socles, les dés des chapiteaux et les bases des colonnes, suppléent, pour l'effet de l'architecture, aux véritables hiéroglyphes que l'on n'a point eu le temps de copier. Ces derniers ne sont en quelque sorte que dessinés dans un creux très-profond; ce qui donne à tout le monument un aspect très-remarquable, qui ne nous a frappés nulle part ailleurs.

Fig. 2. Coupe prise dans la cour du palais, suivant la ligne CD. (*Voyez* pl. 4, fig. 2, *A.*, vol. II.) Toutes les parties lisses de cette coupe sont décorées de tableaux et d'hiéroglyphes que l'on n'a point eu le temps de dessiner. L'encombrement s'élève jusqu'à la partie inférieure du chapiteau et jusqu'au cou des figures des piliers-cariatides.

PLANCHE 7.

DÉTAILS *d'un pilier-cariatide et d'une colonne du péristyle du palais.*

Fig. 1. Détail d'un pilier-cariatide et d'une colonne du péristyle du palais, pris à gauche en entrant. Tous les hiéroglyphes qui ornent la corniche, la frise, le pilier et la colonne, sont fidèlement copiés.

Fig. 2. Détail de la face du même pilier-cariatide marqué en q. (*Voyez* pl. 4, fig. 2, *A.*, vol. II.) A droite, est le montant de la porte qui conduit à la galerie du fond; à gauche, on voit l'un de ces murs qui ferment l'intervalle entre les piliers-cariatides.

PLANCHE 8.

BAS-RELIEFS *sculptés sur les murs du palais.*

Fig. 1. Cette figure représente un jeune homme dont la tête est couverte d'un bonnet blanc, relevé sur le devant. Il a le corps nu jusqu'à la ceinture, et il est couvert d'une espèce de jupe transparente, courte sur le devant et attachée aux reins par de très-longs cordons. Sa main droite est levée en signe d'attente ou d'improbation : de la main gauche, il tient une espèce de ruban et une tige surmontée d'une boule blanche sur laquelle est attachée, par trois pointes, une plume ornée par le bas d'un globe rouge. Les bras sont garnis de bracelets; la chaussure est la même que celle que l'on voit dans les autres sculptures de Medynet-abou.

Fig. 2. Cette figure est celle d'un jeune homme tenant un

étendard orné de rubans, et surmonté d'une coupe audessus de laquelle est placé un oiseau : sa coiffure consiste en une calotte noire. Elle a la moitié du corps nu, et l'autre couverte d'une jupe d'un brun très-foncé.

Ces sortes de figures accompagnent ordinairement les héros égyptiens.

Fig. 3. Cette figure représente un jeune guerrier armé d'un javelot et tenant un bouclier de la main gauche. Sa cuirasse ou justaucorps paraît être de peau. A la naissance des épaules, on remarque trois bandes de fer très-minces, bordées de noir, qui prennent la forme du bras et du corps : on a jugé que ce pouvait être du fer, par la couleur bleuâtre que l'on a remarquée.

A partir de la ceinture, une jupe de peau, courte et renforcée par un galon noir de même étoffe, est attachée par des cordons gris dont les extrémités se terminent en lotus. La chaussure de la figure consiste en sandales dont les extrémités sont arrondies. Sa coiffure est un bonnet de feutre jaune, rayé de noir, qui couvre les oreilles.

Fig. 4. Figure d'un soldat sur la défensive, et résistant au choc de l'ennemi.

Sa coiffure est un casque de fer hérissé de deux pointes; le dedans du bouclier est de couleur jaune.

La bande de fer de couleur bleuâtre, qui forme le justaucorps, monte jusqu'à la moitié du sternum; la ceinture et la jupe sont de peau.

Fig. 5. Cette figure représente deux jeunes hommes armés d'un arc et d'un carquois attachés derrière le dos : ils portent dans la main droite un paquet de cordes qui servaient à lier les prisonniers; leur coiffure est un bonnet blanc, dont le derrière est de couleur rouge. Le premier personnage porte un vêtement transparent, bordé de rouge au col : sur les cuisses est une étoffe blanche, taillée de manière à en prendre les formes ; la draperie qui la recouvre est transparente et forme un très-gros pli par-devant. Le second personnage a la même coiffure que le premier ; le haut du corps est nu, et le reste est couvert d'une draperie blanche, nouée au-dessus des reins.

Fig. 6. Figure qui se trouve sous la galerie du péristyle ; elle n'est pas d'un très-mauvais dessin : le corps, qui est de face, présente la cuisse et la jambe de profil ; la hanche n'est point dessinée ; les parties naturelles se trouvent entre le nombril et à leur place ordinaire.

Cette figure est coiffée d'une calotte à oreilles, recouverte d'un bonnet qui devrait se voir de profil et qui est tourné de face : c'est une espèce de grille, dans les intervalles de laquelle sont enfermées des plumes de diverses couleurs, telles que le rouge, le bleu, le jaune, le vert et le blanc ; les compartimens sont en or. Derrière la tête sort une bandelette qui descend quelquefois jusqu'à terre, et qui est rouge couleur de sang.

Le collier est le même que celui d'Isis. Autour du cou est un cordon violet, auquel est suspendu un amulette. Derrière la figure, on voit une espèce de tour d'où tombe un fil ou cordon tortillé, de couleur rouge ; à côté est une moitié de porte égyptienne.

La chaussure de la figure est retenue par une agrafe qui passe sur le coude-pied, et qui consiste en deux lotus avec une petite boule rouge entre deux.

Cette figure n'a qu'un bras garni d'un bracelet ; la main est surmontée d'une espèce de fléau. Dans ces sortes de personnages, le profil est toujours le même.

Fig. 7. Cette figure représente un soldat vêtu d'un simple corselet jaune et d'une jupe assez claire pour que l'on aperçoive les cuisses. Il est armé de deux poignards ; son attitude est menaçante : il est coiffé d'un bonnet ou espèce de *sako* qui descend sur le derrière du cou, et qui est attaché sous le menton; il a son bouclier derrière le dos, et il porte sous le bras une arme enveloppée dans son fourreau.

Les moines de Tor, ainsi que les Mamlouks, portent encore une coiffure pareille à celle de cette figure; mais elle est en cachemire ou en drap noir.

Fig. 8. Figure qui représente un héros égyptien offrant de l'encens, dont il lance de petites boules dans un vase rempli de feu; ce vase pose sur une main dorée, dont le poignet est engagé dans une fleur de lotus; la tige du lotus est terminée par une tête d'épervier, surmontée d'une boule rouge. Cette figure se trouve très-fréquemment dans les monumens égyptiens, avec diverses modifications dans la coiffure. Son collier est formé de perles rouges; son vêtement est à manches courtes, et d'une couleur blanchâtre et transparente; la ceinture est en or.

Fig. 9. Cette figure représente un personnage portant un vase dont le couvercle, surmonté d'une tige avec une espèce de banderole, a la forme d'une cloche : on la retrouve souvent dans les tombeaux.

Le vase est jaune, quelquefois bleu, et le cou est peint en rouge.

Le manteau court du personnage est d'étoffe transparente, et s'attache à la ceinture; la jupe est blanche et allongée en pointes par-devant.

Ce personnage porte dans sa main droite une outre de couleur jaune et une bande de toile : il accompagne ordinairement les héros égyptiens.

Fig. 10. Cette figure représente le buste d'un personnage à tête d'épervier; c'est une des divinités égyptiennes à qui l'on fait des offrandes : on a dessiné celle-ci à cause des beaux détails qu'elle présente. Sa tête est surmontée d'un disque rouge; son corps est serré dans un corset de même couleur, soutenu par des courroies qui passent par-dessus les épaules; ses bras sont ornés de bracelets.

Fig. 11. Cette figure offre le dessin d'une forteresse : il a été recueilli sur les murs du palais.

PLANCHE 9.

1. BAS-RELIEF *sculpté sur la face extérieure du palais exposée au nord.* — 2. *Bas-relief de la galerie sud du péristyle du palais.* — 3, 4. *Fragmens trouvés sous le pylône des propylées du temple.*

Fig. 1. Ce bas-relief représente une chasse au lion. (*Voyez* la description de Medynet-abou, sect. 1 du chap. *IX*.) Sa place est en r (*voyez* pl. 4, fig. 2, *A*., vol. II) : il suit le combat naval; à droite, est une baie de porte.

Le style de la sculpture de ce bas-relief curieux est remarquable par la fermeté et par la variété des attitudes. Les deux lions blessés sont dessinés et sculptés habilement; l'expression de la douleur est surtout rendue avec beaucoup de vérité. Le sujet historique que ce bas-relief représente, est expliqué dans la description.

Fig. 2. Ce bas-relief est sculpté sur le mur de fond de la galerie de l'est du péristyle, au point marqué en s, près de la porte d'entrée. (*Voyez* pl. 4, fig. 2, *A*., vol. II.)

Le visage des personnages est peint d'une couleur rouge-brun; leur coiffure est une espèce de calotte rouge; leur vêtement est formé d'une jupe blanche, bordée de rouge, avec une ceinture et une bandelette blanche aussi bordée de rouge. Leur chaussure consiste en sandales allongées et recourbées en pointe, en forme de patin; elles sont attachées par un anneau qui passe entre le second doigt et l'orteil :

une courroie qui bride le coude-pied, assujettit ce même anneau et fixe la sandale au talon.

La figure du milieu est couverte d'une peau de lion : au-dessus des reins est nouée une jupe transparente, couleur de chair; la tête du lion est placée à la hauteur du nombril et paraît cacher le nœud de la robe, au-devant de laquelle est une large bande terminée par une espèce de poche.

Les personnages de ce bas-relief portent une espèce de brancard, où sont placés sept petits hommes tenant en main une branche de lotus. A l'extrémité, est une figure de femme à genoux, soutenant de la main droite un étendard couché horizontalement et appuyé sur les têtes des petits hommes et sur une espèce de terme à tête de lion; l'étendard est terminé par une fleur de lotus surmontée de plumes : au-dessous est le collier d'Isis.

Le vêtement des petits hommes est d'une couleur brune, avec un bord noir.

Fig. 3 et 4. Ces deux fragmens ont été trouvés parmi des pierres brisées et renversées sous la porte du premier pylône : bien que la construction au pied de laquelle on les trouve soit ruinée, cependant on ne peut pas affirmer qu'ils en aient fait partie.

Le caractère des ornemens qu'ils renferment n'est pas égyptien; mais l'une des deux frises (fig. 4) a été sculptée au-dessous d'une corniche vraiment égyptienne : le style de ces deux fragmens est digne d'être examiné d'une manière particulière.

Fig. 5. Fragment de bas-relief dessiné dans une salle obscure. (*Voyez* pl. 4, fig. 2, *salle* k.) Ce fragment fait partie d'une offrande considérable. La salle est tout enfumée par les flambeaux dont on s'est servi pour pénétrer dans l'intérieur; ce qui a empêché de dessiner et de copier le reste de ce bas-relief curieux.

PLANCHE 10.

COMBAT *naval sculpté sur la face extérieure du palais exposée au nord.*

Fig. 1. Ce grand bas-relief est situé sur la face septentrionale extérieure du palais : il occupe en totalité une longueur d'environ 28 mètres (86^{ds} 6^{po}). (*Voyez* en t, pl. 4, fig. 2, *A*., vol. II.) Le principal personnage que l'on voit à la droite du tableau, a environ 2^m.$\frac{3}{4}$ (8^{ds} 6^{po}) de proportion.

Il est représenté lançant des flèches sur des groupes d'ennemis précipités pêle-mêle les uns sur les autres. Son costume, son casque, son armure, sa grande proportion, et principalement le caractère de sa physionomie, le font reconnaître pour un héros égyptien : il foule aux pieds huit ennemis; au-dessus de sa tête, plane un vautour. Quatre autres archers sont placés devant lui dans la même attitude et dans la même action.

On reconnaît aisément les quatre barques égyptiennes à la tête de lion qui est en proue, aux armes que portent les combattans, à leurs boucliers allongés et à leur coiffure qui n'est qu'un simple bonnet : les cinq autres barques ont une forme un peu différente, et les combattans qu'elles renferment ont des boucliers circulaires et des épées très-courtes, mais les guerriers de deux d'entre elles ont un casque à deux cornes, et ceux des trois autres paraissent coiffés de plumes, à la manière des Indiens. On observe aussi d'autres différences qu'il est inutile d'expliquer ici. Une des barques ennemies est renversée, le mât brisé, et la voile déchirée. Dans deux des barques égyptiennes, on voit déjà des prisonniers qui ont les mains liées, et ces barques se dirigent vers la gauche du tableau, où est placé un autel. Là est un personnage de grande stature, qui paraît dans l'action de donner des ordres et de recevoir un hommage, et à qui l'on amène des prisonniers.

Dans une bande inférieure, on voit une marche triomphale de soldats égyptiens, différemment vêtus ou armés; en avant, six groupes composés chacun d'un Égyptien et de deux ennemis qu'il conduit les bras liés. Le reste de cette marche est actuellement caché sous les sables qu'on voit figurés à la gauche du tableau.

Derrière le personnage placé à gauche, il y a un grand char tout pareil à celui qui est à la droite du tableau, et accompagné des mêmes figures; les chevaux tournent aussi le dos au personnage. On n'a pas jugé à propos de graver cette partie du dessin, la planche étant déjà d'une très-grande dimension.

Toute cette scène était accompagnée d'hiéroglyphes distribués en colonnes, dont on n'a pu dessiner que la partie qui se trouve à droite. En bas, est un globe ailé avec plusieurs bandes d'hiéroglyphes disposées horizontalement, et qui surmontaient une partie aujourd'hui enfouie sous le sable.

On a mis à dessiner cet intéressant bas-relief un soin particulier; on y a employé tout le temps qu'exigeait une représentation aussi importante, et qui est unique parmi celles qui décorent les monumens égyptiens : elle a même été dessinée par plusieurs mains à-la-fois; ce qui garantit l'exactitude de la copie.

En étudiant cette composition, et principalement le milieu où sont les barques, on verra des poses bien extraordinaires et fort peu naturelles; mais aussi l'on en trouvera d'autres qui sont pleines de mouvement et de vérité. On peut la regarder comme une des scènes égyptiennes où il y a le plus de variété dans le style. Il serait trop long de faire remarquer tous les détails et toutes les richesses de costumes et d'armures qu'elle renferme, et qui feront l'objet des recherches des antiquaires.

Pour avoir une idée plus complète de ce précieux bas-relief, il est nécessaire de recourir à la description de Medynet-abou, *section* 1 du *chapitre IX*, où cette sculpture est examinée avec détail, et où l'on donne des conjectures très-fondées sur le sujet historique qu'elle représente.

Fig. 2. Détail en grand de plusieurs têtes du tableau. Ce détail peut servir à mieux faire distinguer la physionomie propre à chacune des trois nations.

PLANCHE 11.

MARCHE *triomphale sculptée dans la galerie nord du péristyle du palais.*

Fig. 1. Ce bas-relief a été recueilli sous les galeries du nord et de l'est du péristyle du palais : il en occupe toute la partie marquée u v (*voyez* pl. 4, fig. 2, *A.*, vol. II), dans une étendue de près de 30 mètres (92 ds). Les dimensions du papier et l'échelle adoptée pour les bas-reliefs n'ayant pas permis de le graver sur une même ligne, tel qu'il se présente dans le monument, on l'a partagé en trois bandes égales, qui se suivent dans l'ordre des numéros qu'elles portent en tête. La lettre A marquée à la fin de la première bande et répétée au commencement de la seconde, indique l'endroit où il faudrait les réunir, si l'on voulait les mettre bout à bout : il en est de même de la lettre B marquée à la fin de la seconde bande et au commencement de la troisième.

Tout ce bas-relief représente le triomphe d'un roi guer-

EXPLICATION DES PLANCHES.

rier : on a mis des numéros sur les figures et sur les groupes de personnages, afin de faire suivre plus facilement au lecteur la description de cette sculpture, qu'on ne pourrait se permettre de répéter ici sans faire un double emploi. Pour s'en former une juste idée et connaître le sujet historique qu'elle représente, il est nécessaire de recourir à la description de Medynet-abou. (Voyez *section* 1 du *chapitre IX*.)

PLANCHE 12.

BAS-RELIEF *colorié sculpté dans la galerie sud du péristyle du palais.*

Fig. 1. Ce bas-relief, extrêmement curieux, a été dessiné sous la galerie sud du péristyle du palais, au point marqué en y (pl. 4, fig. 2, *A.*, vol. 11). Il représente une offrande de prisonniers qu'on amène devant un héros égyptien, assis sur son char. On doit remarquer surtout, dans ce bas-relief, les mains et les membres virils coupés que l'on compte devant le vainqueur.

Toutes les couleurs des sculptures ont été copiées sur la place avec un soin scrupuleux.

Pour connaître plus en détail le sujet de ce bas-relief, il faut recourir à la description de Médynet-abou. (Voyez *section* 1 du *chapitre IX*.)

PLANCHE 13.

BAS-RELIEFS *sculptés dans les galeries est et sud du péristyle du palais.*

Fig. 1. Ce bas-relief, qui représente une initiation, a été

A. VOL. II. THÈBES (MEDYNET-ABOU).

dessiné sous la galerie de l'est, au point x. (*Voyez* pl. 4, fig. 2, *A*., vol. II.) Il n'est séparé de la marche triomphale représentée (pl. 11), que par l'angle rentrant du mur de la galerie.

Fig. 2. Ce bas-relief a été dessiné sous la galerie du sud, au point z. Il représente une barque symbolique portée par des prêtres, et sur laquelle on ne voit qu'une espèce de cage, d'où sort seulement la tête de l'épervier. On en a noté les couleurs : toutes les parties nues des figures, telles que les têtes, les bras et avant-bras, le pied et la partie inférieure de la jambe, sont d'un rouge foncé; les robes de ces personnages sont blanches, à l'exception des deux figures du milieu, qui ont leur robe de couleur jaune; la barque symbolique et la cage de l'épervier sont de couleur de bois.

Fig. 3. Ce bas-relief a été dessiné dans le même endroit que le précédent. La grande ligne d'hiéroglyphes, qui sépare les deux figures, indique qu'elles appartiennent à deux tableaux différens dont on n'a eu le temps de recueillir que les deux figures que l'on voit ici.

Fig. 4. Ce bas-relief a été dessiné, sous la galerie du sud, dans le même endroit que les deux précédens. Il représente un héros égyptien avec le bâton de commandement : il est précédé de deux prêtres qui lui offrent de l'encens, et de militaires vêtus de longues robes, qu'il semble conduire et diriger au moyen d'un cordon passé dans leurs mains et retenu dans la sienne. Un personnage, qui est en avant, déroule un papyrus et semble proclamer les victoires du héros.

PLANCHE 14.

Vue *intérieure du péristyle du palais.*

Le point de vue de cette planche est marqué en B, pl. 2, *A.*, vol. II.
1. Faces intérieures des piliers-cariatides, qui forment la galerie de l'est du péristyle.
2. Colonnes encore élevées sur leurs bases, qui paraissent avoir fait partie d'une église construite au milieu du péristyle.
3. Galerie sud du péristyle.
4. Galerie nord du péristyle.
5. Fond de la galerie de l'ouest du péristyle.
6. Sommets élevés de la chaîne libyque.
7. Débris d'architecture égyptienne.
8. Débris de colonnes et de chapiteaux dans le style grec ou romain.
9. Artistes français occupés à contempler les ruines.

PLANCHE 15.

Vue *du pavillon, prise au nord du temple.*

Cette vue est prise d'un point élevé marqué en C, pl. 2, *A.*, vol. II.
1. Façade postérieure du temple. Elle forme le premier plan du tableau : elle est encombrée aux deux tiers de sa hauteur par des débris de briques crues provenant des habitations anciennes et modernes. Le fuyant de la partie supérieure n'est autre chose que la terrasse du temple, sur laquelle

on aperçoit des artistes français occupés à dessiner les ruines.

2. Second pylône des propylées.
3. Premier pylône des propylées.
4. Pavillon. Le dessin en présente les faces exposées à l'ouest et au nord. L'édifice a son sommet couronné d'espèces de créneaux; sa distribution intérieure et les baies de ses croisées ont quelque analogie avec nos maisons européennes.
5. Artiste français occupé à dessiner les ruines.

PLANCHE 16.

PLAN, *élévation, coupes et détails de bas-reliefs du pavillon.*

Fig. 1. Plan du pavillon et des constructions qui le précèdent, pris à la hauteur de la première assise visible. (*Voyez* fig. 2, au point c.)

a, a. Chambres pratiquées dans les massifs antérieurs et formant plusieurs étages.

b, b. Corridors étroits qui paraissent avoir servi à communiquer au pavillon.

Les parties teintées en noir plein sont les seules entièrement existantes; les autres ont été en grande partie démolies, ce qui a mis à découvert l'intérieur des chambres et des corridors. Vers le point F, il y a un arrachement de mur qui formait probablement partie d'une enceinte dont on voit en avant la porte d'entrée, gravée en teinte pâle; les massifs de cette porte sont enterrés presque entièrement dans le sable.

Fig. 2. Élévation de la face antérieure marquée en EF sur le plan.

c, c. Niveau de l'encombrement.

Les décombres cachent actuellement tout le bas de cette façade jusqu'à la hauteur indiquée. On a restitué cette partie inférieure d'après la proportion ordinaire des portes égyptiennes, mais sans y figurer les ornemens qui décoraient sans doute le bas des deux massifs antérieurs. Les deux sujets que l'on y voit sculptés sont presque en demi-relief ; ce que l'on ne voit dans aucun bas-relief égyptien : la sculpture en est extrêmement soignée ; enfin la blancheur et la finesse de la pierre ne sont pas moins remarquables que la sculpture. La partie supérieure des massifs étant tout-à-fait détruite, on n'a pu en restaurer les ornemens.

On remarque à droite et à gauche des bustes vus de profil, placés à diverses hauteurs et supportant des pierres saillantes en forme de consoles : on les voit de face dans la fig. 3.

Le sol du pavillon paraît avoir été plus élevé que celui du temple situé au nord. (*Voyez* pl. 4, *A*., vol. II.) On n'a pu faire de fouilles au pied du premier pour mesurer la différence ; mais on a constaté que la terrasse du temple est de niveau avec le linteau de la porte du pavillon. (*Voyez* fig. 3, au point d.)

Nota. Le mur d'enceinte placé en F sur le plan n'a pas été marqué sur l'élévation, faute de mesures précises.

Fig. 3. Coupe longitudinale sur la ligne AB du plan.

c, c. (*Voyez* fig. 2.)

d. Ce linteau de porte est de niveau avec la terrasse du temple qui est au nord du pavillon.

Le haut de l'édifice est restauré comme dans l'élévation ; le plancher du deuxième étage du pavillon ne subsiste plus : il a été également restauré.

Tout ce que l'on voit d'ornemens et de caractères hiéroglyphiques dans cette coupe, a été fidèlement copié sur les lieux. (*Voyez* pl. 17, fig. 2, 3, 5.) On n'a représenté

A. VOL. II. THÈBES (MEDYNET-ABOU). 123

dans la gravure que ce qui subsiste, et l'on ne s'y est permis aucune autre addition que le prolongement des lignes de l'architecture; le style de décoration de ce monument est en effet si extraordinaire, qu'il serait impossible de restaurer les ornemens avec une suffisante vraisemblance. Le parti qu'on a pris à cet égard, est la cause des parties lisses qu'on voit dans le dessin : on remarque aussi dans la disposition des ornemens une irrégularité qui n'a point d'autre exemple dans les constructions égyptiennes; la même irrégularité se retrouve dans tout le monument.

La partie à droite de cette coupe est privée de cotes, parce que le dessin original a été construit au compas sur les lieux mêmes.

Fig. 4. Coupe du pavillon sur la ligne CD du plan. c, c. (*Voyez* fig. 2.)

La restauration inférieure est motivée comme la précédente. Au-dessous du plancher du deuxième étage, on voit deux trous qui ont un décimètre et demi environ (6^{po} à 8^{po}) de profondeur : les tableaux et les ornemens du deuxième étage sont plus en grand dans la pl. 17.

Fig. 5, 6. Ces deux sujets sont sculptés sur les faces latérales des constructions antérieures, à droite et à gauche; un guerrier offre aux dieux, sur un autel, la fleur du lotus, et il fait des libations. On n'a pu recueillir tous les détails de ces tableaux qui sont un peu dégradés.

PLANCHE 17.

1. Coupe *du second étage du pavillon.* — 2, 3, 4, 5, 6, 7. *Détails de coupes et de sculptures du pavillon.*

Fig. 1. Détail en grand de la face orientale de l'intérieur du pavillon, au second étage. (*Voyez* planche précédente, fig. 4.)

La frise très-riche que l'on voit au-dessus du plafond, composée de perles, de fleurs de lotus renversées, d'hiéroglyphes et de serpens, fait tout le tour de la salle : elle est la même au premier étage, à l'exception des caractères hiéroglyphiques. Les tableaux qui sont à droite et à gauche de la fenêtre, renferment des sujets dont on ne voit les analogues dans aucun autre édifice d'Égypte : ils paraissent représenter un guerrier caressant une femme qui lui offre des fruits. Le défaut de perspective semble ici encore plus choquant que dans les autres bas-reliefs égyptiens, par la raison qu'on a voulu y exprimer, non plus une scène grave et religieuse, mais un sujet gracieux. Ces deux tableaux prêtaient à une composition plus agréable; mais il leur reste encore de quoi intéresser.

Les coupes et les fleurs de lotus disposées en colonne dans le tableau de gauche forment aussi une décoration toute particulière. On peut en dire autant de la frise supérieure. Les hiéroglyphes placés sous les fleurs de lotus de cette frise, se répètent symétriquement à droite et à gauche du signe du milieu : on a déjà cité des exemples de ces inscriptions symétriques. (*Voy.* l'explication des planches du premier volume d'Antiquités, pl. 43, fig. 2.)

Fig. 2. Détail d'une inscription hiéroglyphique, gravée en petit dans la planche précédente, fig. 3.

Fig. 3. Détail en grand d'un fragment de la coupe longitudinale. (*Voyez* planche précédente, fig. 3.) La frise de serpens et le cadre qui la supporte sont ajustés avec assez d'élégance. Les hiéroglyphes de ce fragment sont exacts et complets : il faut remarquer, dans les bustes qui supportent la console, deux sortes d'armures différentes appliquées sur le corps.

Fig. 4. Bas-relief de forme circulaire, situé dans un enfoncement au pied de la face du pavillon qui est du côté A. (*Voyez* planche précédente, fig. 1.) Ce bas-relief répondait probablement au-dessus d'une porte servant d'issue vers le palais, et aujourd'hui enterrée sous les décombres : une partie des figures est effacée; les hiéroglyphes en sont très-remarquables. Parmi les signes de la bande inférieure, il y a un petit édifice crénelé, qui retrace la forme du pavillon lui même.

Fig. 5. Détail en grand d'une partie de la coupe longitudinale. (*Voyez* planche précédente, fig. 3.) La partie à gauche est la face méridionale de l'intérieur du pavillon, au second étage. La frise supérieure est la même que celle de la fig. 1 : il ne reste de l'inscription hiéroglyphique, placée au-dessous, qu'un petit nombre de caractères dégradés. Le sujet à droite de la fenêtre est détruit. Les ornemens du tableau de la fenêtre en coupe sont d'une forme singulière : celui d'en haut représente un grand médaillon couronné par des pétales de lotus; celui d'en bas, qui est un peu altéré, ressemble beaucoup à un ornement qui est répété entre les fleurs de lotus de la frise supérieure. (*Voyez* fig. 1.)

Dans la partie de ce détail qui suit vers la droite, on voit une figure d'Harpocrate dont la partie inférieure est dégradée : elle était probablement assise comme on l'a représentée dans la planche précédente. Les hiéroglyphes qu'on voit au-dessous ont été fidèlement copiés; mais on n'a pu recueillir que les premiers signes des deux grandes colonnes verticales qui sont indiquées près de la fenêtre. Le génie placé à genoux est une figure très-digne d'attention, principalement par la petite huppe relevée qui surmonte sa coiffure; une grande étoile est devant lui, et il y en a une autre parmi les hiéroglyphes qui sont au-dessus de ses mains. On a déjà fait remarquer cette figure dans la

Description d'Edfoû (*chapitre V*, p. 325, *A. D.*, vol. 1).
Il y en a une toute pareille et en face, dans le bâtiment qui est vis-à-vis.

Fig. 6. Petit détail isolé, copié sur une des faces du pavillon : on l'a dessiné à cause de sa forme bizarre; il a quelque analogie avec les coiffures égyptiennes; un symbole très-commun y est répété trois fois.

Fig. 7. Vue de trois quarts du groupe de figures représenté en face dans la fig. 3. Ce dessin fait voir que les figures posent sur la dalle saillante par le plat de la main. On n'a pas vu, dans les autres groupes de figures semblables, les corps vêtus comme dans celui-ci.

PLANCHE 18.

1, 2, 3. PLAN, *Élévation et coupe d'un temple situé à l'angle sud-est de l'enceinte.* — 4, 5, 6, 7, 8. *Plan, élévation, coupes et bas-relief d'un temple au sud de l'hippodrome.* — 9. *Porte située en avant du temple.*

Fig. 1. Plan du temple situé à l'angle sud-est de l'enceinte de Medynet-abou. Ce plan est remarquable par sa simplicité. Le défaut de sculpture dans l'intérieur, où les bas-reliefs ne sont qu'ébauchés, indique assez qu'on n'a pas mis la dernière main à cet édifice.

Fig. 2. Élévation du temple. Il est probable que toute cette façade aurait été couverte de sculptures, si le temple eût été achevé.

Fig. 3. Coupe du temple, prise sur la ligne A B, fig. 1.

Fig. 4. Plan d'un temple situé au sud de l'hippodrome. (*Voyez* le plan général de Thèbes, pl. 1, *A.*, vol. 11.) L'édifice est bien conservé dans quelques-unes de ses parties; dans d'autres, il offre des destructions notables, principalement au nord.

Fig. 5. Élévation du temple.

Fig. 6. Coupe longitudinale du temple sur la ligne AB.

Fig. 7. Coupe transversale du temple sur la ligne CD.

Fig. 8. Bas-relief copié au point marqué a, fig. 4. Il représente une offrande à une divinité placée au milieu d'une tribune, sur les côtés de laquelle on voit un lion et un sphinx. A la partie supérieure, est une figure couchée, qui paraît tenir à la main gauche une espèce de plume; en avant est un épervier : l'offrande que l'on fait au dieu est composée de fleurs de lotus.

Fig. 9. Plan d'une porte placée à 60 mètres de distance du temple représenté fig. 4.

THÈBES

(MEMNONIUM).

EXPLICATION DES PLANCHES.

PLANCHE 19.

PLAN topographique du tombeau d'Osymandyas, des deux colosses de la plaine, et des ruines environnantes.

Nous avons adopté, dans les planches, la dénomination de *Memnonium* pour toute l'étendue de terrain comprise depuis les colosses de la plaine inclusivement, jusqu'au palais de Qournah exclusivement, tant dans le fond de la vallée que dans la montagne libyque. Nous n'avons pris ce parti que pour nous conformer, en quelque sorte, aux notions données par les voyageurs qui nous ont précédés, et qui ont indiqué sous cette dénomination vague, tantôt un des monumens que renferme cette portion de la plaine de Thèbes, et tantôt un autre. L'examen attentif des lieux, les plans très-détaillés que nous avons levés, et la discussion approfondie des passages des anciens auteurs, nous ont fait distinguer et reconnaître chacun de ces monumens ; le nom de *Memnonium* ne peut convenir qu'à l'édifice dont a parlé Strabon, et dont nous avons retrouvé les restes. Quant au tombeau d'Osymandyas, désigné par les voyageurs modernes sous le nom de *palais de Memnon*, probablement d'après le même auteur, il est décrit avec trop de précision par Diodore, pour qu'on puisse le confondre avec le *Memnonium*. (*Voyez*, pour de plus amples détails, les sections II et III de la Description générale de Thèbes, *chapitre IX*.)

Toutes les indications que renferme la planche sont suffisantes pour donner une première idée des objets qu'elle contient : si l'on veut connaître les monumens plus en détail, il faut avoir recours aux planches suivantes. L'étendue de terrain comprise dans la planche est marquée au plan général, pl. 1, *A.*, vol. II, par le rectangle formé de lignes très-fines, et portant le n°. II.

A. Point de vue de la pl. 20, *A.*, vol. II.
B. Point de vue de la pl. 23, *A.*, vol. II.
C. Point de vue de la pl. 24, *A.*, vol. II.
D. Point de vue de la pl. 25, *A.*, vol. II.
E. Point de vue de la pl. 26, *A.*, vol. II.

Nota. Il est à propos de prévenir que l'axe du temple de l'ouest, ou temple d'Isis, devrait faire un angle moins ouvert avec le méridien magnétique. Cet angle est ici de 62° 30′, et il doit n'être que de 20°, tel qu'il est marqué dans la pl. 34 : on s'est aperçu trop tard de cette erreur, qu'il eût été difficile de corriger.

PLANCHE 20.

Vue des deux colosses.

Le point de vue est marqué en A, pl. 19, *A.*, vol. II.

1. Colosse du sud. Cette statue est d'un seul morceau de grès siliceux : elle faisait partie, ainsi que le colosse du nord, de la décoration architecturale d'un édifice considérable, dont il ne reste que quelques vestiges. (*Voyez* la Description de Thèbes, *section* II du *chapitre IX*.) Quoique ce colosse soit actuellement fort ruiné, on doit

faire observer cependant que la gravure a un peu outré l'effet qui résulte de sa dégradation.

Un artiste français, monté sur le piédestal de ce colosse, et quelques gens du pays, groupés autour, servent d'échelle de comparaison pour mesurer cette énorme statue, dont les dimensions sont cotées dans la pl. 21.

2. Colosse du nord, vulgairement appelé *colosse de Memnon*. Ses jambes sont couvertes d'inscriptions grecques et latines, toutes relatives au son que rendait la statue. La partie supérieure a été restaurée par assises, à une époque qui remonte jusqu'au temps de la puissance des Romains en Égypte. (*Voyez* la Description de Thèbes, *sect.* II.)

3, 3'. Bois d'acacias, qui couvre une partie de la plaine où sont les deux colosses.

4, 4'. Portion de la chaîne libyque.

PLANCHE 21.

Détail du colosse du sud.

Nota. *Plusieurs membres de la Commission, particulièrement MM.* Girard, Saint-Genis, Corabœuf, Devilliers *et* Jollois, *se sont occupés de la statue représentée dans cette planche, à l'effet d'en donner des mesures exactes et précises. Les cotes mises sur la planche sont celles qu'ils ont recueillies sur les lieux mêmes, et vérifiées contradictoirement.*

Fig. 1. Le colosse vu de face. On n'a point eu le temps d'entreprendre des fouilles pour mettre à découvert le piédestal, auquel on a donné les dimensions de celui du colosse de Memnon. La comparaison de cette figure avec celle indiquée par les ordonnées 1 de la pl. 20 apprendra tout ce que la restauration a ajouté au dessin de la statue. Les hiéroglyphes qui sont à la partie supérieure du piédestal, suppléent, pour l'effet architectural, aux vrais hiéroglyphes, que l'on n'a point eu le temps de copier. Les deux figures qui sont debout de chaque côté des jambes du colosse, ont été dessinées sur les lieux dans le plus grand détail.

Les cotes du piédestal du colosse de Memnon ont été reportées sur le piédestal du colosse du sud.

Fig. 2. Profil du colosse du sud. Le tableau qui orne la chaise du colosse, et les hiéroglyphes, ont été copiés avec exactitude : il en est de même de la ligne d'hiéroglyphes de la partie supérieure du piédestal.

Fig. 3. Le colosse du sud, vu par derrière. Dans le dessin, la partie postérieure du piédestal n'offre point de décoration; assez ordinairement cette portion des colosses égyptiens est couverte d'hiéroglyphes.

On peut voir dans la planche suivante, fig. 4, la hauteur des dépôts du Nil sous lesquels le piédestal de cette statue est en partie caché.

PLANCHE 22.

DÉTAILS *de la statue colossale de Memnon.*

Cette statue a joui d'une telle célébrité, que, bien qu'elle soit peu différente de la précédente pour les dimensions, nous avons cru devoir en donner la configuration. Dans l'antiquité, elle a été restaurée par assises; et ses jambes sont couvertes d'une multitude d'inscriptions extrêmement intéressantes. (*Voyez* la Description générale de Thèbes, *section* II.)

Fig. 1. Profil de la statue colossale de Memnon. Le bas-relief qui orne le côté de la chaise est copié avec exactitude dans tous ses détails : il est représenté plus en grand, fig. 3.

On voit sur la face du piédestal une inscription grecque,

qui est gravée plus en grand, fig. 6 : la ligne d'hiéroglyphes qui est à la partie supérieure du piédestal, n'est point exacte.

La comparaison de cette figure avec celle qui est indiquée par les ordonnées 2 de la pl. 20, fera aisément reconnaître ce que la restauration a ajouté au dessin de la statue.

a a. Niveau des dépôts du Nil.

Fig. 2. Face de la statue colossale de Memnon. Ce dessin fait bien connaître l'ancienne restauration de la statue par assises : il présente aussi les inscriptions qui ont été copiées par les voyageurs qui nous ont précédés, et toutes celles qui ont été recueillies par les membres de la Commission. Ces inscriptions sont à leur place, et assez correctement gravées pour qu'on puisse les lire à la vue simple avec quelque attention. Le but que l'on s'est proposé est spécialement d'en indiquer la place, les lecteurs pouvant les consulter dans le recueil qui en a été fait à la suite de la description des colosses de la plaine de Thèbes, *chap. IX, sect.* II.

La ligne d'hiéroglyphes qui est à la partie supérieure du piédestal, a été suppléée.

a a. Niveau des dépôts du Nil.

Fig. 3. Détail du bas-relief qui décore la face sud du trône de la statue de Memnon. Les hiéroglyphes ont été copiés avec exactitude, et le caractère des têtes des grandes figures a été conservé avec soin.

Fig. 4. Nivellement des deux piédestaux des statues et du terrain environnant. On peut y remarquer, outre les accidens du sol, l'écartement des piédestaux de la ligne d'aplomb et la hauteur des dépôts sous lesquels ils sont enfouis.

Fig. 5. Plan détaillé des deux colosses.

Fig. 6. Inscription de la face sud du piédestal, telle qu'elle a été copiée sur les lieux.

PLANCHE 23.

Vue générale du tombeau d'Osymandyas et d'une partie de la plaine de Thèbes, prise du nord-ouest.

Ce dessin présente tout l'ensemble des ruines du tombeau d'Osymandyas. Le point de vue est marqué en B, pl. 19, *A.*, vol. II.

Nous avons conservé à l'édifice représenté dans cette planche et les suivantes, la désignation de *tombeau d'Osymandyas*, qui nous a été transmise par Diodore de Sicile : nous aurions pu aussi bien le qualifier de *monument* ou *palais d'Osymandyas*, puisqu'il est très-probable qu'il était habité, encore qu'il renfermât le tombeau d'un ancien souverain d'Égypte (*voyez* ce qui est rapporté dans la Description, *chapitre IX, section III*); mais nous n'avons point voulu nous écarter d'une dénomination pour ainsi dire consacrée par un auteur d'une grande autorité. Les voyageurs modernes ont désigné ce monument sous la dénomination de *palais de Memnon*.

1. Restes du premier pylône.
2. Restes des galeries est et nord du péristyle. C'est sous la galerie de l'est que sont sculptés des combats. (*Voyez* la description du palais de Memnon, ou tombeau d'Osymandyas, *chapitre IX, section III.*)
3. Bases de quelques colonnes qui n'existent plus.
4. Débris de la statue colossale d'Osymandyas.
5. Galerie de l'ouest du péristyle.
6. Bloc de granit formant le chambranle d'une porte qui communique du second péristyle à la salle hypostyle.
7. Colosses de la plaine vus dans l'éloignement. Celui que

l'on voit à gauche est la statue de Memnon. Ils sont au milieu d'un bois d'acacias.

8. Palmier doum.

9. Restes de la salle hypostyle. On y remarque une colonne entièrement renversée et une autre à moitié détruite. Les colonnes que l'on voit sont celles de la moindre proportion. C'est sur l'entablement qu'elles portent, que s'élève une sorte d'attique, où l'on a pratiqué des fenêtres qui éclairent l'intérieur de l'édifice : il existe d'autres colonnes plus élevées et d'un plus fort diamètre, qui forment l'entre-colonnement du milieu.

10. Pièce qui suit la salle hypostyle.

11. Mur en briques crues. Il est de construction moderne ; ce qui se reconnaît facilement à la dimension des briques.

12. Extrémité des constructions encore subsistantes.

13. Ruines de Medynet-abou dans le lointain. Les montagnes que l'on aperçoit tout à côté, sont celles de la chaîne libyque ; les autres qui forment le fond du tableau, sont celles de la montagne arabique.

PLANCHE 24.

Vue générale du tombeau d'Osymandyas, prise du sud-ouest.

Cette vue est prise à l'angle sud-ouest du premier pylône, au point marqué en C, pl. 19, *A.*, vol. II.

1. Restes du premier pylône.

2. Voûtes en briques crues, situées au nord, à peu de distance du monument.

3. Restes du pied droit de la statue colossale d'Osymandyas.

4. Débris granitiques provenant du colosse d'Osymandyas. Cette statue était assise, et devait avoir dix-sept à dix-huit

pouces de proportion : elle était d'un seul morceau de pierre.

5. Piliers-cariatides formant les deux côtés de l'est et de l'ouest du péristyle.
6. Restes de la salle hypostyle.
7. Chambranle de porte en granit noir. Cette porte établit une communication entre le péristyle et la salle hypostyle.
8. Palmiers *doum*. Ces arbres ne se rencontrent que dans la haute Égypte.
9. Portion de la chaîne libyque dans laquelle on remarque plusieurs étages de grottes sépulcrales.
10. Groupe de Français suivis de leurs domestiques turcs.

PLANCHE 25.

Vue *du péristyle du tombeau, et des débris de la statue colossale d'Osymandyas, prise de l'ouest.*

Le point de vue de cette planche est marqué en D, pl. 19, *A.*, vol. II.

1. Pilier-cariatide de la galerie de l'ouest du péristyle : il forme un des côtés de l'entrée de la salle hypostyle.
2. Bases de colonnes qui ont été détruites.
3. Restes de la galerie de l'est du péristyle. On aperçoit les trois colonnes de l'angle et les quatre piliers-cariatides qui subsistent encore : les piliers-cariatides, et les architraves qu'ils portent, sont couverts de bas-reliefs et d'hiéroglyphes très-mutilés.
4. Restes d'une statue colossale renversée, dont on aperçoit encore le siége, la cuisse, la jambe et le bras : elle était placée sous la galerie de l'ouest. (*Voyez* la description du tombeau d'Osymandyas, *chapitre IX, section* III.)

A. VOL. II. THÈBES (MEMNONIUM).

5. Arabes avec leurs chameaux. Ils accompagnent les artistes français occupés à dessiner les ruines.
6. Débris principal de la statue colossale d'Osymandyas : on aperçoit encore distinctement sa tête, ses épaules, et le reste de son corps jusqu'au sternum. On juge aisément, par la position des cuisses et des bras, que la statue était assise; tout l'espace environnant est couvert de débris granitiques.
7. Restes du premier pylône. Il ne subsiste plus du couronnement de la porte que l'architrave.

PLANCHE 26.

Vue *du tombeau d'Osymandyas et d'une partie de la chaîne libyque, prise du nord-est.*

Ce dessin rend très-fidèlement l'aspect des lieux : le point de vue est marqué en E, pl. 19, *A.*, vol. II.

1. Débris principal du colosse d'Osymandyas. Cette statue est renversée sur le dos; le bras gauche offre encore des hiéroglyphes très-bien sculptés.
2. Jeunes palmiers *doum*.
3. Colonnes de la galerie de l'est du péristyle. Elles sont bien conservées. Elles sont surmontées d'un dé et d'une architrave ornés d'hiéroglyphes. En avant et au pied des colonnes sont de gros blocs de pierre, provenant des parties de l'édifice qui ont été détruites.
4. Tête colossale en granit rose : elle est exécutée avec une rare perfection, et offre un très-beau poli. Elle ne présente aucune trace de mutilation; ce qui est dû probablement à ce que la face était enfouie dans le sable, avant notre arrivée. A côté l'on voit un soldat français et deux hommes du pays.

5. Autre tête de statue colossale : elle est très-endommagée. Deux artistes français, placés à côté, dessinent et contemplent les ruines.

6. Piliers-cariatides de la galerie de l'ouest du péristyle. Les têtes des statues ont été brisées.

7. Bloc de granit noir formant autrefois le chambranle d'une porte qui communiquait du péristyle dans la salle hypostyle.

8. Restes de la salle hypostyle. On y remarque des colonnes de deux ordres différens; les plus grandes forment l'entrecolonnement du milieu, les autres sont distribuées dans le reste de la salle. Tout près de ces colonnes sont dressées les tentes des artistes français faisant partie de l'expédition.

9. Fenêtres éclairant l'édifice et pratiquées dans une espèce d'attique.

10. Portion de la chaîne libyque.

11. Mamlouk à cheval, et son sàys qui court en avant, selon l'usage du pays.

PLANCHE 27.

Plan et coupe du tombeau d'Osymandyas.

Figure 1.

Plan du tombeau d'Osymandyas.

Les parties tout-à-fait noires sont les seules qui soient encore debout, et qui conservent à peu près toute leur élévation primitive. Les parties plus pâles indiquent des murs dont les fondations ont été reconnues par des fouilles faites exprès.

a. Colonnes dont on n'a retrouvé que les fondations : elles

ont motivé la restauration de la cour, telle qu'on la voit ici. La description du tombeau d'Osymandyas, qui nous a été transmise par Diodore de Sicile, a conduit à une autre restauration. (*Voy.* l'explication de la pl. 33 et la *sect.* III du *chapitre IX*.)

b. Piédestal de la statue colossale d'Osymandyas. Les fouilles ont fait connaître l'existence des gradins par lesquels on arrivait dans l'intérieur de l'édifice : il y en a onze dans la cour, et ils ont $0^m,11$ (4^{po}) de haut.

c. Marches qu'il faut monter pour arriver au péristyle.

d. Portes en granit.

e. Colonnes dont l'existence paraissait très-probable, mais dont on n'a pas trouvé de traces. Leur place était occupée par deux statues assises en granit. (*Voyez* l'explication de la pl. 33, *A.*, vol. II, et la description du monument, *chapitre IX*, section III.) Les débris de ces colosses sont indiqués, pl. 26, *ordonnées* 4 et 5, et pl. 25, *ordonnée* 4. (*Voyez* les explications de ces planches.)

Fig. 2. Coupe longitudinale du tombeau d'Osymandyas, prise sur la ligne AB de la fig. 1. La statue d'Osymandyas a été rétablie sur son piédestal d'après les proportions fournies par ses débris. Les galeries de la cour sont formées de colonnes seulement; mais la description de Diodore motive une autre restauration. (*Voy.* pl. 33, *A.*, vol. II, et la *section* III du *chapitre IX*.)

PLANCHE 28.

Coupe *longitudinale du tombeau d'Osymandyas.*

Cette coupe est prise suivant la ligne AB marquée sur la pl. 27, fig. 1, *A.*, vol. II. L'étendue du monument et l'échelle adoptée ont forcé de partager cette coupe en deux parties : la lettre A indique le point de jonction.

PLANCHE 29.

1, 2. Coupes *transversales du péristyle et de la salle hypostyle du tombeau d'Osymandyas.*

Fig. 1. Coupe transversale du péristyle, prise sur la ligne C D de la pl. 27, *A.*, vol. 11. On voit sous la galerie, de part et d'autre de l'entrée principale, les deux portes en granit, qui ont été rétablies dans leur état primitif. Au-dessus de la terrasse du péristyle, on aperçoit l'espèce d'attique qui domine la salle hypostyle.

Fig. 2. Coupe transversale de la salle hypostyle, prise sur la ligne EF de la pl. 27, fig. 1.

PLANCHE 30.

Détails *des chapiteaux de la salle hypostyle, d'un pilier-cariatide et de l'entablement du péristyle du tombeau d'Osymandyas.*

Fig. 1. Détail du pilier-cariatide formant, à droite, l'entrée de la galerie de l'ouest du péristyle. La figure est vue de profil; le chambranle de la porte est adhérent au pilier.

Fig. 2. Face du même pilier-cariatide : il est accompagné du chambranle de la porte d'entrée et d'une partie d'un de ces murs qui ferment les intervalles entre les piliers-cariatides à moitié de leur hauteur environ.

Fig. 3. Détail du chapiteau du grand ordre de la salle hypostyle.

Fig. 4. Détail du chapiteau du petit ordre de la salle hypostyle.

PLANCHE 31.

BAS-RELIEFS *sculptés dans la salle hypostyle et sur le premier pylône du tombeau d'Osymandyas.*

Fig. 1. Ce bas-relief a été dessiné près de l'entrée du premier pylône, au point marqué g, pl. 27, fig. 1, *A*., vol. II : il représente un souverain donnant une audience. On peut rappeler ici une remarque que nous avons déjà faite plusieurs fois; c'est que les artistes égyptiens donnaient à leurs figures une taille proportionnée à l'importance et à la dignité du personnage. Le souverain qui est ici représenté, a la coiffure des héros : il porte le collier d'Isis, et est revêtu d'une robe transparente à raies alternativement blanches et rouges. Il tient à la main un sceptre en forme de tiges de lotus. Son siége est une espèce de tabouret semblable à ceux que l'on retrouve dans les tombeaux des rois, et ses pieds reposent sur une sorte d'escabeau; l'un et l'autre sont recouverts de coussins de couleur rouge-brun, parsemés d'étoiles jaunes. Sur le côté apparent de l'escabeau, sont deux hommes couchés sur le ventre, les mains liées derrière le dos; au-dessous d'eux on voit des arcs tendus. Les trois supplians ont des jupes transparentes qui avancent en pointe.

Fig. 2. Ce bas-relief représente trois figures dans un char. Le conducteur, placé sur le devant, tient les guides et le fouet. A droite et à gauche sont deux soldats, l'un muni d'un bouclier, et l'autre armé d'une lance. Leur figure est absolument étrangère à celle des Égyptiens, leur coiffure a beaucoup d'analogie avec celle des Éthiopiens, qui arrivent encore aujourd'hui par caravanes en Égypte.

La bride du cheval se compose d'un fronteau rouge sans sougorge, plus large que les nôtres; d'une têtière rouge, qui est également très-large en bas, et qui descend jusque sur le nez du cheval : les rênes sont passées dans un anneau fixé au bord d'une sellette jaune, bordée de rouge. Les chevaux sont de couleur café.

Ce bas-relief a été copié sur le même mur que le précédent.

Fig. 3. Ce bas-relief représente l'assaut d'une forteresse. Il a été dessiné dans la salle hypostyle au point marqué *h*, pl. 27, fig. 1, *A*., vol. II. C'est une des sculptures les plus curieuses qui aient été recueillies : elle ne se recommande point par la pureté du dessin, mais elle est pleine de mouvement; l'ardeur des assiégeans et des assiégés y est bien exprimée. Pour avoir de plus amples détails, il est nécessaire de recourir à la description du tombeau d'Osymandyas, *chapitre IX*, *section* III, où non-seulement on parle en détail de ce bas-relief, mais où l'on décrit encore des scènes accessoires qu'on n'a point eu le temps de dessiner.

PLANCHE 32.

1, 2, 3, 4, 5, 6, 7. DÉTAILS *de chars sculptés sur le premier pylône, et tête de l'une des statues du tombeau d'Osymandyas*. — 8. *Débris du pied gauche de la statue colossale d'Osymandyas*.

Fig. 1. La caisse de ce char est plus haute que les roues : elle est appuyée sur l'essieu et sur la queue du timon en fer, qui se recourbe pour être présenté au poitrail des chevaux. L'arc aplati que l'on aperçoit à la tête du timon, donne une juste idée de la manière dont les Égyptiens attelaient leurs chevaux : les deux colliers tiennent à la flèche, où se trouvent des courroies pendantes. La roue est peinte en rouge, et ce qui est en fer est d'un noir tirant sur le bleu.

L'espèce de carquois appliquée contre les panneaux du char était destinée à recevoir des flèches et des javelots.

On voit encore, dans la fig. 1, une autre tête de timon, qui s'adapte à ces sortes de chars.

Fig. 2. Chariot couvert, qui devait servir au transport des munitions dans les armées ; au-devant est un petit coffre qui pouvait, au besoin, servir de siége au conducteur.

Fig. 3. Portion d'un char à panneaux carrés : il est monté par trois soldats dont l'un sert de conducteur; les deux autres sont armés, savoir, celui qui est à droite, d'un bouclier de forme rectangulaire, et celui qui est à gauche, d'une lance : ils semblent courir à l'ennemi.

Fig. 4. Autre char dont la caisse ne porte que sur la queue du timon. Contre les panneaux, sont appliquées deux espèces de carquois destinées, sans doute, à contenir des flèches et des javelots. Le timon s'élève à la hauteur du char, et est fixé à la caisse par un lien en fer.

Fig. 5. Autre char de même forme que le précédent, sinon qu'il est plus orné. Les panneaux sont de couleur jaune, et les ornemens rouges : ils sont décorés d'un lion qui est dans l'attitude de s'élancer; le carquois adapté au char renferme des flèches.

Fig. 6 et 7. Fragment d'un colosse égyptien dont la place est marquée dans la pl. 19, *A.*, vol. II, et que l'on aperçoit dans la pl. 26, *ordonnée* 4. La tête est ici représentée de profil et aux trois quarts de face : l'échelle est de douze centimètres pour un mètre.

Cette sculpture est en beau granit rose; l'exécution en est soignée; le poli de la matière est surtout parfait. La tête a pour coiffure un bonnet égyptien, surmonté d'une rangée de serpens avec des disques. Ce morceau de sculpture méritait d'être rapporté en Europe, pour donner une idée du degré de perfection auquel les Égyptiens étaient parvenus dans l'art de tailler et de polir le granit. Il ne doit sa belle conservation qu'aux sables dont il était recouvert, et qui l'ont dérobé à la vue des gens du pays. Sans cette circonstance, ces derniers l'auraient indubitablement mutilé, comme ils font de toutes les figures humaines qui sont à leur portée. (*Voyez*, pour de plus amples détails, le *chapitre. IX* des descriptions, *section* III.)

Fig. 8. Débris du pied gauche de la statue d'Osymandyas. L'ongle du second doigt a $0^m,32$ (1^d).: ce même doigt a de longueur, jusqu'à la naissance de l'ongle, $0^m,602$ ($1^d 10^{po} 3^l$).

PLANCHE 33.

PLAN *et coupes du tombeau d'Osymandyas, restauré d'après Diodore de Sicile.*

Fig. 1. Plan du tombeau d'Osymandyas. Les parties tout-à-fait noires sont celles qui subsistent encore; les parties plus pâles indiquent des restaurations motivées, soit par les fondations de quelques portions de murs que les fouilles ont fait connaître, soit par la description du monument, donnée par Diodore de Sicile. Chacune des pièces de l'édifice est désignée par la dénomination grecque que l'auteur lui a donnée, de telle sorte que l'on peut suivre toutes les parties du plan, le texte à la main. Il est nécessaire de recourir à la dissertation qui suit la description du tombeau d'Osymandyas, pour connaître les motifs qui ont guidé dans la restauration du plan. (*Voyez* la *section* III du chapitre IX.) Les galeries du premier péristyle sont formées de colonnes et de piliers-cariatides; au fond on voit la statue colossale d'Osymandyas, et celle de sa mère, qui était d'une proportion moindre. Au milieu du second péristyle est un autel. Sous la galerie du fond, sont les deux statues indiquées par Diodore, et dont les débris ont été retrouvés : cette galerie était éclairée par une ouverture pratiquée dans le plafond. Ensuite vient la salle hypostyle, dont on n'a eu à restaurer que les murs latéraux, la place de toutes les colonnes étant encore indiquée sur les lieux. La salle hypostyle est suivie de quelques pièces ornées de colonnes, et désignées par Diodore sous la dénomination de *promenoir* (περίπατος). La bibliothèque, et la pièce qui la suit, ont été restaurées d'après les édifices de Karnak, avec lesquels elles ont plus particulièrement de l'analogie : il en est de même des salles qui les entourent et qui sont indiquées sous le nom d'οἰκήματα; la dernière pièce, celle qui renferme le cénotaphe, a été rétablie d'après les grandes salles des tombeaux des rois, où sont les sarcophages en granit qui contenaient les momies des souverains.

a. Place d'une partie des bas-reliefs historiques qui ont trait aux victoires d'Osymandyas, et qui sont encore intacts.

b, c. Murs de clôture du péristyle, indiqués par Diodore sous la dénomination de *deuxième et troisième murs* : ils étaient couverts de sculptures où le roi était représenté offrant des sacrifices aux dieux. Le mur de fond de cette pièce est indiqué par l'historien sous la dénomination de *dernier mur du péristyle*.

Fig. 2. Coupe longitudinale prise sur la ligne AB de la fig. 1 : on y voit le profil de la statue d'Osymandyas, rétablie sur son piédestal, d'après les proportions dont on a rendu compte dans la Description. (*Voyez* la *section* III du *chapitre IX.*) Les deux statues placées contre la dernière muraille du second péristyle ont été restaurées d'après les fragmens qui ont été trouvés sur les lieux mêmes. Au-dessus on voit l'ouverture ménagée dans l'épaisseur du plafond pour donner du jour à la galerie; une corniche règne tout autour. Le grand temple du sud à Karnak a déterminé le parti que l'on a pris dans cette restauration. Le cercle d'or placé au-dessus du cénotaphe est représenté en élévation, au lieu de l'être en coupe, afin de le faire mieux distinguer.

Fig. 3. Coupe du premier péristyle, prise sur la ligne CD de la fig. 1. La statue colossale d'Osymandyas et celle de sa mère y sont en élévation dans les proportions assignées par Diodore de Sicile. (*Voyez* la *section* III du *chapitre IX.*)

Fig. 4. Coupe du second péristyle, prise sur la ligne EF de la fig. 1. On aperçoit, dans la galerie du fond, les deux statues assises qui, d'après la description de Diodore de Sicile, doivent s'y trouver. Elles occupent la place des deux colonnes que l'on a restituées dans la pl. 27. (*Voyez* l'explication de la pl. 27, fig. 1, en e, *A.*, vol. II.) Une partie de ces statues est cachée par les piliers-cariatides que sont en avant : on voit aussi les trois portes qui donnent entrée dans la salle hypostyle.

Quelques-unes des mesures indiquées dans la description de Diodore sont cotées sur les figures qui viennent d'être expliquées, telles qu'elles sont rapportées dans le texte.

Fig. 5. Coupe de la salle renfermant le cénotaphe : elle est prise sur la ligne GH de la fig. 1. On voit au-dessus du cénotaphe le cercle d'or qui y était placé : il est représenté en élévation, bien qu'il dût être figuré en coupe,

A. VOL. II. THÈBES (MEMNONIUM). 147

afin de l'exprimer avec plus de netteté. (*Voyez* la *sect.* III du *chap. IX*, pour connaître les motifs qui nous ont guidés dans la restauration de ce cercle d'or.)

PLANCHE 34.

PLAN, *élévation, coupes et détails de chapiteaux et de pilastre du temple de l'ouest.*

Figure 1.

Plan du temple et de l'enceinte en briques qui l'environne.
E. Point de vue de la pl. 37, *A.*, vol. II.
a. Première partie du portique.
b. Deuxième partie du portique.
c. Sanctuaires.
  Pour les indications des autres lettres, *voy.* les pl. 35 et 36.

Fig. 2. Élévation du temple : elle se fait remarquer par sa grande simplicité.

Fig. 3. Coupe du temple sur la ligne CD de la fig. 1 : on y voit le second rang de colonnes et les pilastres qui les accompagnent.

Fig. 4. Coupe longitudinale du temple et de l'enceinte, prise sur la ligne AB de la fig. 1. On a interrompu dans la gravure l'architrave qui porte sur les colonnes du premier portique, afin de laisser voir le soupirail par lequel arrive la lumière : on peut remarquer, dans le second portique, l'escalier qui conduit sur les terrasses du temple.

Fig. 5. Détail de la fenêtre qui se voit dans le second portique. (*Voyez* fig. 4.)

Fig. 6. Plan détaillé des pilastres du portique. (*Voyez* fig. 1 et 3.)

Fig. 7. Côté du pilastre dans l'intérieur de l'entre-colon-nement : on voit en coupe une partie du mur d'entre-colonnement.

Fig. 8. Façade du pilastre dans l'intérieur du portique. On a omis, à gauche dans la gravure, le profil de la figure qui se voit de face, fig. 7. Les hiéroglyphes, ainsi que l'ornement de lotus, sont copiés avec exactitude.

Fig. 9 et 10. Détails des deux chapiteaux qui se voient dans la fig. 3.

PLANCHE 35.

BAS-RELIEFS *du temple de l'ouest et d'une grotte voisine.*

Fig. 1. Le lieu où cette figure a été dessinée est incertain : elle représente un personnage brûlant de l'encens. La transparence des vêtemens laisse apercevoir les jambes et les bras de la figure; la chaussure n'est point différente de celle que nous avons déjà fait remarquer ailleurs.

Fig. 2. Ce bas-relief a été dessiné dans le sanctuaire du temple, à gauche, sur la face du mur marqué e, pl. 34, fig. 1, *A.*, vol. II; c'est à peu près le même bas-relief qui se voit dans la plus grande partie des manuscrits sur papyrus. (*Voyez* les pl. 60, 64, 72, *A.*, vol. II.) Le sujet représenté dans cette sculpture paraît avoir trait au jugement des morts et à la pesée de leurs bonnes et de leurs mauvaises actions. (*Voyez* ce que nous en avons dit dans la sect. IV du *chap. IX.*)

Fig. 3. La place de ce bas-relief est incertaine. Cette sculpture décore probablement le fond de l'une des salles d'un tombeau : on y voit figurées trois portes; celle du milieu est plus élevée que les deux portes contiguës : elle est décorée d'une fleur de lotus. Au-dessus de la portion de cercle que l'on voit dans l'intérieur des portes latérales, sont des configurations qui représentent probablement des momies d'oiseaux. Les mêmes portes sont surmontées d'un encadrement formé de sept têtes d'Isis et du cordon ou tore égyptien : au milieu se voient deux serpens avec le disque sur la tête, dont les queues se rattachent à un autre disque placé sur une momie d'oiseau, entourée de ses bandelettes; au-dessus de ces encadremens sont des sphinx couchés sur des piédouches, et tenant des momies pareilles à celles dont nous venons de parler. La porte du milieu est surmontée d'un bas-relief couronné de neuf têtes d'Isis : dans l'un des compartimens est une figure de femme accroupie, avec un croissant sur la tête; dans l'autre, on voit une figure accroupie, à tête d'épervier surmontée d'un disque. Au-dessous de ce bas-relief sont sept têtes d'Isis, et de chaque côté, deux enseignes avec des éperviers.

Fig. 4. Enseigne formée d'une tête humaine; des rubans flottent autour du bâton qui la soutient.

Fig. 5. Espèce d'ustensile; c'est peut-être la gaîne d'un instrument tranchant : les anneaux servaient à passer une courroie. Le lieu où ce dessin a été recueilli est incertain.

Fig. 6. Ce bas-relief a été dessiné dans le sanctuaire de gauche du temple de l'ouest, au point f (*voyez* pl. 34, fig. 1, *A.*, vol. II): il forme la décoration de la partie de mur comprise entre le linteau de la porte et le plafond. Cette sculpture représente un belier à quatre têtes surmontées d'un disque. Un vautour, dont les ailes sont déployées, semble le protéger : quatre femmes, dont deux à droite et deux à gauche, sont en adoration devant lui.

Fig. 7. Ce bas-relief est composé de deux figures qui se répètent symétriquement. Ce sont des femmes agenouillées, dont le corps est enveloppé d'ailes qui s'étendent dans toute la longueur des bras et même au-delà : elles tiennent d'une main la croix à anse, et de l'autre un bâton surmonté de ce même signe, et de plus entouré d'un serpent. On peut remarquer au-dessus de leur tête une espèce de niveau d'eau surmonté d'un disque. Au-devant de ces femmes sont deux figures accroupies, à tête d'épervier. Ces deux sujets sont séparés par une ligne d'hiéroglyphes, où l'on remarque un œil et un bonnet de lotus tel que nous en avons déjà fait observer dans plusieurs endroits. La place de ce bas-relief est incertaine.

PLANCHE 36.

Pilastre et bas-reliefs du temple de l'ouest.

Fig. 1. Détail d'un belier à quatre têtes, sculpté dans le temple de l'ouest. Au-dessus des quatre têtes s'élèvent deux cornes de belier, qui reçoivent un globe au milieu duquel est sculpté un serpent.

Fig. 2. Pilastre à tête d'Isis ; c'est un détail plus en grand de celui qui est représenté, pl. 34, fig. 8, *A.*, vol. II. Les hiéroglyphes ont été copiés sur les lieux ; la partie inférieure du pilastre est décorée d'un ornement de lotus.

Fig. 3. Ce dessin a été recueilli dans le renfoncement du chambranle de la porte du temple de l'ouest, au point g. (*Voyez* pl. 34, fig. 1, *A.*, vol. II.) La figure est vue de face et assise, appuyant son coude droit sur sa cuisse : le poignet est garni de bracelets ; la main paraît avoir quitté la tête sur laquelle elle était appuyée. Ce personnage a la coiffure et le collier d'Isis : il est vêtu d'une draperie qui lui serre le dos et les épaules, et qui vient se nouer sous une sorte d'écharpe formée de cordes, et à l'extrémité de laquelle est attachée une bourse terminée par un gland. Il a son bras droit orné de bracelets : il tient à la main gauche un bâton terminé par un disque entouré des cornes du taureau, telles qu'on en voit dans les coiffures d'Isis; c'est la seule figure sculptée toute entière de face, que nous ayons rencontrée dans les monumens égyptiens. On peut remarquer le raccourci de l'une des jambes et un pied vu de face; la chaussure est la même que nous avons déjà fait souvent remarquer dans d'autres bas-reliefs.

Fig. 4. Ce sujet a été recueilli sur le chambranle de la porte du second portique du temple de l'ouest, au point marqué h, pl. 34, fig. 1, *A*., vol. II : il se compose d'un sphinx au-dessus duquel plane un vautour, et qui paraît offrir un de ces vases appelés *canopes*, à une divinité assise. Celle-ci a le masque d'épervier, et sa tête est ornée d'une riche coiffure. Elle tient dans ses mains la croix à anse, et le bâton à tête de lévrier, attributs caractéristiques des dieux.

Fig. 5. Cette figure a été dessinée dans le portique du temple de l'ouest, au point i, pl. 34, fig. 1, *A*., vol. II : elle est remarquable par la richesse de son costume; sa coiffure est, comme celle d'Horus, retenue par un ruban attaché sous le menton. Une ligne d'hiéroglyphes est placée au-devant des jambes de la figure.

Fig. 6. Cette sculpture a été recueillie dans l'un des sanctuaires de gauche du temple de l'ouest, sur la muraille marquée e, pl. 34, fig. 1, *A*., vol. II. Elle représente un jeune homme qui paraît adresser la parole à une assemblée : il tient pressée contre son cœur une plume. Le vêtement, le corsage, les bracelets et la chaussure, tout paraît indiquer un personnage d'importance : il est placé dans une espèce de tribune formée de colonnes imitant les tiges et la fleur du lotus. Au tiers des colonnes sont noués des rubans et des banderoles. Les chapiteaux sont surmontés de dés sur lesquels repose une corniche qui forme le couronnement de la tribune.

Fig. 7. Cette figure a été dessinée dans la deuxième partie du portique du temple de l'ouest, au point k (*voy*. pl. 34, fig. 1, *A*., vol. II) : elle se fait remarquer par la noblesse de son attitude et de son maintien. La richesse du vêtement et de la coiffure dénote un personnage distingué; l'étoffe rayée qui forme la jupe, est transparente et laisse apercevoir les formes. Ce personnage tient dans la main droite une tige de lotus, et il offre de la main gauche un vase où brûlent des parfums. Une figure est agenouillée sur le milieu du manche de la cassolette.

PLANCHE 37.

Vue *perspective intérieure coloriée du temple de l'ouest.*

Le point de vue est marqué en E, pl. 34, *A*., vol. II.

On s'est proposé, dans cette planche, de donner une idée complète de l'intérieur d'un temple remarquable par ses sculptures.

Une grande partie des ornemens qui décorent cet intérieur a été dessinée sur les lieux avec le plus grand soin. (*Voyez* l'explication des planches précédentes.) Le reste a été suppléé pour l'effet de l'architecture. Une figure est placée sur le devant du dessin, pour donner une idée de la hauteur de l'édifice.

PLANCHE 38.

Plan *topographique de divers monumens situés au nord du tombeau d'Osymandyas.*

Cette planche offre la position respective du grand hypogée ou syringe, et de l'édifice où se trouve un plafond taillé en forme de voûte. Toutes les indications qu'elle renferme, suffisent pour donner l'idée des monumens dont elle offre l'ensemble. L'étendue du terrain qu'elle comprend, est marquée sur le plan général (*voyez* pl. 1, *A.*, vol. II) par le cadre rectangulaire, formé de lignes très-fines, portant le n°. III.

PLANCHE 39.

1, 2, 3, 4. Plan *et coupes d'un grand hypogée ou syringe.* — 5. *Détail de sculpture d'un autre hypogée.* — 6, 7, 8. *Plan et coupes d'un édifice ayant un plafond en forme de voûte.*

Fig. 1. Plan général de l'hypogée.

L'ouverture de l'hypogée est tournée du côté du levant; son axe fait un angle de 84 degrés à l'est avec le méridien magnétique.

a. Salle principale, ornée de piliers et de pilastres.
b. Puits.
c, c. *Voyez* ci-dessous.
d. Puits.
e. Entrée des couloirs ou galeries.
f. Puits.
g. Trou carré pratiqué sur le plancher de la salle.
h. *Voyez* ci-dessous.

A l'entrée de la grotte est un grand espace découvert, où l'on descend par six marches, et long de 24^m,69 (76^{ds}) sur 17^m,54 (54^{ds}) de large.

De cette première entrée on communique dans une grande salle a, également découverte, qui a une galerie de chaque côté, composée de quatre piliers et deux pilastres : à droite, on trouve deux entrées débouchant à une salle longue, d'où l'on passe à un couloir qui a un retour à angle droit ; à gauche, est une porte communiquant à un couloir partagé en deux par le milieu, qui renferme, à une de ses extrémités, un puits b, profond de 6^m,17 (19^{ds}), et une petite chambre à l'autre extrémité.

En continuant, on traverse une seconde entrée dont le plafond est arqué, et l'on passe dans une salle oblongue, soutenue de chaque côté par quatre piliers et deux pilastres ; ensuite, dans une autre salle carrée, soutenue par quatre piliers ; et de là, dans une dernière salle qui renferme une estrade élevée de cinq marches. Toutes ces pièces vont toujours en diminuant de hauteur et de grandeur, comme les salles des temples.

A la droite, on passe dans deux salles c, c, suivies d'un grand escalier à trois paliers ; cet escalier conduit à une pièce qui renferme un puits d : au milieu de la hauteur du puits, est une petite salle. Ensuite on trouve une galerie coudée sans autre communication.

En retournant sur ses pas, vers le point e, on rencontre, à gauche, un grand couloir ou galerie. En f, est un puits qui descend dans une salle d'où l'on arrive, par un coude, à un autre puits ; de ce dernier puits, on passe dans deux pièces dont la seconde est d'un plan beaucoup plus élevé que la première, sans marches ni rampe pour y monter. Cette salle, la dernière de toutes, renferme, par le bas et de chaque côté, sept petites niches. En remontant les deux puits, on continue sa route le long du grand couloir, jusqu'à un retour à angle droit qui le termine. En revenant sur ses pas, on trouve au point h un pareil couloir à droite, puis un autre à gauche, où l'on voit trois portes donnant dans autant de petites pièces carrées. Enfin, en tournant encore à gauche, on trouve un quatrième couloir qui tombe dans le premier, de manière à former un carré avec les trois précédens, et l'on se retrouve auprès du point f ou de l'embouchure du puits.

Fig. 2. Coupe générale prise sur la ligne A B.

Le développement de cette coupe a une longueur totale de 84 mètres et demi, y compris l'escalier de six marches qui est à l'entrée de la grotte. Le sol est horizontal d'un bout à l'autre; mais les salles vont en diminuant de hauteur. La seconde entrée, après la grande salle découverte, a son plafond légèrement arqué; tous les pilastres sont carrés. L'espèce de tribune ou estrade placée à l'extrémité de l'axe de la grotte reçoit à peine du jour, attendu son éloignement de l'entrée.

Toutes les murailles et tous les piliers de cette grotte sont décorés de sculptures délicates, d'un relief très-léger : celles qui ont le plus de finesse ornent les salles c, c. Par la grandeur de ce monument souterrain et la petite dimension des figures des bas-reliefs, on peut juger de l'immense quantité de sujets qu'on y a représentés. Toutes ces sculptures sont peintes. Les puits et les caveaux n'ont pas été sculptés. (*Voyez* plusieurs bas-reliefs de cette grotte, pl. 47 et 48, *A*., vol. II.)

Fig. 3. Coupe transversale, prise sur la ligne C D.

(*Voyez* l'explication de la figure précédente.)

Pour représenter le puits d situé au bout de l'escalier, on a rapproché un peu le plan de la coupe dans la dernière salle. La pièce située à la moitié de la hauteur du puits a son plafond voûté comme l'entrée de la grotte. Ici, comme dans les autres monumens égyptiens, les marches de l'escalier sont basses et commodes à monter. Les côtés de ce grand escalier sont décorés de sculptures.

Fig. 4. Coupe prise sur la ligne EF.

a. Niveau du fond du puits d (*voyez* fig. 1), plus bas d'environ trois mètres et demi que le puits inférieur figuré dans cette coupe.

Dans le haut de la figure, on a fait voir l'escalier, quoiqu'il occupe un plan plus reculé, afin d'indiquer les hauteurs relatives des diverses parties de ce souterrain : il en est de même du puits supérieur et de la salle où il conduit. C'est par le puits inférieur et par les deux salles qui suivent que passe le plan de la coupe : la seconde de ces salles, beaucoup plus élevée que l'autre, comme on l'a déjà dit, est remarquable par un trou de forme cubique pratiqué sur le sol (*voyez* au point g, fig. 1.), et par quatorze niches arrondies au sommet, hautes d'environ un mètre. Cette salle mystérieuse est la dernière, et semble être aussi la principale pièce du monument. En effet, on n'y arrive qu'après avoir traversé dix pièces différentes, et descendu dans deux puits. Il serait difficile de conjecturer l'usage de ces niches.

Fig. 5. Décoration de porte dessinée dans un des hypogées de la montagne. La partie supérieure est en forme d'arc. Sous le bandeau se trouvent un globe ailé et quatre petites colonnes en ronde-bosse. Au-dessus du renfoncement, on remarque trente-un ornemens en forme de fer de lance, avec un disque rouge au milieu. Les trois compartimens sont décorés de quatre figures de momies également de ronde-bosse. Les figures sont un peu mutilées.

Fig. 6. Plan d'un édifice ayant un plafond en forme de voûte, et construit par assises posées en encorbellement les unes sur les autres. La partie de ce plan marquée en noir plein représente ce qui est encore debout. (*Voyez*, au sujet de cet édifice, la Description générale de Thèbes, *chap. IX*, *sect.* v.)

Fig. 7, 8. Coupes sur la longueur et sur la largeur du même édifice. On a mesuré et coté avec exactitude les dimensions des pierres qui forment le berceau.

THÈBES

(QOURNAH).

EXPLICATION DES PLANCHES.

PLANCHE 40.

PLAN *topographique des ruines et des environs.*

C'est la portion du plan général de Thèbes comprise dans le rectangle n°. IV. (*Voyez* la pl. 1, *A.*, vol. II.)

PLANCHE 41.

PLAN, *coupes et détails des chapiteaux du palais.*

Fig. 1. Plan du palais. C'est au-dessus du point marqué a sur le plan, près d'une des colonnes que l'on trouve à gauche en entrant sous le portique, que l'on a fait l'observation au moyen de laquelle on a joint le palais de Qournah aux autres monumens de la ville de Thèbes.

Nota. Les parties de ce plan marquées en noir sont celles qui subsistent encore presque dans leur entier; celles qui sont plus pâles n'existent qu'à la hauteur des décombres; enfin, les parties les moins colorées sont entièrement de restauration. Nous ferons observer, à l'occasion de ce plan, dans la gravure duquel il s'est glissé quelques erreurs, qu'il faut toujours s'en tenir aux cotes, de préférence aux mesures qui résulteraient de la comparaison avec les échelles.

Fig. 2. Coupe en longueur suivant la ligne EF du plan, dans l'axe des appartemens à gauche en entrant.

Fig. 3. Coupe en largeur suivant la ligne CD du plan.

Fig. 4. Élévation géométrale et détail du chapiteau, qui, aux dimensions près, est le même dans la colonnade extérieure et dans les salles intérieures du palais.

Fig. 5. Le même chapiteau mis en perspective.

PLANCHE 42.

Élévation et coupe longitudinale du palais.

Fig. 1. Élévation géométrale de la façade du palais.

On a rétabli, dans cette élévation, l'ante et la dernière colonne à gauche, qui n'existent plus, ainsi que l'indique le plan. (Voyez *planche précédente*.)

Fig. 2. Coupe dans l'axe du monument, suivant la ligne AB du plan. (Voyez *planche précédente*.)

PLANCHE 43.

Vue perspective du palais.

1. Caravane arrivant par le sentier qui conduit aux ruines du tombeau d'Osymandyas.
2. Colline dans laquelle sont creusées un grand nombre de grottes sépulcrales, qui servent actuellement de retraites aux habitans de Qournah.
3. Entrée principale du palais.
4 et 5. Montagnes de la chaîne libyque.

THÈBES

(HYPOGÉES).

EXPLICATION DES PLANCHES.

PLANCHE 44.

Peintures et *bas-reliefs coloriés.*

Fig. 1. Ce sujet est copié dans une des grottes ou hypogées [1] de la plaine du *Memnonium*, du côté du nord. Le costume de cette figure est très-élégant; les tresses de la coiffure sont bien façonnées. Elle porte un vêtement transparent, qui laisse apercevoir le nu du corps. De la main droite elle tient un sistre, de la gauche un sceptre orné d'une tête et d'un croissant.

Fig. 2. Ce sujet représente une décoration de porte sculptée à l'entrée d'un hypogée. Les bandes que l'on aperçoit sur les côtés sont remplies d'hiéroglyphes que l'on n'a pu dessiner. Le second renfoncement est couronné d'un arc et décoré de pilastres dont les chapiteaux sont à tête d'Isis. Les moulures ou plates-bandes sont en saillie l'une sur l'autre, et la porte paraît placée sur un troisième plan.

Fig. 3. Figure de femme avec un vêtement transparent : sous la gorge est une ceinture soutenue par des bretelles; ses pieds sont nus; son attitude ressemble à celle d'une

---

[1] Sur le mot d'*hypogée*, consultez la description des hypogées, §. 1.

personne qui attend qu'on lui donne, ou bien qui paraît frapper la mesure avec les mains.

Fig. 4. Décoration d'un fond d'hypogée, couronné d'une partie circulaire. Au-dessus d'un petit socle se trouvent deux bas-reliefs représentant des hommes sur un lit de mort. Au-dessus, deux personnages debout sont dans l'attitude de personnes suppliantes, et devant les deux figures assises est une espèce d'autel. Ces figures ont une jupe transparente et rayée, et leurs corsets sont soutenus par des bretelles. Le renfoncement de la porte feinte est rempli de plates-bandes qui étaient décorées d'hiéroglyphes : on voit plusieurs de ces signes au-dessus de la porte.

Fig. 5. Figure coiffée à la manière des Abyssiniens. Le vêtement, qui est attaché à la ceinture, est transparent sur les jambes. Le petit collier et les bracelets sont noirs. Les pieds nus indiquent un homme du peuple.

Fig. 6. Deux figures de musiciennes, dont l'une pince de la harpe. Comme il n'y a pas de perspective dans le bas-relief, on peut s'imaginer que la harpe était devant la figure, puisque les deux mains reposent sur les cordes : celles-ci sont au nombre de vingt-une. L'instrument est sur un pied orné d'une tête d'épervier. L'étoffe du vêtement laisse apercevoir les formes du corps, qui ont des contours souples et moelleux.

Fig. 7. Homme du peuple portant des terrines recouvertes, de la manière qui est encore en usage en Égypte.

PLANCHE 45.

Sculptures, *fragmens et détails coloriés.*

Fig. 1. Ce bas-relief et les deux suivans ont été copiés dans les hypogées du *Memnonium*.

Le vêtement de la figure est riche et transparent; la draperie, qui passe sur ses épaules et sur ses bras, est rayée, et semble être d'une étoffe très-fine. Elle a sur la tête une espèce de calotte; ses cheveux sont composés de tresses qui se terminent en forme de lotus, et elle est chaussée de sandales.

Fig. 2. Le jeune homme à qui l'on montre à tirer de l'arc a la même coiffure qu'Horus. Il oppose les jambes au corps : la droite est en avant, la gauche en arrière, tandis que le bras gauche tient l'arc, et que le droit tend la corde. De la main droite l'instructeur supporte le bras du jeune homme, et paraît le guider au point de mire. On peut présumer d'après cette figure, que les élèves étaient nus pour ces sortes d'exercices. Les deux figures sont chaussées de sandales. Le maître est coiffé d'une manière simple, et son corps est nu, à l'exception des cuisses.

Nota. Le nu des cuisses est un peu trop exprimé par la gravure.

Fig. 3. Il y a de l'agrément dans le costume de cette femme. La forme élégante de son corps se laisse voir à travers une robe rayée. Sous le mamelon est une ceinture pareille au collier. Sa tête est surmontée d'une sorte de pompon traversé d'une fleur de lotus; sur ses épaules, elle porte une espèce de *châl* qui est relevé sur son bras droit, et que des franges terminent. De la main droite elle tient un sistre, et de la gauche, un instrument orné de riches pendeloques.

Fig. 4, 5, 9, 10, 12. Fragmens de bas-reliefs détachés des murailles des hypogées. La fig. 4 est de grandeur naturelle, et les autres sont dessinées à l'échelle des deux tiers, excepté la fig. 10, qui est à l'échelle des trois quarts. Les fig. 4 et 10 ont un fond qui est rouge tendre. Les vases sont peints en blanc, en jaune, en bleu et en rouge ; le ton de la gravure indique proportionnellement ces quatre nuances. Les fig. 5 et 9 sont peintes en vert, en bleu et en rouge.

Fig. 6. Petite statue en pierre calcaire, trouvée dans un des hypogées; l'échelle du dessin est des trois quarts.

Fig. 7. Fragment dessiné dans la même grotte et de grandeur naturelle. Il représente une portion de coiffure ou de cheveux tressés.

Fig. 8. Treillage en petits tubes d'émail bleu, appliqué sur l'enveloppe de certaines momies, et qui recouvre le corps en entier. Ce fragment est de grandeur naturelle.

Fig. 11. Figure sculptée presque en ronde-bosse, dans un des hypogées situés derrière le *Memnonium*. Elle occupe le fond d'une niche et est taillée dans le rocher. La tête et le haut des pieds sont mutilés, le reste est bien conservé et d'un bon travail : l'échelle du dessin est d'environ le huitième.

Fig. 13. Bas-relief représentant une figure de chacal, copiée dans le même hypogée que la fig. 11, et dessinée à l'échelle du quart.

Fig. 14. Fragment de bas-relief placé près de la porte d'un hypogée voisin de Qournah. La forme de voûte qu'on aperçoit derrière la figure de chat est assez fréquente dans ces catacombes. (*Voyez* la description des hypogées.)

Fig. 15. Figure sculptée sur une des faces de l'entrée de la même catacombe : une cassure assez étendue empêche de voir le bras droit et de deviner son action; l'autre bras tient un sistre et une branche de lotus enroulée d'une tige de liseron. Le costume de cette figure est fort remarquable, surtout par l'ample coiffure qui descend sur ses épaules : la fig. 1 et la fig. 3 de cette planche sont vêtues ou coiffées d'une manière analogue. On aperçoit à droite une partie de la montagne des hypogées.

A. VOL. II. THÈBES (hypogées).

Nota. Les fig. 5, 11, 15, sont éclairées à droite dans la gravure, contre l'usage ordinaire suivi dans les planches de détail.

PLANCHE 46.

Divers *bas-reliefs et fragmens.*

Fig. 1. Cette figure a un costume remarquable. La chemise à grandes manches, qui lui couvre les reins, pouvait se prêter à l'office des membres. Le bras droit indique un signal d'attente; de la main gauche, la figure tient une bandelette avec une enseigne.

Fig. 2. Personnage qui semble apaiser quelqu'un ou l'inviter au repos. Les cuisses sont couvertes d'une draperie rayée et transparente avec un tablier en triangle.

Fig. 3. Deux hommes portant sur l'épaule un bâton auquel est suspendu un filet; ce filet renferme une grande cruche enveloppée. Leur vêtement consiste en une draperie qui les couvre depuis les reins jusqu'à la moitié des cuisses, et relevée par-devant de manière à ne pas gêner la marche. Le premier porteur tient de la main droite un pot à anse; le second empêche le balancement de la cruche. Ils portent du même côté, c'est-à-dire sur l'épaule droite, et c'est de la main gauche qu'ils tiennent le bâton.

Fig. 4. La coiffure de cette figure se trouve enfermée sous le vêtement; les manches de la chemise transparente laissent apercevoir le bras. La main gauche tient un ruban, un crochet et une enseigne en forme de lotus. On remarque trois vêtemens attachés à la ceinture, deux en forme de jupon et rayés de rouge, et le troisième en tablier. Les pieds sont garnis d'une sandale dont la courroie s'attache sur le coude-pied et passe de chaque côté du talon.

Fig. 5. Le costume et la coiffure de ce personnage ne désignent pas un homme du premier rang, quoiqu'il soit assis. La petite massue qu'il tient de la main droite, et le poing fermé de la gauche, indiqueraient un homme qui fait exécuter des ordres.

Fig. 6. La jolie coiffure tressée de cette figure, et sa natte qui est la même que celle du dieu Horus, ont paru mériter d'être dessinées à part.

Fig. 7. Figure assez bien dessinée, dont le vêtement est juste au corps et en laisse apercevoir les formes. Le bas est terminé par des broderies semblables à celles qui sont à l'extrémité des bras : son collier, sa coiffure et les ornemens qui la surmontent, sont les attributs ordinaires d'Isis.

Fig. 8. Tête dont les cheveux sont enveloppés : on n'aperçoit que le bout de la tresse.

Fig. 9. Figure assise sur un siége à bras. Les pieds du siége sont de la forme de ceux d'un lévrier, et la queue de l'animal se voit au dossier de la chaise. A la coiffure carrée du personnage, on le reconnaît pour un chef d'ouvriers ou de paysans. Il montre un superbe lotus de la main droite, et la main gauche est appuyée sur le bras du siége. Les formes de cette figure sont assez bien exprimées, et son attitude est agréable.

Fig. 10. On remarque dans ce tableau une balance qui diffère peu des balances actuelles ; seulement la tige qui en marque la justesse est au-dessous du levier, tandis qu'elle se trouve au-dessus dans les nôtres.

Le peseur paraît indiquer que la balance est en équilibre, et celui qui est placé derrière tient une tablette pour écrire le poids de la marchandise. Devant lui est un homme dont le geste est remarquable : il a les bras posés en croix sur la poitrine, et le bras droit appuyé sur l'épaule gauche. Ces trois figures portent le même vêtement. Aux pieds du peseur est une boîte surmontée d'un petit sphinx et d'un vase.

Nota. La première et la dernière figure de ce tableau sont des sujets isolés : elles ne doivent pas être réunies à la scène du milieu.

Ces deux figures extrêmes représentent deux jeunes gens. Le premier tient dans sa main gauche plusieurs attributs, enseignes et instrumens. Son corps est nu, à l'exception d'une draperie qui descend jusqu'à la moitié des cuisses, et sa coiffure est une toque terminée par cinq cordons en frange. La figure n'a d'autre expression que celle d'un homme qui attend des ordres.

L'autre est un jeune homme qui semble dire à quelqu'un de ne point s'avancer. Le haut du corps est nu. Il porte trois anneaux au bras, et un petit collier. Au-dessous des reins, il a deux vêtemens dont le second descend jusqu'à mi-jambe.

Fig. 11. Tête avec le masque d'un chacal.

Fig. 12. Autre tête avec un masque de belier ayant quatre cornes : les deux qui sont au-dessus de la tête, sont surmontées d'un disque rouge, accompagné d'un serpent.

Fig. 13. Figure d'un jeune homme penché et dans l'action d'écrire. Il tient de la main gauche une tablette, et de la droite un stylet servant à tracer. Le haut du corps et les pieds sont nus, et ses cheveux sont enveloppés dans une coiffure à oreillons; le bas du corps est couvert d'une jupe transparente, attachée par une ceinture dont les bouts sont pendans. Cette figure est d'un assez bon dessin.

Fig. 14. Figure d'un serpent qui est soutenu par une coupe ; la queue est enlacée à un bâton décoré d'attributs.

Fig. 15. Figure de jeune homme portant un vase de la main gauche, et au cou un riche collier : la visière du bonnet est retroussée et ornée d'un serpent. Il paraît être un personnage principal, à en juger par les rubans attachés à sa coiffure.

PLANCHE 47.

FRAGMENS *en pierre et en bois peint, bas-reliefs coloriés, et peintures diverses.*

Les objets figurés sur cette planche et sur toutes les suivantes jusqu'à la pl. 77, ont été rapportés et dessinés en Europe.

Fig. 1, 2. Coiffures symboliques en bois de sycomore, telles qu'on en voit représentées sur les têtes des dieux ou des prêtres, et trouvées dans une des catacombes des environs du *Memnonium*. Ces bois sont peints de diverses couleurs; l'échelle des dessins est des deux cinquièmes.

Fig. 3, 4. Oiseau à tête de femme, en bois de sycomore peint de plusieurs couleurs, trouvé dans une des catacombes situées près du *Memnonium*.

L'échelle des dessins est des trois quarts.

Fig. 5. Dessin d'un pied sculpté en grès rouge couleur de brique et trouvé à Saqqârah [1] : la longueur du pied est d'un décimètre.

Fig. 6, 9, 10. Trois fragmens de bas-reliefs peints, détachés des murs du grand hypogée ou syringe figuré pl. 39, *A.*, vol. II. Le premier représente un hibou, le second, la tête d'un jeune veau ; et le troisième, des vases, dont l'un paraît être transparent et contenir une liqueur rouge. La sculpture en est extrêmement fine, et les couleurs bien conservées, comme dans tous les bas-reliefs de cet hypogée. Les dessins sont de grandeur naturelle.

[1] On a réuni les principaux objets trouvés dans les catacombes de Saqqârah et de Syout avec ceux des hypogées de Thèbes, comme étant en plus petit nombre que ces derniers.

Fig. 7. Fragment en pierre calcaire trouvé à l'entrée du même hypogée. Les hiéroglyphes sont peints en rouge jaunâtre, ainsi que les baguettes : ils devaient être sculptés en creux. Dans un tableau voisin de ce fragment, on voit de semblables hiéroglyphes qui ont été ébauchés, et plus loin, d'autres qui sont finis. L'échelle du dessin est de moitié.

Fig. 8. Fragment de pierre calcaire trouvé sous la galerie qui précède la même catacombe. Le fond en est peint en rouge très-tendre. Les hiéroglyphes et les baguettes sont en relief et ont une saillie de trois millimètres seulement : l'échelle est de moitié.

Fig. 11. Fragment de sculpture peinte de la même catacombe. Plusieurs figures pareilles étaient sculptées de suite dans cette attitude. On en a gravé une de grandeur naturelle, en calquant scrupuleusement l'original lui-même, afin de donner le caractère précis de la tête, et le galbe exact de cette espèce de figure qui appartient à la classe du peuple.

Fig. 12, 13. Fragment de figure sculptée en creux, tiré du même hypogée. On a dessiné la tête de grandeur naturelle, pour en bien conserver le caractère. Cette pierre a été détachée de la muraille où elle était encastrée, comme une pièce de rapport. (*Voyez* la description des hypogées, §. VI.)

Fig. 14, 15. Figure d'oiseau en bois de sycomore, trouvée dans l'un des tombeaux de Saqqârah. Le dessin est à l'échelle des deux tiers : la face, le bec et les yeux sont dorés, et le reste du corps est peint.   (*A. D.*)

EXPLICATION DES PLANCHES.

PLANCHE 48.

1, 3, 5, 9. FRAGMENS *coloriés*. — 2, 4. *Bras et bandelette de momie*. — 6, 7, 8. *Briques portant des hiéroglyphes imprimés*.

Fig. 1, 3, 5, 9. Hiéroglyphes peints, détachés des murs du grand hypogée représenté pl. 39. De pareils fragmens sont en grand nombre sur le sol de la grotte. Les dessins sont de la grandeur des objets.

Fig. 2. Bras de momie trouvé dans une des catacombes. Le dessin est à moitié de la grandeur naturelle. Les bandelettes de la main sont d'une couleur plus rougeâtre que le reste de la toile. On peut en dire autant des ongles des doigts. Ce fragment fait voir que les embaumeurs prenaient soin de bien conserver les formes. Pour imiter la rondeur naturelle du bras, ils augmentaient le nombre des enveloppes, et c'est ce qu'on observe dans celui-ci, qui est parfaitement formé : la main seule a quelque chose de forcé dans la manière dont le pouce recouvre l'index.

Fig. 4. Portion de bandelette ornée de caractères hiéroglyphiques un peu altérés. On les a gravés de grandeur naturelle, pour ne pas ajouter par la réduction à l'incertitude des signes. Le dessin est coupé en deux parties; la supérieure doit se placer à la droite de l'inférieure, à l'endroit marqué A.

Fig. 6, 7, 8. Briques recueillies dans un des hypogées des environs du *Memnonium*. On a trouvé un petit mur bâti de briques toutes pareilles; elles portaient des hiéroglyphes sur deux des côtés de champ : la fig. 7 fait voir l'inscription placée sur l'un des bouts; et les fig. 6 et 8, celle d'une des faces longues. Pour lire cette dernière, il faut rapprocher la fig. 8 au-dessous de la fig. 6, en faisant attention que le bas de l'une et le haut de l'autre contiennent trois hiéroglyphes communs. L'échelle des dessins est des deux tiers des originaux. (*Voyez* la description des hypogées, §. x.).

PLANCHE 49.

PROFIL *et face d'une tête de momie d'homme.*

Cette tête et celle de la pl. 50 ont été apportées en Europe, dans un état parfait de conservation : on les a trouvées dans une des grottes des environs de Qournah ; les dessins sont de grandeur naturelle.

Le cou, en se desséchant, est devenu mince et a perdu sa forme. La face a conservé ses principaux traits ; le nez et les oreilles se sont médiocrement affaissés.

Cette tête, enlevée du corps de la momie qui a été trouvée entière, et qui était mâle, avait la barbe visiblement rasée. Les cheveux sont courts, et manquent à la partie postérieure de la tête. On voit sur la figure de profil une portion de l'os occipital et des pariétaux à nu, et quelques traces de la suture lambdoïde qui unit ces os. La protubérance occipitale externe est très-saillante ; l'angle facial se rapproche beaucoup d'un angle droit, et les dents incisives sont plantées verticalement, et non inclinées ni avancées, comme elles le seraient dans une tête de nègre.

Si l'on tire horizontalement une ligne au-dessous de la lèvre supérieure de la fig. 2, on découvre les dents rangées et très-bien conservées : on ne peut voir que leurs extrémités par la position de la tête. Ces dents un peu usées, et la suture lambdoïde en partie fermée par l'ossification, indiquent que cette tête est celle d'un sujet d'environ cinquante ans.

PLANCHE 50.

Profil et face d'une tête de momie de femme.

La peau de cette tête de momie est plus tendue et plus lisse que celle de la tête de momie d'homme, pl. 49. Les cheveux sont arrangés et collés par mèches diversement contournées; quelques-unes de ces mèches sont de la grandeur de la main : elles ne sont que fort peu entrelacées.

Sur la figure vue de face, on remarque à la lèvre supérieure une dépression ou échancrure causée par la chute des deux dents incisives moyennes. Les incisives latérales, les canines et les petites molaires servent de soutien à la lèvre supérieure dans les portions qui ne sont point retirées sur elles-mêmes. La portion moyenne de la lèvre s'est retirée, parce qu'elle n'a point eu d'autre soutien que les alvéoles, dès que les deux incisives moyennes sont tombées ou ont été extraites.

Les alvéoles des deux incisives qui manquent, ne sont pas fermés par l'ossification dans la tête qui a servi à faire le dessin et la gravure. Cette ouverture des alvéoles prouve que les dents sont tombées peu de temps avant la mort du sujet qui a été embaumé, ou que ces dents ont été extraites au moment de l'embaumement.

Il se trouve une saillie sur la courbure antérieure du nez, très-manifeste dans la tête vue de profil. Cette saillie est occasionée par le refoulement de la portion molle du nez : en effet, c'est précisément à l'endroit où existe la saillie, que la portion cartilagineuse du nez vient s'unir à la portion osseuse.

La cloison des narines est presque entièrement détruite dans cette tête. Il ne subsiste inférieurement qu'une petite bande de cette cloison, qui, étant presque toute enlevée, laisse voir le jour à travers la narine, comme la gravure le représente, fig. 1. Nous savons, par le récit d'Hérodote, que la perforation des fosses nasales, et par conséquent l'arrachement plus ou moins grand de leur cloison, étaient nécessités par le moyen usité pour tirer la cervelle hors du crâne. Ce moyen consistait à enfoncer dans le crâne un crochet de fer par les narines. En faisant cette opération, les Égyptiens tâchaient de ne point altérer les formes extérieures; mais ils détruisaient la membrane et presque tous les feuillets osseux intérieurs du nez : aussi trouve-t-on, sur toutes les têtes de momie de la haute Égypte, un passage ouvert des narines dans le crâne par la fracture de l'ethmoïde. La même ouverture, qui servait à faire sortir du crâne la cervelle, servait aussi à y introduire du baume liquide.

Dans la manière d'embaumer des anciens Égyptiens, les seules parties du corps qui ont conservé des formes assez ressemblantes à celles qu'ont dû avoir ces parties pendant la vie, sont la tête, la poitrine, les mains et les pieds. La peau s'y trouve moulée presque immédiatement sur les os, qui, étant solides, ne changent point.

Les Égyptiens, pour suppléer au défaut de ressemblance avec l'état naturel que le dessèchement des momies produisait dans les bras, les jambes et les cuisses, où les os sont situés sous une grande épaisseur de chair, arrondissaient les parties et leur donnaient de l'épaisseur, en les couvrant, par-dessus la peau, de linges pliés et de bandes qui faisaient plusieurs tours.

Les têtes de momie d'homme et de femme représentées dans les pl. 49 et 50, ont été choisies pour être gravées, parce qu'elles étaient les parties les mieux conservées. Il est facile de saisir les traits et le caractère de ces deux têtes.

(*A. D.*)

EXPLICATION DES PLANCHES.

PLANCHE 51.

1, 2. Momie de femme. — 3....8. Momies de chat et autres mammifères.

Fig. 1. Tête de momie humaine débarrassée d'une partie de ses enveloppes, réduite d'un tiers et vue de profil. Elle paraît avoir été celle d'une femme de vingt-cinq à trente ans. On n'aperçoit plus de cheveux : tous les tégumens du crâne, jusques et compris les cartilages de l'oreille externe, ont disparu.

Fig. 2. La même tête sciée verticalement pour en montrer l'intérieur. On observe que le cerveau et ses membranes sont remplacés par un bitume noir, qui a pénétré tous les os : l'ethmoïde a été détruit. L'état d'altération qu'on remarque d'abord, n'empêche pas qu'on ne puisse parfaitement juger de la conformation du crâne, de ses diverses proportions et de ses rapports avec les os de la face. Cette coupe, qui a été dessinée avec le plus grand soin, contribuera à donner une idée précise de la forme de la tête chez les anciens Égyptiens.

Fig. 3. Tête de chat, dont les tégumens se sont trouvés bien conservés : elle est débarrassée de ses langes et dessinée de grandeur naturelle.

Fig. 4. Momie de chat préparée avec le bitume, réduite à moitié de sa grandeur et vue de profil.

Fig. 5. Momie de chien préparée avec le bitume, réduite de moitié et dessinée de profil.

Fig. 6. Autre momie réduite d'un tiers : elle contenait des fragmens d'os de belier. (*Voyez* fig. 7.)

Fig. 7. Ossemens de belier trouvés dans la momie précédente, et dessinés de grandeur naturelle.

A. VOL. II. THÈBES (HYPOGÉES).

a. Portion inférieure du fémur.
b. Os du canon.

Il y avait quelques autres fragmens qu'on a jugé inutile de représenter.

Fig. 8. Débris d'une momie de jeune chien, préparée avec le natroun.

a. Omoplate.
b. Patte antérieure.
c. Patte postérieure.
d. Côtes.
e. Sacrum.

Ces divers fragmens sont de grandeur naturelle. La tête manquait à cette momie, qui d'ailleurs présentait les mêmes parties que l'animal vivant; mais passées à l'état savonneux, et presque dépourvues de consistance. (*J.-C. S.*)

PLANCHE 52.

1....6. MOMIES d'ibis. — 7....13. *Fragmens de momies de chacal qui ont été dorées.* — 14. *Fragment de l'enveloppe des doigts d'une momie.*

Fig. 1. Pot en terre cuite, qui renfermait une momie d'ibis: les taches blanches qu'on voit sur le couvercle, représentent le plâtre ou ciment grossier dont le pot était scellé. Cette momie provient des puits de Saqqârah, comme la forme du pot l'indique.

Fig. 2, 3, 4, 5, 6. Momies d'ibis trouvées dans le puits des Oiseaux à Saqqârah : elles ont été choisies dans le puits même, sur un nombre considérable de momies pareilles, qu'on avait retirées de leurs pots. En examinant ces dessins, on voit combien l'arrangement des bandelettes et des réseaux de fil était varié et fait avec art.

L'échelle des fig. 4 et 6 est du tiers, et celle de la fig. 5 est de la moitié de la grandeur.

Fig. 7...13. Ossemens tirés de momies de chacal, dessinés de grandeur naturelle. Ces fragmens sont recouverts de feuilles d'or, qui sont bien conservées dans quelques parties.

La fig. 9 peut donner une idée de la toile grossière qui servait d'enveloppe dans cette espèce d'embaumement.

L'examen de ces ossemens pourra faciliter l'étude du chacal des anciens Égyptiens, comparé à l'espèce qui existe aujourd'hui en Égypte. Ces fragmens ont été trouvés dans les catacombes de Syout, l'ancienne Lycopolis.

Fig. 14. Portion d'enveloppe d'une momie, portant l'empreinte des orteils et des ongles de son pied droit.

PLANCHE 53.

Momies d'oiseaux.

Fig. 1. Momie vue par-devant et ouverte, dessinée de grandeur naturelle; c'est celle d'un oiseau de rivage, encore très-jeune, que son bec droit et assez court semble éloigner des ibis, mais qui s'en rapproche par d'autres caractères, et qui ressemble surtout à l'*ibis blanc*.

Fig. 2. Tête du même oiseau, vue de profil.

Fig. 3. La même tête vue en dessus : les arcades zygomatiques ont été omises.

Fig. 4. Patte du même.

Fig. 5. Momie d'œufs réduite d'un tiers, vue par-devant. (*Voyez* fig. 6.)

Fig. 6. La même, vue par derrière et ouverte; elle contient trois œufs d'oiseau, placés dans sa partie supérieure. Deux de ces œufs, dont la coquille est brisée, laissent voir des petits déjà couverts de duvet. Leur bec a les plus grands rapports avec celui de l'oiseau représenté fig. 1; il est même encore plus court et plus droit. Leur plumage offre les couleurs de l'*ibis blanc*.

Fig. 7. Tête retirée d'une momie d'ibis blanc, dessinée de grandeur naturelle et vue de profil.

Fig. 8. Tête d'un second individu plus jeune, également vue de profil.

Fig. 9. La même tête vue en dessus.

Fig. 10. Patte d'un troisième individu, représentée de grandeur naturelle.

PLANCHE 54.

Momies *d'oiseaux et squelettes de momies.*

Fig. 1. Ibis conservé en momie et dépouillé de ses enveloppes.

Tout l'oiseau s'est trouvé conservé : il ne manque à ses organes que les parties fluides qui leur donnaient de la souplesse, et qui se sont dissipées à travers les enveloppes ; aussi est-il présentement réduit (pesant un tiers de kilogramme) au sixième de son poids primitif.

On n'aperçoit qu'un tronc informe : les pattes sont ployées sous le ventre, et la tête reportée en arrière. Les ailes empêchent de les voir, étant étendues au-devant et ramenées sur le corps, où elles anticipent l'une sur l'autre : l'extrémité du bec est seule apparente entre les pennes des ailes et celles de la queue.

Les plumes se font remarquer par leur conservation : ce qui en reste, toutefois, n'en est plus, pour ainsi dire, que le squelette; car elles n'ont ni les couleurs ni l'élasticité que la mort n'enlève pas à nos dépouilles d'oiseau : pour peu que, dans notre ibis, on essaie de les soulever, on les brise.

C'est seulement à Thèbes qu'on trouve de ces oiseaux ainsi conservés : ceux de Saqqârah, une des dépendances de l'ancienne Memphis, ont un tout autre aspect.

Tout porte à croire qu'on a voulu plus tard perfectionner la méthode des embaumemens, et que c'est dans la vue de s'opposer plus promptement et plus sûrement aux effets de la putréfaction, qu'on a fait usage d'un bitume : il en est résulté qu'on a dépassé le but qu'on s'était proposé. Il n'y a pas d'ibis à Saqqârah, qui ne soit plus ou moins pénétré de cette substance, et qui n'ait ses premières enveloppes, ses tégumens et sa chair transformés en une masse compacte et homogène : cette transformation donne lieu à cette espèce de charbon que les peintres emploient et connaissent sous le nom de *matière de momie*.

Il a suffi, à Thèbes, au contraire, d'envelopper les ibis de toiles, de les préserver, par ce moyen, du contact de l'air, et de les abandonner dans de profondes cavernes où règne une température toujours égale, pour opérer, par desséchement et avec plus d'efficacité, la conservation de ces oiseaux.

Fig. 2. Squelette d'ibis provenant d'une momie.

Ce squelette est réduit aux deux tiers de sa taille, et il en est de même de l'individu représenté couvert de ses plumes.

Tous deux paraissent provenir de l'ibis blanc, non que la couleur de leur plumage ait fourni à cet égard un renseignement appréciable, mais parce que cette détermination nous est réellement donnée par la forme du bec, qui est plus court et moins épais à sa base dans l'ibis blanc que dans l'ibis noir.

Nous regrettons de n'avoir point de préparation ostéologique de l'ibis de l'âge actuel à comparer à notre squelette.

Quoi qu'il en soit, nous en avons toujours donné la figure, et nous avons en outre pris la précaution d'en déposer l'original au Muséum d'histoire naturelle.

Fig. 3. Momie d'épervier.

Les momies d'ibis ressemblent à un cône à base convexe, tandis que celles d'épervier tiennent davantage de la forme d'une longue pyramide à base triangulaire : il est facile d'apprécier les motifs de ces différences.

On a trouvé à loger la tête de l'ibis entre les pennes de sa queue, parce qu'elle est longue et portée par un long cou, lorsqu'on n'a pu que rabattre et laisser pendre sur la poitrine la tête courte et arrondie des éperviers ; et comme, dans cet état de chose, leur tête se rencontre sur le même plan à peu près que les deux épaules, il résulte de cette coïncidence trois points extrêmes et une base dont les côtés sont d'égale dimension : la queue forme le sommet de cette sorte de pyramide, terminant seule la momie à l'extrémité opposée. Ces différences n'empêchent pas que l'arrangement des ailes et des pieds ne reste le même que dans l'ibis.

Les premières toiles avaient assez d'étendue pour envelopper entièrement l'oiseau, et les secondes étaient coupées en bandes qu'on avait tout simplement déchirées à même la pièce : celles-ci furent d'abord roulées en travers et puis en long. Les différentes couches étaient assujetties par des fils qui avaient en outre visiblement pour objet d'amener par degrés la poupée à prendre la forme prescrite par les usages ; car, il n'y a nul doute, ce qu'on fit d'abord en ce genre, en suivant les indications naturelles, devint dans la suite une pratique que le temps et le respect religieux consacrèrent, et dont il ne fut plus permis de s'écarter.

Si l'on ne le savait déjà historiquement, on apprendrait, à la vue de la momie, que l'épervier n'était pas placé au premier rang des oiseaux sacrés : la négligence du travail et la grossièreté des toiles nous montrent le cas qu'on faisait de ces momies.

Fig. 4. Momie de faucon.

Plus nous avançons dans l'examen des momies, et plus nous avons occasion de remarquer que leurs formes ont été assez exactement calculées sur celles des animaux eux-mêmes.

La tête fort grosse du faucon eût, en momie, produit au-devant de la poitrine un ressaut très-considérable, si elle eût été placée comme dans la fig. 3 : aussi l'oiseau la porte droite. La longueur de ses ailes et de sa queue eût établi entre toutes ses parties une disproportion d'un effet trop désagréable : on en a sauvé l'inconvenance en composant la momie sur le modèle des momies humaines; c'est la même pose, la même stature et les mêmes proportions. On a copié jusqu'à la saillie des pieds; saillie, dans les momies de faucon, qu'on ne peut en effet expliquer que par l'intention de cette ressemblance.

C'est de toutes les momies de Thèbes la plus soignée et la plus solidement établie.

Les toiles en ont été posées mouillées; ce qui se juge aisément à leur état roide et empesé. J'ai remarqué aussi, en les déroulant, qu'elles avaient été employées, ou étendues en bandes, ou ramassées en pelotons, suivant qu'à chaque couche les contours de la poupée l'avaient exigé du goût du préparateur.

On sait ce qui arrive à des toiles que l'on roule mouillées : leur contact en est plus intime, et leur adhérence plus grande; leur réunion forme nécessairement un carton qui prend d'autant plus d'épaisseur et qui a d'autant plus de consistance, qu'on le compose d'un plus grand nombre de couches ou de feuillets.

Toiles, soins, arrangemens minutieux, rien n'était épargné à Thèbes dans la confection des momies de faucon, dont les auteurs nous ont long-temps entretenus sous les noms d'*accipiter* et d'*épervier* : c'était l'oiseau sacré par excellence; *avis celsissima*, nous dit Élien. Plusieurs couches de fils alternaient avec des couches de toiles, pour donner successivement à la poupée plus de soutien et de fini.

Une toile en manière de coiffe couvre la tête du faucon embaumé. J'ai remarqué qu'on avait fait emploi de colle pour fixer ce premier appareil, et qu'on s'était borné à humecter les suivans : ce sont des bandes qui recouvrent l'occiput et viennent graduellement se perdre sur le vertex et le front. La coiffe ou l'enveloppe générale de la tête borde le bec et le laisse à découvert, pratique singulière et qui a peut-être pour objet de rappeler l'usage antique de ces chaperons dont on couvre encore aujourd'hui les faucons destinés au plaisir de la chasse.

Je n'ai pas été dans le cas d'hésiter sur la détermination de l'oiseau, sujet de cet article, et que j'ai retiré presque entier de sa momie. Je le conserve au Muséum d'histoire naturelle, où les curieux et les naturalistes pourront aller l'observer.

La grandeur et la force de ses serres, l'écartement et l'étendue des os unguis qui lui élargissent si fort la tête, la longueur de ses ailes, la forte dent du bec, le contour régulier des intermaxillaires, les couleurs de son plumage, enfin principalement celles des pennes, autant que j'ai pu les consulter avec fruit, tels sont les caractères qui me l'ont fait reconnaître pour un faucon. Notre oiseau est de petite taille; ce qui fait présumer que c'était un mâle.

Voyant que le tronc ne pouvait occuper que les deux tiers de la momie, je m'étais attendu à trouver les jambes droites; mais il n'en est pas ainsi : elles sont rassemblées sous le ventre, comme dans les momies dont nous avons déjà donné la description; elles s'y font seulement remarquer par plus d'irrégularité, les ailes étant moins grandes en largeur, et les pieds trop forts pour que les ailes les embrassent en totalité.

Fig. 5. Squelette d'émerillon.

Ce qu'un premier aperçu fait connaître de ce squelette, c'est qu'il appartient à un oiseau de proie : il fallait alors le chercher parmi les petites espèces de cette famille.

Comparé à nos plus petites chouettes, sa tête est moins large en arrière, ses os coronaux moins convexes, et les yeux trop écartés :

A l'épervier, il est plus petit, sa tête est plus bombée; le brechet de son sternum est sans échancrure; ses pieds et ses tarses sont plus courts; il est enfin plus ramassé dans ses formes :

A la crécerelle, il en diffère moins, mais il est encore trop petit; son fémur est plus long que le tarse; sa face et le bec sont plus courts, son crâne plus sphéroïdal, et ses membres, tant les os de l'aile que ceux des pieds, sont plus forts :

A l'émerillon, c'est à cet oiseau, en effet, que notre squelette paraît appartenir; les très-petites différences que j'ai remarquées pourraient bien tenir à une différence d'âge ou de sexe.

Fig. 6. Squelette d'autour.

L'autour présente, dans son squelette, des caractères qu'au premier aperçu il est assez difficile de saisir, mais qui n'en sont pas moins très-tranchés. Telle est d'abord la proportion des parties de la jambe : le fémur est presque aussi long que le tarse, et celui-ci se trouve d'un quart plus court que le tibia; la gouttière tout le long et derrière le tarse, et où se logent les tendons fléchisseurs des doigts, est très-profonde, et le péroné se fait également remarquer par sa saillie le long du tibia, et parce qu'il se soude avec lui près de l'extrémité inférieure; les doigts sont enfin dans un état moyen de force et de longueur.

Les os de l'aile offrent la même correspondance; égalité de l'humérus, et des os du carpe et des os d'avant-bras, qui sont d'un cinquième plus longs.

Le crâne a aussi ses différences caractéristiques. On est frappé de la profondeur de la fossette au lieu où s'articulent les intermaxillaires et l'ethmoïde, de l'intervalle existant entre les coronaux, du méplat de cette partie, du peu de saillie des bords orbitaires, de l'étendue et de la divergence des os unguis, et surtout de la longueur de la tête.

A ces signes que l'observation fait découvrir dans ce squelette, on reconnaît l'autour, sans qu'il puisse rester la moindre crainte de s'être mépris.

Fig. 7. Squelette de chat.

La ressemblance de ce squelette avec celui des chats domestiques en Europe est frappante: quelque attention qu'on y apporte, on n'y peut apercevoir que des différences d'âge.

L'individu conservé en momie qui nous a fourni ce squelette, est mort jeune: les sutures de la boîte cérébrale et les épiphyses des os des membres peuvent même faire supposer que c'est dans la deuxième année de son âge. Ses crêtes occipitales ne faisaient que de naître, et la fosse temporale n'était pas distincte de la fosse orbitaire, comme cela a lieu dans un âge plus avancé, par la rencontre des apophyses du coronal et de la pommette.

Ayant comparé notre squelette à un sujet plus avancé que lui en âge, nous lui avons trouvé la tête plus courte et plus ronde, le chanfrein un peu plus relevé, et les vertèbres de la queue plus longues et moins couvertes d'aspérités.

Les dents canines s'étaient entièrement fendues par le milieu. Ce résultat est souvent l'effet d'un desséchement instantané; mais il pourrait bien, dans ce cas-ci, avoir été produit par les matières employées dans la préparation de la momie.

L'individu que nous examinons ne nous vient pas de Thèbes, mais des catacombes de Memphis et de Saqqârah : son embaumement s'est ressenti des procédés en usage dans cette capitale pour la préparation des momies humaines. L'asphalte et le natroun s'y manifestent à tel point, qu'il nous faut défendre notre squelette de l'humidité de l'air, pour empêcher les dégradations.

On trouve à Thèbes des momies de chat : mais on ne les y conservait pas avec les mêmes soins qu'à Memphis; on se contentait de les empaqueter dans des toiles assez grossières, en donnant à la poupée une forme analogue à celle de la momie de chien de la planche suivante.

(*G.-St.-H.*)

PLANCHE 55.

Momies et *détails de crocodile, de serpent et de chien.*

Fig. 1. Momie de crocodile.

L'objet qui a servi de modèle pour cette figure, n'était, à vrai dire, qu'une simple poupée, mais qui avait été préparée dans la vue de la faire passer pour une momie entière de crocodile : c'est du moins ce qu'on peut penser de sa ressemblance avec une vraie momie de crocodile, et en particulier avec celle d'où l'on a extrait le crâne fig. 2.

Cette poupée était composée à l'intérieur par un assemblage de tiges de feuilles de dattier, destiné à en former le noyau ou la principale charpente : de la filasse enveloppait ces tiges, et des bandes de toile, trempées dans une liqueur propre à faciliter leur cohésion, étaient roulées en dessus. Ce mannequin ainsi disposé tenait sans doute lieu de l'animal, que la paresse et la mauvaise foi des préparateurs leur avaient fait négliger : on avait apporté plus de soin et d'art à l'entourer de bandelettes et à composer la momie proprement dite, et l'on y avait procédé en employant alternativement des tiges de roseau croisées diagonalement sur le dos, et des bandes de toile, tantôt contournées en spirale, et tantôt entrelacées les unes dans les autres.

Fig. 2. Crâne d'un crocodile embaumé.

Ce crâne a été retiré d'une poupée plus grande, mais semblable, pour la forme, à celle décrite plus haut : on l'a représenté encore encroûté des matières qui avaient servi à sa préparation, et qui étaient restées adhérentes à sa surface. C'est, au surplus, la seule partie du crocodile qu'on ait trouvée et que certainement on ait embaumée. Le reste de la momie ne différait d'ailleurs de la poupée fig. 1, que par l'addition de deux couches de fil employées à serrer les toiles, et disposées avec quelque symétrie.

Fig. 3, 4, 5. Le même crâne nettoyé, vu en dessus, en dessous et en arrière.

On l'a parfaitement nettoyé, parce qu'il intéresse l'histoire naturelle, sous le point de vue de sa forme; et c'est en cet état qu'il est ici représenté.

Il appartient à celui des deux crocodiles du Nil qu'on nomme *suchos*, petite espèce qui diffère de la grande (le crocodile vulgaire) par la forme effilée et aplatie de sa tête.

Ce crâne a toutes ses sutures apparentes, et montre par

conséquent distinctement toutes les pièces dont il est composé. En les considérant de gauche à droite dans la fig. 3, on trouve d'abord les *intermaxillaires*, puis les *maxillaires supérieurs*; en dedans, les *nasaux maxillaires*; sur les côtés de ceux-ci, les *lacrymaux*; et sur la même ligne, mais tout-à-fait en dehors, les *jugaux*. Les nasaux maxillaires sont suivis des nasaux *ethmoïdaux*; ceux-ci le sont de l'*ethmoïde*; et l'ethmoïde, de l'*interpariétal*, qui s'articule avec l'occipital supérieur. Dans l'angle postérieur de la fosse orbitaire, est l'os *frontal*, séparé de son congénère par l'ethmoïde, et derrière lui se voient les *pariétaux*, également séparés l'un de l'autre par l'*interpariétal*. Les *temporaux* occupent la partie latérale et postérieure du crâne, et enfin l'on trouve encore entre eux et les pariétaux un os servant de conduit auditif et en même temps de condylé, que nous avons nommé *tympano-styloïde*, depuis que nous avons démontré qu'il est formé par la réunion de deux pièces ailleurs distinctes, l'os du tympan et l'os styloïde.

En examinant la fig. 4 de droite à gauche, on remarque successivement les intermaxillaires, les maxillaires supérieurs, les *palatins antérieurs* et les *palatins postérieurs*; c'est-à-dire deux paires d'os dont aucune partie n'est visible à l'extérieur du crâne.

Enfin la fig. 5 présente distinctement les quatre occipitaux, parmi lesquels trois seulement concourent à la formation du trou occipital; savoir, les deux occipitaux latéraux et l'occipital inférieur; anomalie tout-à-fait digne de remarque.

Fig. 6. Momie renfermant un os de bœuf.

Il n'y avait aucun usage fixe dans la confection des momies : la poupée fig. 6 en est une preuve. Elle ressemblait entièrement, quant à l'extérieur, à celle dont les débris sont représentés fig. 7; mais, au lieu d'un serpent, c'est un os de bœuf qu'on y a trouvé.

Cet os, très-bien conservé, est l'os du sabot, ou la phalange onguéale du doigt interne de la jambe droite et extérieure. Sa ressemblance avec son analogue observé dans un animal mort de nos jours, est parfaite : il est seulement plus petit, comme provenant d'un jeune sujet; circonstances qui ont, en outre, été indiquées par la non-oblitération des fissures et des trous où s'insèrent les vaisseaux nourriciers qui pénètrent dans la substance osseuse.

Des toiles de coton formaient les enveloppes de cette phalange onguéale : la première couche y adhérait, et s'est trouvée noircie et comme charbonnée par la liqueur ou colle dont on s'était servi. Il en était de même des dernières couches, au moyen desquelles la poupée avait reçu toute la solidité nécessaire.

Cette momie ne nous étant pas parvenue entière, nous ne pouvons rien dire de ses dernières enveloppes.

Fig. 7. Momie de serpent.

Cette petite momie avait la forme ovoïde de la précédente; mais sa destination fut, comme on le voit, bien différente. On l'ouvrit en Égypte, et l'on y trouva les tronçons de serpent que l'on a ici représentés. Il a été impossible de constater le genre et encore moins l'espèce, toutes les parties, comme la tête et la queue, qui eussent pu offrir quelque prise à cette détermination, y manquant. C'est la plus petite momie qu'on ait encore vue; elle était privée de ses dernières couches : on est aussi sans renseignemens sur le lieu où elle a été déposée, parce que le tombeau où on l'a trouvée est depuis long-temps en exploitation pour fournir au chauffage des habitans du voisinage. On sait que c'est présentement le sort de toutes les choses que l'on conservait avec tant de soin autrefois.

Fig. 8. Momie de chien.

On trouve un grand nombre de ces momies, soit à Thèbes, soit à Memphis, et toutes, aussi bien que celles des chats, sous la forme d'un cylindre dont la partie supérieure est coudée à angle droit ; cette partie coudée est la tête, qui est presque quadrangulaire dans les chiens, et plus arrondie dans les chats.

Il n'y a pas de momie traitée avec plus de négligence; c'était, à ce qu'il paraît, l'offrande du pauvre. Une toile grossière, qu'on ne se donnait pas la peine de couper en lanières, servait d'enveloppe à l'animal. Elle était ramenée, attachée sur elle-même et fixée par des liens faits avec des feuilles de palmier.

On avait toutefois, à Memphis, la précaution de ne se servir que de toiles imprégnées d'asphalte : la couleur noire de notre momie, qui provient de Saqqârah, est un effet de la corrosion de cette liqueur.

A Thèbes, où l'on n'avait pas la ressource de l'asphalte comme moyen assuré de conservation, on multipliait davantage les toiles ; les momies de chien y étaient plus soignées. J'en ai trouvé de faites avec des bandelettes, au moyen de quoi l'on réussissait à mieux conserver les reliefs et à rendre plus apparentes les formes de la tête : on n'employait alors que des liens de fil. (G.-St.-H.)

PLANCHE 56.

Peintures *d'enveloppes de momies, et divers fragmens en bois peint, en pierre et en bronze.*

Fig. 1. Figure d'oiseau sculptée en bois ; la coiffure est d'un noir roux et descend près du bec.

Fig. 2. La même figure vue de face, pour faire apercevoir

des marques noires qui bordent le dessous des yeux, et deux barres noires sur l'estomac. Le plumage paraît jaune : l'oiseau est sur un petit socle garni en dessous d'une fiche.

Fig. 3. Couvercle de momie, vu en dessus, fabriqué en toiles collées les unes sur les autres à l'épaisseur d'un pouce environ : l'enduit extérieur est un apprêt solide composé de blanc et de colle, très-uni, recouvrant d'une ligne toute la surface de la toile.

La figure porte un masque vert et a les traits d'un jeune homme : les contours sont noirs, et la coiffure est bleu-noirâtre. Un serpent, de profil, est attaché sur le devant au moyen d'un ruban jaune. Sur sa tête sont des cornes de belier, contournées et de couleur noire, portant deux plumes vertes mêlées de noir, encadrées de jaune sur les bords et à perles rouges; au milieu est un globe rouge.

La tunique est chamarrée d'ornemens de couleur rouge, bleue et brune : la pièce d'estomac est d'un bleu noir, avec de petites boules rouges bordées de jaune. Les quatre barres qui sont sur son estomac, sont jaunes. Cette figure tenait d'une main une espèce de fléau; et de l'autre un crochet, qui sont jaunes également : les taches qu'on aperçoit proviennent de la vétusté. Enfin le pourtour, de couleur lilas, est chargé d'hiéroglyphes noirs, bordés de jaune, sur lesquels se trouvent des carrés longs, de couleur rouge, verte ou noire, et tachés de jaune.

On a gravé au-dessus du couvercle, et plus en grand, les hiéroglyphes qui ornent le pourtour.

Fig. 4. Figure sculptée en bois, représentant un oiseau à tête humaine, coiffé de bleu. Le corps est de couleur jaune-blanc taché de noir, et les ailes de couleur bleue, aussi tachée de noir : les deux bouts des pattes sont rouges.

Fig. 5. La même figure représentée de profil.

Fig. 6, 7. Scarabée en pierre, vu sur le dos et par-dessous : il a été un peu endommagé; la pierre a plusieurs nuances violettes et vertes.

Fig. 8. Figure en bois, représentant une femme. La tête est coiffée en bleu-noir; les yeux sont dessinés en noir, et les prunelles sont bleues; la bouche est rouge, le corsage est rayé de bleu. Les hiéroglyphes en noir sont encadrés de bandes rouges. Toutes ces peintures sont appliquées sans apprêt sur le bois.

Fig. 9. Figure d'Isis en bronze noir, allaitant Horus : on trouve très-souvent de ces groupes en bronze.

Fig. 10. Intérieur du couvercle fig. 3 : on voit ici la toile et l'enduit qui en forment l'épaisseur. Malgré la vétusté du fragment, on distingue encore que l'enduit était blanc : la tête n'a pas les mêmes traits que celle qui se trouve sur le dessus du couvercle; sa couleur est jaune, ainsi que celle du corps, qui est ceint d'une bande violette pendante sur l'épaule gauche. Le collier et les bracelets sont de couleur noire sur un fond vert : la coiffure est d'un bleu noir, avec une bandelette jaune qui attachait un serpent maintenant effacé : au-dessus de la tête est une étoile jaune.

Fig. 11. Petite figure en bronze, tenant en ses mains un crochet et un fléau. La tige qui se trouve sous ses pieds, prouve que ces sortes de figures se posaient sur un corps plat, percé d'un trou.

Fig. 12. Figure en bois, représentant une momie enveloppée : ce qui reste de la coiffure est bleu; l'enveloppe qui couvre les épaules est rouge. Devant les cuisses et les jambes sont des restes d'hiéroglyphes en noir.

Fig. 13. Petit coffret en forme de tombeau, forme que les Grecs ont imitée. Ce simulacre de tombeau est en bois et de grandeur double du dessin. Le dessus est en toit, comme pour servir à l'écoulement des eaux : les quatre oreillons qui sont aux angles, et que les Grecs ont si bien décorés, servaient à faciliter l'ouverture des sarcophages de cette forme. Le dessus est orné de carreaux bleus, à points de même couleur sur un fond blanc : à côté se trouve une bande bleue qui sert d'encadrement à une autre bande jaune beaucoup plus large, où se trouvent des hiéroglyphes en noir. Les quatre oreillons sont rouges, ainsi que le reste du petit tombeau, dont les faces se trouvent garnies chacune d'un panneau en blanc : il n'y a qu'une grande raie bleue au milieu de ce panneau. A chaque bout est un carré bleu avec une bande rouge en dedans. Cette espèce de boîte renfermait peut-être quelque partie d'une personne morte, et il paraît que l'on conservait ces restes chez soi, comme nous avons l'habitude de garder des cheveux ou quelque autre chose venant d'une personne qui nous intéresse. Cette boîte s'ouvre en dessous, au moyen d'une planche à coulisse, taillée en queue d'aronde.

Fig. 14. Fragment de bas-relief sur pierre, provenant des catacombes de la ville de Thèbes : on y voit un hibou et une tête d'homme.

Fig. 15. Autre image de tombeau en bois monté sur un socle dont le dessus est noir. Les quatre côtés, ainsi que les oreillons, sont rouges; les panneaux et le dessus sont jaunes : celui-ci est orné d'hiéroglyphes.

PLANCHE 57.

1, 2. Tenons en bois. — 3....9. *Fragment d'enveloppe de momie, et autres antiques.*

Fig. 1, 2. Tenons en bois, trouvés dans les démolitions de Thèbes, dessinés de grandeur naturelle [1].

Fig. 3. Fragment de l'extrémité inférieure d'une enveloppe de momie, vu par-dessus et par-dessous. Le haut de la figure est le dessous des pieds; on y voit deux formes de sandales, comme dans la pl. 59, fig. 6. Le bas de la figure représente le dessus des pieds; les doigts étaient peints en rouge, et les ongles en blanc : on a imité les couleurs dans la gravure par le degré du ton, suivant l'ordre adopté; savoir, le noir, le rouge, le bleu, le vert et le jaune. La peinture a été appliquée sur un enduit blanc assez épais, pour qu'on l'aperçoive bien dans les cassures.

Fig. 4. Profil du même fragment, placé de manière à faire voir la position des pieds dans cette enveloppe.

Fig. 5. Buste en pierre ollaire, dessiné de grandeur naturelle.

Fig. 6. Buste en serpentin, trouvé dans les environs du *Memnonium*, dessiné de la grandeur de l'original.

Fig. 7. Fragment de poterie vernissée, imitant la porcelaine, et recouvert de figures et d'hiéroglyphes de couleur violâtre, comme celle qui provient du manganèse : le dessin est de grandeur naturelle.

Fig. 8, 9. Épervier en bois de sycomore, trouvé dans les catacombes de Saqqârah, aussi bien que la fig. 7. Pour la

---

[1] Ces deux objets ont été gravés, faute d'autre place; dans une planche à laquelle ils sont étrangers. *Voyez*, au sujet de ces tenons, le 1er vol. des Descriptions d'antiquités, *chap. I*, pag. 102.

A. VOL. II. THÈBES (hypogées).

coiffure de cet oiseau, *voyez* la pl. 47. L'échelle du dessin est des deux tiers de la grandeur de l'objet.

PLANCHE 58.

Peintures *dessinées d'après des enveloppes de momies.*

Tous ces fragmens et ceux de la pl. 59 ont été rapportés des hypogées de Thèbes. Ils sont formés de plusieurs toiles plus ou moins fines, collées ensemble et recouvertes d'un enduit de colle et de plâtre fin, sur lequel on a appliqué les couleurs.

Il a été facile de copier exactement les hiéroglyphes de ces peintures, ainsi que les couleurs, qui en sont bien conservées : quelques caractères seulement ont été enlevés ou altérés, parce que l'enduit s'est écaillé.

La fig. 6 représente une tête d'épervier, dont le dessin est assez beau.

La fig. 7 est remarquable sous le rapport des couleurs et de la matière de l'enveloppe; le carton dont elle est formée, est compacte, épais de sept à huit millimètres (trois lignes et demie), et dur comme du bois. Les divers tons, le rouge surtout, sont vifs et éclatans, et recouverts d'une gomme épaisse très-luisante.

La fig. 8 est digne d'attention, à cause de la circonférence de cercle où sont enfermés les figures et les caractères, forme qui n'est jamais employée. Les caractères du haut paraissent être ceux des *papyrus* pour contenir de l'écriture. La toile est fort mince, et cependant recouverte de l'enduit ordinaire, qui est pesant; ce qui fait que la couleur s'est fendillée et altérée.

La fig. 5 est encore remarquable, à cause de trois personnages qui ont, au lieu de tête, l'un un œil dans un disque,

Exp. des Pl.

et les autres, deux ou trois serpens; et la fig. 10, par l'inscription, qui renferme un petit cynocéphale pareil à la figure.

Il est superflu de décrire les figures de vautours, de scarabées, de cynocéphales, de chacals, etc., qui sont représentées dans ces peintures, et qui sont faciles à reconnaître.

Les fig. 1, 2, 6, 8, 9 et 10 sont de grandeur naturelle; l'échelle des fig. 3, 4 et 5 est des deux tiers, et celle de la fig. 7 est de la moitié.

PLANCHE 59.

1, 2, 3, 6, 7, 8. PEINTURES *dessinées d'après des enveloppes de momies.* — 4, 5. *Détails d'une frange et d'une toile rayée, trouvées sur des momies.*

Les fig. 1 et 2 proviennent de la partie de l'enveloppe qui recouvrait la poitrine d'une momie; partie qui est toujours arrondie inférieurement.

La fig. 2 représente dans le haut une momie sur son lit, et au-dessous les quatre vases ordinaires à tête d'épervier, de chacal, de cynocéphale et de femme. Ces quatre mêmes têtes couronnent les quatre figures du tableau qui est au-dessous.

La fig. 3 représente un embaumement : l'opérateur a la main droite sur la momie. Le lit, à tête et à pieds de lion, est dessiné d'un bon style, quoique sans régularité.

La fig. 4 est une sorte de frange composée de fils tordus et arrêtés par un nœud. Ces franges se rencontrent de temps en temps au milieu des débris de toiles qui recouvrent le sol des caveaux. Les bandes de toile rayée, comme la fig. 5, sont plus rares : la raie bleue qu'on y remarque n'est pas peinte après coup, mais a été formée en tissant la toile. Ces toiles

A. VOL. II. THÈBES (HYPOGÉES).

de momies sont la plupart bien conservées, et plusieurs d'entre elles sont encore aussi fermes que si elles étaient neuves. (*Voyez* la description des hypogées, §. VIII.)

La fig. 6 représente des sandales. Cette espèce de peinture se trouve ordinairement sous les pieds des coffres de momie.

La fig. 7 a la forme d'un collier, et elle occupait en effet le cou d'une momie. Ce fragment est précieux par les fleurs de lotus bleu, *nymphæa cœrulea*, qui en forment la bordure.

La fig. 8 est l'image d'un pied avec sa chaussure, orné en dessous de fleurs vues à plat.

Les fig. 3, 4, 5, sont de grandeur naturelle; les autres sont des deux tiers.

PLANCHE 60.

MANUSCRIT *sur papyrus*.

Papyrus en écriture cursive, trouvé dans l'un des hypogées des environs de Qournah, entre les cuisses d'une momie bien conservée. Il a 1^m,08 de long [1] sur 0^m,37 de hauteur (39^{po} 11^l sur 13^{po} 8^l). On l'a gravé, ainsi que les suivans, de grandeur naturelle, en calquant l'original lui-même avec tout le soin possible. Ce manuscrit est conservé parfaitement, et de plus il est complet, comme on l'a exprimé par la teinte du fond qui environne la gravure de toutes parts. Le nombre des colonnes ou pages d'écriture est de huit. On voit que l'écrivain avait commencé à tracer quelques caractères sur la marge de droite.

Le grand tableau du milieu est accompagné d'écriture hiéroglyphique, au lieu d'écriture cursive; c'est ce qu'on voit également dans les autres manuscrits où se trouve la

---

[1] On n'a pas gravé, à gauche de l'écriture, toute la partie blanche qui est longue de 0^m,18 (6^{po} 8^l).

même scène. Le lecteur a déjà pu remarquer, pl. 34, *A.*, vol. II, le même sujet que celle-ci renferme; savoir, une balance maintenue par deux prêtres à tête d'épervier et de chacal (*voyez* la *section* v du *chapitre IX*) : il se trouve dans tous les *papyrus*. L'objet représenté sur une coupe, en face de la divinité assise, est indéfinissable. (*Voyez* les pl. 64, 67 et 72.)

L'encadrement de ce tableau a la forme générale d'un petit temple, supporté par deux colonnes.

Ce manuscrit renferme quelques légères lacunes qui proviennent de la rupture du papyrus : celles qui portent sur les figures, et non sur les caractères, sont aisées à suppléer; par exemple, la forme sinueuse que l'on voit au-dessus de l'épaule gauche du dieu assis, doit se rattacher avec le bâton qui est dans sa main, et qui n'est autre chose qu'une crosse.

Les hiéroglyphes du grand tableau sont, ainsi que les autres signes, tracés à la plume, et non dessinés : comme les différentes colonnes d'écriture cursive commencent par les mêmes signes, sauf de légères différences, il en résulte un moyen aisé de rectifier, les uns par les autres, les caractères du manuscrit, tracés d'une manière peu uniforme.

Les premiers caractères des colonnes sont écrits en rouge; la ligne qui est au-dessous du taureau est également en rouge, hormis les trois dernières lettres. Tout le reste est écrit en noir, et aucune figure n'a été peinte. Des traits pâles indiquent cette couleur rouge.

On n'a pu vérifier le sexe de la momie sur laquelle a été trouvé ce papyrus : à la taille, on a conjecturé que c'était celle d'une femme. Les manuscrits suivans ont été trouvés sur des momies d'homme.

(*Voyez*, dans la description des hypogées de Thèbes, les remarques relatives à ce papyrus et aux suivans.)

(*E. J.*)

A. VOL. II. THÈBES (HYPOGÉES).

PLANCHE 61.

MANUSCRIT *sur papyrus, première partie.*

Ce manuscrit en écriture cursive a été trouvé entre les cuisses d'une momie d'homme : c'est un des plus grands qu'on ait rapportés d'Égypte. Sa longueur est de 3^m,8 (11^{ds} 8^{po} 5^l); cependant il n'est pas entier : il manque quelque chose au commencement, et probablement aussi à la fin. Le haut du papyrus est un peu déchiré, et le bas, qui renferme des caractères, est endommagé ou détruit : sa plus grande hauteur actuelle est de 0^m,31 (11^{po} 6^l). Le nombre des colonnes ou pages qu'il renferme est de vingt-cinq. On l'a gravé en cinq planches, dont chacune renferme quelques traits qui lui sont communs avec les suivantes, et qui aideraient à rejoindre les diverses parties, si on voulait le faire.

Aucune figure n'est coloriée : il n'y a en couleur, dans tout le papyrus, que les quatre disques du tableau qu'on voit pl. 62; ces disques sont peints en rouge : on n'y voit pas même les initiales des pages du manuscrit écrites en rouge, comme dans les autres *papyrus*.

La première planche représente la partie droite de ce volume manuscrit, et la dernière, la partie gauche; ordre inverse de celui qui a été suivi dans les manuscrits suivans, qu'on a ordonnés de gauche à droite.

Les colonnes d'écriture sont d'une largeur très-inégale; presque tous les caractères sont bien conservés, mais écrits un peu irrégulièrement, comme dans le précédent papyrus. A l'extrémité de la ligne des figures, on reconnaît le sacrifice d'un bœuf : la figure du sacrificateur a du mouvement; en général, toutes ces figures sont tracées avec fermeté, et les poses ont de l'aplomb.

PLANCHE 62.

MANUSCRIT *sur papyrus, deuxième partie.*

Cette planche fait suite à gauche à la pl. 61. On y remarque un oiseau à tête humaine. (*Voyez* pl. 47, *A.*, vol. II.)

A droite est une scène qui se retrouve pl. 75 et ailleurs. La procession n'a pas été continuée par l'écrivain après le premier tiers du papyrus, et le haut est resté blanc jusqu'à l'extrémité du tableau d'agriculture.

PLANCHE 63.

MANUSCRIT *sur papyrus, troisième partie.*

Cette planche fait suite à gauche aux deux précédentes, et plus de la moitié en est remplie par un grand tableau où l'on remarque un personnage faisant des offrandes et des libations, labourant à la charrue, ensemençant, et faisant la récolte.

PLANCHE 64.

MANUSCRIT *sur papyrus, quatrième partie.*

Cette planche fait suite à gauche aux trois précédentes. Le grand tableau qui en occupe plus de la moitié, est semblable à celui des pl. 60, 67 et 72. (*Voyez* ces planches et leur explication.)

Ce tableau est accompagné d'hiéroglyphes, comme dans les trois planches qu'on vient de citer.

Dans la bande inférieure des figures, on observe que l'écrivain a été obligé d'en faire deux plus en petit que les autres, à cause de la place.

PLANCHE 65.

MANUSCRIT *sur papyrus, cinquième partie.*

Cette planche est la dernière à gauche du manuscrit : malheureusement l'écriture en est endommagée. Le dernier fragment à gauche est entièrement détaché du manuscrit, et peut-être était-il à une place plus éloignée; du moins faut-il le supposer baissé, pour qu'il s'aligne avec le reste. Les colonnes d'hiéroglyphes du tableau sont dignes d'être étudiées.

A la fin du manuscrit, ou plutôt du fragment isolé, on remarque deux prêtres masqués d'une tête d'ibis et dans l'action d'ouvrir une porte; ces figures sont d'une touche remarquable.

PLANCHE 66.

MANUSCRIT *sur papyrus.*

Ce papyrus a été rapporté des hypogées de Thèbes, et a été divisé en plusieurs fragmens, dont le plus considérable est celui qui compose les pl. 66, 67, 68 et 69. La longueur de ce dernier est de $3^m,91$, et sa hauteur totale est de $0^m,29$ ($12^{ds}\ 0^{po}\ 7^1$ sur $10^{po}\ 9^1$). Il renferme un grand tableau et dix-neuf pages d'écriture cursive.

Le haut du papyrus porte des échancrures assez profondes, très-rapprochées vers la gauche du rouleau et plus écartées vers la droite, et provenant, sans doute, de la même cause que dans les autres *papyrus*. (*Voyez* l'explication de la pl. 72.) Il est couronné, comme à l'ordinaire, d'une bande de figures peintes, dont les échancrures ont fait disparaître une partie.

PLANCHE 67.

MANUSCRIT *sur papyrus.*

Cette planche est presque toute remplie par un tableau de la même espèce que ceux des pl. 60, 64 et 72. Les fûts des colonnes, le tronc et la partie inférieure du dieu assis, et le vêtement du personnage qui a les bras étendus à la droite du tableau, sont en blanc, ainsi que celui de la petite figure qui tient le bassin droit de la balance.

L'animal à mamelles, l'autel qui le porte, le bonnet et les attributs du dieu assis, les deux petits autels d'offrande, la tablette du prêtre à tête d'ibis, la petite figure assise sur une crosse, la balance (hormis les cordes), le singe assis sur le fléau, l'habit du prêtre masqué en chacal, le masque de l'épervier, enfin les chairs des deux figures de femme et les feuilles du bas des colonnes, sont jaunes. (Il y a dans le manuscrit deux espèces de jaune pareilles à celles du manuscrit pl. 72 et suiv.)

Le mantelet du dieu assis, le carré intérieur du siége, le vase qui est sur l'autel du lotus, le corps des prêtres à tête d'ibis et d'épervier (hormis le masque), la grande crosse debout, les cordes des bassins de la balance, le corps des deux personnages à vêtement blanc, enfin la robe de la femme qui est près de la colonne de droite, sont rouges.

Les vêtemens des prêtres à tête d'ibis et d'épervier, celui de la figure de femme de gauche, et le lotus placé sur le petit autel, ont la couleur verte.

La tête et la coiffure du prêtre masqué en ibis, la queue de sa ceinture, le corps tout entier du prêtre masqué en chacal, sont peints en noir.

Enfin le siége du dieu assis (hormis le carré et la draperie rouge), la coiffure de l'animal à mamelles, celle des prêtres à tête de chacal et d'épervier, la liqueur du vase et les coiffures des deux figures de femme, sont en vert ou bleu foncé.

Au-dessus du tableau sont des figures de momies debout, peintes alternativement en vert, en rouge et en blanc.

Ce tableau est accompagné, comme ceux de même espèce, de quelques colonnes d'hiéroglyphes.

A droite sont deux pages en écriture cursive, dont la seconde a huit lignes ou portions de lignes écrites en rouge.

PLANCHE 68.

Manuscrit *sur papyrus*.

Des cinq pages d'écriture qui composent cette planche, la première est interrompue par le milieu, parce que le papyrus a été collé en deux moitiés; et ces deux moitiés ne se rapportent pas si bien qu'il n'y ait quelques signes d'altérés : il est fâcheux qu'on n'ait pas choisi un intervalle de page pour partager le manuscrit. Toutes, excepté la quatrième, renferment des portions de lignes tracées à l'encre rouge.

Tout en bas de la cinquième page sont trois petites colonnes d'écriture, qui ne sont autre chose que le commencement de celles de la quatrième page, et qui offrent, par conséquent, les mêmes remarques : il faut se rappeler que l'écriture se lit de droite à gauche.

Ce qu'on voit au-dessus de la première page, est un bâton d'enseigne, grossièrement tracé.

PLANCHE 69.

Manuscrit *sur papyrus.*

Dans la bande supérieure à gauche, on remarque trois crocodiles l'un sur l'autre, dont l'un est frappé d'une lance. La figure qui était armée de cet instrument ne subsiste plus; mais il est à présumer qu'elle était de la même espèce que celles qui frappent le serpent et l'insecte dans la planche précédente; car ces trois sujets se font suite.

La première figure qu'on voit après dans cette même bande, est un gros scarabée peint en vert et marqué de raies noires : vient ensuite un personnage à vêtement blanc, le même qui est dans le grand tableau; il est représenté quatre fois debout et trois fois à genoux, dans l'action de prier ou de faire des offrandes. Ces scènes ne présentent aucune observation particulière; mais on y reconnaît encore, quoique altéré, l'oiseau à tête humaine, que l'on a déjà fait remarquer dans les autres tableaux.

On retrouve ici, dans les cinq premières pages d'écriture, des caractères tracés en rouge, et point dans les deux suivantes; la dernière de toutes (qui est la première du manuscrit, dans le sens où il doit se lire) est fortement endommagée par en haut, et toutes les figures sont un peu entamées. Si l'on juge d'après l'analogie que fournissent les autres *papyrus*, ce n'est pas là que commençait le manuscrit, et il est possible que la pl. 70 en formât le commencement.

PLANCHE 70.

MANUSCRIT *sur papyrus*.

Cette planche représente un fragment en écriture cursive que l'on croit avoir appartenu au précédent manuscrit. On ignore quelle est la place qu'il y occupait : cependant il faut remarquer que, dans ce fragment, ainsi que dans ceux de la pl. 71, toutes les lignes d'écriture sont plus courtes que dans les quatre planches précédentes ; ce qui ferait douter qu'ils fissent tous partie du même volume : celui-ci a 0^m,78 de longueur (28^{po} 11^l). Le nombre des pages est de quatre.

Les figures du milieu sont un peu endommagées, parce que la peinture s'est écaillée ; la scène qu'on y a peinte ne se voit pas dans les autres manuscrits.

Les deux figures assises sur les talons sont vêtues d'une robe verte. Cette même couleur est celle des deux cynocéphales qui sont plus bas, à l'exception de la tête et du bras, qui sont rouges. La figure du milieu a également la couleur verte : son vêtement est jaune, sa coiffure bleue, et le disque placé sur sa tête est rouge. Les oiseaux à tête humaine ont la coiffure et les ailes bleues, la queue verte, le corps jaune, les pattes rouges.

Au-dessous sont deux figures peintes d'un rouge foncé ; leur vêtement, en forme de jupon supporté par une bretelle, est d'un blanc vif parfaitement conservé ; le siége, l'autel et les divers attributs sont jaunes, à l'exception du bouquet de lotus, qui est vert ou bleu foncé.

Entre les deux figures assises, est une lacune qui était occupée, sans doute, par un disque avec trois rayons rouges : on voit encore le reste de ces rayons.

Dans la bande de figures qui surmonte le tableau, toutes les coiffures sont bleu foncé.

Les deux figures assises, à bec d'épervier, ont le corps blanc; et les dernières figures à gauche, qui se tiennent debout derrière les deux cynocéphales, ont un jupon blanc.

Ces dernières figures ont le corps rouge : il en est de même des chairs de toutes les autres figures humaines, du serpent qui est sous la griffe d'un lion, et des deux *canopes* ou vases à tête de singe et de chacal.

Le jaune est la couleur des barques, du lion et de l'autel; enfin, le vert est la couleur du corps des cynocéphales et des deux *canopes* à tête de femme et d'épervier.

Aucun des caractères n'est écrit en rouge.

On a gravé dans le haut de la planche deux petits fragmens détachés, dont on ignore la place.

PLANCHE 71.

Manuscrit *sur papyrus*.

On croit que ces deux fragmens en écriture cursive appartiennent au même manuscrit que les pl. 66, 67, etc. On a cru à propos de donner toutes les parties de ce papyrus, pour fournir tous les moyens de l'étudier avec fruit. Il manque au premier de ces deux fragmens les cinq ou six premières lignes; l'autre a, dans la partie supérieure, trois lacunes pareilles à celles qu'on a déjà observées. Les longueurs des fragmens sont de $0^m,47$ et $0^m,305$ (17^{po} 6^l et 11^{po} 6^l). Le nombre des pages est de cinq.

On remarque dans la bande d'en haut, que les lions, la barque et l'autel sont peints en jaune; toutes les coiffures sont bleues; les deux oiseaux ont les pattes rouges, les ailes bleues, la queue et le corps jaunes. La barque repose sur une bande bleue, et les deux figures d'hommes debout ont le corps rouge avec une jupe blanche.

Les caractères ont été écrits d'une main ou avec des plumes très-inégales.

PLANCHE 72.

MANUSCRIT *sur papyrus en caractères hiéroglyphiques, première partie.*

Ce rouleau de papyrus est le plus grand et le mieux conservé qu'on ait trouvé en Égypte, et c'est aussi le seul écrit entièrement en hiéroglyphes : il a été rapporté, comme les précédens, des hypogées de Thèbes. Sa longueur est de $9^m,10$ (28^{ds} 0^{po} 2^l); la hauteur de la partie écrite varie de $0^m,215$ à $0^m,228$ (8^{po} à $8^{po}\frac{1}{2}$) environ [1].

Pour que le lecteur puisse avoir à-la-fois sous les yeux la plus grande partie possible de ce volume, on l'a divisé en quatre planches seulement, en se servant pour cela du plus grand format de l'ouvrage. Il serait aisé de reproduire une copie parfaite du manuscrit, en rapprochant les huit bandes contenues sur ces quatre planches; et cette copie serait d'une grande fidélité, attendu l'exactitude scrupuleuse qu'on a mise à imiter les caractères de l'original. Il n'y a pas, dans le papyrus, de cassure, si petite qu'elle soit et pouvant influer sur la forme d'un hiéroglyphe, qu'on n'ait examinée avec attention avant de graver ce caractère; cependant, pour éviter la confusion, on n'a exprimé sur la gravure que les cassures principales; car il y a beaucoup de parcelles du papyrus qui se sont plus ou moins détachées du fond, sans laisser toutefois aucune incertitude sur les signes. L'importance de ce

---

[1] Avec la partie non écrite, la longueur est de $9^m,20$ (28^{ds} 3^{po} 10^l), et la hauteur de $0^m,28$ environ (10^{po} 4^l).

manuscrit et la conservation des couleurs exigeaient les soins qu'on a apportés à graver ces estampes. Le rouge tire sur l'écarlate, et a beaucoup d'éclat; le blanc est très-beau. Le jaune-orangé est aussi fort bien conservé. Quant au vert foncé, il est un peu altéré. Outre le jaune-orangé qui est mat, il y a un autre jaune verdâtre qui est luisant : le rouge a aussi un luisant particulier.

De trois en trois pouces environ, l'on voit au bas de la gravure, tout le long du manuscrit, une déchirure de deux à trois colonnes de largeur : elle provient d'une échancrure faite obliquement au bas du rouleau. Comme les déchirures sont plus serrées dans cette première planche que dans les suivantes, cela fait voir que le papyrus était roulé de gauche à droite, c'est-à-dire que la partie gauche du manuscrit était au centre du rouleau.

Afin de faciliter l'étude du manuscrit, on a numéroté en bas chaque colonne d'hiéroglyphes : la colonne n°. 1 de cette planche est la dernière à gauche du rouleau, et la colonne 136, pl. 75, est la première à droite [1]. La première planche, ou la pl. 72, représente la fin du manuscrit; car il est aisé de s'assurer que ce papyrus a été, comme les autres, écrit de droite à gauche. (*Voyez* la description des hypogées, §. IX.)

Le nombre total des colonnes est de cinq cent quinze, sans compter deux colonnes, qui sont demeurées vides par une singularité dont on ne saurait rendre compte.

Les bordures du manuscrit paraissent n'avoir pas été tracées parfaitement en ligne droite, d'un bout à l'autre; ce qui était malaisé à faire dans une longueur aussi grande : ces lignes sont un peu convexes vers le bas; peut-être aussi ce défaut provient-il de la grande difficulté qu'on a éprouvée à dérouler et à coller sur toile. Pour y remédier dans la gra-

---

[1] L'inspection attentive du manuscrit fait croire que la partie droite a été altérée et coupée, d'autant mieux qu'elle était en dessus du rouleau.

vure, on a redressé imperceptiblement et aligné parallèlement, haut et bas, les hiéroglyphes et portions de lignes horizontales du cadre, sans rien changer aux distances des hiéroglyphes, par rapport à ces lignes.

Il faut remarquer, parmi les signes hiéroglyphiques, un grand nombre de caractères peints en rouge sur l'original, qui paraissent commencer des phrases ou des articles du manuscrit.

Nota. On a omis de graver, au bas de la pl. 72 et des trois suivantes, le nom de M. *Simmonel*, qui a rapporté de Thèbes ce papyrus.

PLANCHE 73.

MANUSCRIT *sur papyrus en caractères hiéroglyphiques, deuxième partie.*

Un tableau renfermant des scènes d'agriculture distingue cette seconde partie du papyrus. Il est encadré de zigzags très-irréguliers, dont la couleur indique l'eau : le personnage qui laboure, qui sème, qui récolte et qui bat le grain, est le même qu'on voit, dans la procession du haut, faisant des offrandes aux divinités, et qui est en grand dans le tableau de la fin.

Ce personnage est représenté trois fois dans l'action d'ouvrir une porte de temple ou de chapelle renfermant des figures de divinités.

PLANCHE 74.

MANUSCRIT *sur papyrus en caractères hiéroglyphiques, troisième partie.*

Il faut noter deux colonnes sans écriture entre les colonnes 42 et 43. Je me suis assuré qu'il n'y avait aucun caractère de tracé dans ces deux bandes, même avec de l'encre rouge, qui aurait pu, à la longue, devenir moins apparente, et non pas s'effacer : on en a la preuve dans cette même planche, au-dessus de la colonne 94, où l'on voit de légers traits qui ont servi à dessiner la figure à tête d'ibis, avant de la tracer en noir. Ce tracé rouge s'aperçoit en beaucoup d'endroits; et si ailleurs on ne le voit plus, c'est qu'il est caché sous le trait noir.

C'est ici l'occasion de faire remarquer qu'il y a plusieurs colonnes où l'on ne voit plus de signes au-dessous de la moitié ou des deux tiers. On ne doit pas croire que le vide provienne de quelque lacune dans la gravure, parce qu'on n'aurait pas manqué d'indiquer la cassure ou l'interruption. Ces vides annoncent un changement d'article ou de sujet.

PLANCHE 75.

MANUSCRIT *sur papyrus en caractères hiéroglyphiques, quatrième partie.*

Cette planche, comme on l'a déjà observé, est le commencement du manuscrit, ou du moins de ce qu'on en a rapporté; c'est à la colonne 136 qu'il commence.

Plusieurs figures d'animaux (col. 74, 85, 91) sont plus basses que les autres figures semblables; cela provient de ce que le papyrus a été plissé dans l'opération du collage : on a cru devoir graver le manuscrit, tel qu'il est dans son état actuel, sans corriger l'effet du pli.

Après les trois premières colonnes, est un petit tableau avec le disque solaire, d'où s'échappent neuf rayons. Ce même sujet se voit pl. 62, à quelques différences près. Devant une figure de femme, coloriée en rouge, au-dessus de la colonne 89, est un objet peint en noir et impossible à définir; mais il est tel exactement dans l'original.

PLANCHE 76.

IDOLES *et fragmens en bois de sycomore peint de diverses couleurs.*

Les fragmens gravés dans cette planche sont tous en bois de sycomore, et on les a trouvés dans divers hypogées des environs du *Memnonium*. Ils sont dessinés de grandeur naturelle, à l'exception des fig. 10 et 11, dont l'échelle est de moitié.

Fig. 1, 5, 6. Dessins d'une figure d'Isis vue de face, de profil et par derrière. Le bois est conservé parfaitement; il est peint de diverses couleurs : le corps est jaune, la tête et les mains rouges, et la coiffure est bleu foncé; les couleurs ont été appliquées sur un enduit blanc, qui est à découvert dans beaucoup d'endroits.

Fig. 2, 3, 4. Dessins d'une figure pareille à la précédente, vue de profil, de face et par derrière : les couleurs sont semblables à celles qu'on vient de décrire.

Fig. 7. Figure analogue aux deux précédentes et peinte de la même manière.

Fig. 8. Figure d'animal peinte en noir : il paraît, par ce qui subsiste de la tête et des oreilles et par le reste du corps, que cette figure était celle d'un chacal accroupi.

Fig. 9. Ce fragment représente une oreille humaine qu'on a trouvée isolée, et qui vient probablement d'un masque en bois.

Fig. 10, 11. Masque en bois de sycomore, comme les figures précédentes, trouvé dans les catacombes de Syout. Les trous qu'on voit sur le nez, aux tempes et sur la coiffure,

EXP. DES PL.

étaient remplis par des chevilles du même bois, dont plusieurs existent encore : ils ont peut-être été pratiqués pour fixer ce masque au sarcophage. Par différens traits, et principalement par le trait du nez, il diffère des masques ordinaires ; le style en est assez beau, la sculpture est large et ferme, et l'ovale est remarquable par sa forme arrondie : quant aux oreilles, elles sont placées encore plus haut que dans les autres figures égyptiennes, et ne sont pas finies. Le masque n'est point creux, mais plein, et le derrière est une surface plane. Il était recouvert d'un enduit blanc, et probablement revêtu de diverses couleurs. Il reste encore beaucoup de cet enduit. Le bois de ce fragment a été trouvé en état de parfaite conservation ; mais il est remarquable qu'il a commencé à se pourrir depuis son transport en Europe.

THÈBES
(BYBAN EL-MOLOUK).

EXPLICATION DES PLANCHES.

PLANCHE 77.

PLAN topographique de l'extrémité de la vallée des tombeaux des rois.

Cette planche offre la position respective des hypogées qui ont servi de sépulture aux anciens rois d'Égypte. Toutes les indications qui ont été mises sur la gravure, suffisent pour donner l'idée des objets qu'elle renferme. L'étendue de terrain que la planche comprend, est marquée sur le plan général (*voyez* pl. 1) par le cadre rectangulaire, formé de lignes très-fines, portant le n°. V.

PLANCHE 78.

1, 2. PLAN et coupe du quatrième tombeau des rois à l'ouest. — 3, 4. Plan et coupe du cinquième tombeau à l'ouest. — 5, 6. Plan et coupe du cinquième tombeau à l'est.

Figure 1.

Plan du quatrième tombeau à l'ouest. (*Voyez*, pour la position topographique de ce tombeau, la pl. 77, *A.*, vol. II.)

a. Couloirs avec des baies de portes. On aperçoit encore presque partout, dans les plafonds, les trous carrés où étaient encastrées les crapaudines des portes en bois ou en bronze qui fermaient ces baies.

b. Espèces de vestibules.

c. Salle ornée de piliers carrés conservés dans la masse du rocher lors de l'excavation.

d. Autre salle ornée de piliers carrés conservés dans la masse du rocher. Cette pièce est la plus considérable et la plus importante du tombeau ; elle renfermait le sarcophage où l'on avait déposé la momie du souverain. Son plafond est taillé en forme de voûte. (*Voyez* fig. 2.) Parallèlement à trois de ses côtés, il règne une espèce de galerie formée par les piliers carrés et les demi-piliers extrêmes qui leur correspondent. Le sol de cette galerie est plus élevé d'un mètre que celui de la salle. On arrive de l'une à l'autre par un plan incliné. (*Voyez* fig. 2.)

e. Couvercle, en granit rouge, d'un sarcophage qui paraît avoir été enlevé de la grotte ; car on n'a point trouvé d'indice qu'il ait pu être détruit sur les lieux mêmes.

f. Espèce de galerie où probablement on déposait des momies.

Pour les indications des autres lettres que renferme la fig. 1, *voyez* les planches suivantes.

Figure 2.

Coupe longitudinale du quatrième tombeau à l'ouest, prise suivant la ligne AB de la fig. 1.

Pour se former une idée exacte et complète de cette coupe, il faut se représenter que toutes les parois des murs et des piliers, ainsi que des plafonds, sont ornées de sculptures revêtues des couleurs les plus brillantes.

Figure 3.

Plan du cinquième tombeau à l'ouest. (*Voyez*, pour sa position topographique, la pl. 77, *A*., vol. II.)

a. Couloirs avec des baies de portes, semblables à ceux marqués en a, fig. 1.
b. Petites pièces latérales.
c. Espèces de vestibules.
d. Salle ornée de piliers carrés, dont le plafond est taillé en forme de voûte. On y arrive par des plans inclinés dont la pente est fort roide. (*Voyez* fig. 4.) Les piliers ménagés dans la masse du rocher s'élèvent sur un stylobate orné d'une corniche qui règne tout autour de la salle : ils forment des galeries dont le sol est plus élevé d'un mètre que celui de la salle elle-même. Aux quatre angles des galeries sont quatre petites pièces marquées en e, où se trouvent des débris de momies. On n'a aperçu, dans cette salle, aucun reste de sarcophage.
f. Pièces isolées dont les plafonds sont soutenus par un seul pilier carré, ménagé dans la masse du rocher.
g. Grande salle ornée de piliers ménagés dans la masse du rocher, dont le plafond est taillé circulairement. Sa disposition est absolument la même que celle de la salle d, dont elle ne diffère que par des dimensions plus grandes. Dans les petites pièces placées aux angles et marquées en h, on a trouvé des débris de momies. Cette salle a probablement renfermé un sarcophage où la momie du roi était déposée ; mais ce sarcophage ne se retrouve plus, soit qu'il ait été enlevé, ou qu'ayant été brisé, ses débris méconnaissables soient dispersés dans la salle.
i. Dernière pièce ou couloir où l'on déposait peut-être des momies. (*Voyez*, pour l'indication des autres lettres, les planches suivantes.)

Figure 4.

Coupe longitudinale du cinquième tombeau à l'ouest, prise suivant la ligne A B de la fig. 3.

Même observation que pour la fig. 2 ci-dessus.

Figure 5.

Plan du cinquième tombeau à l'est. (*Voyez*, pour sa position topographique, la pl. 77, *A.*, vol. II)

Des deux côtés de l'entrée de ce tombeau sont des pilastres dont la surface est arrondie et qui sont surmontés de têtes de taureau. (*Voyez* fig. 6.)

a. Couloirs avec des portes.

b. Petite pièce très-peu élevée, dont l'entrée est aujourd'hui en grande partie obstruée par des décombres. On y voit peints des espèces de fourneaux remplis de feu, et sur lesquels sont divers vases; ce qui peut donner lieu de croire que l'on a voulu exprimer ici quelque opération relative à la préparation des alimens, ou aux arts chimiques.

c. Autre petite salle pareille à la précédente.

d, e, f, g, h, i, k, l. Petites pièces dans lesquelles sont peints différens objets relatifs à l'agriculture et aux arts, tels que le labourage, la semaille, la moisson, des vases, des armes, des instrumens, des fauteuils et différens meubles; c'est sur les côtés de la pièce f que sont peintes les scènes de harpistes de la pl. 91, *A.*, vol. II.

m. Couloir interrompu. Il paraît que les ouvriers ont été arrêtés par quelque difficulté insurmontable qui les aura forcés de changer de direction : on reconnaît en effet, à l'inspection des lieux, que la pierre n'est point homogène, et qu'elle est remplie de grosses masses de caillou d'une extrême dureté. Ce caillou présentait trop de difficulté pour être taillé, ou trop de travail pour être enlevé et ensuite remplacé par la pierre, comme nous avons vérifié que les Égyptiens l'ont fait dans beaucoup de leurs hypogées. (*Voyez* la description des hypogées, §. VI.) Sur le côté gauche du couloir, est une ouverture souterraine qui établit une communication avec le quatrième tombeau de l'est. Elle est indiquée dans la pl. 77, *A*., vol. II.

n. Niches qui renfermaient peut-être des objets du culte égyptien.

o. Espèce de vestibule dont le sol est plus bas de $1^m,20$ que le sol des couloirs adjacens. Il semble que, par cette disposition, on ait voulu rendre plus difficile l'accès des pièces les plus éloignées du tombeau.

p. Salle ornée de quatre piliers carrés conservés dans la masse du rocher.

q, r. Espèces de vestibules.

s. Grande salle ornée de piliers. Le plafond est taillé circulairement. (*Voyez* fig. 6.)

t. Galeries formées par les piliers carrés. Leur sol est un peu élevé au-dessus du sol général de la pièce. (*Voy*. fig. 6.)

u. Sarcophage en granit rouge. Il est revêtu, dans l'intérieur et à l'extérieur, d'hiéroglyphes et de figures peintes de couleurs très-bien conservées. Son couvercle n'a point été vu ; il est probable qu'il aura été brisé, et que les morceaux sont maintenant dispersés dans la salle. Il est à remarquer qu'en général la nature des débris qui se voient dans les tombeaux, ne peut être reconnue qu'avec une attention extrême : la quantité innombrable de chauve-souris dont les grottes sont remplies, fait que tout le sol et les débris qui se trouvent dessus, sont cachés sous une enveloppe fort épaisse produite par les fientes de ces animaux.

v. Petites salles pratiquées aux angles des galeries. On y a trouvé beaucoup de débris de linge et de momies.

x. Couloir avec divers compartimens où l'on déposait probablement des momies.

y. Niches pratiquées à 1^m,28 au-dessus du sol. (*Voy.* fig. 6.)

Figure 6.

Coupe du cinquième tombeau à l'est, prise sur la ligne AB de la fig. 5.

Même observation que pour les fig. 1 et 2.

PLANCHE 79.

1, 2, 4, 6. PLANS *des troisième, quatrième, deuxième et premier tombeaux des rois à l'est.* — 3. *Plan du troisième tombeau à l'ouest.* — 5. *Plan du tombeau isolé de l'ouest.* — 7....12. *Plan, coupe et détails de l'entrée et du sarcophage du deuxième tombeau à l'ouest.* — 13, 14. *Plan et coupe du premier tombeau à l'ouest.* — 15, 16. *Plan et coupe du sixième tombeau à l'ouest.*

Figure 1.

Plan du troisième tombeau à l'est. (*Voyez*, pour sa position topographique, la pl. 77, *A*., vol. II.)

a. Couloir avec des baies de portes.
b. Vestibule.
c. Grande salle rectangulaire avec des piliers carrés.
d. Dernière salle du tombeau, où l'on déposait probablement des momies.

Figure 2.

Plan du quatrième tombeau à l'est. (*Voyez*, pour sa position topographique, la pl. 77, *A*., vol. II.)

A. VOL. II. THEBES (BYBAN EL-MOLOUK).

a. Couloirs avec des baies de portes.
b. Niches dont la partie la plus basse est à hauteur d'appui. Elles renfermaient probablement des objets du culte égyptien.
c. Salle ornée de piliers carrés.
d. Excavation commencée, dont les parois n'ont pas été dressées. Elle se continue jusqu'au cinquième tombeau de l'est. Elle est marquée pl. 77. Elle est tout-à-fait brute. Dans quelques endroits, on peut y pénétrer en se tenant debout; dans d'autres, il est nécessaire de se traîner presque à plat ventre pour la parcourir. Ce tombeau paraît n'avoir point été achevé : ses parois ne sont pas entièrement couvertes des sculptures peintes qui devaient en former la décoration. Le fond offre quelques indices du séjour des eaux ; il est probable que les pluies d'orage, qui tombent de temps à autre dans les montagnes, y pénètrent, et ne disparaissent que lentement, soit parce que rien ne favorise l'évaporation, soit parce que les eaux ne s'écoulent que difficilement à travers les fissures des rochers.

Figure 3.

Plan du troisième tombeau à l'ouest. (*Voyez*, pour sa position topographique, la pl. 77, *A.*, vol. II.)
a. Couloirs avec des baies de portes.
b. Vestibule.
c. Salle où il n'existe que deux piliers carrés.
d. Autre salle dont le plan offre la même disposition que la salle précédente.
e. Petite pièce très-étroite, pratiquée dans le rocher, et destinée probablement à une seule sépulture.

Ce tombeau n'est point entièrement orné des sculptures peintes qui devaient le décorer.

Figure 4.

Plan du deuxième tombeau à l'est. (*Voyez*, pour sa position topographique, la pl. 77, *A.*, vol. II.)
a. Couloirs avec des baies de portes.
b. Vestibule.
c. Salle rectangulaire, ornée de quatre piliers carrés.
d. Grande pièce ornée de piliers carrés. Elle n'a point été achevée. Les paremens des quatre piliers ne sont point dressés. Il en est de même du plafond et de la paroi extrême. Il est probable que d'autres couloirs et d'autres pièces devaient être taillés dans le roc, à la suite de ceux qui existent.
e. Trou très-profond. C'est probablement le commencement d'un puits qui devait conduire à un étage inférieur de pièces. Les parois, encore presque brutes, annoncent assez que cette excavation n'a point été achevée.

Les parois de cette grotte, privées en grande partie des ornemens dont elles devraient être décorées, concourent, avec les faits que nous venons d'énoncer, à prouver que ce tombeau n'a point servi à la sépulture du roi qui en a fait entreprendre la construction.

Figure 5.

Plan du tombeau isolé de l'ouest. (*Voyez*, pour sa position topographique, la pl. 77, *A.*, vol. II.) Il n'a été indiqué par aucun des voyageurs qui nous ont précédés. Le hasard, autant que le soin que nous avons mis à la recherche de toutes les grottes qui pouvaient se trouver dans cette portion de la montagne libyque, nous l'a fait découvrir. Les antiques nombreuses et intéressantes que nous y avons trouvées (*voyez* l'explication des planches 80 et 81, *A.*, vol. II), nous ont donné la presque certitude qu'il n'a peut-être pas été visité depuis l'époque du gouvernement des Romains en Égypte. Ce tombeau diffère des autres dans la disposition et la forme des diverses pièces qui le composent. Nous n'en avons point donné la coupe ; mais il sera facile de se la figurer d'après celle des autres tombeaux.

a. Couloirs avec des baies de portes.

b. Espèce de vestibule dont le sol est plus bas d'environ un mètre que celui des couloirs et de la pièce suivante. Il semble que, par cette disposition, on ait voulu rendre l'accès du tombeau plus difficile. On ne peut arriver, en effet, dans les pièces suivantes, qu'en grimpant le long des murs, ou en s'aidant d'une échelle. Nous avons déjà fait remarquer une pareille disposition dans le cinquième tombeau à l'est. (*Voyez* l'explication de la pl. 78, fig. 5, lettre *o.*)

c. Grande pièce rectangulaire, ornée de deux piliers carrés conservés dans la masse du rocher.

d. Escalier pour descendre dans les pièces inférieures du tombeau ; les marches n'ont pas plus de quatorze à quinze centimètres de hauteur. Dans les autres tombeaux, nous n'avons trouvé que des plans inclinés.

e. Couloir à l'extrémité duquel on descend neuf marches pour arriver aux pièces principales.

f. Espèce de vestibule.

g. Grande pièce rectangulaire, ornée de six piliers carrés. Ses parois sont couvertes d'un enduit sur lequel on a peint des hiéroglyphes qui y sont répandus avec une telle profusion, qu'ils paraissent avoir été plutôt écrits que dessinés : ils ressemblent tout-à-fait aux hiéroglyphes des manuscrits sur papyrus. (*Voyez* les pl. 72, 73, 74, 75.) On avait probablement écrit là une histoire complète de la vie du monarque qui s'était choisi cette sépulture. Des portions considérables d'enduit se détachent de la muraille, de manière qu'on peut en emporter; mais nous avons éprouvé que leur fragilité en rend le transport impossible. On voit aussi beaucoup d'écriture semblable dans la pièce c.

h. Petites pièces qui paraissent avoir servi de sépultures particulières.

i. Marches pour descendre dans une pièce dont le sol est plus bas d'environ soixante centimètres que celui de la salle g.

k. Pièce où paraît avoir été déposé le sarcophage qui renfermait la momie du souverain.

l. Couvercle de granit rouge. Rien ne paraît annoncer que le sarcophage ait été brisé; on n'en retrouve point de fragmens. Il est donc très-probable qu'il a été enlevé.

m et n. Pièces ornées d'un pilier carré ménagé dans la masse du rocher.

o et p. Petites pièces qui paraissent avoir servi de sépultures particulières.

C'est dans les pièces g et k que nous avons trouvé la plus grande partie des antiques figurées dans les pl. 80 et 81. Ces antiques étaient méconnaissables par les fientes de chauve-souris dont elles étaient recouvertes : mais il nous a suffi d'avoir reconnu une fois que les débris que nous foulions aux pieds présentaient quelque intérêt, pour nous engager à en faire une perquisition sévère; cependant ce n'était qu'après avoir lavé dans le Nil, et avec beaucoup de peine, les fragmens auxquels nous avions cru trouver quelque intérêt, que nous avions la satisfaction d'en connaître toute la valeur.

Figure 6.

Plan du premier tombeau à l'est. (*Voyez*, pour sa position topographique, la pl. 77, *A.*, vol. II.)
a. Couloirs.
b, c, d. Pièces qui n'ont point été achevées.
e. Salle ornée de quatre piliers carrés.
f, g, h. Autres pièces du tombeau.

Ce tombeau est un des moins considérables de ceux qui se trouvent dans la vallée. Le défaut de sculptures et de peintures annonce assez qu'il n'a point été achevé.

Figure 7.

Plan du deuxième tombeau à l'ouest. (*Voyez*, pour sa position topographique, la pl. 77, *A.*, vol. II.)
a. Couloirs avec des baies de portes.
b. Niches carrées.
c. Vestibule.
d. Chambre sépulcrale.
e. Sarcophage en granit rouge, où était renfermée la momie du souverain. Il est maintenant ouvert, et le couvercle est rompu.
f, g, h, i. Différentes pièces destinées probablement aux sépultures de la famille royale ou des officiers de la maison du souverain.

Figure 8.

Coupe du deuxième tombeau à l'ouest, prise suivant la ligne AB de la fig. 7. Les parois de ce tombeau sont revêtues de stucs décorés de peintures.

Figure 9.

Élévation de l'entrée du deuxième tombeau des rois à l'ouest. C'est la seule dont nous ayons donné la configuration, parce que toutes celles des autres tombeaux qui ont été terminés lui ressemblent à peu près. Le même bas-relief, composé de deux figures agenouillées devant un médaillon elliptique, renfermant un homme à tête d'épervier avec un scarabée, se trouve au-dessus de toutes les portes d'entrée, sur les montans desquelles sont sculptées des espèces de cippes surmontés d'un épervier avec une mitre sur la tête.

Figure 10.

Détail de la face antérieure du sarcophage en granit rouge, du deuxième tombeau des rois à l'ouest.

Figure 11.

Détail de la coupe longitudinale du même sarcophage. On peut remarquer que l'image de la momie qui était renfermée dans ce sarcophage, était sculptée au-dessus du couvercle. On trouve des caisses de momies en bois de sycomore, qui offrent à peu près les mêmes circonstances.

Figure 12.

Coupe transversale du même sarcophage. On peut remarquer que le fond n'est point plan, mais qu'il offre une surface cylindrique.

Figure 13.

Plan du premier tombeau à l'ouest. (*Voyez*, pour sa position topographique, la pl. 77, *A*., vol. II.)
a. Couloir avec des baies de portes.
b. Chambre sépulcrale.
c. Tombe creusée dans le rocher : elle a, à peu près, un mètre de profondeur; elle est recouverte d'un morceau de granit rouge. (*Voyez* fig. 14.) Ce couvercle étant maintenant dérangé de sa place primitive, il est évident que la tombe a été violée. On n'y aperçoit plus, en effet, ni la momie ni aucun des objets qui ont dû y être renfermés. Le plafond de la pièce où se trouve le sarcophage, est taillé circulairement; il est orné du tableau astronomique de la pl. 82. Il n'occupe pas toute la largeur de la pièce; une saillie, en forme de poutre, le raccourcit, de chaque côté, d'environ soixante-dix centimètres.
d. Espèce de niche pratiquée dans le fond de la chambre sépulcrale.

Figure 14.

Coupe longitudinale du premier tombeau à l'ouest, prise sur la ligne AB de la fig. 13.

Toutes les parois de ce tombeau sont couvertes de sculptures peintes.

Figure 15.

Plan du sixième tombeau à l'ouest. (*Voyez*, pour sa position topographique, la pl. 77, *A*., vol. II.)
a. Couloirs avec des baies de portes.
b. Vestibule.
c. Chambre sépulcrale ornée de quatre piliers. Il est très-

probable qu'elle a renfermé un sarcophage en granit rouge : on y voit, en effet, beaucoup de débris de cette roche, parmi lesquels nous en avons trouvé un représentant la face d'une statue. On peut en voir la configuration, pl. 81, fig. 4. Tout porte à croire qu'elle a été détachée d'une figure sculptée sur le couvercle du sarcophage.

d. Couloir ou galerie où l'on déposait probablement des momies. Tout ce tombeau est orné de sculptures peintes sur un fond de stuc d'un poli remarquable et d'une éclatante blancheur.

Figure 16.

Coupe du sixième tombeau à l'ouest, prise sur la ligne AB de la fig. 15. Elle devrait être décorée de sculptures et de peintures avec les couleurs les plus vives pour présenter l'image exacte de ce qui existe réellement.

PLANCHE 80.

Idole *et fragmens d'antiquités en serpentin, en albâtre et en grès, trouvés dans le tombeau isolé de l'ouest.*

Tous les objets figurés dans cette planche sont représentés de grandeur naturelle.

Fig. 1. Fragment d'idole recueilli dans le tombeau isolé de l'ouest : il a été trouvé en deux morceaux, qui, étant réunis, se sont parfaitement rapportés. C'est en vain que nous avons cherché la tête de cette idole. Les hiéroglyphes ne sont pas sculptés avec beaucoup de soin ; ils ne sont, pour ainsi dire, qu'esquissés au trait, tels qu'on les voit dans les *papyrus*. La pierre est parfaitement polie.

Fig. 2. Fragment d'une petite statue en albâtre, recueilli

A. VOL. II. THÈBES (byban el-molouk).

dans le tombeau isolé de l'ouest. Les hiéroglyphes ne paraissent avoir été qu'ébauchés ; ils sont tout-à-fait en creux et remplis d'une couleur bleu-céleste.

Fig. 3. Tête d'idole en albâtre, trouvée dans le tombeau isolé de l'ouest : le nez est brisé, ainsi que la barbe ; les oreilles sont placées très-haut, comme dans toutes les statues égyptiennes. La prunelle des yeux, le bord des paupières et les sourcils sont peints en noir. Le corps du serpent qui est en devant de la coiffure, est peint en rouge, et la tête l'était en bleu.

Fig. 4. Fragmens d'idoles en serpentin, trouvés dans le tombeau isolé de l'ouest. Bien qu'ils aient été placés l'un au-dessous de l'autre, ils ne font cependant point partie de la même idole. Le travail des hiéroglyphes et le poli de la pierre sont les mêmes que ceux du fragment représenté fig. 1.

Fig. 5. Fragment d'un vase de pierre calcaire semblable à celle de la montagne libyque où sont creusés les tombeaux. On juge que le vase n'avait pas plus de hauteur que n'en a ce fragment, parce qu'à sa partie inférieure on aperçoit un arrondissement qui paraît indiquer le dessous du vase. Sa tranche est peinte en rouge-brun ; elle offre deux trous qui recevaient probablement deux tenons faisant partie du couvercle qui s'adaptait au vase. Les hiéroglyphes et les figures ne sont qu'ébauchés.

Ce fragment nous a été vendu par les gens du pays, qui l'avaient trouvé dans les hypogées.

Fig. 6. Idole en grès trouvée dans le tombeau isolé de l'ouest. Le grès est dur et d'un grain extrêmement fin ; ce qui le rend susceptible d'un certain poli. Cette idole, dont le caractère et le style méritent de fixer l'attention, est encore remarquable par les attributs qu'elle porte dans ses mains croisées sur sa poitrine. Les antiquaires n'ont pas toujours reconnu que ces attributs sont relatifs à l'agriculture, et que ce sont, d'un côté, une houe, et, de l'autre, une espèce de fléau ; mais les circonstances qui se trouvent ici réunies ne pemettent plus maintenant d'en douter. On voit, en effet, suspendues aux mains de la figure, des poches à bretelles pareilles à celles d'où les hommes qui ensémencent dans le grand bas-relief d'Elethyia, tirent le grain pour le jeter dans les sillons. (*Voyez*, pl. 68, *A*., vol. 1, les personnages qui sont numérotés 62 et 65.) D'ailleurs, il ne peut y avoir d'incertitude sur la nature de l'instrument qui est dans la main droite de la figure, puisque c'est celui même dont se servent les hommes qui paraissent piocher la terre dans le même bas-relief. (*Voyez*, dans la planche ci-dessus citée, les personnages numérotés 66 et 67.) Tout se réunit donc pour prouver que les attributs de l'idole dont il est ici question sont relatifs à l'agriculture. Quelques restes de couleur bleu-céleste, qui existent encore dans les plis de la coiffure, donnent à penser que toute cette idole pourrait bien avoir été peinte.

Fig. 7. Profil de la tête représentée de face, fig. 3.

Fig. 8. Tronc d'une idole en pierre calcaire semblable à celle de la montagne où sont creusés les tombeaux. Ce fragment est précieux à cause du costume dont il offre la configuration. A la multiplicité des plis, on peut croire que le vêtement était formé de mousseline ou d'une toile de lin très-fine. Sur le devant du vêtement, est une ligne d'hiéroglyphes peints d'une couleur jaune recouverte d'un bleu foncé, ce qui donne à la couleur une apparence verdâtre.

Ce fragment nous a été vendu par les gens du pays, qui l'avaient recueilli dans les hypogées.

Fig. 9. Tête en serpentin trouvée dans le tombeau isolé de l'ouest. Elle est remarquable par son ample coiffure, au-devant de laquelle est un ubæus. Le coin extérieur des yeux est très-relevé. Les paupières, ainsi que les sourcils, se prolongent jusque vers l'oreille. La matière est d'un très-beau poli.

Fig. 10. Autre tête en serpentin trouvée dans le même tombeau. Sa coiffure en boucles disposées sur quatre rangées nous paraît ressembler assez bien à celle des Arabes *A'bâbdeh*. Ces derniers ont, en effet, des cheveux longs et frisés : comme ils ont soin de les oindre de graisse, ces cheveux se séparent en boucles qui forment un gros volume autour de la tête.

Au-devant du front est un ubæus dont la partie antérieure est mutilée. Le reste du corps serpente sur le sommet de la coiffure de la figure.

Au bas du menton, on paraît avoir voulu figurer la barbe rassemblée en une seule tresse. Près des épaules, on aperçoit l'extrémité supérieure de la croix à anse que tenait dans ses mains l'idole à laquelle cette tête a appartenu.

Fig. 11. Profil du tronc de statue représenté de face, fig. 8.
Fig. 12. Profil de la tête représentée de face, fig. 9.
Fig. 13. Profil de l'idole représentée de face, fig. 6.
Fig. 14. Profil de la tête représentée de face, fig. 10.
Fig. 15, 16, 17, 18. Faces de quatre fragmens en serpentin trouvés dans le tombeau isolé de l'ouest; ce sont les parties inférieures des idoles. On ne les a figurées ici qu'au trait, afin de faire connaître les hiéroglyphes dont elles sont ornées. Mises à l'effet, elles seraient semblables aux fragmens représentés fig. 1 et 4.

PLANCHE 81.

1....6. STATUES et fragmens de granit noir et de granit rouge, trouvés dans les tombeaux des rois à l'ouest.
— 7........15. Couvercles de vases trouvés dans les hypogées.

Fig. 1. Statue en granit noir, trouvée dans le tombeau isolé de l'ouest. Elle est représentée aux deux cinquièmes de la grandeur naturelle : elle a quarante-six centimètres ($1^{d}\,5^{po}$) de hauteur, depuis la plante des pieds jusqu'au sommet de la tête.

Les hiéroglyphes, quoique très-distincts, ne sont cependant pas sculptés avec la netteté et la précision que nous avons quelquefois remarquées dans les antiques de ce genre et de la même matière. Le poli du granit est très-beau.

Les bracelets de la figure portent encore des restes d'une couleur rouge, qui paraîtrait annoncer que toute cette statue, ou peut-être seulement les hiéroglyphes, les ornemens de la figure, et quelques parties du visage, ont été peints.

Les pieds ont été brisés; c'est ce qui fait que, dans la restauration qu'on en a faite, on n'aperçoit point d'hiéroglyphes.

La statue a été rompue en deux à la hauteur des genoux; les éclats de la pierre n'ont point été retrouvés, et voilà pourquoi les lignes d'hiéroglyphes sont interrompues. La tête a été aussi séparée du tronc; mais il ne manque rien, et les deux morceaux trouvés séparément se sont parfaitement rapprochés.

A. VOL. II. THÈBES (BYBAN EL-MOLOUK).

Fig. 2. Statue en granit rouge, trouvée dans le tombeau isolé de l'ouest. Elle est représentée aux deux cinquièmes de la grandeur naturelle : elle a soixante-quatre centimètres (2^{ds}) de hauteur, depuis la plante des pieds jusqu'au sommet de la tête.

Cette statue est aussi précieuse par la matière, qui est un beau granit rose de Syène, que par la grande quantité d'hiéroglyphes dont elle est couverte. Le granit est parfaitement poli.

Les hiéroglyphes offrent encore des vestiges d'une couleur jaune et bleue dont ils paraissent avoir été peints. Les croix à anse qui sont dans les mains de la figure, et la coiffure, offrent les restes d'une couleur d'un rouge foncé.

La statue a été coupée en trois morceaux ; et les éclats du granit n'ayant point été retrouvés, les lignes d'hiéroglyphes sont interrompues.

Fig. 3. Statue en granit rose de Syène, trouvée dans le tombeau isolé de l'ouest. Elle est représentée aux deux cinquièmes de la grandeur naturelle : elle a soixante-sept centimètres (2^{ds} 1^{po} 1^{l}) de hauteur, depuis la plante des pieds jusqu'au sommet du bonnet.

Le granit est parfaitement poli. Les hiéroglyphes n'offrent plus de traces des couleurs dont il est cependant probable qu'ils ont été peints. Les pieds ont été brisés : c'est ce qui fait que les lignes d'hiéroglyphes sont interrompues dans la restauration qu'en offre la fig. 5. La statue a été rompue à la hauteur des genoux ; mais les deux morceaux se rejoignent bien, si ce n'est qu'au milieu il manque un éclat de la pierre.

Fig. 4. Profil de la tête de la statue représentée de face, fig. 1.

Fig. 5. Tronc de statue en granit rouge, trouvé dans le tombeau isolé de l'ouest. Il est représenté aux deux cinquièmes de la grandeur naturelle. Ce morceau est tiré de la collection de M. DU BOIS-AYMÉ.

Fig. 6. Masque en beau granit rouge, trouvé dans le sixième tombeau de l'ouest. (*Voyez* l'explication de la pl. 79, fig. 15, lettre c.) Il paraît avoir été détaché de l'une de ces statues sculptées sur les couvercles des sarcophages. (*Voyez* l'explication de la pl. 79, fig. 12, 13 et 14.)

A l'irrégularité de la bouche, qui est posée de travers, on serait porté à croire que le sculpteur s'est attaché à faire fidèlement le portrait du personnage représenté. (*Voyez* ce que nous avons dit, à ce sujet, dans la description des colosses de la plaine de Thèbes, *section* II, *chapitre IX*.)

Ce masque est au tiers de la grandeur naturelle : il était entièrement peint; maintenant il n'offre plus que les restes de la préparation sur laquelle les couleurs étaient appliquées. Le granit a toutefois un fort beau poli. Il fallait que les artistes égyptiens eussent des moyens expéditifs de polir le granit, puisqu'ils ne craignaient point d'exécuter un travail qui était entièrement caché par la couche de couleur qu'on appliquait dessus.

Fig. 7. Couvercle d'un vase représentant une tête de chacal. Il est figuré aux deux tiers de la grandeur naturelle. La matière est une pierre calcaire d'un grain très-fin, qu'on ne peut mieux comparer qu'à la pierre statuaire de Tonnerre : c'est la même que celle de la montagne libyque où sont creusés les hypogées. Ce couvercle offre encore des vestiges des couleurs dont il a été revêtu. La prunelle des yeux, les paupières et les sourcils sont d'une couleur très-noire; tout le museau et les oreilles étaient peints en rouge, et l'espèce de draperie ou de coiffure qui enveloppe la tête et le cou, présente des raies de couleur alternativement jaune et bleu-foncé.

On peut remarquer l'exécution pure et le caractère bien

senti de cette figure de chacal; elle est une preuve, entre mille, que les artistes égyptiens excellaient dans la représentation des animaux.

Fig. 8. Couvercle d'un vase représentant une tête de cynocéphale. Il est figuré aux deux tiers de la grandeur naturelle. La pierre est la même que celle du couvercle représenté dans la figure précédente. Quelques restes de couleur indiquent que les yeux étaient peints en bleu. L'espèce de draperie qui tombe autour du cou et s'étend jusqu'au sommet de la tête, présente des raies de couleur alternativement jaune et bleu-foncé; les oreilles paraissent avoir été peintes en rouge. Cette figure est bien caractérisée, et la charpente osseuse exprimée avec vigueur.

Fig. 9. Profil, à une échelle plus petite, de la figure représentée de face, fig. 12.

Fig. 10. Profil, à une échelle plus petite, de la figure représentée de face, fig. 11.

Fig. 11. Couvercle d'un vase représentant une tête d'épervier. Il est en porcelaine et figuré aux deux tiers de la grandeur naturelle. L'entourage des yeux, ainsi que les raies que l'on aperçoit sur l'espèce de coiffure qui enveloppe la tête de l'épervier, sont peints d'une couleur qui a éprouvé l'action du feu et qui présente maintenant un ton violet très-foncé. Le biscuit, qui est d'une pâte très-blanche et d'un grain assez fin, a éprouvé, à sa surface extérieure, une demi-vitrification. Cette antique prouverait, si on ne le savait déjà par le témoignage des anciens auteurs, que les Égyptiens n'étaient point étrangers aux arts qui ont pour objet la vitrification des terres.

Fig. 12. Couvercle d'un vase représentant une tête de femme. Il est figuré aux deux tiers de la grandeur naturelle, et de même matière que les couvercles représentés fig. 7 et 8. La tête ne manque point d'un certain air gracieux; les oreilles sont placées très-haut, comme dans toutes les statues égyptiennes. Les coins de la bouche et des yeux sont très-relevés ; ce qui donne à la figure l'expression du rire. Les yeux sont grands et très-allongés; les paupières, les sourcils et les prunelles sont peints en noir, et le reste de l'œil l'a été en rouge : les oreilles et toute la face ont été peintes en rouge brun; ce qui est indiqué par la couleur qui subsiste encore dans quelques parties du visage. L'espèce de draperie ou de coiffure qui enveloppe la tête, en laissant les oreilles à découvert, est formée d'une étoffe rayée de bandes alternativement bleu-foncé et jaune.

Les paupières, à leur point de réunion, ainsi que les sourcils, se prolongent en lignes droites parallèles jusque près de l'oreille. Il est à présumer que c'était l'usage dans l'antiquité, que les femmes se peignissent en noir les paupières et les sourcils, et en prolongeassent artificiellement l'étendue. On sait qu'encore actuellement les Égyptiennes en font autant, si ce n'est que la peinture ne s'étend point au-delà des limites naturelles.

Fig. 13. Couvercle d'un vase représentant une tête de cynocéphale. Il est aux deux tiers de la grandeur naturelle, et en porcelaine. Le contour des yeux, la prunelle et les sourcils sont de couleur violet-foncé : il en est de même des raies horizontales et du conduit auditif qui indique l'oreille, ainsi que des espèces d'écailles qui forment la coiffure. La nature du biscuit et le degré de vitrification de la couverte sont les mêmes que ceux du couvercle représenté fig. 11.

Fig. 14. Profil, à une moindre échelle, de la figure représentée de face, fig. 13.

Fig. 15. Profil, à une moindre échelle, de la figure représentée de face, fig. 7.

PLANCHE 82.

TABLEAU *astronomique peint au plafond du premier tombeau des rois à l'ouest.*

Ce tableau a été dessiné par M. LEGENTIL, avec une exactitude et un soin minutieux. L'explication suivante est tirée des notes qu'il a fournies.

La partie inférieure de la gravure représente le côté du plafond qui est à gauche en entrant, et la supérieure, le côté droit. Le tableau est peint sur un fond concave, légèrement arqué, dont la corde a $3^m,9$; un bandeau de sept décimètres de large et d'environ cinq décimètres de hauteur, en forme de poutre, encadre de chaque côté le tableau dans sa longueur, laquelle est de $8^m,40$.

Ce plafond est partagé en deux moitiés égales par deux grandes figures de femmes nues, dont les corps, allongés en forme de règles, occupent la plus grande dimension de la pièce, tandis que leurs bras et leurs jambes se recourbent à angle droit en sens opposés, pour envelopper les tableaux auxquels ils paraissent servir de cadres. Les contours de ces deux figures sont dessinés avec un trait rouge, et leur carnation est d'un jaune très-foncé. Leurs corps renferment cinq grands disques dont la couleur est rouge-foncé; c'est aussi la couleur de tous les globes qui sont distribués dans ce plafond. Les parties sexuelles sont peintes en noir mat.

Chaque moitié du plafond est encore divisée en deux parties ou bandes rectangulaires à peu près égales. La première, ou la plus voisine du centre, représente un ciel azuré, parsemé d'étoiles d'un jaune pâle et d'hiéroglyphes très-petits de la même couleur, lesquels semblent placés derrière un réseau dont les lignes se coupent à angle droit ; ces lignes sont aussi tracées en jaune pâle [1]. Cette partie est tellement oblitérée par l'humidité qui en a fait tomber les couleurs en plusieurs endroits, qu'on n'a pu en dessiner les détails. La seconde bande est composée d'une suite de personnages peints sur un fond blanc, dessinés à un trait rouge pâle et presque rose, et d'une carnation jaune moins foncée que celle des deux grandes figures ; leurs costumes sont rayés en jaune terne. Ils sont symétriquement placés des deux côtés d'un tableau qui paraît être le sujet principal de cette composition, tant du côté gauche du plafond que du côté droit.

Côté gauche du plafond.

La bande inférieure contient une scène composée de trois figures humaines et de sept figures d'animaux. La plus grande de celles-ci est debout et appuyée sur un vase. Sa tête et son corps ressemblent à ceux du cochon, et sont garnis d'une crinière épaisse et tressée qui descend jusqu'en bas. Les pieds de la figure sont ceux d'un lion ; ses bras, ceux d'un homme, ou peut-être d'un singe. Elle porte sur la tête et le dos un grand crocodile, dont la queue s'applique sur sa crinière. Quatre petits hiéroglyphes tracés en jaune pâle, ainsi que plusieurs autres hiéroglyphes de ce tableau, sont devant la gueule de l'animal. En bas est une figure d'homme renversée, à tête d'épervier, armée d'une longue tige qui est dirigée sur la bande où sont les étoiles, et au bout de laquelle est une suite de points détachés qui se prolongent jusqu'au corps de la grande figure.

Après, et au centre même de la scène, se remarque un taureau tourné dans le même sens que les deux précédentes figures, et posé sur une barre horizontale : un homme paraît

[1] On n'a pu exprimer, dans la gravure, la couleur jaune de ces lignes.

la soutenir de la main droite. En face est un lion couché, et au-dessous de lui un crocodile de taille moyenne, qui regardent les personnages qu'on vient de décrire : sous les pieds de derrière du lion est une troisième figure de crocodile, mais fort petite et reployée sur elle-même. Entre le lion et le crocodile, est un scorpion placé sous la queue même du lion. Enfin, au-dessus de ce dernier, est une figure de femme renversée, qui tourne le dos à la bande céleste.

A droite de cette scène, est une marche de dix figures humaines debout et à tête d'homme, excepté la cinquième qui a une tête de chacal, la sixième une tête d'ibis, la septième une tête d'épervier. Le dessin fait voir l'attitude, l'action et le costume semblables de ces dix figures qui regardent vers le milieu du tableau. On y remarquera les différences du nombre de traits que renferment leurs colliers et le bas de leurs draperies; ces traits ont été comptés partout.

A gauche, on voit neuf personnages qui regardent les précédens, et qui diffèrent tous. Un dixième, placé entre les bras de la grande figure reployée, leur tourne le dos. La première de ces dix figures est une femme; les deux suivantes sont deux hommes à tête de lion, dont le premier paraît plus âgé, etc. On renvoie au dessin pour l'étude de ces neuf figures, qui sont fort dignes d'attention. Il faut surtout remarquer l'avant-dernière, qui est sans bras et qui porte deux longues feuilles sur la tête, ainsi qu'une figure de momie qui la précède, dont le corps est blanc, et dont la chevelure, nouée sous le menton, est noire. On doit également noter que, sur le corps des huit premières, on a distribué de petits cercles peints en rouge foncé. Enfin, pour terminer ce qui regarde la gauche de ce plafond, il faut faire remarquer que la grande figure qui l'enveloppe a un disque rouge devant la tête, et devant le nombril, un disque ailé. Plus loin, sont deux petites figures que l'on a crues ressembler à des vases renversés, et qui paraissent plutôt les contours de deux légendes hiéroglyphiques placées, comme c'est l'ordinaire, à côté des colonnes d'hiéroglyphes du tableau ; d'ailleurs, il y a au-dessus quelques petits caractères, ainsi qu'on en voit toujours au-dessus de ces légendes.

Côté droit du plafond.

La bande de figures qui fait pendant à celle du côté gauche du plafond, est composée d'une manière absolument semblable. Au milieu est une scène principale, à droite et à gauche de laquelle sont neuf personnages debout. On remarque dans cette scène, comme dans l'autre, un lion et un crocodile couchés l'un au-dessus de l'autre ; une figure d'homme renversée, tournant le dos à la bande étoilée ; un vase de la forme de ceux des puits de Saqqârah, peint en jaune pâle, surmonté d'une tête de taureau et couvert de quelques petites figures tracées légèrement en rouge pâle et presque effacées. Au-dessous, l'on voit un homme qui semble, à l'aide d'un bâton, soutenir le vase de la main droite, et repousser de l'autre le crocodile ; un homme à tête d'épervier, renversé horizontalement, armé d'une tige qu'il tourne contre le vase, comme s'il voulait le percer ; enfin, une figure à tête et à corps de cochon et à longue crinière, la gueule un peu ouverte, en tout semblable à celle qui a été déjà décrite : elle a la main gauche posée sur la tête d'un petit crocodile, et l'autre main sur un objet de forme triangulaire qui sert aussi à porter l'homme à tête d'épervier. Ce petit crocodile n'est guère plus grand que celui qui est sous les pieds du lion de l'autre scène ; mais ici il est fort éloigné du lion.

A droite et à gauche de cette scène, sont deux suites de figures qui font pendant à celles de l'autre côté et qui regardent vers le milieu, mais qui ont de plus sur la tête des globes rouges : elles sont au nombre de neuf, à corps et à tête d'homme, hormis trois qui ont des têtes d'animaux. A gauche, elles sont absolument les mêmes pour l'attitude et pour tout le reste (à quelques différences près dans le costume), que les neuf premières de la bande qui lui correspond en face : il faut ajouter que la première a dans la main une tige ou une sorte d'épi. A droite, il faut remarquer que le neuvième personnage de la suite est entre les bras de la grande figure reployée, comme on l'a observé pour la dixième figure de la série qui lui est parallèle. On y remarque encore deux figures qui ont les bras liés ou cachés; les deux dernières portent des attributs qu'il n'est guère possible de qualifier. Les quatre premières figures sont séparées des autres.

La grande figure qui encadre ce côté droit du plafond, a aussi un globe rouge devant la tête : au-devant de la matrice est un scarabée, les ailes déployées, tenant une boule rouge entre les pattes de devant; il est peint d'une couleur jaune très-foncée, de même que les deux grandes figures.

PLANCHE 83.

1. TABLEAU *peint à l'entrée du cinquième tombeau des rois à l'ouest.* — 2....7. *Autres peintures des tombeaux.*

Fig. 1. Le peu d'hiéroglyphes qu'on voit dans ce tableau est exact; le temps n'a pas permis de recueillir les autres. Au-dessous du trône du dieu, on voit quatre hiéroglyphes pareils et qui se retrouvent pl. 85, fig. 10. Ce tableau fait le sujet d'observations particulières. (*Voyez* la description des hypogées.) Il est à gauche en entrant, près de l'embrasure de la porte, à deux mètres environ de hauteur, vers le point k. (*Voyez* pl. 78, fig. 3.)

Fig. 2. Sujet peint au plafond du second tombeau à l'ouest. Les tombeaux des rois représentent un grand nombre de figures de serpens analogues au serpent colossal représenté dans ce tableau.

Fig. 3. Vase en forme d'autel, que l'on rencontre très-souvent auprès des tables chargées d'offrandes; il est rouge, bordé de noir.

Fig. 4. Ce sujet représente un jeune homme dont les jambes et les cuisses sont de profil et le corps de face. Le visage et les mains sont verts; il a le corps blanc, une ceinture avec des ornemens et deux cordons rouges; il tient dans ses mains la crosse et le fléau; son collier est jaune, sa coiffure est bleu-noir; sa tête est surmontée de cornes de belier et d'un disque rouge. Sur les cornes sont des plumes jaunes rayées de rouge, accompagnées d'un gros serpent. La frise qui est derrière son bonnet, est composée de feuilles liées ensemble en forme de balustre.

Fig. 5. Pied d'autel décoré de deux rangs de perles et de feuilles de lotus qui servent aussi d'ornement à quatre autels pareils placés les uns au-dessus des autres; le dernier se termine par un carré jaune qui sert de couvercle. Les feuilles sont vertes, et les contours rouges.

Fig. 6. Cette figure est verte; les mains et le restant du corps sont blancs. La calotte et la bride sont de couleur verte, les plumes jaunes, et le disque rouge. Elle porte une espèce de bourse suspendue au cou.

La figure tient dans ses mains la crosse et le fléau. Le pied est garni d'une sandale relevée par-devant; la courroie passe entre le premier et le second doigt, et l'agrafe, qui est sur le coude-pied, est en forme de fleur de lotus. Le fond de l'espèce de châsse où est placée la statue, est comme tapissé de grands et riches ornemens, et le dais en est soutenu par des tiges de lotus avec deux calices jaune et vert.

A. VOL. II. THÈBES (byban el-molouk). 239

Nota. La bourse pendue au cou de la figure a été omise dans la gravure.

Fig. 7. Vase dont la forme s'est conservée en Égypte : il est de couleur rouge de terre, les bords en sont verts. Aujourd'hui l'on place sur du sable ces sortes de vases pour les maintenir droits.

PLANCHE 84.

1....6. Bas-reliefs *sculptés et peints dans les cinquième et quatrième tombeaux des rois à l'ouest.* — 7. *Bas-relief du cinquième tombeau à l'est.*

Dans plusieurs tombeaux des rois, les couleurs ont été appliquées sur un léger relief, et les sujets de cette planche sont dans ce cas-là.

Fig. 1, 2, 3. Sujets copiés au plafond du cinquième tombeau des rois à l'ouest. L'échelle est à peu près d'un douzième. Les hiéroglyphes de la fig. 1 sont exactement copiés. La forme de double sphinx qu'on trouve dans la fig. 2, n'est pas sans agrément; on ne l'a vue que dans cet endroit. Le sujet de la fig. 3 est encore plus gracieux. Sous le lit de repos, on remarque une vingtaine d'armes et de coiffures différentes. (*Voyez* la pl. 88.)

Fig. 4. Ce bas-relief est à l'échelle du douzième; il était accompagné d'hiéroglyphes qu'on n'a pu copier. Les têtes des figures sont remarquables par l'extrême finesse; les groupes, par leur disposition; et tout le sujet, par les figures allégoriques qu'il renferme. Ce n'est pas ici le lieu d'en faire l'examen : on se borne à faire remarquer les serpens à tête de femme que l'on n'a vus représentés que dans ce bas-relief.

Nota. On a omis de graver un disque ovale qui était entre les mains des deux grands bras élevés qu'on voit vers le milieu du sujet.

Fig. 5. Figure symbolique en forme d'autel, peinte sur les murs de la chambre c, dans le quatrième tombeau des rois à l'ouest. (*Voyez* pl. 78, fig. 1.)

Fig. 6. Bas-relief sculpté et peint sur la face nord de la chambre sépulcrale du quatrième tombeau à l'ouest. Il représente une figure en érection et lançant au loin des jets de liqueur séminale figurés par de petits points rouges. Un petit homme, dans la position d'un personnage qui est assis, paraît être le produit immédiat de l'émission de la liqueur séminale. Douze autres figures emmaillotées et couchées, que l'on voit rangées par six de chaque côté, les unes au-dessus des autres, en sont aussi probablement des résultats antérieurs. Deux disques et des étoiles différemment groupées sont placés en avant et en arrière de la figure principale. Toute cette sculpture était peinte; mais on n'a pas pris note des couleurs.

Nota. Au-dessous des pieds du personnage assis, on a oublié, dans la gravure, cet hiéroglyphe ⌐.

Fig. 7. Bas-relief sculpté et peint sur la paroi à gauche du premier couloir du cinquième tombeau à l'est. On y voit un disque où se trouvent un homme à tête de chien et un scarabée; au-dessus sont une tête de gazelle renversée et un serpent, et au-dessous un crocodile.

Nota. Le personnage dont la tête est masquée par celle du chien, au lieu d'avoir les mains fermées, comme la gravure le représente, doit les avoir ouvertes et pendantes.

A. VOL. II. THÈBES (byban el-molouk).

PLANCHE 85.

1, 2, 3, 5, 6, 10, 11, 12, 13. Peintures recueillies dans le cinquième tombeau des rois à l'est. — 4, 7, 8, 9. Autres peintures des tombeaux.

Fig. 1. Cette figure représente un personnage qui brûle de l'encens devant la divinité. A la richesse du costume et à la coiffure, on doit présumer que c'est un prince ou un roi. Un sachet suspendu à son bras gauche contient sans doute des grains d'encens. L'endroit où cette figure a été dessinée, est incertain.

Nota. On a oublié, dans la gravure, une petite cassolette qui doit être placée sur la main où se dirigent les grains d'encens.

Fig. 2. Cette figure, richement costumée, a été dessinée dans le cinquième tombeau à l'est, vers le point b. (*Voyez* pl. 78, fig. 5.) Elle a des ailes qui passent derrière son corps et qui sont attachées sous les bras. Toutes les différentes parties de son costume sont peintes de couleurs vives et variées.

Fig. 3. Cette figure a été dessinée dans le même endroit que la précédente. Elle représente sans doute un roi ou un héros égyptien, richement costumé, qui fait des libations. Le vase d'où sort la liqueur, a un couvercle à tête d'épervier.

Nota. On a omis, dans la gravure, un disque placé au-dessus de la tête d'épervier.

Fig. 4. Coiffure dont le devant est retroussé et a la forme d'un serpent. La tête a une espèce de natte ou de queue qui lui descend derrière le dos.

Fig. 5. Cette figure a été dessinée dans le même endroit que les fig. 2 et 3. C'est la divinité égyptienne que l'on voit toujours armée du fléau et du crochet. Elle est ici richement ornée d'une étoffe précieuse qui lui couvre toute la partie supérieure du corps, et qui est formée de dessins distribués en compartimens carrés, remplis par des pois de couleurs variées. Le personnage est assis sur un trône orné de lotus. Le dessus porte un coussin recouvert d'une riche étoffe où sont distribués des dessins en losange avec des pois au milieu.

Fig. 6. Cet ubæus, qui a le corps enveloppé par des ailes, et dont la tête est surmontée d'une riche coiffure, a été dessiné dans le cinquième tombeau à l'est, dans l'une des quatre petites salles à gauche en entrant.

Fig. 7. Tête coiffée du bonnet ordinaire des figures de divinité.

Fig. 8. Deux vases destinés probablement à entrer l'un dans l'autre. Le supérieur est d'une forme élégante : celui de dessous est plus évasé et plus bas; sa forme ferait penser qu'il servait de lavoir. Il est jaune avec des raies rouges.

Fig. 9. Cuvette ou panier à anses; le panneau est garni de deux légendes d'hiéroglyphes pareilles.

Fig. 10. Frise peinte dans la grande salle du cinquième tombeau des rois à l'est. (*Voyez* pl. 78, fig. 5, salle s.) L'un des deux groupes est répété plusieurs fois de suite. Le filet qui sort de la tête de la figure à genoux, est de couleur rouge. Ce tombeau renferme beaucoup de sujets analogues à celui-ci, et où l'on voit des serpens coupés par morceaux.

Fig. 11. Fragment copié dans le même tombeau.

Fig. 12. Deux fragmens copiés dans le même tombeau sur les murs de la pièce p, mais isolément, et non rapprochés comme on le voit ici. (*Voyez* pl. 78, fig. 5.)

Fig. 13. Ce sujet a été copié dans le quatrième tombeau des rois à l'ouest, sur la face sud de la chambre sépulcrale. Il représente une décollation.

A. VOL. II. THÈBES (byban el-molouk).

Nota. C'est par erreur qu'il est indiqué, dans le titre de la planche, comme ayant été recueilli dans le cinquième tombeau des rois à l'ouest.

PLANCHE 86.

Sujets *mystérieux et détails de costumes, peints dans le cinquième tombeau des rois à l'est et dans d'autres tombeaux.*

Fig. 1. Sujet copié dans l'un des tombeaux des rois.

Nota. On a conservé les traits déliés des hiéroglyphes; pour ne rien changer au dessin original qui a été fait sur les lieux.

Fig. 2, 3, 4, 5. Détails de costumes dessinés dans le cinquième tombeau des rois à l'est, au fond de l'estrade ou tribune p. (*Voyez* pl. 78, fig. 5.) La fig. 5 est le pied en grand du personnage représenté fig. 2. Le jaune des ornemens et des broderies est très-brillant, et paraît avoir été destiné à indiquer et à imiter l'or; en général, il y a beaucoup de richesse dans les ceintures, dans les cottes d'armes et dans les divers habillemens des figures de ce tombeau.

Fig. 6, 7, 8, 9, 11. Cinq sujets sculptés en relief dans le creux et peints de diverses couleurs. L'échelle est du dixième; les hiéroglyphes sont exacts.

Fig. 10. Frise peinte sur le stylobate de la salle s, dans le cinquième tombeau à l'est. (*Voyez* pl. 78, fig. 5.) Cette peinture occupe tout le tour de la salle. L'échelle est du dixième. Ces corps tronqués sont tous alternativement rouge et bleu-foncé.

PLANCHE 87.

1....6. Peintures *du cinquième tombeau des rois à l'est.* — 7. *Bas-relief de l'entrée du même tombeau.*

Fig. 1, 4, 5. Vases peints dans la petite salle k du cinquième tombeau des rois à l'est (*voyez* pl. 78, fig. 5), en face de la salle où se trouvent les harpes. Dans la même pièce sont peints les meubles et fauteuils de la pl. 89.

Fig. 2. Poissons peints dans le premier couloir du même tombeau ; ils se trouvent sur la gauche en entrant.

Fig. 3. Poissons peints dans la salle f du même tombeau. (*Voyez* pl. 78, fig. 5.)

Fig. 6. Bœuf symbolique peint sur le fond de la salle contiguë à celle des harpes, dans le cinquième tombeau des rois à l'est. Les couleurs dont cette figure est peinte ont encore le plus vif éclat. (*Voyez* ce qui est dit, à l'occasion de cette peinture, dans la *sect.* iv du *chap. IX*.)

Fig. 7. Bas-relief placé dans l'embrasure à gauche de la baie de porte du cinquième tombeau des rois à l'est. On voit encore, dans le haut, un petit trou carré qui recevait le poteau-tourillon de la porte fermant le tombeau. Des traces de rouille verte qu'on y aperçoit, ne permettent point de douter que les abouts du poteau-tourillon, ou tout ce poteau lui-même, ne fussent en cuivre.

Toutes les couleurs de ce bas-relief ont été copiées avec le plus grand soin sur les lieux mêmes : elles ont beaucoup d'éclat. On aperçoit à travers la baie de porte une partie de la chaîne libyque.

PLANCHE 88.

ENSEIGNES, *armes et instrumens peints dans le cinquième tombeau des rois à l'est.*

Nota. On a réuni ensemble, sur un même fond, les divers objets contenus dans cette planche, quoiqu'ils occupent des places différentes dans le même tombeau. Il paraît néanmoins que les Égyptiens ont eu l'intention de réunir, dans une même salle, la représentation des différentes armes offensives et défensives alors en usage.

Fig. 1. Cotte d'armes. Il paraît qu'elle descendait jusqu'aux genoux et couvrait les épaules. A la manière dont les agrafes sont passées, on juge qu'elle pouvait se prêter aux mouvemens du corps.

Fig. 2, 5, 6, 7, 9. Poignards et couteaux que l'on porte à la ceinture. Les figures d'hommes du peuple ne portent point de ces armes.

Fig. 3. Hache décorée, même sur le plat du tranchant.

Fig. 4. Instrument qui servait à couper la tête. Aux portes des temples, on le remarque dans les mains du sacrificateur qui tient les victimes par les cheveux. La boule qu'on voit au couteau, est probablement un fort poids qui donne de la force au coup.

Fig. 8. Bouclier percé d'un trou servant à passer le bras.

Fig. 10. Étui qui servait à mettre une flèche.

Fig. 11. Carquois avec son couvercle, garni d'ornemens.

Fig. 12. Javelot ou dard.

Fig. 13. Arc d'une belle forme, dans l'état de repos.

Fig. 14. Bâton d'enseigne en forme de potence. (*Voy.* fig. 26.)

Fig. 15. Fouet avec la courroie pour passer au poignet.

Fig. 16. Fouet de la même forme que ceux dont se servent encore les Mamlouks.

EXPLICATION DES PLANCHES.

Fig. 17. Coiffure militaire, fréquemment représentée dans les bas-reliefs. (*Voyez* pl. 8, fig. 3, etc.)

Fig. 18. Arc ou instrument terminé par une tête de gazelle.

Fig. 19. Casque avec la tresse qui distingue la tête d'Horus.

Fig. 20, 21. Masses d'armes décorées de fleurs de lotus.

Fig. 22. Homme à genoux sous une enveloppe noire, et attaché par les coudes à un poteau, qui, par sa couleur bleue, paraît être de fer. Le crochet du haut est orné de la fleur du lotus.

Fig. 23. Carquois dont le couvercle est une tête de lion ; le bas est arrondi et orné d'écailles.

Fig. 24. Arc non tendu et sans sa corde.

Fig. 25. Enseigne à tête de femme, décorée des attributs d'Isis et ornée de rubans qui représentent les cravates attachées à nos drapeaux.

Fig. 26. Autre enseigne surmontée d'un ibis et ornée de rubans.

Fig. 27. Bouclier encadré d'une bordure formant quatre panneaux : dans les deux premiers sont représentés deux chacals, et dans les deux autres, deux lions. Les quatre angles du bouclier sont chantournés, et le haut, ainsi que le bas, présente une ligne courbe.

PLANCHE 89.

Divers *siéges et fauteuils peints dans le cinquième tombeau des rois à l'est.*

Nota. Voyez la note de la planche précédente.

Ces sujets sont peints sur les murs de la salle k. (*Voyez* pl. 78, fig. 5.)

Fig. 1. Siége ou trône dont le coussin est garni d'étoiles. A la place où l'on pose la main, est une tête de lion ; l'espace qui est entre les pieds, est garni de deux légendes d'hiéroglyphes : à côté est un épervier avec les ailes étendues. Ce siége est soutenu par des pieds de la forme de ceux du lion, assujettis en bas par des barres solides et posant sur de petits socles.

Fig. 2. Autre siége dont le coussin est orné de perles et de rosaces. Sur le panneau qui est entre les pieds, sont quatre personnages attachés par le cou au moyen d'une corde qui se termine par un lotus. En outre, ils ont les coudes et les poings liés derrière le dos. Leur coiffure de plumes semble indiquer que ce sont des Indiens. Un seul d'entre eux porte de la barbe. Le fond de leur vêtement est jaune à raies rouges. Un lion sert de bras au siége.

Fig. 3. Autre trône dont le coussin et le dossier sont ornés d'étoiles. Il est posé sur des pieds croisés que surmonte une draperie volante, et en forme d'x ou de ployant. Au milieu est une tête de sanglier vue de face. Deux figures détachées occupent le devant et le derrière du ployant du siége : la première a de la barbe, et porte une espèce de couronne sur la tête. Autour du cou, elles ont un cordon terminé par un lotus ; elles ont aussi les coudes et les poings liés et attachés au ployant. Un gradin de deux marches supporte ce fauteuil.

Fig. 4. Autre siége aussi parsemé d'étoiles. Les pieds sont décorés de légendes hiéroglyphiques : entre eux est un panneau sur lequel sont des lotus entrelacés. Une double traverse maintient les pieds du fauteuil.

Fig. 5. Siége sans ornement et sans panneaux.

Fig. 6. Tabouret dont le coussin est orné et parsemé d'étoiles. Les panneaux représentent deux figures attachées par les pieds et par les bras avec des tiges de lotus, ayant les cheveux rasés et portant une ceinture : elles sont couchées à plat ventre sur la corde d'un arc.

Fig. 7. Autre siége dont le coussin est parsemé d'étoiles. Les pieds sont d'une forme particulière, très-différente de celle des pieds des autres fauteuils, et ils sont maintenus par deux traverses. Le panneau représente des lotus entrelacés.

Fig. 8. Chaise longue ou lit de repos, avec son accotoir, qui pouvait se transporter le long du lit. Sa courbure est de forme agréable; c'est le même coussin qui recouvre le lit et le dossier. Au-dessous est un marche-pied dont chaque degré a environ sept centimètres ($2^{po} \frac{1}{2}$). D'après cette mesure, le dessin est à l'échelle de moins d'un douzième.

Fig. 9. Siége dont les pieds de devant ont la forme humaine. L'écartement des pieds est retenu par une traverse et cinq barres.

Fig. 10. Autre chaise longue dont le coussin se prolonge sur le dossier. L'épaisseur de ce coussin est plus forte en avant qu'au fond. On y trouve aussi un accotoir.

La forme de ces divers meubles a été fidèlement copiée; et si l'on voulait les construire en grand, on pourrait suivre exactement les dessins.

PLANCHE 90.

1. TABLEAU *peint sur le fond de la salle des harpes dans le cinquième tombeau des rois à l'est.* — 2, 3, 4. *Peintures de l'une des salles du même tombeau.*

Fig. 1. Peinture qui orne le fond de la salle des harpes du cinquième tombeau des rois à l'est. (*Voyez* en f, pl. 78, fig. 5.) Elle doit être considérée comme faisant partie des deux scènes musicales tracées sur les murs latéraux de la même pièce et représentées dans la planche suivante. La figure de droite fait suite à la scène représentée pl. 91, fig. 2, et celle de gauche, à la scène représentée fig. 1. Les deux personnages qui composent cette peinture, ont tous les attributs des divinités, qui consistent principalement dans la coiffure et le sceptre. Ils sont richement costumés. Au-devant de ces divinités, sont des autels ou tables de forme élégante, où l'on voit, d'un côté, des vases, des oies et des pains entourés de feuillages; de l'autre, un panier et des espèces de gâteaux aussi entourés de verdure. De chaque côté des deux autels, sont deux arbres qui ont la forme de pins, et qui sont coloriés en vert. La partie supérieure de l'un des autels a la forme de la fleur du lotus. On n'a point eu le temps de copier exactement les couleurs de ce tableau.

Les hiéroglyphes de cette scène ont été dessinés avec exactitude.

Fig. 2. Scène peinte dans l'une des petites salles à droite du cinquième tombeau des rois à l'est. Cette peinture se trouve sur le mur à gauche de la salle.

Fig. 3 et 4. Scènes relatives à l'agriculture. Elles sont peintes sur le fond et sur le côté gauche de la salle où se trouve la peinture précédente. Elles font suite l'une à l'autre. La première représente, à gauche, la récolte du lotus, dont deux hommes du peuple paraissent occupés à arracher des tiges avec la fleur, et, à droite, la récolte d'une espèce de maïs ou de dourah, dont les têtes sont coupées avec des faucilles par deux cultivateurs. La seconde scène est relative au labourage et à l'ensemencement des terres. Un petit veau bondit au-devant des bœufs attelés à la charrue. Celui qui jette la semence dans les sillons formés par le laboureur, prend le grain dans une poche à bretelle qu'il tient à la main gauche.

Au-dessous de l'une et de l'autre scène, l'eau est figurée par des zigzags, comme pour indiquer que la terre ne peut rien produire sans l'inondation.

PLANCHE 91.

1, 2. TABLEAUX *de la salle des harpes, dans le cinquième tombeau des rois à l'est.* — 3....8. *Autres peintures des tombeaux.*

Fig. 1. Peinture d'une scène musicale, qui se voit dans le cinquième tombeau à l'est, pièce f (*voyez* pl. 78, fig. 5), sur la face à gauche en regardant le fond de la chambre, et par conséquent faisant suite à la figure assise à tête d'épervier de la planche précédente, qui regarde à gauche du spectateur. Le fond est jaune, et les contours bordés d'un trait rouge. La figure assise a sur la tête des plumes jaunes placées sur une coiffure disposée en écailles; les bracelets du poignet et ceux du bras sont en blanc. L'ajustement du corps et des jambes est bleu tirant sur le noir; le corsage et la ceinture sont jaunes, ainsi que la draperie; l'ornement des jambes est blanc; les compartimens de la chaise sont rouges, jaunes, bleus et verts; le dossier est bleu, bordé de rouge; enfin les chairs sont basanées. Cette figure tient dans sa main les signes de la divinité. A ses pieds est une table peinte en jaune, chargée d'offrandes, et sous la table, un arbre vert. Devant elle est la figure d'un harpiste, vêtue d'une robe à fond noir et à raies blanches. Sa tête est d'un rouge-brun foncé; ses bras et ses pieds sont nus et d'une couleur moins foncée. La robe qu'elle porte est encore aujourd'hui, en Orient, le costume de toutes les personnes qui sont employées dans les divertissemens publics.

La harpe est décorée d'une tête de jeune homme portant la coiffure des dieux, et dont le visage est basané.

Des fleurs de lotus ornent le bas de l'instrument. Le corps de la harpe a un fond jaune, avec des compartimens et des ornemens en chevrons rouges, bleus, verts et jaunes, et la partie supérieure est recourbée fortement et couronnée de onze fiches correspondant aux onze cordes de la harpe.

Fig. 2. Autre scène de harpiste, tracée sur le mur en face de la précédente et faisant suite à la figure assise qui regarde à droite du spectateur. (*Voy.* planche précédente, fig. 1.) Elle est peinte sur un fond jaune-blanc, et les contours sont bordés de noir. La coiffure, de couleur bleu-foncé, est rayée de noir, ainsi que la mentonnière et la bride. Elle est ceinte d'une bandelette rouge, nouée derrière la tête et surmontée d'une plume rayée de bleu au milieu. Le corsage est soutenu par des courroies de couleur noire; il est garni d'écailles. Les bracelets des bras et des poignets sont jaune d'or. Devant ses genoux est une petite table avec des offrandes consistant en un vase blanc et différens pains arrondis. Le dossier de la chaise est bleu-noir, bordé de rouge, ainsi que le tour du siége, dont les panneaux sont bleus avec des bandes vertes. Le petit carré du panneau est de couleur rouge.

La tête de femme qui termine le pied de la harpe, est d'une couleur de chair rembrunie : la coiffure est bleu-noir, et ressemble à celle des sphinx; une mitre jaune la surmonte. Le pied de la harpe est terminé par des feuilles de lotus, et par un riche collier garni de perles. Le corps de la harpe, jusqu'au menton du harpiste, est divisé en dix compartimens, dont les couleurs sont successivement le rouge, le blanc, le rouge, le bleu, le vert, le rouge, le jaune, le vert, et enfin le rouge. La harpe est montée de vingt-une cordes, dont cinq bleues, six jaunes et dix rouges. La tête de la figure qui pince de la harpe, est de couleur rouge-brun; sa robe est blanche à raies rouges. Les vingt-une cordes sont attachées à la branche supérieure par autant de fiches.

Ce tableau repose sur une espèce de plinthe ornée de grandes bandes rouges et noires, et liées au milieu ainsi qu'aux extrémités. Au-dessous se trouvent des compartimens en étrusques.

Ces deux figures de harpistes sont les mêmes que celles qui ont été représentées dans le Voyage de Bruce.

Les dessins des fig. 1 et 2, faits par MM. Jollois et Devilliers et par M. Delile, ont servi à compléter ceux qui ont été donnés par M. Dutertre.

Fig. 3. Sorte de violon dont le corps est ovale. La table est percée en forme de croissant. Le manche est très-long et traversé par une fiche, ou bien il porte deux chevilles. On ne peut savoir quelle était la grandeur naturelle de cet instrument, parce qu'il est représenté en petit sur la muraille.

Fig. 4. Instrument à cinq cordes dont on ignore également la grandeur; il a la forme générale d'un arc.

Fig. 5 et 6. Instrumens dessinés dans les tombeaux des rois, qu'on a réunis avec les harpes, comme ayant quelque analogie avec les instrumens de musique; mais il serait possible qu'ils eussent eu un tout autre usage.

Fig. 7. Vase à anse, dont le couvercle est surmonté d'une tige de lotus et d'un bouchon de forme ronde. Le vase est peint en jaune bordé de rouge; le couvercle et la tige sont en vert bordé de noir.

Fig. 8. Vase supporté sur un châssis, comme c'est encore l'usage en Égypte. Le châssis était sans doute de bois : il est de couleur rouge-brun. Le vase est jaunâtre, tirant sur le gris.

PLANCHE 92.

VASES, *meubles et sujets divers peints dans les tombeaux des rois.*

Fig. 1. Vase d'une belle forme, sur lequel sont sculptés quelques ornemens, et qui est garni de deux anses. Il a pour couvercle un calice de lotus renversé. Sa forme présente, par le bas, une surface plane qui lui donne de la solidité.

Fig. 2. Figure de femme portant des ailes attachées sous ses bras. Dans l'aile du côté gauche est un globe. La figure tient dans une main une plume. Sa tête est ceinte d'un ruban noué par derrière, et porte un globe soutenu par deux cornes. La main droite tient une crosse. On voit, par-dessous la tunique-robe, les jambes enveloppées d'un vêtement serré qui descend jusqu'aux malléoles, et qui représente les caleçons dont les femmes font encore usage en Égypte. Les pieds sont nus et d'un dessin assez correct.

Fig. 3. Peinture représentant un embaumeur et une momie recouverte de sa caisse : cette enveloppe était fabriquée de toiles collées, et revêtue d'un enduit de blanc à la colle, sur lequel on peignait des ornemens hiéroglyphiques. La tête, qui est peinte en rouge-brun, et les bandes qui forment les quatre divisions de la caisse, sont bordées de rouge. Les yeux sont cernés de noir. Cette momie est posée sur un lit dont la forme est consacrée dans les représentations des embaumemens : celui-ci a de plus un dossier d'où sort une queue de lion; il pose sur une estrade en forme d'entablement égyptien. A côté de la momie est l'embaumeur, dont le visage est caché sous un masque noir, ayant la forme de la tête du chacal; sa coiffure est bleu-noir et rayée. Une draperie rayée de rouge lui descend jusqu'aux genoux. Son corps est mince, ses jambes et ses bras sont nus. Sous le lit il y a, sur une tablette, quatre canopes, dont les couvercles représentent, comme à l'ordinaire, les têtes de l'épervier, du chacal, du singe, et enfin une tête humaine. La première est jaune à coiffure bleue, la seconde bleue à coiffure jaune, la troisième rouge à coiffure verte, et la quatrième verte à coiffure rouge. Quatre petits coffres ou armoires peints en jaune sont placés sous la tablette.

Fig. 4. Tête surmontée d'un disque avec des cornes. Ses cheveux sont attachés par derrière en forme de queue : elle a la natte d'Horus sur l'oreille avec la mentonnière. Des espèces de bretelles servent à soutenir le corsage. Le caractère de la tête est assez beau ; il marque de la dignité et de la fierté. Les yeux de cette figure sont bordés de noir.

Fig. 5. Deux vases posés l'un sur l'autre. Le vase du haut est vert, et les ornemens sont jaunes ; celui du bas est jaune, et les ornemens tirent sur le rouge : les perles sont blanches. On emploie encore aujourd'hui en Égypte des vases de cette forme pour se laver les mains.

Fig. 6. Autre vase qui paraît propre à conserver les liqueurs et à les défendre du contact de l'air ; car il n'a pas d'autre ouverture qu'un conduit allongé, qu'on aperçoit sur le côté en haut. C'est par cet endroit que le vase devait s'emplir et se vider.

Fig. 7, 8, 9, 10, 12, 13, 14, 15. Différens vases de couleur bleue, jaune, rouge et verte. Dans la fig. 10, on voit une espèce de draperie autour du cou du vase.

Fig. 11. Figure debout, les bras pendans et en état d'érection ; le corps est blanc, et la tête verte. Devant et derrière la figure sont des globes rouges accompagnés d'étoiles : au-dessous du phallus est une petite figure qui, par son attitude, semble rendre grâces de sa naissance à la divinité ;

A. VOL. II. THÈBES (BYBAN EL-MOLOUK).

et au-dessus de sa tête sont trois étoiles. Le disque placé au dos du principal personnage est un peu plus petit que l'autre; plus bas sont trois autres étoiles sur une ligne inclinée. Les petites figures d'hommes et de femmes placées sur les côtés semblent exprimer l'étonnement.

Nota. Le trait de la grande figure est noir.

Fig. 16. Coffre surmonté de la corniche égyptienne : le couvercle ressemble beaucoup à celui des momies. Pour l'ouvrir, il y a un bouton en forme de lotus; peut-être les Égyptiens avaient-ils, dans leurs maisons, de semblables meubles pour renfermer une momie d'animal, ou même une momie d'homme.

Fig. 17. Vase rond par-dessous, ayant une grande main pour l'accrocher; il est décoré d'hiéroglyphes. Sa couleur est rouge-brun.

Fig. 18. Autre vase garni de même par le haut, mais à fond plat.

Fig. 19. Cuvette ou panier environné d'ornemens et d'une forme élégante. Le sujet paraît représenter deux gazelles dont les pieds sont en nageoire.

FIN DU VOLUME II.

THÈBES

(LOUQSOR).

~~~~~~~~~

EXPLICATION DES PLANCHES.

Nota. MM. JOLLOIS et DEVILLIERS ont mis en ordre et rendu conformes aux Descriptions qu'ils ont rédigées, les notes remises par les auteurs des dessins pour former le recueil des explications de planches du troisième volume.

PLANCHE 1.

PLAN *topographique des ruines.*

L'étendue de terrain que cette planche comprend, est indiquée sur le plan général (*voyez* pl. 1, *A.*, vol. II) par un rectangle tracé en lignes très-fines, portant le n°. VI. Les lettres A et B désignent les points de vue des pl. 3 et 4. (*Voyez* ci-après.)

Nota. C'est par erreur que l'on a placé le bord du fleuve à près de trente mètres de l'ancien mur de quai, vers l'extrémité méridionale du palais.

Nous n'avons jamais vu le pied de ce mur découvert dans le temps même des plus basses eaux. On doit faire observer aussi que le fleuve, qui se porte avec rapidité vers ce mur de quai, en a détruit une partie et a rongé la berge jusque par derrière la construction. (*Voyez* la *section* VII du *chapitre IX.*)

PLANCHE 2.

Vue générale prise d'une île en face des ruines du palais.

Cette vue a été prise d'une des îles indiquées sur le plan général de Thèbes, en face du village de Louqsor. (*Voyez* pl. 1, *A*., vol. II.) L'auteur a choisi le même point de vue que le voyageur Norden. Par la différence qui existe entre les deux dessins, on peut juger des difficultés qu'ont éprouvées, en Égypte, les voyageurs qui nous ont précédés, puisque, dans cette circonstance comme dans beaucoup d'autres, Norden, qui passe pour un des plus exacts, s'est autant éloigné de la vérité.

1. Mosquée construite dans l'intérieur du palais.
2. Troupes françaises célébrant le renouvellement de l'année et commandées par le général Béliard. L'infanterie fait une décharge générale de mousqueterie, à laquelle répond l'artillerie des barques.
3. Barques du Nil montées par des Français.
4. Nageurs entraînant avec eux des filets remplis de pastèques, de vases de terre cuite, et de divers autres objets.

On voit, à droite, sur le devant du tableau, un de ces énormes crocodiles qu'on rencontre assez ordinairement dans la haute Égypte, sur les îles basses du Nil.

PLANCHE 3.

Vue de l'entrée du palais.

Cette vue a été prise d'un point marqué A, sur une petite place en face du monument. (*Voyez* le plan topographique des ruines, pl. 1, *A*., vol. III.)

1. Sommet du minaret de la mosquée construite dans la première cour du palais.

2, 2'. Habitations modernes surmontées de colombiers : ceux-ci sont construits en terre séchée au soleil, et terminés en forme de petites tourelles carrées, blanchies à la chaux; ils sont percés de trous et environnés de petites branches d'arbre, pour faciliter aux pigeons l'entrée de leurs retraites. Le dessus des tourelles est garni de pots de terre brune, rangés les uns à côté des autres, et quelquefois disposés en pyramide. En avant de l'obélisque de droite, il existe de semblables colombiers qui le masquent en partie, et que l'on s'est permis, à cause de cela, de supprimer, afin de donner plus d'intérêt à cette vue. Sur la gauche, on voit quelques maisons du village de Louqsor.

3. Colosses en granit de Syène. Ils sont enterrés jusqu'aux épaules. Leurs visages sont mutilés. (*Voyez* la description du palais de Louqsor, sect. VII du *chapitre IX*.)

4. Obélisques en granit de Syène. Ils sont enterrés de quatre à cinq mètres et parfaitement conservés, à l'exception du pyramidion du plus petit : c'est celui qui se trouve à droite. (*Voyez* la description du palais de Louqsor, section VII du *chapitre IX*.)

Derrière les obélisques et les colosses, s'étendent, de part et d'autre, les deux parties du pylône, dont la corniche est en grande partie détruite. Chacune d'elles est percée de deux ouvertures qui donnent du jour dans les escaliers de l'édifice.

Les sculptures du pylône n'ont pas été copiées avec une très-grande exactitude : leur grande altération, et la hauteur à laquelle elles se trouvent, rendaient ce travail très-difficile. Si l'on a pu donner l'*intention* de ces tableaux, on le doit au genre de sculpture adopté par les Égyptiens. Les figures sont en relief dans le creux, en sorte que, pour peu que le soleil donne dessus, les ombres portées par les arêtes saillantes dessinent avec netteté tous les contours. Quand ces arêtes sont brisées, on ne peut plus rien distinguer.

5. Mur en brique élevé entre les deux massifs du pylône, et percé d'une petite porte. (*Voyez* la section VII du chapitre IX.)

6. Colonnes de neuf à dix pieds de diamètre, formant une galerie à la suite du premier péristyle.

7. Colonnes du deuxième péristyle. Au-dessus et dans le fond du tableau, on aperçoit le fleuve et les montagnes de la chaîne libyque.

8. Dôme d'un tombeau de santon.

9, 9′. Français occupés à dessiner.

10. Un autre Français mesurant le colosse à gauche, autour duquel on a fait des fouilles pour en connaître les proportions.

11. Un soldat français monté sur un âne.

12. Un aveugle conduit par son fils.

PLANCHE 4.

Vue *particulière du palais, prise du sud.*

Cette vue a été prise du point marqué B, sur le plan topographique des ruines, pl. 1, *A.*, vol. III.

Les buttes sur le devant sont en grande partie composées de sables amoncelés par les vents.

1. Mosquée et minaret.

2, 2′. Maisons modernes surmontées de colombiers. Quelques-unes de ces habitations sont abandonnées.

3. Montagnes de la chaîne libyque.

4. (*Voyez* ci-dessous, n°. 9.)

5. Le Nil.
6. Petit tombeau de santon.
7. Autre tombeau de santon, désigné 8 dans la planche précédente.
8. Obélisques de la façade. On n'aperçoit presque que le pyramidion du plus élevé.
9 et 4. Les deux parties du pylône.
10. Restes du second pylône. (*Voyez* la description du palais de Louqsor, *section* VII du *chapitre IX*.)
11. Grande colonnade.
12. Deuxième péristyle.
13. Galerie du fond du deuxième péristyle.
14. Terrasses de quelques salles qui dépendent de la partie la plus méridionale du palais.
15. Français dessinant les ruines.
16. Soldats français.
17. Barques remontant le Nil à la voile.

PLANCHE 5.

PLAN et *coupe longitudinale du palais.*

Figure 1.

a a. Origine présumée de l'avenue de sphinx qui réunissait les deux palais de Louqsor et de Karnak. L'existence de cette avenue n'est pas douteuse. (*Voyez* les *sections* VII et VIII du *chapitre IX*.)
I. Obélisque oriental, ou grand obélisque en granit de Syène.
b. Face de l'obélisque représentée pl. 11, fig. 1.
c. Face de l'obélisque représentée pl. 11, fig. 2.
d. Face de l'obélisque représentée pl. 11, fig. 3.

La quatrième face n'a pu être dessinée. (*Voyez* la section VII du *chapitre IX*.)

II. Obélisque occidental, ou petit obélisque en granit de Syène.

e. Face de l'obélisque représentée pl. 12, fig. 3.

f. Face de l'obélisque représentée pl. 12, fig. 2.

g. Face de l'obélisque représentée pl. 12, fig. 1.

La quatrième face n'a pu être dessinée (*Voyez* la section VII du *chapitre IX*.)

h. Colosse en granit, qui a été aperçu de dessus le pylône. Il est environné de maisons modernes dans lesquelles on n'a point pénétré.

i. Colosse occidental en granit, dont une partie est représentée pl. 13, fig. 4.

k. Colosse oriental en granit, représenté pl. 13, fig. 1, 2 et 3.

l. Quatrième colosse, que l'on n'a point vu, mais que l'on suppose devoir exister dans les maisons modernes qui couvrent cet emplacement.

m m. Façade du premier pylône.

n n. Escalier dans l'intérieur du pylône. Il existait, au-dessus de la porte, un palier découvert, par lequel on communiquait d'une partie du pylône dans l'autre.

o. Péristyle.

p. Emplacement d'un colosse que l'on suppose devoir exister sous les décombres.

q. Colosse dont on ne voit plus hors des décombres que la partie supérieure du bonnet.

r r. Deuxième pylône dont on ne voit plus de restes que d'un côté.

s. Avenue de grandes colonnes.

t. Cour environnée de portiques ou galeries de trois côtés. On peut la considérer comme un deuxième péristyle.

u. Portique principal.

v. Emplacement d'anciennes constructions.
x. Restes de constructions qui ne paraissent pas aussi anciennes que le palais.
y. Niche construite au temps des Romains. Elle est élevée entre les montans d'une porte égyptienne.
z. Vestibule.
a a. Couloir environnant la salle construite en granit.
b. Salle en granit.
c. Galerie.
d, e, f, Appartemens principaux.
g, h, i, k, l. Autres appartemens.
m. Emplacement d'un bas-relief représenté pl. 14, fig. 1.
n. Emplacement d'un bas-relief représenté pl. 14, fig. 3.
o. Emplacement d'un bas-relief représenté pl. 14, fig. 6.
p. Emplacement des bas-reliefs représentés pl. 14, fig. 2 et 4, dans l'intérieur de la porte du premier pylône.

Les parties du plan marquées en noir sont celles qui existent encore presque dans leur entier. Les restaurations sont indiquées avec une teinte plus faible.

Figure 2.

Coupe prise suivant le développement de la ligne A B C D du plan.

Pour les indications des diverses parties de l'édifice, *voyez* ce que nous avons dit ci-dessus, à l'occasion de la fig. 1.

PLANCHE 6.

ÉLÉVATION *de la façade du palais.*

a. Obélisque oriental, ou grand obélisque.
b. Obélisque occidental, ou petit obélisque.

Ces obélisques sont enterrés de quatre à cinq mètres.

c c. Colosses en granit : on a fait des fouilles autour de celui qui est à gauche, pour en connaître les proportions. (*Voyez* pl. 13, fig. 1, 2 et 3.)

d d. Colosses dont on n'a pu approcher : celui de droite a été vu du sommet du pylône.

e. Porte principale qui conduit dans l'intérieur du palais, et dont la partie supérieure est détruite.

PLANCHE 7.

PREMIÈRE *et seconde parties de la coupe longitudinale du palais.*

Figure 1.

Pour réunir les diverses parties de cette coupe, il faut avoir égard aux lettres A, B, C, qui indiquent des points à même hauteur dans cette planche et la suivante.

a. Obélisque oriental, ou grand obélisque.

b. Colosse oriental.

c. Porte construite entre les deux parties du premier pylône. Au-dessus de la porte, on voit l'issue par laquelle on passait d'une partie du pylône à l'autre.

d. Péristyle environné d'un double rang de colonnes.

e. Colosse dont on ne voit, au-dessus des décombres, que la partie supérieure du bonnet.

f. Porte du second pylône, en grande partie ruiné ou enfoui.

A. Point de raccordement de la première partie de la coupe avec la suivante.

Figure 2.

Cette figure représente une avenue dont les colonnes ont plus de neuf mètres de circonférence.

A. Point correspondant au point A de la figure précédente.
a. Niveau de l'encombrement.
g. Colonnade dont l'axe est incliné de 8° 3o′ à l'est, sur celui du péristyle. (*Voyez* pl. 5, fig. 1.)

Pour réunir cette portion de la coupe longitudinale avec la suivante (pl. 8), on avait deux mesures différentes, l'une donnée par MM. Jollois et Devilliers, l'autre par M. Le Père. Ces mesures diffèrent de 0^m,3o. Les points indiquent la correspondance avec la fig. 1 de la pl. 8, dans la première hypothèse ; et les points B doivent être à même hauteur dans la seconde.

PLANCHE 8.

Troisième *et quatrième parties de la coupe longitudinale du palais.*

Figure 1.

Cour environnée de portiques ou galeries de trois côtés.
h. Portique oriental à deux rangs de colonnes.
i. Portique du fond à quatre rangs de colonnes.

Il y a grande apparence que ces portiques étaient séparés de la grande colonnade par un pylône, ainsi que nous l'avons indiqué pl. 5, fig. 1. L'axe de cette cour est le même que celui de toutes les parties postérieures des édifices de Louqsor, et est incliné de 3° 9′ à l'est, sur celui de la colonnade, et de 11° 39′ sur celui du péristyle.

La lettre C indique le point de raccordement de cette figure avec la suivante.

Figure 2.

k. Restes de constructions qui paraissent moins anciennes que les autres édifices.

l. Niche construite, à l'époque des Romains, dans une porte égyptienne.

m. Vestibule.

n n. Couloir environnant et isolant de toutes parts la salle en granit.

o. Salle en granit.

p. Galerie.

q. Appartemens principaux.

A l'extrémité de cette coupe, on a indiqué la hauteur des plus grandes eaux observées depuis plus de cinquante ans, le niveau de la plaine, et la profondeur du terrain primitif.

PLANCHE 9.

1, 2, 3. COUPES *transversales du palais.* — 4, 5, 6, 7. *Détails recueillis dans les salles intérieures.*

Toutes ces coupes sont prises dans le même sens, en regardant le fond du palais.

Figure 1.

Coupe sur la ligne EF du plan. (*Voyez* pl. 5, fig. 1.)

a. Niche construite, au temps des Romains, dans une porte du palais.

b. Constructions qui paraissent du même temps que la niche romaine.

Fig. 2. Coupe sur la ligne GH du plan. (*Voy.* pl. 5, fig. 1.)

Fig. 3. Coupe sur la ligne IK du plan. (*Voy.* pl. 5, fig. 1.)

Fig. 4. Décoration de la corniche de la porte intérieure du vestibule. (*Voyez* pl. 5, fig. 1.)

Fig. 5, 6, 7. Coiffures emblématiques recueillies dans diverses salles du palais.

PLANCHE 10.

1, 2, 3, 4, 5, 6. SUITE *des coupes transversales.* — 7, 7', 8, 9. *Détails d'une colonne, d'une frise et d'une corniche du palais.*

Toutes ces coupes sont prises dans le même sens que celles de la planche précédente.

Fig. 1. Coupe sur la ligne LM du plan. (*Voy.* pl. 5, fig. 1.)
Fig. 2. Coupe sur la ligne NO du plan. (Voy. *ibid.*)
Fig. 3. Coupe sur la ligne PQ du plan. (Voy. *ibid.*)
Fig. 4. Coupe sur la ligne RS du plan. (Voy. *ibid.*)
Fig. 5. Coupe sur la ligne TU du plan. (Voy. *ibid.*)
Fig. 6. Coupe sur la ligne VX du plan. (Voy. *ibid.*)
Fig. 7 et 7'. Plan et élévation détaillée d'une des colonnes des salles marquées *d* et *e* sur le plan. (Voy. *ibid.*)
Fig. 8. Frise de la galerie marquée *c* sur le plan. (Voy. *ibid.*)
Fig. 9. Corniche intérieure du couloir marqué *a a*. (V. *ibid.*)

PLANCHE 11.

DÉTAILS *de trois faces de l'obélisque oriental du palais.*

Cet obélisque est marqué I sur le plan. (*Voyez* pl. 5, fig. 1, *A.*, vol. III.)
Fig. 1. Face tournée au nord.
Fig. 2. Face tournée à l'ouest.
Fig. 3. Face tournée au sud.

La quatrième face n'a pu être dessinée. (*Voyez* l'explication de la pl. 5.)

Il est à propos de consulter la description du palais de

Louqsor, *section* VII, *chapitre* IX, relativement aux détails que nous avons donnés sur la composition des diverses lignes d'hiéroglyphes et sur la manière dont elles sont sculptées.

a a. Niveau de l'encombrement sur chacune des faces.

PLANCHE 12.*

DÉTAILS *de trois faces de l'obélisque occidental du palais.*

Cet obélisque est marqué II sur le plan. (*Voyez* pl. 5, fig. 1, *A.*, vol. III.)

Fig. 1. Face tournée au sud.
Fig. 2. Face tournée à l'est.
Fig. 3. Face tournée au nord.

La quatrième face n'a pu être dessinée. (*Voyez* l'explication de la pl. 5.)

Nous ferons la même observation que pour la planche précédente, relativement à la composition et à la sculpture des tableaux hiéroglyphiques.

aa. Niveau de l'encombrement sur chacune des faces.

PLANCHE 13.

DÉTAILS *des colosses oriental et occidental placés près de la porte du palais.*

Fig. 1. Colosse oriental vu de face et découvert jusqu'au-dessus du socle du piédestal.
Fig. 2. Le même colosse vu de côté.
Fig. 3. La partie supérieure du même colosse vue par derrière jusqu'à la hauteur du sol actuel.

Fig. 4. Profil du colosse occidental vu jusqu'à la hauteur du sol actuel seulement.

PLANCHE 14.

BAS-RELIEFS *recueillis sur les murs intérieurs et extérieurs du palais.*

Fig. 1. Ce bas-relief est sculpté à la place marquée *m* sur le plan. (*Voyez* pl. 5, fig. 1.)
Fig. 2. Ce bas-relief est sculpté à la place marquée *p* sur le plan. (Voyez *ibidem.*)
Fig. 3. Ce bas-relief est sculpté à la place marquée *n* sur le plan. (Voyez *ibidem.*)
Fig. 4. Ce bas-relief est sculpté à la place marquée *p* sur le plan, peu loin de la fig. 2. (Voyez *ibidem.*)
Fig. 5. Ce bas-relief est sculpté sur la façade du premier pylône. (Voyez *ibidem.*)
Fig. 6. Ce bas-relief est sculpté au point o, au-dessus de la porte. (Voyez *ibidem.*)
Fig. 7. Ce bas-relief est sculpté dans la salle *d*. (Voy. *ibid.*)

PLANCHE 15.

DIVERS *vases sculptés sur les murs du palais.*

Ils font partie de la décoration intérieure et extérieure des différentes salles du palais.

THÈBES
(KARNAK).

EXPLICATION DES PLANCHES.

PLANCHE 16.

Plan topographique des ruines.

A. Point de vue de la pl. 17, *A.*, vol. III.
B. Point de vue de la pl. 18, *A.*, vol. III.
C. Point de vue de la pl. 19, *A.*, vol. III.
D. Point de vue de la pl. 20, *A.*, vol. III.
E. Point de vue de la pl. 41, *A.*, vol. III.
F. Point de vue de la pl. 42, *A.*, vol. III.
G. Point de vue de la pl. 43, *A.*, vol. III.
H. Point de vue de la pl. 44, *A.*, vol. III.
I. Point de vue de la pl. 49, *A.*, vol. III.
K. Point de vue de la pl. 51, *A.*, vol. III.

Voyez la pl. 54 et son explication, pour la position précise de ce point de vue.

L. Point de vue de la fig. 1, pl. 54, *A.*, vol. III.
M. Point de vue de la fig. 1, pl. 25, *A.*, vol. III.
a. Construction dont il ne reste plus que les fondations. Elle paraît avoir été un pylône placé en avant des ruines du nord.
b. Petite construction en grès.

c. Colosses assis, en grès siliceux, placés au-devant de la porte du nord.
d. Obélisques dont il ne reste plus que des troncs et beaucoup de débris épars çà et là.
e. Constructions dont il ne reste plus que les fondations, dont le plan est même fort difficile à reconnaître sous les débris dont elles sont recouvertes.
f. Édifice enfoui dans la cour du palais.
g. Colosses en granit.
h. Obélisques en granit.
i. Grands obélisques en granit.
k. Stèles en granit.
l. Colonnes dont on ne voit plus que des tronçons.
m. Pan de muraille ruiné jusque dans ses fondations.

On trouve sur le plan les autres indications écrites en toutes lettres; il serait superflu de les répéter ici.

PLANCHE 17.

Vue générale des ruines du palais, prise du nord-ouest.

Le point de vue de cette planche est marqué en A sur la pl. 16, *A.*, vol. III.

1. Restes du pylône qui forme la principale entrée du palais à l'ouest. Le premier massif du pylône paraît n'avoir jamais été achevé. La proximité du point de vue empêche d'apercevoir le second massif, qui a été terminé jusqu'à la corniche.
2. Grand temple du sud.
3. Pylône formant l'entrée du grand temple du sud.
4. Porte triomphale qui précède le grand temple du sud.
5. Colonnade du sud dans la cour du palais.

A. VOL. III. THÈBES (karnak).

6. Ruines de maisons ou cahutes construites en briques, faisant partie du village de Karnak.
7. Petit bois de palmiers au milieu des ruines.
8. Temple dépendant du palais. On n'aperçoit que les terrasses de cet édifice.
9, 9′, 9″, 9‴. Mur d'enceinte du palais. Ce mur est enfoui presque jusqu'au sommet. Il forme le fond de la colonnade du nord de la cour du palais.
10. Ruines des pylônes des propylées du palais.
11. Porte qui sert d'issue à la cour du palais, vers le sud.
12. Colonne qui faisait partie d'une avenue dans la cour du palais.
13. Ruines du second pylône. Le point de vue étant pris à l'angle nord-ouest du bâtiment, ce pylône présente un grand développement. Ses immenses débris occupent presque toute la planche et cachent la plus grande partie de la salle hypostyle du palais.
14. Restes des claires-voies qui donnaient du jour dans la salle hypostyle.
15. Partie nord de la salle hypostyle.
16. Petit obélisque en granit, encore subsistant dans l'intérieur du palais.
17. Grand obélisque en granit rose, encore subsistant dans le péristyle du palais.
18. Galerie. Les ouvertures pratiquées pour répandre la lumière dans l'intérieur donnent à cette portion du palais l'apparence d'un édifice à deux étages. Elle est enveloppée d'une grande quantité de ruines. La planche donne une idée de celles qui sont au nord. (*Voyez* la description du palais de Karnak, sect. viii du *chap. IX.*)
19. Porte de l'est.

On voit dans le fond du paysage les montagnes de la chaîne arabique. Des palmiers et des sycomores sont répandus çà et là dans les vastes ruines de Karnak, et les devants offrent l'aspect aride des décombres.

PLANCHE 18.

Vue des ruines de la salle hypostyle et des appartemens de granit du palais.

Le point de vue est marqué en B sur la pl. 16, *A.*, vol. III.
1. Partie sud du pylône de l'ouest, formant l'entrée principale du palais. On y voit quatre ouvertures carrées, dont la destination est indiquée dans la description de Karnak. (*Voyez* la *sect.* VIII du *chap. IX.*)
2. Partie sud de la salle hypostyle. Les chapiteaux des colonnes ont la forme de boutons de lotus tronqués; ils sont ornés d'hiéroglyphes et surmontés de dés carrés qui portent les architraves sur lesquelles reposent les pierres du plafond. Cette partie du monument, vue de l'extérieur, paraît presque entièrement enfouie : cependant, à l'intérieur, elle ne l'est que jusqu'au tiers de sa hauteur, à peu près. En avant, on voit la partie supérieure d'un obélisque en granit rose qui paraît avoir été de même dimension que le grand obélisque qui sera indiqué ci-après. Le pyramidion est parfaitement conservé; les surfaces et les arêtes sont dressées avec une rare perfection.
3. Reste des baies de croisées qui donnaient du jour dans la salle hypostyle. Elles étaient fermées par des claires-voies en pierre.
4. Colonnes de grandeur colossale, qui forment une avenue dans la partie intermédiaire de la salle hypostyle. Les chapiteaux ont la forme du calice du lotus et sont ornés de tiges de cette plante.

5. Petit obélisque en granit rose, encore subsistant dans l'intérieur du palais.

6. Ruines du péristyle du palais.

7. Grand obélisque en granit rose, encore debout dans le péristyle du palais. Il a, jusqu'au tiers environ de sa hauteur, une teinte qui diffère de celle du reste du monolithe; ce qui provient, sans doute, de la couleur même du granit.

8. L'un des stèles qui précèdent les appartemens de granit; on aperçoit la face ornée de lotus.

9. Ruines des appartemens de granit. Il est facile de distinguer les corniches, ornées de cannelures, qui les couronnent encore.

Sur les différens plans, sont des amoncellemens de décombres provenant des débris de briques crues et de sables apportés par les vents du désert. Des espèces de joncs et de chardons sont les seules plantes que l'on aperçoive sur ce sol aride.

Les figures que l'on voit dans la planche représentent des soldats français avec des gens du pays, conduisant un chameau chargé d'une tente, de matelas et d'une cage à poules; tous objets qu'il faut transporter avec soi, lorsque l'on voyage en Égypte.

Nota. Les trois palmiers qui sont à droite sur le devant ont été ajoutés au dessin original.

PLANCHE 19.

Vue *du palais, prise de l'intérieur de la cour.*

Le point de vue est marqué en C sur la pl. 16, *A.*, vol. III.

1. Restes du pylône formant l'entrée du temple dépendant du palais. Parmi les sculptures qui le décorent, on remarque

un sacrificateur armé d'une massue, et prêt à immoler des hommes qu'il saisit de la main gauche par les cheveux.

2. Portion de la colonnade du sud dans la cour du palais.

3, 3′. Parties entièrement ruinées du pylône qui précède la salle hypostyle.

4. Restes de la porte de ce pylône ornés de bas-reliefs relatifs au culte égyptien. On voit encore, dans la partie supérieure à droite et à gauche, une portion du cordon et de la corniche formant le couronnement de cette porte. Entre ses montans, on aperçoit les grandes colonnes de la salle hypostyle, le petit obélisque, et, tout-à-fait dans le lointain, la grande porte de l'est. Quelques palmiers *doum* et les montagnes de la chaîne arabique terminent cette riche perspective.

5. L'une des colonnes de l'avenue de la cour du palais. C'est la seule qui reste sur pied; les autres sont renversées et se voient en partie sur le premier plan. Les assises de ces colonnes ont encore conservé leur ordre primitif.

6. Portion du fût, encore debout, de l'une des colonnes de la même avenue.

7. Reste d'un colosse en granit rose; il est enfoui jusqu'au milieu des jambes. Des gens du pays sont occupés à faire des fouilles au pied de ce colosse. A côté d'eux sont des artistes français.

PLANCHE 20.

Vue *d'un colosse placé à l'entrée de la salle hypostyle du palais.*

Le point de vue de cette planche est marqué en D sur la pl. 16, *A.*, vol. III.

1. Restes d'un colosse placé à l'entrée de la salle hypostyle.

A. VOL. III. THÈBES (karnak). 277

A l'exception des bras et de la tête, qui ont été tronqués, et de quelques autres parties du corps qui ont été mutilées, ce colosse est bien conservé. Les jambes, quoiqu'un peu fortes, sont d'un beau galbe. Le piédestal, dont la face antérieure est couverte d'hiéroglyphes, est du même bloc que la figure.

2. Pan de muraille d'une sorte de vestibule en avant du pylône de la salle hypostyle.

3. Portion de la colonnade du sud dans la cour du palais. On voit, à travers une porte pratiquée sous cette colonnade, une des cahutes du village de Karnak et quelques palmiers.

4. Portion du pylône formant l'entrée du temple dépendant du palais.

Les devans du dessin sont jonchés de débris de granit et de grès provenant de la statue et des constructions qui précèdent la salle hypostyle.

PLANCHE 21.

1, 2, 3. Plan, *coupe générale et élévation du palais.* — 4. *Plan d'un petit temple près de l'enceinte du palais.*

Figure 1.

a. Avenue de sphinx précédant le pylône.
b. Sphinx dont la tête s'élève encore au-dessus des décombres, et au pied desquels on a fait des fouilles.
c. Pylône de l'ouest, formant l'entrée du palais.
d. Escalier pratiqué dans le pylône pour parvenir au sommet de l'édifice. On y arrivait en passant par-dessus la porte du pylône. L'escalier qui faisait suite à celui-là et qui se

trouvait dans le premier massif du pylône, est caché sous les débris de l'édifice et n'a point été exprimé dans la gravure.

e. Édifice entièrement enfoui. L'encombrement n'a pas moins de treize mètres (quarante pieds).

f. Avenue de colonnes, dont une seule subsiste encore debout. (*Voyez* l'explication de la pl. 17 au point 12, et l'explication de la pl. 19 au point 5.)

g. Entrée d'un escalier pratiqué sous la colonnade du sud, dans l'épaisseur de la muraille. Cet escalier conduit sur les terrasses.

h. Escalier pareil à celui qui a été pratiqué sous la colonnade du sud.

i, k. Colosses en granit. Celui du sud est le seul qui soit encore debout : on ne voit plus de l'autre que le piédestal.

l. Perron.

m. Vestibule.

n. Pylône formant l'entrée de la salle hypostyle. Il est presque entièrement ruiné. (*Voyez* les pl. 17 et 19, *A.*, vol. III.)

o. Grande porte du pylône.

p. Montans d'une petite porte pratiquée dans la grande baie.

q. Avenue de colonnes de la salle hypostyle. Ces colonnes ont $3^m,57$ de diamètre; les autres colonnes ont $2^m,81$ de diamètre.

r. Pilastres qui correspondent aux colonnes de moindre dimension de la salle hypostyle.

s. Vestibule dont le mur est extérieurement tangent aux grandes colonnes de la salle hypostyle.

t. Pylône fermant la salle hypostyle à l'est. Cette construction est en grande partie détruite.

u, v. Obélisques en granit; celui du sud est le seul qui reste encore debout.

x. Construction qui précède le péristyle et qui pourrait bien avoir été un pylône. L'état dans lequel elle se trouve, ne permet pas de décider la question.

y. Vestibule.

z, a'. Grands obélisques en granit. Celui du nord est le seul qui reste encore debout.

b', c', d'. Piliers-cariatides. Ce sont les seuls qui soient encore en place dans le péristyle. Tous les autres ont été bouleversés et sont cachés sous les débris de pierres amoncelés dans cette pièce.

e'. Porte de sortie du péristyle.

f'. Vestibule précédant les appartemens de granit.

g'. Porte en granit.

h'. Petite cour précédant les appartemens de granit.

i'. Salle latérale dont le plafond est entièrement détruit.

k'. Autre salle latérale dont le plafond, qui est aussi entièrement détruit, paraît avoir été porté par des colonnes.

l', m'. Stèles en granit.

n'. Appartemens de granit.

o', p'. Petites pièces carrées qui conduisent au couloir enveloppant les appartemens de granit.

q'. Couloir.

r', s', t'. Portes en granit noir.

u', v', x', y', z', a. Petites pièces distribuées autour des appartemens de granit.

b, c. Corridors.

d. Salle carrée.

e. Portes de dégagement des appartemens de granit.

f. Bloc de spath calcaire cristallisé. On y voit encore les restes d'un tore qui se trouve ordinairement sur les montans des portes.

g. Piliers-cariatides placés en avant des murs de deux salles adjacentes à la galerie.

h, *i*. Petites pièces carrées dont on ne voit plus que les fondations.

k. Espace qui devait être occupé par de petites pièces carrées semblables à celles marquées en *h* et *i*.

l. Corridor.

m, *n*. Salles dont les plafonds sont portés par des piliers carrés.

o, *p*, *q*, *r*, *s*, *t*, *u*. Petites pièces oblongues qui ont dû servir d'habitations particulières.

v. Salle où l'on entre par une porte au milieu de laquelle se trouve une colonne.

x. Grande salle rectangulaire communiquant avec la galerie.

y, *z*, *a'*, *b'*, *c'*, *d'*. Petites pièces qui ont dû servir d'habitations particulières.

e'. Petite pièce carrée qui paraît avoir servi de chapelle. Elle est maintenant presque entièrement enfouie sous des monceaux de pierres. Les sculptures qu'elle renferme sont très-soignées.

f'. Espace rempli de débris. On y voit encore des colonnes debout. (*Voyez* les pl. 17 et 43, *A*., vol. III.)

g'. Mur dont on ne voit plus que les fondations.

h'. Espace qui devait être rempli par des distributions telles qu'on en voit au sud en *a'*, *b'*, *c'*, *d'*, etc.

i', *k'*. Piliers carrés qui faisaient partie de distributions que l'on ne peut plus maintenant reconnaître.

l'. Emplacement d'un monolithe en granit représenté pl. 31, *A*., vol. III. Il a été déplacé par des voyageurs français qui avaient le projet de le transporter en Europe.

Temple dépendant du palais.

m'. Portique à jour du temple dépendant du palais, et dont l'entrée est dans la cour. Il est orné de piliers-cariatides.

n'. Second portique du même temple. Il est encombré jusqu'aux trois quarts de la hauteur du fût des colonnes.

o'. Pièces enfouies jusqu'aux plafonds. On n'a pu en reconnaître entièrement la distribution. C'était le sanctuaire du temple.

p', q'. Petites pièces latérales, dans l'une desquelles est pratiqué un escalier qui conduit sur les terrasses de l'édifice. Ces pièces sont très-encombrées.

Figure 2.

Coupe générale du palais sur la ligne A B. (*Voy.* fig. 1.) On a restauré, dans cette coupe, tous les édifices ruinés dont on a trouvé des restes plus ou moins élevés au-dessus du sol. On en a usé ainsi pour l'avenue des colonnes de la cour, dont une seule reste debout, pour le pylône du temple dépendant du palais, pour l'entrée de la salle hypostyle, le grand obélisque, le péristyle et les murs de clôture du palais. Les pl. 17, 18, 19, 20 et 43, *A.*, vol. III, qui représentent les vues des édifices, en font connaître l'état actuel. On a ponctué les pylônes qui ont été détruits. Cette coupe générale est reproduite à une échelle plus grande dans les pl. 22, 23, 24, *A.*, vol. III.

Figure 3.

Élévation de la moitié sud du pylône de l'ouest. Elle est destinée à faire voir les cavités prismatiques où se plaçaient des mâts, et les trous carrés traversant la masse du pylône, qui servaient à les retenir et à les fixer. Les cotes qui déterminent la position relative des deux rangées de fenêtres et des rainures cunéiformes, n'ont point été prises exactement.

Figure 4.

Plan d'un petit temple situé au nord près de l'enceinte du palais. Cet édifice est presque enfoui. Il a été cependant facile de reconnaître toutes les parties de son plan. Il était précédé d'une porte indiquée dans le plan topographique de Karnak. *Voyez* pl. 16, *A.*, vol. III.

PLANCHE 22.

PREMIÈRE *partie de la coupe longitudinale du palais.*

Cette première partie s'étend depuis l'extérieur du pylône formant l'entrée de l'ouest jusqu'au temple dépendant du palais. Le massif du pylône vu en coupe est celui qui existe encore presque dans son entier. La corniche seule est maintenant détruite.

a. Ouverture de l'escalier qui conduit à la partie supérieure de l'édifice.

b. Portion de la colonnade du sud. Les hiéroglyphes marqués sur la frise ne sont pas exacts; ils ont été substitués aux vrais hiéroglyphes pour l'effet de l'architecture. Les colonnes sont ici figurées sans base : des fouilles n'ont point été entreprises pour s'assurer si effectivement elles n'en avaient pas. La corniche, les dés, les chapiteaux et les fûts des colonnes sont sans décorations; il est très-probable qu'ils en auraient été revêtus, si la colonnade eût été achevée.

c. De toutes les colonnes qui formaient une avenue dans la cour du palais, il n'existe plus que celle-là. Ses ornemens sont exacts, aux hiéroglyphes près, qui ont été suppléés pour l'effet de l'architecture; les autres colonnes, qui sont maintenant renversées, avaient des décorations disposées dans le même système, mais qui différaient probablement pour les détails d'hiéroglyphes et pour les sujets de bas-reliefs. La même décoration a été reportée ici sur toutes les colonnes.

d. Pylône formant l'entrée du temple dépendant du palais; il est décoré de quelques-unes des sculptures qu'on a eu le temps de recueillir. L'analogie a seule déterminé à orner les parties inférieures de tiges et de fleurs de lotus. Les parties supérieures devaient être ornées d'autres sculptures qu'on n'a pas cru devoir suppléer.

PLANCHE 23.

Deuxième *partie de la coupe longitudinale du palais.*

Cette portion de la coupe longitudinale s'étend depuis les colosses placés à l'entrée de la salle hypostyle jusqu'au fond de cette même salle.

a. Partie de la colonnade du sud.
b. Colosse en granit placé à l'entrée de la salle hypostyle.
c. Mur du vestibule de la salle hypostyle. Les tableaux que l'on voit sur le devant ne sont point exacts; ils ont été suppléés pour l'effet de l'architecture : mais les véritables tableaux offrent la même disposition.
d. Porte du pylône de la salle hypostyle. Les décorations ne sont point exactes.
e. Petite porte pratiquée dans la grande.

La grande élévation des monumens n'a pas permis de restaurer le pylône dans toute sa hauteur. On peut en voir l'effet dans la pl. 21, fig. 2.

f. Colonnes formant le grand entre-colonnement de la salle hypostyle. La décoration de l'une d'elles est exacte et a été reportée sur toutes les autres. Nous avons reconnu, sur les lieux, que le système de décoration est le même pour toutes les colonnes, et qu'il n'y a de variété que dans les détails. L'architrave qui porte sur les dés est ornée d'hiéroglyphes. Ceux que l'on voit dans la gravure ne sont point exacts, mais ils suppléent aux véritables hiéroglyphes, pour l'effet de l'architecture. Il faut consulter les planches des vues, pour reconnaître l'encombrement des différentes parties de l'édifice.

g. Colonnes des bas-côtés de la salle hypostyle. La décoration d'une seule d'entre elles a été copiée exactement. La frise de l'architrave qu'elles portent est ornée de grands hiéroglyphes, que l'on a remplacés par ceux que présente la planche, pour l'effet de l'architecture. La décoration de la corniche est exacte.

h. Claires-voies en pierre à travers lesquelles le jour pénètre dans la salle hypostyle.

La désignation de *salle hypostyle*, que nous avons adoptée, est la traduction de la dénomination de οἶκος ὑποστύλος, que Diodore de Sicile emploie pour désigner, dans le tombeau d'Osymandyas, une pièce pareille à celle qui nous occupe. (*Voyez* ce que nous avons dit à ce sujet dans la description de ce monument.) Ὑπόστυλος est un mot composé de la préposition ὑπὸ, qui veut dire *sous*, et de στυλὸς, qui signifie *colonne*. Ainsi, οἶκος ὑποστύλος signifie *salle sous des colonnes*, ou salle dont les plafonds sont portés par des colonnes. On voit, d'après cela, combien la dénomination de *salle hypostyle*, que nous avons adoptée, convient à la partie du palais de Karnak dont il est ici question.

PLANCHE 24.

Troisième *et quatrième parties de la coupe longitudinale du palais.*

Figure 1.

Cette figure donne le détail de la coupe longitudinale, depuis le dernier pylône qui ferme la salle hypostyle, jusqu'à l'extrémité des appartemens de granit.

a. Obélisque en granit. Il était décoré, sur les quatre faces, d'une ligne d'hiéroglyphes. Ceux que l'on voit dans la planche n'ont pas été copiés sur les lieux.
b. Vestibule du péristyle.
c. Grand obélisque en granit. Le système de décoration des quatre faces de cet obélisque est le même; on a rapporté ici la face qui a été copiée exactement. (*Voyez* ci-après, pl. 30, fig. 5, *A*., vol. III.)
d. Péristyle orné de piliers-cariatides.
e. Porte qui conduit aux appartemens de granit. Les fouilles ont fait connaître les degrés par lesquels on arrive sur la plate-forme où sont élevés ces appartemens.
f. Petite cour qui précède les appartemens de granit.
g. Porte en granit.
h. Stèle en granit.
i. Première salle des appartemens de granit.
k. Seconde salle des appartemens de granit.
l. Couloirs environnant les appartemens de granit.
m. Deuxième plafond en grès au-dessus des appartemens de granit.

Figure 2.

Cette figure donne la portion de la coupe longitudinale

depuis les appartemens de granit jusqu'à l'extrémité du palais.

a. Mur de clôture du palais : il est presque entièrement détruit ; on l'a restauré d'après la hauteur qu'on lui a trouvée à l'extrémité de l'édifice.

b. Mur avancé à l'extrémité de la galerie.

c. Galerie. Elle renferme des colonnes dont les chapiteaux sont remarquables par leur singularité. L'intérieur offre aussi des pierres en encorbellement dans tout le pourtour : elles forment une sorte de toit sur lequel glisse la lumière par des trous pratiqués dans l'espèce d'attique qui couronne la galerie.

d. Bas-côtés de la galerie.

e. Colonnes encore debout dans un espace qui est rempli de débris.

Nota. C'est par erreur que l'on a figuré ici des colonnes dont les chapiteaux ont la forme de boutons de lotus tronqués. Eu égard à la partie du palais vue dans cette coupe, on aurait dû figurer des colonnes à pans. (*Voyez* la Description de Karnak, section VIII du *chapitre IX*.) C'est dans la partie nord que se trouvent les colonnes qui sont ici représentées.

f. Petite chapelle à l'extrémité du palais.

g. Couloir qui enveloppe une grande partie du palais.

PLANCHE 25.

1. VUE *intérieure du grand temple du sud.* — 2. *Coupe longitudinale du temple dépendant du palais.*

Figure 1.

Le point de vue de cette figure est marqué en M, pl. 16, *A.*, vol. III. On voit, dans ce dessin, les colonnes du portique du grand temple du sud tout-à-fait dégagées des décombres qui les couvrent maintenant. On aperçoit, dans le fond, les portes qui conduisent dans le second portique et les pièces suivantes. Une partie du fût de l'une des colonnes du second portique se voit sur la gauche.

Figure 2.

Cette figure représente la coupe faite dans le temple dépendant du palais, suivant la ligne CD, pl. 21, fig. 1, *A.*, vol. III.
a. Murs extérieurs de la colonnade du sud dans la cour du palais.
b. Colonnes du premier et du second portique. Leurs chapiteaux ont la forme du bouton de lotus tronqué; s'ils sont ici représentés sans ornemens, c'est qu'on n'a point eu le temps de les dessiner.

PLANCHE 26.

COUPE *transversale de la salle hypostyle du palais.*

Cette coupe est prise suivant la ligne EF, pl. 21, fig. 1, en regardant le fond du palais.
a. Grandes colonnes de la partie intermédiaire de la salle hypostyle. Les ornemens qui ont été exactement copiés sur l'une des colonnes de l'avenue, ont été rapportés sur celles-ci.
b. Espace où devaient se trouver des fenêtres formées par des claires-voies en pierre, comme on en voit dans la coupe longitudinale.
c. Partie supérieure des grands obélisques en granit enclavés dans le péristyle du palais.

d. Colonnes des bas-côtés de la salle hypostyle. Le système de décoration de ces colonnes est rendu ici avec exactitude; mais les hiéroglyphes et les personnages qui forment les tableaux ont été substitués, pour l'effet de l'architecture, à ceux qui existent réellement et que l'on n'a point eu le temps de dessiner. Les hiéroglyphes qui ornent les architraves n'ont pu être non plus copiés. Pour se faire une idée complète de la salle hypostyle, il faut de plus se représenter les murs de fond couverts de sculptures.

e. Ouvertures en forme de soupiraux, pratiquées dans l'épaisseur des pierres du plafond pour éclairer la salle hypostyle.

PLANCHE 27.

1. COUPE *transversale du péristyle du palais.* — 2. *Coupe transversale du palais, prise en avant des obélisques.*

Figure 1.

Cette coupe est prise sur la ligne I K (*voyez* pl. 21, fig. 1), en regardant le fond du palais. Tous les piliers-cariatides ont été rétablis au moyen des mesures prises sur les fragmens qui ont été trouvés dans le lieu même. La corniche et l'architrave ont été décorées d'après l'analogie des autres parties du monument qui sont intactes. Dans le fond, on aperçoit la corniche de la galerie du palais.

Figure 2.

Cette coupe est prise suivant la ligne G H (*voyez* pl. 21, *A.*, vol. III), en regardant le fond du palais.

Nota. La ligne ponctuée G H doit passer entre les petits obélisques et la porte de la salle hypostyle.

A. VOL. III. THÈBES (KARNAK).

a. Petits obélisques. Les hiéroglyphes qui les décorent remplacent les vrais hiéroglyphes, que l'on n'a pas eu le temps de dessiner.

b. Grands obélisques en granit enclavés dans le péristyle. Les ornemens, exactement copiés sur une des faces, ont été rapportés sur celles-ci.

c. Élévation du mur qui forme le côté ouest du péristyle. Ce mur n'est ici représenté qu'avec une hauteur égale à celle du péristyle; mais il est probable qu'il devait être plus élevé et former un pylône en avant de cet édifice. Le cordon qui se voit aux angles, confirme cette conjecture.

Toutes les parties lisses de ces coupes devraient être couvertes d'ornemens; mais on n'a pas eu le temps de les dessiner.

d. Élévation de la partie supérieure de la galerie du palais.

PLANCHE 28.

COUPES *transversales en avant des appartemens de granit et dans la galerie du palais.*

Fig. 1. Cette coupe est prise en avant des appartemens de granit suivant la ligne LM (*voyez* pl. 21, fig. 1, *A.*, vol. III), en regardant le fond du palais. On voit les stèles en granit, les portes qui conduisent dans les couloirs des appartemens de granit, et les petites pièces qui environnent ces derniers. Dans le fond, on aperçoit la galerie du palais, les piliers-cariatides marqués en *g*, pl. 21; fig. 1, et sur le dernier plan le mur de clôture.

Fig. 2. Cette coupe est prise dans la galerie du palais, suivant la ligne NO (*voyez* pl. 21, fig. 1, *A.*, vol. III), en regardant le fond du palais. Pour se former une idée complète de cette coupe, il faut se représenter presque toutes les parties lisses du dessin couvertes de sculptures.

PLANCHE 29.

1, 2, 3. Vue et détails de l'un des sphinx placés à l'entrée principale du palais. — 4. Détail de l'un des sphinx de l'allée du sud. — 5. Petit torse en granit trouvé près de la porte du sud.

Fig. 1. Vue de l'un des deux sphinx dont on retrouve encore les restes à soixante mètres en avant du pylône qui forme l'entrée de l'ouest du palais de Karnak, et que l'on aperçoit dans le fond du tableau. On a représenté la fouille qui a été faite tout autour du sphinx pour en voir le pied et en prendre les mesures. (*Voyez* fig. 2 et 3.) La tête est presque entièrement ruinée; mais ce qui en reste annonce une tête de belier. Il y a une petite inscription grecque tracée sur le corps du lion. (Voyez le *Mémoire sur les inscriptions recueillies en Égypte*, et la description de Karnak, section VIII du *chapitre IX*.)

Fig. 2. Profil du sphinx à corps de lion, dont la vue est représentée fig. 1. On a ponctué la tête de belier, comme étant la restauration la plus vraisemblable. Au pied du sphinx, qui était encombré presque jusqu'au sommet de la tête, on a fait une fouille qui a fait connaître la forme et les dimensions du piédestal. Ce sphinx est sculpté avec beaucoup de vigueur et de fermeté.

Fig. 3. Figure du sphinx vue de face. Elle présente, sur la poitrine, une petite figure de divinité tenant dans ses mains deux croix à anse. Une ligne d'hiéroglyphes décore le devant de sa robe.

Fig. 4. Détail de l'un des sphinx de l'allée du sud. La tête est presque entièrement mutilée. La plus grande partie des sphinx qui restent dans cette avenue, ont éprouvé de pareilles mutilations.

Fig. 5. Torse en granit noir, trouvé près d'une citerne située à peu de distance du grand temple du sud. (*Voyez* le plan topographique, pl. 16, *A.*, vol. III.) Ce torse, qui a $0^m,30$ de hauteur, a été apporté en France. Les formes en sont bien senties et exprimées avec soin.

PLANCHE 30.

1, 1'. DÉTAIL des piliers-cariatides du temple dépendant du palais. — 2, 3, 4, 5, 6, 7, 8. *Détails des colonnes de la salle hypostyle et de la galerie, du grand obélisque et des stèles du palais.*

Fig. 1. Détail en grand de deux piliers-cariatides du temple dépendant du palais, pris dans un des angles du portique. Le détail a été dessiné et construit sur les lieux avec exactitude, au moyen des mesures prises sur toutes les parties de ces figures colossales; mais on n'a pas jugé à propos de les graver toutes sur la planche.

Chaque cariatide porte une inscription hiéroglyphique, et deux autres colonnes d'hiéroglyphes sont sculptées sur le pilier. On n'a exprimé sur la figure représentée en face dans cette planche, que les caractères distingués sur les lieux.

Fig. 1'. Plan d'un des piliers-cariatides du portique du temple dépendant du palais.

L'échelle n'est qu'à la moitié de celle de la fig. 1.

Fig. 2. Détail de l'une des grandes colonnes de la salle hypostyle. Tous les ornemens dont cette colonne est couverte, ont été exactement dessinés.

Fig. 3. Détail de l'une des colonnes des bas-côtés de la salle hypostyle. Tous les ornemens et les hiéroglyphes qu'il présente, ont été copiés exactement.

Fig. 4. Colonne de la galerie du palais. Elle se fait remarquer par son couronnement formé de deux fleurs de lotus opposées par leur partie supérieure.

Fig. 5. Face orientale du grand obélisque qui reste debout au point a' (pl. 21, *A.*, vol. III). C'est le plus grand de ceux qui subsistent en Égypte; il est de granit oriental, comme ceux de Louqsor. On ne l'a pas fouillé jusqu'au socle : on a supposé qu'il a le même sol que la salle de granit. La hauteur en a été mesurée avec le même soin et les mêmes instrumens que celle des deux obélisques de Louqsor. C'est au-dessus du sol de la salle en granit que l'aiguille a $28^m,77$ de hauteur. En face de cet obélisque, il y en avait un autre pareil, qui est aujourd'hui renversé; mais le pyramidion existe, et il est très-bien conservé. (*Voyez* pl. 18, au-dessous du point 2.) Il a été facile d'en prendre les mesures très-exactes; sa hauteur est de $3^m,095$, la base est de $1^m,804$, la longueur de l'arête est de $3^m,348$.

Au-dessous des huit rangs de figures, la colonne d'hiéroglyphes est seule, et le reste est absolument nu. Cette disposition est la même sur les quatre faces; on ne connaît pas d'autre obélisque décoré de cette manière. Une des arêtes est comme écornée.

Les signes n'ont été copiés que sur la face orientale; les autres faces n'ont pas été dessinées, si ce n'est quelques hiéroglyphes de la face du nord, qu'on n'a pas gravés, comme trop incomplets.

a a. Niveau de l'encombrement de l'obélisque.

Fig. 6. Plan des stèles placés au-devant des appartemens de granit.

Fig. 7. Détail de la face sud de l'un des stèles. Les fleurs de

A. VOL. III. THEBES (KARNAK). 293

lotus ont un très-fort relief sur le nu de la face; elles portent encore des restes des couleurs éclatantes dont elles ont été peintes. Les hiéroglyphes qui sont au-dessus, ont été exactement copiés. Les faces nord des stèles sont pareilles.

Fig. 8. Détail de la face orientale de l'un des stèles. Les personnages, ainsi que les hiéroglyphes, ont été copiés avec la plus grande exactitude. Les faces de l'ouest sont décorées d'une manière analogue.

PLANCHE 31.

Vues *d'un bloc en granit orné de six figures, trouvé près de la galerie du palais.*

Ce bloc a été trouvé vers le point marqué l', pl. 21, fig. 1, dans les fouilles qu'on a faites de ce côté des ruines. On a essayé, mais vainement, de l'enlever et de l'amener jusqu'au Nil. Si l'on était parvenu à l'emporter, on posséderait, en Europe, une des productions les plus parfaites de la sculpture égyptienne. Sa hauteur actuelle est d'environ $1^m,6$ (cinq pieds); les figures ont $1^m,3$ (quatre pieds) de proportion. On l'a représenté dans la gravure à l'échelle d'un sixième; sa forme est un parallélipipède carré long, dont les faces sont légèrement inclinées. Vers le haut, sa longueur est de $0^m,89$, et sa largeur de $0^m,47$. La matière est de granit rose, et du plus beau poli. Les formes des figures sont plus prononcées, et leurs muscles plus savamment exprimés, même sous les vêtemens, que dans aucune autre sculpture trouvée à Thèbes ou dans les autres villes égyptiennes. Les membres sont séparés, au lieu d'être accolés comme à l'ordinaire; la pose en est facile, et la manière dont les figures se tiennent toutes par la main, ne manque pas de grâce ni d'élégance; enfin le relief est presque entier, et bien plus considérable que dans les autres sculptures de cette espèce.

Le bloc devait avoir au moins deux mètres (six pieds) de haut. A sa partie inférieure, il est taillé en gorge renversée, comme les socles des colosses.

Fig. 1. Vue prise presque en face de l'un des grands côtés du bloc. Les hiéroglyphes ont été copiés exactement, tant dans le haut que sur la ceinture du personnage de droite, ceinture qui est remarquable par sa riche broderie. La tête de la figure est peut-être la seule partie qui manque à ce monolithe, aussi bien conservé qu'il est bien exécuté; les extrémités des pieds ont souffert à cause de leur saillie. La figure à tête d'épervier est répétée deux fois dans ce bloc. (*Voyez* fig. 2.)

Fig. 2. Vue prise à environ quatre-vingt-dix degrés de la précédente. La figure de femme qui est de profil dans l'autre dessin, est ici vue de face, et les deux figures dans l'ombre répondent tout-à-fait à celles de la face opposée, soit par le costume, soit par les détails. Il paraît que celle dont la tête est brisée, était coiffée comme la figure qui lui est correspondante : mais on ignore quel était le sixième personnage, occupant la petite face qui ne se voit pas dans ces deux dessins ; cette face est restée enfouie.

Nota. La face éclairée a été figurée un peu trop large dans la gravure.

PLANCHE 32.

BAS-RELIEFS *sculptés dans l'intérieur de la salle hypostyle et sur les murs extérieurs du palais.*

Fig. 1 et 3. Ces deux bas-reliefs ont été recueillis à Louqsor, sur le mur où se trouve une niche voûtée. La figure première est remarquable par son attitude.

Nota. L'auteur de ces dessins étant absent lorsqu'ils ont été gravés, c'est par erreur qu'ils ont été mis au nombre des dessins de Karnak.

Fig. 2. Ce dessin a été recueilli sur le mur exposé au midi de l'une des petites salles qui forment le fond du palais, derrière la galerie. Ce bas-relief est ici avec tous ses hiéroglyphes. Il est à remarquer que, dans la ligne d'hiéroglyphes, on voit un vase de même forme que celui d'où s'échappe l'eau versée par le sacrificateur. L'hiéroglyphe de l'eau est répété trois fois au-dessus, et trois rectangles représentant des chiffres ou unités sont au-dessous.

Fig. 4. Ce bas-relief a été dessiné vers le point r', pl. 21, fig. 1. Il représente un Égyptien offrant aux dieux, des captifs qu'il tient enchaînés. Les hiéroglyphes qui sont l'interprétation de cette action, ont été effacés.

Fig. 5. Ce bas-relief a été dessiné au point s', pl. 21, fig. 1. Il représente une châsse ornée d'étendards et renfermant des idoles égyptiennes.

PLANCHE 33.

BARQUES *symboliques faisant partie de la décoration de la salle hypostyle, et sujets guerriers sculptés sur les murs extérieurs du palais.*

Fig. 1. Ce sujet a été copié dans la salle hypostyle vers le point t', pl. 21, fig. 1. La barque principale est remorquée par une barque plus petite qui la précède : elle porte une espèce d'arche, où se trouve l'image d'un temple dont un héros égyptien paraît faire l'inauguration. (*Voyez* la description de Karnak, *section* VIII du *chapitre IX*, où l'on a fait l'énumération détaillée de tous les objets qui composent ce bas-relief très-curieux.)

Fig. 2. Ce sujet a été dessiné vers le point u', pl. 21, fig. 1, à l'angle extérieur au sud-est de la salle hypostyle. Les têtes des deux divinités assises et du héros qui leur présente des prisonniers, sont brisées entièrement, ainsi qu'une partie de leur corps. Les prisonniers ont la barbe longue, comme ceux qui sont représentés à Medynet-abou. Dans chacune des trois premières bandes, à droite, les robes des huit derniers groupes ont une ceinture et des plis; et dans tous les autres groupes, les robes sont fendues dans toute la hauteur. Les hommes des trois premières bandes sont cinq fois quatre à quatre et huit fois trois à trois, ce qui fait cent trente-deux prisonniers; et ceux des trois autres, qui sont divisées chacune en quatre carrés, sont au nombre de neuf dans chaque carré, ce qui fait cent huit, et en tout deux cent quarante prisonniers. Leur caractère de figure contraste avec celui des douze chefs égyptiens qui conduisent les groupes. Il y avait, dans les colonnes qui séparent les tableaux, des hiéroglyphes que l'on n'a pu copier.

PLANCHE 34.

SCULPTURES *coloriées, recueillies dans les appartemens de granit et dans la galerie du palais.*

Fig. 1. Cette suite de bas-reliefs a été dessinée vers le point v', pl. 21, fig. 1, sur la face extérieure des appartemens de granit exposée au sud. Les bas-reliefs supérieurs paraissent relatifs à une initiation. Les bas-reliefs inférieurs représentent des châsses portées par des prêtres ou déposées sur des autels. Tous les hiéroglyphes qui accompagnent ces tableaux, ont été dessinés complètement avec la plus scrupuleuse exactitude. Ce dessin est au douzième de la grandeur naturelle.

A. VOL. III. THÈBES (karnak).

Tout le parement du mur en granit est poli, et les sculptures sont revêtues de peintures.

Fig. 2 et 3. Ce bas-relief, représenté en deux parties qui doivent se réunir bout à bout, la fig. 2 à la droite de la fig. 3, forme la décoration de l'une des architraves intérieures de la galerie du palais. Il se fait remarquer sur les lieux par la vivacité et l'éclat des couleurs, qui sont dans le plus bel état de conservation.

PLANCHE 35.

BAS-RELIEF *sculpté dans le couloir environnant les appartemens de granit du palais.*

Ce bas-relief a été dessiné vers le point u', pl. 21, fig. 1, dans la partie nord du couloir qui environne les appartemens de granit. Il présente une grande quantité d'ustensiles, de meubles, vases et colliers. (*Voyez* la description de Karnak, section VIII du chapitre IX, où l'on a fait quelques remarques sur la destination de plusieurs objets renfermés dans cette planche.) La face du mur sur lequel sont ces sculptures, n'est pas également bien conservée dans toute son étendue. Toutes les cassures et tous les endroits où le parement a été dégradé, sont indiqués dans la gravure.

PLANCHE 36.

DIVERS *bas-reliefs sculptés sur les stèles et les murs des appartemens de granit du palais.*

Fig. 1, 3. Bas-reliefs sculptés sur les stèles en granit aux points l' et m', pl. 21, fig. 1. On les voit en place dans la pl. 30, fig. 8.

Fig. 2. Ce bas-relief a été recueilli sur les murs extérieurs des appartemens de granit. Il consiste dans une barque dont la poupe et la proue sont terminées par des têtes de belier ornées de riches colliers. Sur le milieu de la barque, s'élève une châsse enveloppée de tiges et de fleurs de lotus. La barque est armée d'avirons que semble diriger une figure debout qui est tout auprès. Trois figures à genoux, et dans l'attitude de l'adoration, sont placées en avant et en arrière de la châsse. Un étendard surmonté d'un lévrier, et deux figures debout, se font remarquer à la proue. De part et d'autre de la châsse, sont des espèces d'étendards, ou plutôt d'éventails, que l'on porte à la suite des héros égyptiens, et qui paraissent être une marque de leur dignité. L'usage de porter des éventails garnis de plumes de paon ou d'autres volatiles rares, pratiqué encore aujourd'hui à Constantinople, près du grand-seigneur, et à Rome, près du pape, a beaucoup d'analogie avec ce qui se faisait en Égypte.

L'arche sacrée est portée sur un brancard par huit personnages à robes longues, faites d'une étoffe rayée de blanc et de rouge. La quatrième et la huitième figures sont en outre vêtues de la dépouille d'un lion dont on aperçoit les pattes. La marche est ouverte par un personnage qu'à sa coiffure et à son vêtement il est aisé de reconnaître pour un héros égyptien. Dans la main gauche, il tient un bâton terminé, d'un côté, par une tête de vautour, et, de l'autre, par une main sur laquelle est posé un vase où paraît brûler de l'encens.

Fig. 4. Ce bas-relief représente une offrande d'un héros égyptien à la grande divinité de Thèbes, au dieu régénérateur caractérisé par le membre viril en érection. La figure ne montre qu'une seule jambe et un seul bras levé en l'air, avec un fléau au-dessus de la main. Des victuailles et des fleurs de lotus sont placées sur une table au-devant de la figure. Celui qui fait l'offrande, présente, en outre, une petite gerbe de blé dont il paraît scier la paille avec une faucille. Il est vêtu d'une robe transparente qui laisse apercevoir les formes de son corps. La croix à anse, attribut que les dieux tiennent ordinairement à la main, est ici fichée en terre. L'anneau que l'on voit souvent dans les serres du vautour qui accompagne le héros égyptien, est ici posé sur un autel placé derrière la divinité. Une tige de lotus, avec sa fleur, s'élève du milieu de cet anneau.

Fig. 5. Cette figure est, à peu de chose près, la même que celle qui vient d'être décrite; seulement elle est coiffée d'une calotte à mentonnière qui tient une espèce de barbe nattée. Le bord du bonnet est garni d'une bandelette retombant, par derrière le dos, sur la tête d'une petite figure. Aux pieds de la divinité est une autre petite figure agenouillée qui fait l'offrande d'un vase. Derrière le dieu est une espèce de tenture attachée à deux montans que terminent des têtes d'épervier.

Fig. 6. Ce bas-relief représente encore une offrande à Harpocrate. Celui qui la fait a une chevelure pareille à celle que portent encore aujourd'hui les Arabes *A'bâbdeh*. Sa tête est ceinte d'une bandelette qui se termine au-devant par un *ubœus*. Derrière la divinité est un autel sur lequel on voit des lotus non encore épanouis.

Fig. 7. Ornemens de parure, tels que bourses, colliers et bracelets. La dernière figure est une bourse ou sacoche garnie d'ornemens.

La plupart de ces sujets sont sculptés sur la face extérieure des appartemens de granit exposée au sud.

PLANCHE 37.

BAS-RELIEFS *sculptés dans l'intérieur du palais et dans les édifices du sud.*

Fig. 1. Ce bas-relief se trouve à droite derrière un des temples du sud : il représente l'offrande faite par un homme du peuple à une divinité que l'on retrouve le plus souvent sculptée dans les tombeaux. (*Voyez* les bas-reliefs des tombeaux dans le second volume de l'atlas des Antiquités.) Cette divinité tient à la main une crosse et un fléau ; elle est enveloppée d'une robe qui lui serre tout le corps.

Fig. 2. Ce sujet a été copié sur une des colonnes du palais de Karnak. Il représente une figure d'Isis offrant sa mamelle à un jeune homme que son costume et la croix à anse qu'il porte à la main, indiquent comme un personnage de distinction. Isis passe son bras droit sur l'épaule gauche du jeune homme, qu'elle approche de son sein. La coiffure d'Isis est très-ample et lui couvre l'épaule. Son vêtement est serré près du corps ; mais il est probable qu'il devait se prêter à l'action de la marche. Il ne paraît pas que le personnage ici représenté soit Horus ; il est plutôt à croire que c'est le fils d'un roi. Ce bas-relief, d'ailleurs, semble être tout-à-fait emblématique.

Fig. 3. On a dessiné ce bas-relief près de la partie postérieure du temple. Il représente une offrande à la même divinité que celle déjà décrite, fig. 1. Seulement ici cette divinité est debout, au lieu d'être assise. Elle a un bonnet différent ; mais elle porte dans les mains les mêmes attributs. Le personnage qui fait l'offrande, se fait remarquer par la singularité du dessin. La tête, les jambes et les bras sont de profil, tandis que le reste du corps est presque de face. Les deux bras sont accolés ensemble. L'offrande consiste dans une espèce de liqueur qui sort d'un vase que le personnage tient à deux mains, et tombe dans deux autres vases qui ont à peu près la forme de ces carafes où nous mettons des fleurs pour orner nos appartemens. L'hiéroglyphe de l'eau se trouve répété deux fois dans la phrase explicative de l'action du personnage.

Fig. 4. Cette figure est assez bien dessinée : elle a de l'action et du mouvement. Elle tient à la main droite une sorte de rame, et à la main gauche un couteau.

Fig. 5. Ce sujet a été dessiné dans la cour du palais : c'est la représentation d'une figure d'Isis. Elle a un vêtement serré, mais qui probablement pouvait se développer à volonté pour la facilité de la marche. La tête est couverte d'une espèce de perruque nouée par un ruban. Au-dessus de la tête sont huit serpens qui portent une table sur laquelle s'élève un globe rouge entouré des cornes du taureau et de deux *ubœus*. La figure tient à la main droite la croix à anse, et à la main gauche un bâton augural à tête de lévrier.

Fig. 6. Ce sujet a été dessiné dans les propylées du palais. Il représente une figure assise et placée au-dessus d'un demi-globe porté sur une table; ce qui la distingue, est l'aviron qu'elle porte dans ses mains.

Fig. 7. Cette figure se fait remarquer par la coiffure et l'espèce de corsage de la robe.

Fig. 8. Ces deux figures ont été dessinées dans la salle hypostyle. Elles font partie d'un groupe de personnages portant une arche ou châsse. La première est vêtue de la peau d'un lion dont on voit les pattes et la queue, et d'une robe transparente, au bas de laquelle on remarque un ornement carré renfermant des lotus et des hiéroglyphes indiqués faiblement dans la gravure. La seconde est couverte d'une espèce de draperie transparente qui devait être fort ample, si l'on en juge par les plis qu'elle fait sur le corps.

Fig. 9. Ce bas-relief a été recueilli dans la petite chapelle qui se trouve au fond et dans l'axe du palais. Il est sculpté sur la face qui regarde le midi. Il est complet, bien que l'on puisse croire, au premier abord, qu'il y a des lacunes dans les hiéroglyphes. Tout y est dessiné avec la plus grande exactitude.

Nota. La boule que le vautour tient dans ses serres, doit être remplacée par un anneau. Elle n'a été ainsi figurée que parce que l'auteur était absent lorsqu'on a gravé son dessin, dont la partie qui nous occupe n'était pas parfaitement arrêtée.

Fig. 10. Cette figure a été dessinée dans le petit temple du sud. Elle est coiffée d'une espèce de perruque à étages, surmontée d'un disque entouré des cornes du taureau. Elle est vêtue d'une robe qui lui serre entièrement le corps, et n'a un peu d'ampleur qu'à l'extrémité des jambes. Son geste est celui d'une personne qui veut apaiser la divinité.

Fig. 11. Cette figure diffère peu de celle qui est décrite ci-dessus, fig. 5. Elle a été recueillie dans le petit temple du sud. Le bas de la robe est garni d'ornemens. Elle tient à la main gauche le bâton à fleur de lotus, et à la droite la croix à anse.

PLANCHE 38.

1...31. Hiéroglyphes *recueillis dans les divers monumens.* — 32. *Sujet militaire sculpté sur le mur extérieur du palais exposé au nord.*

Fig. 1.....23. Légendes que l'on croit avoir été recueillies à Karnak.

On les a arrangées par ordre de composition de signes, pour qu'il soit plus facile de les étudier et de les comparer.

Les fig. 1, 2, 3, 4, ne diffèrent que par un caractère.

Les fig. 5 et 6 sont pareilles, sauf le renversement de la position verticale à la position horizontale.

Les fig. 9 et 10 sont dans le même cas; il en est de même des fig. 20 et 22, des fig. 21 et 23, et des fig. 16 et 17. Cette dernière figure ne diffère que par un signe de la fig. 18.

Dans ces vingt-trois légendes, le disque, le scarabée, l'ibis, sont répétés très-fréquemment.

Fig. 24, 25. Ces deux légendes ont été copiées à Louqsor, sur le massif du premier pylône à droite en entrant.

Fig. 26, 27, 29. Ces trois colonnes d'hiéroglyphes, très-remarquables par l'emploi et la répétition des signes ⟨⟩ et [], et du signe ⟨⟩, qui est très-rare ailleurs, ont été recueillies à Karnak, à ce que l'on croit. Le signe ⟨⟩ y est aussi très-répété.

Voyez les Observations sur les hiéroglyphes, *Mém. d'antiquités.* (*E. J.*)

Fig. 28, 30, 31. Ces trois fragmens ont cela de particulier, que les signes y sont rangés dans des carrés qui partagent en réseau toute la surface de la pierre. Le signe [] se voit dans presque toutes les cases, ou isolé, ou bien répété deux, trois ou quatre fois; ce qui paraît indiquer des espèces de nombres. Ces fragmens ont été recueillis dans les ruines des appartemens de granit.

Fig. 32. Ce sujet a été sculpté sur la face extérieure du mur d'enceinte du palais exposé au nord. Il représente un guerrier égyptien monté sur son char. Ce héros a percé de ses flèches un grand nombre d'ennemis. Il en vient aux mains avec leur chef, qui se distingue par sa haute stature. Nous avons déjà vu plusieurs fois que, dans les sculptures égyptiennes, le rang des personnages est indiqué par la différence de leur taille. A la légèreté du char monté par le héros égyptien, on doit croire que ce char est de métal; et la couleur verte que l'on voit encore sur quelques parties de la sculpture, dénote assez le bronze ou le cuivre. (*Voyez* la description de Karnak, *section* VIII du *chapitre IX.*)

PLANCHE 39.

1. HARNACHEMENT d'un cheval. — 2. *Combat sculpté sur les murs extérieurs du palais.*

Fig. 1. Ce sujet a été dessiné sur le mur du palais exposé au nord. On s'est attaché à représenter, avec la plus grande exactitude, la bride, le mors et les rênes, ainsi que la sellette et les courroies qui la retiennent. On remarquera que le cheval est couvert d'une étoffe qui enveloppe parfaitement tout son corps, et à travers laquelle sortent les jambes, les oreilles et la partie inférieure de la tête, depuis le dessus des yeux. La tête est ornée d'un panache, dont les plumes sont insérées dans une monture qui devait être en métal. Une cravache et un émouchoir sont suspendus à la sellette.

Fig. 2. Combat d'un Égyptien contre deux ennemis. Il en a percé un d'un javelot et le foule aux pieds : il en saisit au bras un autre qui a déjà une flèche dans le corps, et il est prêt à le frapper d'un javelot. Sa coiffure bouclée contraste avec le casque des deux autres figures. Il a aussi aux pieds une espèce de patin que les ennemis n'ont pas. La pose de l'Égyptien est ferme et bien à-plomb. Il ne manquerait qu'un peu de perspective à ce tableau, dont la composition est bonne et d'un bel effet, pour le rendre comparable aux peintures étrusques du même genre. Ce sujet a été dessiné sur le mur extérieur du palais, exposé au nord.

A. VOL. III. THÈBES (KARNAK).

PLANCHE 40.

SCÈNES *guerrières sculptées sur la face nord du palais.*

Fig. 1. Hiéroglyphe en bas-relief sculpté sur un des murs extérieurs du palais de Karnak.

Fig. 2. Cette figure à cheval est la seule qu'on ait trouvée sur les monumens. Son costume laisse voir que c'est un étranger. Ce fragment a été dessiné dans un des combats sculptés sur les murs du palais.

Fig. 3. Cette sorte d'enseigne hiéroglyphique a été dessinée à Louqsor, sur le mur qui fait face au nord, et où l'on a pratiqué, dans des temps postérieurs, une niche demi-circulaire et voûtée.

Nota. L'auteur de ce dessin étant absent lors de la gravure, c'est par erreur qu'il a été inséré parmi les bas-reliefs de Karnak.

Fig. 4. Représentation d'une citadelle copiée vers le point x'. (*Voyez* pl. 21, *A.*, vol. III.) Les formes circulaires du couronnement représentent des créneaux, et les saillies semblent indiquer des parapets ou banquettes. On a cru qu'il serait curieux d'avoir une inscription en hiéroglyphes, qui sans doute a rapport à cette citadelle, et on l'a copiée exactement.

Fig. 5. Ce tableau paraît faire suite au tableau fig. 6; l'un et l'autre sont sculptés au point x', pl. 21, *A.*, vol. III, dans la petite face de l'angle rentrant. La citadelle, qui est sur le sommet d'un escarpement, dans la fig. 6, paraît être la même que celle qu'on voit ici dans le lointain, au-dessous du cheval, et dont la porte est renversée. Le vainqueur, descendu de son char, semble accorder la paix aux vaincus. Un Égyptien vient lui annoncer la soumission des ennemis, et ceux-ci sont occupés à abattre les arbres d'une forêt. Deux hommes soutiennent un arbre avec des cordes, tandis que deux autres fouillent au pied pour le déraciner et le renverser. La tête du héros et sa coiffure sont entièrement détruites. L'on aperçoit les deux têtes et les huit jambes de ces chevaux qui étaient caparaçonnés.

Fig. 6. Ce sujet a été dessiné à l'extérieur du palais de Karnak, au même point que la fig. 5. Il représente un héros égyptien à la poursuite d'ennemis qu'il a déjà dispersés et qui fuient à travers la plaine. Ils dirigent leur course vers une citadelle élevée au sommet d'une montagne formée de rochers escarpés et que les fuyards paraissent gravir avec peine. Quelques arbres sont plantés sur le penchant de la montagne.

PLANCHE 41.

Vue *perspective du palais, prise de l'intérieur de la cour, du côté de l'ouest.*

Le point de vue est marqué en E, pl. 16. On s'est proposé de donner dans ce dessin une vue de la cour du palais dans son état primitif. Le pylône de la salle hypostyle qui forme le fond du tableau, a été rétabli, et l'on a placé au-devant ces mâts surmontés de piques et de banderoles dont l'usage a été indiqué par un dessin recueilli dans le grand temple du sud. (*Voyez* la description de Karnak, *section* VIII du *chapitre IX*.)

1. Portion de la colonnade du sud dans la cour du palais.
2. Partie latérale du temple dépendant du palais.
3. Pylône formant l'entrée du temple dépendant du palais.
4. Avenue de colonnes dans la cour du palais.
5. Colosses placés à l'entrée de la salle hypostyle.
6. Colonnade du nord dans la cour du palais.

On a dessiné quelques figures qui servent d'échelle pour faire apprécier les dimensions colossales du palais.

PLANCHE 42.

Vue perspective intérieure du palais, prise de l'est.

Le point de vue est marqué en F, pl. 16, *A.*, vol. III.
1, 2, 3, 4, 5. Colonnes du grand ordre de la salle hypostyle.
6. Partie de l'enfoncement où se logeaient les battans de la porte du pylône.
7. Porte de petite dimension, construite dans l'intérieur de celle du pylône formant l'entrée de la salle hypostyle.
8. Avenue de colonnes qui se trouvent dans la cour du palais.
9. Pylône formant l'entrée du palais à l'ouest. On l'a supposé terminé et revêtu de toutes les décorations dont il devait être orné.
10. Avenue de sphinx à corps de lion et à tête de belier, précédant le pylône de l'ouest du palais.

PLANCHE 43.

Vue générale des propylées et des ruines du palais, prise du nord-est.

Cette vue est prise du point G marqué sur la pl. 16, *A.*, vol. III.
1. Pylône de l'ouest formant l'entrée principale du palais.
2. Ruines du pylône qui précède la salle hypostyle.
3. Partie nord de la salle hypostyle.
4. Croisées de la salle hypostyle. (*Voyez* l'explication de la pl. 18.)

5. Grandes colonnes de la salle hypostyle. (*Voyez* l'explication de la pl. 18.)
6. Partie sud de la salle hypostyle.
7. Petit obélisque.
8. Grand obélisque. Une des arêtes est brisée à peu près à la moitié de la hauteur.
9. Ruines des appartemens de granit.
10. Restes des murs d'enceinte.
11. Village actuel de Karnak entouré de palmiers. Il se compose d'espèces de cahutes bâties en briques de petites dimensions, séchées au soleil.
12. Ruines du premier pylône des propylées du palais.
13. Reste du deuxième pylône des propylées du palais.
14. Pylône formant l'entrée du grand temple du sud.
15. Grande porte du sud.
16. Troisième pylône des propylées du palais.
17. Quatrième pylône des propylées du palais. Ce pylône a sa porte entièrement construite en granit.
18. Statue enfouie jusqu'à la ceinture et placée en avant du quatrième pylône.
19. Restes de la galerie du palais.
20. Débris d'édifices situés derrière la galerie du palais.

Cette vue embrasse presque toute l'étendue des ruines de Karnak. Les premiers plans présentent l'aspect de décombres où végètent quelques plantes, telles que des soudes et des joncs. Une caravane de Français et de gens du pays avec leurs chameaux traverse les ruines.

Nota. Les deux palmiers qui sont à droite ont été ajoutés au dessin fait sur les lieux.

PLANCHE 44.

Vue *des propylées, prise du sud.*

Cette vue est prise du point H marqué sur la pl. 16, *A.*, vol. III.
1. Pylône formant la principale entrée du palais à l'ouest.
2. Face extérieure du mur de clôture de la cour du palais.
3. Troisième pylône des propylées du palais.
4. Colosse en granit noir et rouge.
5. Deuxième pylône des propylées du palais.
6. Grand obélisque élevé dans le péristyle du palais.
7. Porte du nord.
8. Débris de granit.

Sur le devant et à gauche, on voit des artistes français occupés à dessiner les ruines. Quelques cheykhs du pays, attirés par la curiosité, sont rangés autour d'eux.

PLANCHE 45.

1, 3. Fragmens *de colosses trouvés dans l'enceinte du sud.* — 2. *Vue de deux colosses situés au-devant de l'un des pylônes des propylées.*

Nota. Le titre de la planche doit se lire comme ci-dessus.

Figure 1, 3.

Fragmens de colosses en partie enfouis dans les décombres. Les jambes séparées annoncent des figures dans l'action de marcher. On les a trouvées dans l'enceinte du sud.

Figure 2.

1. Colosse en spath calcaire d'une assez belle conservation. Il était enfoui jusqu'à la ceinture; mais les fouilles que l'on a faites l'ont mis entièrement à découvert, et ont fait connaître son piédestal.
2. Autre colosse en spath calcaire, dont la tête et la poitrine ont été brisées.

Derrière ces colosses on voit une portion de la façade du deuxième pylône des propylées et deux rainures cunéiformes qui servaient à recevoir des mâts. (*Voyez* la description de Karnak, *section* VIII du *chapitre IX.*)

PLANCHE 46.

Vue et détails des sphinx de l'avenue des propylées du palais.

Fig. 1. Vue de l'état de ruine de l'un des sphinx de l'avenue des propylées. Les figures qui sont au-devant du piédestal, donnent un aperçu de la grandeur de ce colosse, dont il va être parlé ci-après plus en détail.

Fig. 2. Profil de l'un des sphinx les mieux conservés de l'avenue des propylées. Toutes ces figures, et les têtes surtout, sont plus ou moins dégradées. On a choisi le corps le plus entier pour le mesurer dans toutes ses parties, et l'on a pris les dimensions de la tête du belier sur une tête isolée et renversée. Ces mesures ont été prises avec tout le soin possible, afin de pouvoir donner en Europe une idée juste de ces monumens. Chacun d'eux mérite en effet ce nom. Ce sont des monolithes dont la longueur n'est guère moindre de six mètres (18^{ds} 6°); la tête seule a environ $1^m,3$ (4^{ds})

de long. L'échelle peut suppléer aux cotes qui n'ont pas été gravées sur le sphinx, de peur de nuire au dessin.

On n'a pas donné la gravure du sphinx vu de face, à cause de la difficulté de le représenter ainsi par une projection géométrale.

On a fait des fouilles convenables pour s'assurer des dimensions inférieures du piédestal. Il y avait, au-dessous du cordon, une ligne d'hiéroglyphes dont on n'a pu copier que quelques signes.

PLANCHE 47.

1, 2. DÉCORATION *intérieure de la porte de granit des propylées.* — 3, 4, 5. *Sujets recueillis dans les divers édifices.*

Fig. 1, 2. Ces deux sujets font partie de la décoration intérieure de la porte de granit enclavée dans le quatrième pylône des propylées du palais. Rien n'égale la pureté d'exécution, le poli parfait et la vivacité des arêtes de ces sculptures. On peut voir par-là que la dureté de la matière n'était point pour les Égyptiens un obstacle qui les détournât de la sculpture des ornemens les plus délicats, puisque les costumes des figures sont les plus riches et les plus détaillés de tous ceux que nous ayons vus. Les deux tableaux de la fig. 2 ont été copiés scrupuleusement avec tous les hiéroglyphes qui les accompagnent. Ils sont, sous ce rapport, très-propres à faire l'objet des études et des recherches des antiquaires. Les tableaux de la fig. 1, n'étant accompagnés que de quelques hiéroglyphes, ne paraissent pas avoir été achevés. La fig. 1 doit être placée au-dessus de la fig. 2.

EXPLICATION DES PLANCHES.

Fig. 3. Cette figure représente un homme agenouillé dans l'attitude de faire une offrande qu'il porte sur sa tête, et soutient avec ses deux mains élevées en l'air. Cette offrande, posée sur un large plateau, consiste en gâteaux et en toutes sortes de fruits entourés de feuillages. Le personnage est vêtu d'une ample robe, nouée au-dessus des reins, et retenue par dessus les épaules au moyen d'une large courroie. Il porte à ses pieds des espèces de patins ou semelles nouées au-dessus du coude-pied.

Fig. 4. Ce personnage est du nombre de ceux que l'on voit presque toujours à la partie inférieure des édifices. Celui-ci a été dessiné dans le petit temple du sud, près de la porte d'entrée. Il fait l'offrande d'un vase et de fleurs de lotus.

Fig. 5. Ce personnage accroupi, et enveloppé d'un vêtement très-serré, porte dans ses mains, dont une portion se montre au-dessus du genou, le fléau et la crosse, attributs d'une divinité qui se trouve fréquemment dans les tombeaux.

PLANCHE 48.

1, 2, 3, 5, 6. STATUES *de granit noir, trouvées dans l'enceinte du sud.* — 4. *Vue du colosse placé à l'entrée de la salle hypostyle du palais.*

Nota. Le titre de la planche doit se lire comme ci-dessus.

Fig. 1, 2. Face et profil d'une statue assise, en granit noir, trouvée, avec plusieurs autres semblables, dans l'enceinte du sud. (*Voyez* la description de Karnak, *chapitre IX, section* VIII.) Le bloc de granit a $2^m,08$ de hauteur. Ces figures, dont le dessin est peu correct, sont d'une exécution très-belle. La tête, qui paraît être celle d'un lion, a cependant aussi quelques-uns des traits du chat. Les mains sont posées sur les cuisses, et l'une d'elles tient une croix à anse, symbole de la divinité. Nous avons trouvé ces figures au nombre de près de quinze. Elles sont emmagasinées dans une tranchée revêtue, à droite et à gauche, de briques cuites et de fabrique égyptienne.

Fig. 3. Tronc d'une statue en granit noir, pareille à celle qui est décrite fig. 1 et 2. Il a été trouvé dans une tranchée pratiquée dans l'enceinte du sud.

Fig. 4. Vue du colosse qui précède le pylône de la salle hypostyle du palais. (*Voyez* l'explication de la pl. 20.) Cette statue a de hauteur, depuis le talon jusqu'au-dessus des épaules, $6^m,08$; la tête et les bras ont été brisés, et il n'en reste plus rien, à moins que les fragmens ne soient mêlés aux débris du pylône au-devant duquel se trouve la statue. Cette figure est d'une très-belle exécution, et rien n'égale surtout le poli de la matière; les plus petits détails d'ornement sont sculptés avec un soin infini. On remarque, entre les jambes du colosse, une petite figure gravée en relief dans le creux. Ce monolithe était enfoui jusqu'à mi-jambes; on a fait une fouille au pied pour connaître le sol ancien et dessiner les hiéroglyphes sculptés sur le socle.

Fig. 5, 6. Face et profil d'une figure accroupie, en granit, trouvée dans le même endroit que celles dont il vient d'être question. Le bloc de granit a un mètre de hauteur. Cette figure est enveloppée d'une robe qui laisse cependant apercevoir toutes les formes du corps. Au-devant est sculptée, en relief plein, une tête d'Isis, surmontée d'un temple. La coiffure de la figure ressemble à celle des Arabes *A'bâbdeh*. (*Voyez* ce que nous en avons dit dans la description de Karnak, *chapitre IX*, section VIII.)

Tous les objets représentés fig. 1, 2, 3, 5 et 6, avaient été conduits à Alexandrie pour être transportés en France.

PLANCHE 49.

Vue *de la porte et des temples du sud.*

Cette vue est prise du point I. (*Voyez* pl. 16, *A.*, vol. III.)

1. Avenue de beliers qui précède la porte du sud. Les corps de ces animaux sont sculptés de manière à faire croire qu'on a voulu figurer la laine de leur toison.
2. Grande porte du sud.
3. Petit temple du sud.
4. Pylône formant l'entrée du grand temple du sud.
5. Colonne de la cour du palais. (*Voyez* les explications des pl. 17 et 19.)
6. Ruines du pylône qui précède la salle hypostyle.
7. Salle hypostyle. On voit les deux ordres différens de colonnes qui soutiennent les plafonds de cette salle, ainsi que les baies des croisées qui éclairaient l'intérieur. Dans quelques-unes de ces baies, on aperçoit encore des claires-voies en pierre qui les fermaient.
8. Petit obélisque.
9. Grand obélisque.
10. Deuxième pylône des propylées du palais, caché en partie par un bouquet de palmiers.
11. Troisième pylône des propylées du palais.
12. Citerne au-dessus de laquelle est un treuil avec une roue servant à puiser l'eau avec plus de facilité; à côté est une femme du pays avec une jarre sur la tête.

Des gens du pays traversent les ruines. Des Français, dispersés çà et là, sont occupés à visiter les monumens. Quelques-uns prennent un repas sous la porte du sud.

PLANCHE 50.

PLAN *et détail du plafond de la porte du sud.*

Fig. 1. Projection de la porte du sud, à l'échelle ordinaire des plans. On a figuré en teinte pâle le plan supérieur, lequel est plus étroit que l'inférieur, à cause du talus des faces. Des lignes ponctuées indiquent le cordon et le listel de la corniche; ce listel a la même inclinaison que les faces.

Fig. 2. Plan détaillé du plafond de la porte. La partie supérieure du dessin est celle qui regarde le midi; l'autre est tournée au nord. Les figures et les hiéroglyphes sont aussi dirigés, dans ces deux parties, selon deux sens différens. Tous ces détails ont été copiés avec exactitude. Comme l'ornement du vautour aux ailes étendues est répété neuf fois, et qu'il est partout le même (sauf la tête de serpent qui alterne avec la tête de vautour), on s'est contenté de dessiner une seule fois les hiéroglyphes qui accompagnent ces deux sujets, et on les a répétés dans le reste du dessin. Le temps a manqué pour dessiner complètement les hiéroglyphes de ce plafond.

PLANCHE 51.

ÉLÉVATION *perspective de la porte du sud.*

Le spectateur est supposé placé en k, pl. 16, ou en G, pl. 54, *A.*, vol. III, à quatre-vingt-six mètres et dans l'axe de la porte, l'œil étant placé à deux mètres au-dessus du sol. On suppose aussi que la façade du grand temple du sud est abattue. Comme le point de vue est précisément en face, et que le tableau passe tout près de la porte, cette perspective peut être considérée comme une élévation géométrale, à l'échelle ordinaire des détails d'architecture, c'est-à-dire de trois centimètres pour mètre. La hauteur de la porte, sous le linteau, est d'environ $14^m,3$, et la hauteur totale, de $20^m,9$. Tous les bas-reliefs et les ornemens de cette élévation sont parfaitement exacts; mais les hiéroglyphes ont été suppléés pour compléter l'effet pittoresque.

A droite et à gauche, on aperçoit plusieurs des beliers qui sont placés entre le grand temple du sud et la porte; un coup-d'œil sur la pl. 54 fera comprendre pourquoi, dans la vue, il y en a plus d'un côté que de l'autre. Au milieu de la porte, au fond du tableau, on voit la grande avenue des beliers; elle va rejoindre l'allée de sphinx transversale, dont on aperçoit la continuation à gauche. Enfin, à la droite de la porte, est l'avenue principale de sphinx, qui a une demi-lieue environ de longueur, et qui aboutit au palais de Louqsor; la montagne arabique fait l'horizon du tableau. L'on a hasardé de représenter, sur les derniers plans, quelques maisons particulières, d'après la forme qu'elles ont dans la mosaïque de Palestrine, monument dont l'authenticité est bien connue; mais, faute de données suffisantes, on n'en a pas mis dans la plaine.

Quant à la scène qui anime le tableau, et qui sert à donner l'échelle de cette porte gigantesque, c'est la représentation de la marche triomphale d'un roi de Thèbes, qu'on suppose passer sous cette espèce d'arc de triomphe, pour se rendre au palais, suivi de ses prisonniers. A droite, sont des spectateurs de la cérémonie; plus loin, des prêtres égyptiens : vient ensuite le héros sur son char, précédé d'une foule de peuple et de musiciens. Les chevaux sont tenus par des palefreniers; et autour du char, on voit des gens qui portent des étendards et des enseignes. Le costume du héros, le char, les armures, les instrumens et tous les accessoires du tableau ont été copiés ou ajustés d'après des peintures et des sculptures antiques. On a même puisé à cette source plusieurs dispositions de groupes, afin de donner à cette scène le véritable caractère d'une fête égyptienne.

PLANCHE 52.

Coupe de la porte du sud.

Cette coupe, qui ne comprend pas le couronnement, est prise sur la ligne AB. (*Voyez* pl. 50, fig. 1, du côté a.)

Tous les détails et même les hiéroglyphes gravés dans ce dessin sont fidèlement copiés. Aucun encombrement ne cache la partie inférieure du monument, dont on a pu copier les ornemens dans les plus petits détails, depuis le haut jusqu'en bas.

PLANCHE 53.

Coupe, *détail et bas-reliefs intérieurs de la porte du sud.*

Fig. 1. Coupe entière et en petit de la porte du sud, faisant voir l'ensemble du monument.

Fig. 2, 3. Parties latérales ou montans intérieurs de la porte, du côté b. (*Voyez* pl. 50, fig. 1.) L'enfoncement, ou partie intermédiaire entre ces deux montans, n'a pas été gravé, parce qu'il est décoré de la même manière que le côté opposé.

Fig. 4. Profil en grand de la corniche, faisant voir l'inclinaison du listel et de tout le couronnement de la porte.

PLANCHE 54.

Vue intérieure et plan du grand temple du sud.

Figure 1.

Cette vue est prise au point L, pl. 16, ou au point H, pl. 54, fig. 2. On aperçoit les huit colonnes qui soutiennent les plafonds du second portique du temple, les fenêtres à claire-voie pratiquées dans l'espèce d'attique qui s'élève au-dessus des colonnes extrêmes, dont la hauteur est moins considérable. On voit aussi un coin de la porte du milieu qui conduit dans les autres pièces du temple. Des pierres du plafond, qui sont tombées, donnent lieu aux effets de lumière que présente cette vue.

Figure 2.

Plan du temple:
G. Point de vue de la pl. 51.
H. Point de vue de la fig. 1, pl. 54.
a. Porte du sud, en avant du temple.
b. Beliers encore subsistans en avant du temple. Les autres, dont on retrouve beaucoup de débris, ne sont que ponctués dans la gravure.
c. Pylône formant l'entrée du temple.
d. Portique à jour.
e. Second portique.
f. Pièce isolée par des couloirs. Elle paraît avoir été le sanctuaire du temple. Le mur de fond a été détruit.
g. Couloir autour du sanctuaire.
h. Petite pièce ornée de colonnes. On en voit rarement de pareilles à cette place dans les temples égyptiens.

*Petites salles obscures distribuées autour des dernières pièces du temple. L'encombrement, qui s'élève jusqu'à la partie supérieure des plafonds, n'a pas permis d'y pénétrer. Cependant, en marchant sur les terrasses, on a pu reconnaître, par la disposition des pierres du plafond, les murs de refend qui établissent les distributions intérieures; elles sont telles qu'on les voit ici ponctuées. Les portes par lesquelles on pénétrait dans ces chambres, devaient avoir leur issue dans le couloir g. Probablement aussi de petites portes établissaient la communication des salles entre elles. Toutes ces pièces étaient éclairées par des soupiraux évasés dans l'intérieur et pratiqués dans l'épaisseur des plafonds. Nous les avons tous reconnus en parcourant les terrasses.

k. Masse du petit temple du sud.

l. Place du bas-relief gravé dans la pl. 57, fig. 9.

PLANCHE 55.

1, 2, 3. Coupes *longitudinales et transversales.* — 4, 5, 6. *Détails de chapiteaux du grand temple du sud.*

Fig. 1. Coupe longitudinale du temple suivant la ligne AB. (*Voyez* pl. 54, fig. 2.) Les ornemens des chapiteaux sont fidèlement copiés. Les bases des colonnes n'ont point été vues : en les rétablissant, on n'a été conduit que par l'analogie. Des fouilles ont fait connaître le sol du temple. Pour se former une idée complète du monument, il faut se représenter toutes les parties lisses du dessin couvertes de sculptures.

Fig. 2. Coupe transversale du portique à jour, prise en regardant le fond du temple, suivant la ligne CD. (*Voyez* pl. 54, fig. 2.)

EXPLICATION DES PLANCHES.

Fig. 3. Coupe transversale du second portique, prise en regardant le fond du temple, suivant la ligne EF. (*Voyez* pl. 54, fig. 2.) On voit en coupe les fenêtres à claire-voie de cette pièce et les terrasses du temple, qui sont plus élevées au milieu que sur les côtés.

Fig. 4. Détail des chapiteaux du portique à jour.

Fig. 5. Détail des chapiteaux des grandes colonnes au milieu du second portique.

Fig. 6. Détail des chapiteaux des bas-côtés du second portique.

PLANCHE 56.

Vue et détails des beliers de l'avenue du grand temple du sud.

Fig. 1. Vue d'un des beliers. Il est figuré sans tête, et c'est l'état actuel de toutes ces statues. On a gravé dans cette vue une des têtes renversées, la mieux conservée de celles qui se sont trouvées dans les ruines.

Fig. 2. La même tête que dans la fig. 1, vue de face. La proportion de ces animaux est colossale, comme on le voit par les mesures.

Fig. 3. Élévation en face de l'un des beliers. Ce qui grandit encore ces colosses, ce sont les figures sculptées sur leur poitrine. L'inscription hiéroglyphique tracée devant la petite figure a été copiée exactement, et toutes les parties du corps ont été mesurées avec précision, ainsi qu'on l'a fait pour le lion-belier de la pl. 46; mais les cotes n'ont pas été gravées sur le corps, pour éviter la confusion. On a cru que ces beliers avaient le corps recouvert de plumes ou d'écailles; mais il paraît que le sculpteur a voulu représenter des touffes de laine d'une manière très-simple et conventionnelle. Chaque touffe a six centimètres de largeur.

A. VOL. III. THÈBES (KARNAK).

Fig. 4. Profil du même belier. On voit ici clairement que les indications qui sont sur le corps, ne sont autre chose que l'imitation de la laine. Les pieds sont sculptés avec le même soin et la même fermeté que la tête. Cette figure colossale et celle de la pl. 46 sont deux des morceaux les plus parfaits de la sculpture égyptienne.

PLANCHE 57.

1....6. INSCRIPTIONS *gravées sur la terrasse du grand temple du sud.* — 7, 8, 9. *Frise et bas-reliefs du grand temple du sud.*

Fig. 1....6. Ces inscriptions antiques sont en assez grand nombre sur la terrasse du temple; dans le choix des six qu'on a gravées, on s'est attaché aux plus grandes et aux plus visibles. Les caractères sont très-profonds pour des inscriptions faites par des voyageurs. Une partie est en hiéroglyphes, l'autre en langue alphabétique.

Nota. Les inscriptions fig. 2 et 4 ont été copiées moins correctement que les autres, mais avec la même exactitude.

Fig. 7. Portion d'une frise de l'intérieur du temple.

Fig. 8. Trépied dessiné dans le portique du temple. Chacun des pieds porte sur un petit socle carré, et le haut est terminé par un lotus : ils sont réunis à la partie supérieure par un lien sur lequel pose un vase rempli de dattes, de fleurs, de figues, de grenades et de lotus. On peut remarquer, dans ce sujet, le défaut de perspective. Les trois branches du trépied sont sur la même ligne et de la même grosseur; on ne voit pas les parties fuyantes des côtés et du dessus du vase : mais, si l'on suppose que le support a quatre pieds, dont trois seulement sont apparens, alors la représentation est parfaitement exacte.

EXP. DES PL.

Fig. 9. Ce bas-relief a été recueilli dans le portique du grand temple du sud, au point l. (*Voyez* pl. 54, fig. 2.) Il représente l'entrée d'un palais ou d'un temple. Dans la grande porte du pylône est pratiquée une autre porte plus petite, semblable à celle qu'on voit encore dans le pylône qui ferme l'entrée de la salle hypostyle du palais de Karnak. Dans les rainures pratiquées sur la façade du pylône, s'élèvent huit mâts qui paraissent formés de pins entés les uns sur les autres : ils se terminent en pointe, et sont surmontés de lances où sont attachées des espèces de cravates. Pour retenir ces mâts, on a placé, entre la corniche du pylône et la partie supérieure des cavités prismatiques, des espèces de crochets ou crampons qui étaient de bois ou de métal, et qui se manœuvraient par des trous pratiqués dans le pylône. On voit des trous et des rainures semblables dans la plupart des pylônes qui subsistent encore à Thèbes, à Philæ et à Edfoû. (*Voyez* ce que nous avons dit, au sujet de ce dessin, dans la description de Karnak, *section* VIII du *chapitre IX*.)

PLANCHE 58.

PLANS, *élévation, coupes et détails du petit temple du sud.*

Figure 1.

Plan du temple. Les cotes ont été portées sur un plan plus en grand. (*Voyez* pl. 62.) La partie qui précède le portique est en arrachement : malgré les fouilles qu'on a faites, on n'a point trouvé de traces des constructions antérieures. Ce monument est parfaitement conservé, et les sculptures en sont intactes; ce qui, joint à la petitesse de sa dimension, a fait naître l'idée de le dessiner et de l'observer dans toutes ses parties. On a constaté, par les fouilles, la forme du stylobate général sur lequel repose ce monument, le niveau du sol du portique et le niveau des salles antérieures.

a. Portique. Le carré-long gravé au trait indique la rampe qu'on voit en profil, fig. 4. On croit qu'il y avait une légère différence de niveau entre la partie qui précède cette rampe et le reste du portique; c'est ce qu'on a marqué par des lignes ponctuées. (*Voyez* pl. 62, fig. 10.)

b. Première salle du temple.

c, d. Salles latérales.

e. Sanctuaire.

f. Niche du sanctuaire.

g, g. Corridors menant à deux salles h h dont les murs sont lisses et sans sculpture, ainsi que ceux de la salle k.

i. Couloir élevé et très-étroit, dont on ne connaît pas la véritable issue et dont l'objet paraît mystérieux. (*Voyez* fig. 6 et 7.) Les deux petites lignes ponctuées marquent un avant-corps dans le mur de fond. Attendu la symétrie du temple, on a répété ce couloir de l'autre côté de l'axe, quoiqu'on ne l'ait pas découvert de ce côté.

k. Salle éclairée par en haut.

l. Façade qui se trouve gravée pl. 63, dans la salle de droite.

Figure 2.

Plan de la terrasse.

a. Dessus du portique.

b. Dessus de la première salle.

c. Dessus de l'escalier.

Ce plan est pris jusqu'au bord de la corniche; il fait voir la saillie des différentes parties du temple, et principalement les jours qui servent à l'éclairer, tant les seize ouvertures qui débouchent en soupirail sur la terrasse, que les onze fenêtres du portique et de la première salle. On a ponctué le haut de l'escalier, ainsi que les épaisseurs des murs du portique et de la première salle. Il est aisé de voir où répondent, dans le plan (fig. 1), ces fenêtres et ouvertures, l'échelle étant la même; on peut aussi consulter les coupes : entre le massif c et le massif a, il y a un intervalle assez étroit dont on ne peut se rendre compte qu'en consultant la fig. 10.

Figure 3.

Élévation latérale du temple sur la ligne AB. (*Voyez* fig. 1.)

a. Dessus du portique.
b. Dessus de la première salle.
aa. Niveau de l'encombrement extérieur. (Cette indication est commune aux fig. 4, 5, 6, 8, 9 et 10.)

On a terminé le côté gauche de l'élévation par une ligne droite, ne connaissant pas quelle était la forme de l'édifice dans cette partie. Les trois figures gravées au fini sont les seules qu'on ait vues suffisamment conservées; elles font partie d'une suite de vingt figures où dix prêtres font des offrandes à Osiris, et un autre prêtre à huit divinités. La fouille qu'on a faite de ce côté de l'édifice, a fait reconnaître le stylobate général qui l'environne et le sol extérieur où posait le stylobate.

Fig. 4. Coupe longitudinale du temple faite sur la ligne CD, fig. 1, en regardant vers le midi. Cette coupe fait voir la rampe du portique et le seuil du temple, ainsi que la troncature singulière qui a été pratiquée à la base de la colonne.

Il faut remarquer dans le portique les joints obliques de

l'appareil, circonstance qu'on rencontre dans plusieurs autres monumens. Ces joints sont si fins et si déliés, qu'il faut les regarder de près pour les reconnaître. Les assises sont continues et d'égale hauteur, d'un bout à l'autre du temple.

On a supposé l'architrave qui pose sur le chapiteau, brisée en deux endroits, pour laisser voir les fenêtres.

Les bas-reliefs et les décorations de cette coupe se voient plus en grand, pl. 59, 60 et 62; mais la face du portique est entièrement nue et sans sculpture. Le sanctuaire est sculpté sur ses quatre faces : on n'a pu dessiner celle que montre le dessin, attendu qu'elle est un peu dégradée.

Ce qu'il faut remarquer surtout dans cette coupe, c'est une pierre avec une portion de figure, placée à l'angle du sanctuaire : les joints y sont plus larges que partout ailleurs. Cette pierre paraît avoir été mobile, et il se trouve qu'elle répond exactement à celle du couloir i. (*Voyez* fig. 1, 6, 7.) Le carré marqué dans la fig. 7 n'est autre chose que la face de cette même pierre, opposée à la face marquée fig. 4. On peut donc conjecturer que cette pierre s'enlevait à volonté; on en trouvera un autre exemple dans le temple égyptien qui est à l'ouest du Fayoum. (*Voyez* la Description des antiquités du Fayoum.)

Fig. 5. Seconde coupe transversale, prise sur la ligne IK, fig. 1, montrant le fond de la première salle, les salles latérales et les corridors. Les bas-reliefs se voient en grand dans la pl. 63. Ceux qui décorent le côté du fond dans la salle de droite n'ont pas été copiés; on a préféré de dessiner ceux du côté qui est en face, comme étant mieux conservés. Trois des fenêtres qui éclairent la première salle, sont représentées dans ce dessin; savoir, celle du fond en élévation, et deux autres en coupe. Les salles latérales sont éclairées chacune par deux jours oblongs plus grands que les autres, et qui débouchent sur la terrasse. (*Voyez* fig. 2, à droite et à gauche du massif b.) On ne les a pas représentés, parce qu'on n'en connaissait que la place et deux dimensions.

Figure 6.

Troisième coupe transversale prise sur la ligne EF, fig. 1.

Cette coupe fait voir le fond du sanctuaire, dont les ornemens sont plus en grand dans la pl. 62, fig. 6. De chaque côté est le couloir dont on a parlé, et plus loin, la salle nue qui est au bout du corridor. Cette dernière salle est éclairée par trois jours pratiqués au plafond, en forme de pyramide tronquée à base carrée. La coupe passe par l'un d'eux, et les deux autres, placés près de la muraille du fond, ne sont que ponctués.

i. Pierre fermant une ouverture qui communique du corridor au sanctuaire, et qui paraît avoir été mobile. Le niveau du couloir est le même que celui de l'intérieur du temple, au lieu que les corridors et les salles latérales sont de niveau avec le portique.

Figure 7.

Coupe prise sur la ligne GH, fig. 1, en regardant le sanctuaire. On y voit la situation du couloir mystérieux et l'issue par laquelle nous y avons pénétré.

a. Trou forcé, pratiqué à travers la muraille, ayant à peine trois décimètres (1^d) de haut, et par lequel on s'introduit dans le couloir. Ce trou est au niveau de l'encombrement.

b. Autre excavation, sans issue, à l'extrémité du couloir. Il paraît qu'on a essayé de percer le couloir jusqu'en dehors, et que ce projet a été abandonné à cause de l'épaisseur de la muraille.

Fig. 8. Coupe longitudinale de l'escalier, prise sur la ligne LM, fig. 1, en regardant le portique.

Cette coupe est destinée à faire connaître l'escalier qui débouche sur la terrasse. On voit principalement, dans le bas, les deux portes qui donnent dans le portique, et, en haut, une partie du massif supérieur de ce même portique avec deux de ses fenêtres. L'escalier est construit très-solidement, et la coupe des pierres est exécutée avec soin et précision. Les marches ont moins de quatre pouces ou un décimètre de haut, et sont fort commodes à monter. Il y a neuf révolutions; savoir, une de dix marches, quatre de onze sur le côté long, et quatre de six marches sur l'autre côté; en tout soixante-dix-huit marches.

Figure 9.

Première coupe transversale dans le portique, prise sur la ligne NO, fig. 1.

On voit dans cette coupe les fenêtres à claire-voie, la rampe qui s'élève du pied des colonnes au seuil intérieur, et la coupe transversale de l'escalier.

a. Profil d'une niche demi-circulaire pratiquée au-dessus de l'une des fenêtres du portique. (*Voyez* fig. 3.) Cette niche est, dans le monument, un peu au-delà du plan NO de la coupe : on l'a rapprochée à dessein, pour en faire voir le profil. La salle à droite du portique est éclairée par en haut comme les corridors; l'escalier est aussi éclairé par un jour pareil.

Ce qu'on voit au-dessus du jour de l'escalier, dans la partie gauche de la coupe, est le toit incliné de profil dans la fig. 8.

Fig. 10. Coupe transversale dans la moitié du portique, faite sur la ligne P Q, fig. 1, au-devant du seuil même. Cette demi-coupe fait voir l'entrée du corridor, avec des fragmens de bas-reliefs voisins de l'entrée; elle sert aussi à faire distinguer les parties lisses de cette face du portique, d'avec les parties sculptées. Les bas-reliefs se trouvent détaillés dans la pl. 61.

Fig. 11. Inscription gravée dans le portique, auprès de la petite porte qu'on voit en coupe dans la fig. 10.

PLANCHE 59.

PORTION *de la coupe longitudinale du petit temple du sud.*

Cette coupe ne comprend que le sanctuaire et la salle qui suit le portique; elle est faite sur la ligne CD (*voyez* pl. 58, fig. 1), en regardant vers le nord. Toutes les figures, les ornemens et les hiéroglyphes de cette coupe ont été copiés, ainsi que ceux des planches suivantes, avec la plus grande exactitude. On s'est abstenu d'en graver un seul qui n'ait pas été dessiné sur les lieux, et même de s'aider du secours de l'analogie. On avait pour objet, en recueillant les bas-reliefs et les détails de toutes les salles de ce petit temple, qui est si bien décoré et si bien conservé, de rapporter une image presque complète d'un temple égyptien; chose, pour ainsi dire, impraticable pour un grand monument.

Le sol de ces deux salles n'était enfoui que d'un demi-mètre environ (18^{po}); il a été facile de le mettre à nu et de copier l'ornement composé de lotus et de feuilles qui décore le bas des murailles dans toutes les pièces.

A travers la porte de la première salle, on voit le bas d'un tableau qui est représenté en entier dans la pl. 64. Les tableaux gravés dans cette façade appartiennent à la face opposée : on les voit en place dans la pl. 58, fig. 4. On les a dessinés de préférence, parce qu'ils étaient intacts, et l'on s'est permis de les transporter de ce côté, pour donner la coupe d'une manière continue. Au reste, les personnages ont conservé, dans la gravure, le sens et la direction qu'ils ont dans la façade qu'ils occupent, c'est-à-dire que les figures des divinités tournent le dos au sanctuaire, tandis que celles des prêtres le regardent. C'est la même chose dans les deux faces.

Dans le sanctuaire, on n'a pu dessiner qu'un certain nombre d'hiéroglyphes. Toutes les figures sont entièrement conservées, à l'exception d'une seule.

On a heureusement trouvé la niche du fond intacte, ainsi que les bas-reliefs qui en décorent les trois faces. (*Voyez* pl. 60 et 62.) Il était curieux de découvrir et de pouvoir copier exactement les emblèmes d'un autel intérieur, emblèmes qui, presque partout, ont été détruits par les chrétiens et par les mahométans. On n'avait que des conjectures sur les représentations qui, dans les temples égyptiens, décorent le fond des sanctuaires : pour ce motif, les sculptures de la niche du petit temple du sud méritent d'être étudiées avec soin.

PLANCHE 60.

Élévation *de la porte extérieure et bas-reliefs du petit temple du sud.*

Fig. 1. Décoration du chambranle de la porte extérieure du portique. (*Voyez*, au point C, pl. 58, fig. 1.) On a fouillé le pied de cette porte, pour copier les ornemens inférieurs; le premier sujet à droite est brisé et effacé. A droite et à gauche du chambranle, le mur extérieur est lisse. On n'a pu copier les hiéroglyphes qui remplissent les petites colonnes. Dans le fond, on a marqué une indication des portes du portique, de la première salle et du sanctuaire. La partie de la muraille supérieure au cordon est dégradée, et ne présente pas d'arrachemens qui puissent faire deviner la hauteur que le temple avait de ce côté.

Fig. 2. Bas-relief placé au-dessus de la porte de la salle d. (*Voyez* pl. 58, fig. 1.) Ce sujet se trouve dans plusieurs monumens; ici, le plumage de l'épervier sacré est sculpté avec une certaine richesse de détail. (*Voyez* les bas-reliefs d'Hermonthis, pl. 95 et 96, *A.*, vol. 1.)

Fig. 3. Tableau qui décore une des faces de la niche du sanctuaire, du côté qui regarde le nord. (*Voyez*, au point f, pl. 58, fig. 1.) Les hiéroglyphes de ce tableau sont exacts; il manque ceux des deux légendes.

PLANCHE 61.

ÉLÉVATION *de la façade intérieure et bas-reliefs du petit temple du sud.*

Fig. 1. Portion du plafond du portique. La longueur du portique renferme douze vautours pareils à ceux qu'on voit dans cette figure. La tête du serpent et celle du vautour surmontent alternativement le corps de cet oiseau. On a copié quelques-uns des grands hiéroglyphes qui accompagnent les vautours et ornent les soffites qu'on voit en coupe dans la fig. 2.

Fig. 2. Coupe en grand, faite dans le fond du portique, au pied de la rampe. (*Voyez*, au point a, pl. 58, fig. 1.) On n'a pu copier d'hiéroglyphes que ceux des légendes de la frise supérieure et des légendes qui décorent la corniche de la porte : les hiéroglyphes des tableaux du chambranle sont très-petits et difficiles à apercevoir; et les tableaux sont endommagés en plusieurs endroits.

Le bas de ce dessin fait voir en grand la rampe du portique.

PLANCHE 62.

DÉTAILS d'architecture, coupe du sanctuaire et bas-reliefs du petit temple du sud.

Fig. 1. Élévation de la base de la colonne qui est à droite en entrant dans le portique. Cette base est tronquée par un plan vertical passant entre le cercle du fût et celui de la base.

Fig. 2. Plan du chapiteau de la colonne, pris à la hauteur A, au sommet du fût, et vu en dessous. (*Voyez* fig. 3.)

Fig. 3. Élévation du chapiteau et de l'architrave. La figure d'Isis, sculptée en creux, décore le dé qui surmonte le chapiteau, et se voit sur les quatre faces du dé. Le côté de l'architrave était orné, comme son soffite, de deux bandes de grands hiéroglyphes, dont on n'a pu dessiner que quatre signes seulement. L'exécution des chapiteaux est parfaite, et répond au soin qui règne dans toutes les sculptures du temple. On s'est attaché à le dessiner avec toute la précision possible.

Fig. 4. Plan du chapiteau à la hauteur B, et vu en dessous. (*Voyez* fig. 3.)

Fig. 5. Plan du chapiteau à la hauteur C, et vu en dessous. (*Voyez* fig. 3.)

Fig. 6. Décoration du fond du sanctuaire, ou coupe prise au-devant de la niche. La corniche a son listel très-élevé, et décoré d'une manière particulière que nous n'avons vue employée nulle autre part. On peut en dire autant de la

grande élévation de la corniche. On n'a pu recueillir les hiéroglyphes ni les tableaux qui accompagnent la niche à droite et à gauche. Les saillies et les profils de cette niche sont d'une grande finesse, qu'on admire aussi dans l'ornement de fleurs et de feuilles du soubassement. La pierre mobile du couloir est marquée par des points dans la partie droite de cette coupe. La figure qui est au fond de la niche peut être considérée comme un emblème de la divinité principale du temple.

Fig. 7. Détail du plan et de l'élévation d'une fenêtre du portique. (*Voyez* pl. 58, fig. 3.) Des six fenêtres pareilles qui éclairent le portique, il n'y a que celle-ci qui soit surmontée d'une niche circulaire.

Fig. 8. Partie de la frise supérieure de la première salle b, située entre deux fenêtres ou soupiraux, sur le mur qui est du côté de la salle c. (*Voyez* pl. 58, fig. 1.) Le belier ailé et à plusieurs têtes, qu'on voit dans ce fragment, fait pendant au lion ailé de la frise qui est en face, c'est-à-dire du côté de la salle d.

Fig. 9. Hiéroglyphes copiés au haut de la porte d'entrée du portique dans l'embrasure. (*Voyez*, vers le point C, pl. 58, fig. 1.)

Fig. 10. Plan coté, avec toutes les mesures, à une échelle double du plan gravé au fini qui est dans la pl. 58, fig. 1.

PLANCHE 63.

Coupe transversale du petit temple du sud.

Cette coupe représente la décoration complète du fond de la première salle et de deux faces des salles latérales. (*Voyez*, aux points b, c, d, pl. 58, fig. 1.) Il faut avertir que la décoration qu'on voit dans la salle de droite, n'est pas celle qui orne le côté représenté dans la gravure, mais qu'elle a été copiée en face, du côté l. (Voyez *ibid.*) La face m étant moins bien conservée, on a dessiné l'autre, et on l'a transportée, dans la planche, à la place de celle qu'on n'avait pas copiée.

Nous n'avons pu copier les signes hiéroglyphiques de cette coupe, si ce n'est quelques-uns au-dessus de la porte du milieu. Plusieurs tableaux de la porte sont dégradés et méconnaissables; mais il en reste assez d'intacts et de complets, soit dans cette planche, soit dans les planches précédentes, pour donner aux lecteurs le moyen d'étudier le temple dans toutes ses parties.

PLANCHE 64.

BAS-RELIEF *sculpté dans l'une des salles latérales du petit temple du sud.*

Ce bas-relief a été recueilli sur la face sud de la salle latérale c. (*Voyez* pl. 58, fig. 1.) Le dessin est au douzième de la grandeur naturelle. (*Voyez* ce que nous rapportons de ce bas-relief curieux, dans la description de Karnak, *chapitre IX*, section VIII.)

PLANCHE 65.

COLLECTION *de vases recueillis dans divers édifices.*

Tous ces vases sont d'une forme élégante, et ressemblent aux vases étrusques, dont il est probable qu'ils sont le type original. Ils ont été recueillis, pour la plupart, dans les appartemens de granit.

PLANCHE 66.

Vases *sculptés dans plusieurs monumens.*

Les vases fig. 1, 4 et 13, sont à l'échelle du dixième; les autres sont à peu près à la même échelle. Il y a de l'élégance dans la forme de la plupart d'entre eux. Trois sont remarquables par leurs couvercles, qui sont une tête de gazelle, une tête de taureau et un sphinx tout entier. La fig. 15 porte une tête qui est coiffée et ajustée d'une manière fort différente du style ordinaire. La plupart de ces vases ont été copiés à Karnak, et plusieurs dans le temple d'Hermonthis.

PLANCHE 67.

Détails *de figures tirées des bas-reliefs de divers édifices.*

Fig. 1. Forme de la coiffure des héros égyptiens. On la retrouve à Karnak, à Medynet-abou, et au tombeau d'Osymandyas.

Fig. 2. Vautour planant. Cette figure accompagne toujours les héros égyptiens.

Fig. 3. Figure de héros égyptien.

Fig. 4. Tête remarquable par la singularité de sa coiffure, et la tresse que l'on voit derrière la tête.

Fig. 5. Vautour vu de profil.

Fig. 6. Détail de la tête du personnage qui se trouve généralement sculpté sur les pylônes à côté des portes, tenant par les cheveux une grande quantité d'individus qu'il se dispose à immoler.

Fig. 7. Cette figure est remarquable par le casque dont elle est coiffée.

Fig. 8. L'espèce de bonnet formé de deux bras, que cette figure a sur la tête, se retrouve dans les hiéroglyphes.

Fig. 9. Cette figure est une de celles des personnages à qui l'on fait des offrandes.

Fig. 10. Cette figure se trouve ordinairement dans les bas-reliefs des tombeaux. Elle est très-richement ornée. L'oreillon de la coiffure est tortillé en nattes tressées comme celles que porte la figure d'Horus.

Fig. 11. Tête de la grande divinité de Thèbes, de celle que l'on porte sur les brancards dans les cérémonies publiques. (*Voyez* pl. 11, *A.*, vol. II.)

Fig. 12. Figure d'Isis, dont la tête est surmontée d'une riche coiffure.

THÈBES

(MED-A'MOUD).

EXPLICATION DES PLANCHES.

PLANCHE 68.

1. Plan *topographique des ruines.* — 2, 3. *Plan et élévation d'un portique.*

Figure 1.

Il suffit de considérer cette figure pour la comprendre parfaitement, les indications des objets étant écrites sur le plan. Quant à la situation topographique de ces ruines par rapport à celles du reste de Thèbes, on peut la voir sur le plan général (pl. 1, *A.*, vol. II).

Figure 2.

On a figuré, dans ce plan, les colonnes dont on a constaté l'existence sur les lieux; mais elles ne sont pas toutes également bien conservées. Quelques-unes, telles que celles marquées a, b, c, d, subsistent encore dans leur entier : elles sont couronnées de leurs chapiteaux et de restes d'architraves et de corniches. Les autres colonnes sont détruites au tiers, ou n'offrent plus que leurs fondations : c'est ce

338   EXPLICATION DES PLANCHES.

que l'on a voulu exprimer dans la figure par les teintes plus ou moins pâles appliquées sur ces colonnes.

e. Restes de constructions dont on ne voit plus que les fondations.

f. Bloc de granit taillé, qui paraît avoir formé le chambranle d'une porte.

Figure 3.

Dans cette élévation, il ne reste actuellement debout que les colonnes marquées a, b, c, d. Toutes les autres colonnes ont été restaurées d'après l'analogie de celles qui sont encore subsistantes. Les murs d'entre-colonnement dont on a aperçu quelques arrachemens, ont été également restaurés. On ne s'est pas permis de rétablir les murs de clôture de cet édifice, parce qu'on n'en a trouvé aucune trace.

THÈBES.

EXPLICATION DES PLANCHES.

PLANCHE 69.

Collection *de légendes hiéroglyphiques recueillies dans les édifices.*

On a rapproché, dans cette planche, les inscriptions qui ont le plus de rapport ensemble, soit pour la composition des figures, soit parce qu'elles sont réunies et accolées deux à deux dans les bas-reliefs. Il est aisé de les distinguer des autres, qui, dans une même ligne, sont plus écartées.

Fig. 1......52. Légendes copiées dans différens endroits de Thèbes, principalement à Karnak.

Les fig. 10 et 11 sont accolées deux à deux. Il en est de même des fig. 17, 18; des fig. 25, 26; des fig. 31, 32; des fig. 41, 42; des fig. 46, 47, et des fig. 51, 52.

Fig. 22. Il y a, dans les hiéroglyphes, une autre légende pareille à celle-là, mais dans laquelle se trouve un oiseau après le premier signe à gauche.

Fig. 23. Il existe une légende semblable dans laquelle manque la figure accroupie; mais le disque de la tête subsiste.

Fig. 30. Légende gravée sur le colosse de l'entrée du palais. (*Voyez* pl. 20 et 48, *A.*, vol. III.)

Fig. 31, 32. Ces deux légendes se trouvent aussi à Louqsor.

Fig. 53. Légende copiée dans l'un des tombeaux des rois.

EXPLICATION DES PLANCHES.

Fig. 54, 55, 56, 60, 61. Légendes dessinées à Medynet-abou; les fig. 55, 56, sont accolées ensemble.

Fig. 57, 58, 59, 62....70. Légendes copiées dans différens monumens.

Les fig. 57 et 59 sont accolées. Il en est de même des fig. 62, 63; des fig. 64, 65; des fig. 66, 67, et des fig. 68, 69. (*Voyez* les Observations sur les hiéroglyphes, dans les *Mémoires d'antiquités*.)

FIN DU VOLUME III.

DENDERAH
(TENTYRIS).

EXPLICATION DES PLANCHES.

Nota. MM. Jollois, Devilliers et Jomard ont mis en ordre et rendu conformes aux Descriptions qu'ils ont rédigées, les notes remises par les auteurs des dessins, pour former le recueil des explications de planches du quatrième volume d'antiquités.

ENVIRONS DE DENDERAH.

QOUS (APOLLINOPOLIS PARVA),
QEFT (COPTOS).

PLANCHE 1.

1, 2, 3, 4. Couronnement *d'une porte; plan, élévation et coupe d'un monolithe de Qous.* — 5...9. *Frise et bas-reliefs dessinés à Qeft.*

Fig. 1. Couronnement d'une porte égyptienne enfouie dans les décombres jusqu'à la hauteur de l'architrave. Il est probable que cette porte existe dans son entier. Comme nous avons pu en approcher de très-près, nous avons copié avec exactitude le globe ailé qui décore la corniche. Il nous a été également facile de recueillir l'inscription grecque qui se trouve sur le listel.

Fig. 2. Cette figure offre le plan d'un monolithe semblable à ceux que renfermaient ordinairement les sanctuaires égyptiens. Nous en avons trouvé d'analogues dans le grand temple de *Philœ*. Celui-ci existe dans la partie basse de la ville de Qous. Il est renversé près d'une citerne, et paraît avoir servi de vase pour abreuver les animaux. Il est en beau granit noir. Les sculptures dont il est orné (*voyez* fig. 3) sont exécutées avec un soin extrême et une grande précision ; c'est un morceau précieux, qui constate, d'une manière non équivoque, le haut degré de perfection auquel la sculpture en bas-relief a été portée dans l'ancienne Égypte.

Fig. 3. Élévation de la chapelle monolithe. Tous les hiéroglyphes qui la décorent ont été copiés avec la plus grande exactitude. Sa partie supérieure est terminée en pyramide quadrangulaire tronquée.

Fig. 4. Coupe de la chapelle monolithe.

Fig. 5. Frise composée de triglyphes, de têtes de taureau et de patères, trouvée dans les ruines de *Coptos*.

Fig. 6. Figure avec la coiffure d'Isis. Elle porte dans ses deux mains des bouquets de lotus qu'elle appuie sur son cœur. Son vêtement consiste en une espèce de jupon attaché au-dessus des hanches par une ceinture dont les extrémités pendent en avant.

Fig. 7. Figure semblable à la précédente, si ce n'est que les lotus qu'elle a dans les mains ne sont encore qu'en boutons. Devant elle est un agencement de fleurs de lotus épanouies et de boutons.

Fig. 8. Ornement de tiges et de fleurs de lotus, qui paraît être un ouvrage grec à l'imitation des Égyptiens.

Fig. 9. Bas-relief pris sur un tronçon de colonne faisant partie de l'apophyge.

DENDERAH (TENTYRIS).

PLANCHE 2.

PLAN *topographique des ruines.*

Nota. L'échelle de ce plan est d'un demi-millimètre pour un mètre. C'est la même que celle qui a été adoptée pour les plans topographiques de Thèbes et d'Ombos. Le dessin, s'étant trouvé trop grand, n'a pu être compris tout entier dans les limites d'une planche simple du format de l'ouvrage. Il était trop peu considérable pour occuper une planche double; c'est ce qui nous a déterminés à retrancher quelques buttes de décombres qui fixent les limites des ruines, et qui ne renferment aucun fragment de monumens antiques. Il sera d'ailleurs rendu compte, dans le chapitre X des Descriptions, du contour et de l'étendue de l'emplacement de l'ancienne ville de *Tentyris*.

A. Point de vue de la pl. 3, *A.*, vol. IV.
B. Point de vue de la pl. 4, *A.*, vol. IV.
C. Point de vue de la pl. 6, *A.*, vol. IV.

Nota. La lettre C a été gravée à 10 mètres trop à l'est.

D. Point de vue de la pl. 7, *A.*, vol. IV.
E. Point de vue de la pl. 29, *A.*, vol. IV.
F. Point de vue de la pl. 30, *A.*, vol. IV.

PLANCHE 3.

VUE *générale des ruines, prise de l'ouest.*

Le point de vue de cette planche est marqué en A sur la pl. 2, *A.*, vol. IV.

1. Restes de maisons modernes construites en briques crues. On y remarque des voûtes semblables à celles que l'on retrouve dans les habitations des villages de la haute Égypte. Il est assez probable que tous ces débris proviennent des maisons construites au temps des Arabes.

2. Porte du nord, dont la perspective est représentée pl. 6, *A*., vol. IV.

3. Grand temple. Ses terrasses sont encore couvertes de débris de maisons modernes.

4. Édifice du sud, dont le plan se voit pl. 31, fig. 5, *A*., vol. IV.

5. Porte de l'est, enfouie en grande partie dans les décombres.

6. Grande voile triangulaire d'une barque naviguant sur le Nil.

7. Palmiers dans le lointain.

8. Trombe de sable, telle qu'il s'en élève très-fréquemment dans la haute Égypte.

PLANCHE 4.

Vue *de la porte du nord.*

Le point de vue de cette planche est marqué en B sur la pl. 2, *A*., vol. IV.

1. Ruines de maisons modernes construites en briques crues.
2. Porte du nord, conduisant au grand temple.
3. Façade du grand temple.

Le devant du dessin offre l'aspect de ces buttes de décombres dont l'emplacement des ruines est rempli.

A. VOL. IV. DENDERAH (TENTYRIS).

PLANCHE 5.

PLAN, *coupe et détail de la porte du nord.*

La porte est enfouie jusqu'à la hauteur BB (fig. 2). On a fait des fouilles, du côté de la façade qui regarde le temple, au pied du jambage de droite, pour connaître les tableaux inférieurs de la porte et le niveau des fondations; et l'on a trouvé, au-dessous de l'ornement qui sert de base au dernier tableau, une première fondation en brique de 0^m,56 de hauteur. Par ce moyen, l'on a connu la hauteur exacte du monument. Au-dessus de la dernière assise, visible en entier (*voyez* en A, fig. 2), on a mesuré une hauteur perpendiculaire de 12^m,08, et au-dessous, jusqu'au sol de brique, 5^{m}66; total, 17^m,74.

Les bas-reliefs et les divers tableaux inférieurs au sol actuel sont fort dégradés, si l'on en juge par ceux que la fouille a mis à découvert.

Fig. 1. Plan de la porte au niveau de la fondation de briques, pris à la hauteur A (*voyez* fig. 2). Le jambage a 2^m,44 de large à cette hauteur; en bas, la largeur est de 2^m,87, et la pente est de 0^{m}65.

Fig. 2. Coupe dessinée et gravée à l'échelle d'un trentième, ou de 3 centimètres et un tiers pour un mètre. Cette face latérale de la porte est celle qu'on voit devant soi, quand on a le temple à sa droite et le Nil à sa gauche.

On doit remarquer, dans les tableaux sculptés sur l'enfoncement de la porte, qu'aucune figure n'est vêtue de riches costumes, comme le sont toutes les autres figures à Denderah. Le temps apparemment a manqué pour achever la décoration; néanmoins les hiéroglyphes étaient sculptés. On n'a pas eu le loisir de les copier.

On a, sur les lieux mêmes, construit le dessin qui a servi d'original à cette gravure, en mesurant avec le plus grand soin toutes les dimensions nécessaires. Celles qui ne sont pas cotées sur la gravure peuvent se prendre sur l'échelle.

Fig. 3. Détail en grand de l'un des petits bas-reliefs qui se trouvent entre le prêtre et la figure d'Isis, dans les deux tableaux supérieurs du jambage de droite.

PLANCHE 6.

Élévation perspective de la porte du nord.

La façade proprement dite de ce dessin est une élévation géométrale, à l'échelle d'un trentième, ou 3 centimètres et un tiers pour un mètre, et l'on peut prendre sur les lignes de cette élévation toutes les mesures de hauteur et de largeur, comme dans la coupe de la pl. 5 : l'une et l'autre sont à la même échelle. Les faces fuyantes qui ont été ajoutées pour donner au dessin l'apparence et l'effet d'une vue pittoresque, ne sont pas et ne peuvent pas être rigoureusement conformes aux règles de la perspective. C'est pour ne pas faire deux dessins et ne pas multiplier les planches, qu'on s'est permis cette innovation dans la manière de représenter les monumens de l'architecture.

On a voulu saisir l'occasion que présentait cette porte, pleine de grandeur, de richesse et de magnificence, pour y ajouter des accessoires propres à lui donner toute sa valeur et à offrir une idée de ce qu'elle a été dans l'origine. A en juger par la vue gravée pl. 4, on croirait la porte considérablement ruinée : cependant elle ne présente l'aspect de la destruction que du côté qui regarde le Nil; du côté du temple elle est presque entièrement conservée, puisqu'on a pu copier dans tous leurs détails les tableaux, les figures, les costumes et les siéges richement travaillés qui la décorent. On y a seulement ajouté, suivant l'analogie connue, les hiéroglyphes dont chaque colonne était ornée, et qu'on n'a pas eu le temps de copier. Le bas-relief de droite et les deux tableaux inférieurs de gauche ont également été ajoutés dans la gravure au dessin original, afin de compléter l'effet du monument.

Pour faire le choix d'une scène qui fût d'accord avec les sculptures du grand temple de Denderah, on a considéré que le plafond du portique représente évidemment l'instant de l'inondation, puisque la robe des deux grandes figures qui enveloppent ce plafond astronomique, est couverte de lignes brisées, symbole de l'eau, et de fleurs de lotus, autre emblème du débordement du fleuve. On s'est donc attaché à représenter les circonstances propres à cette époque de l'année : la vallée entière sous les eaux, la fête du Nil, le peuple arrivant au temple avec une troupe de musiciens des deux sexes, les lotus épanouis, les roseaux, l'ibis, signe de l'inondation (voyez l'*Histoire naturelle et mythologique de l'ibis*, par J. C. Savigny), et les dattiers en fruit. Une troupe de soldats défile devant la porte. En dedans de la porte sont plusieurs prêtres, un chef militaire et des serviteurs du temple. C'est dans les peintures et les sculptures des monumens qu'on a puisé les costumes des prêtres, des guerriers, des hommes et des femmes du peuple, et les barques voguant sur l'inondation. La mosaïque de Palestrine, monument curieux et authentique, a fourni la forme des maisons, des constructions particulières, et celle des digues servant à communiquer d'un village à l'autre, à l'époque des hautes eaux. Ces digues sont aujourd'hui remplacées par de simples buttes en terre, qui servent encore à retenir et à distribuer les eaux dans les différens bassins de la vallée.

Quant à la cérémonie elle-même de la fête du Nil, c'est

dans Hérodote, Athénée, Héliodore, qu'on en a trouvé les détails.

Derrière les villages est le Nil lui-même, et, au dernier plan, la chaîne arabique et l'embouchure d'une vallée allant à la mer Rouge. Au premier plan sont des dattiers, des bananiers et un palmier doum. On a profité de l'occasion qui s'offrait d'exprimer en grand l'écorce, les fruits et les feuilles du dattier, ainsi que les radicules qui poussent ordinairement au bas du tronc, jusqu'à 0^m,64 (2 pieds) de hauteur. Les pierres qui sont en avant sont censées destinées aux parties du temple non encore terminées, et l'époque elle-même du monument est supposée antérieure au temps où l'on a construit l'édifice à jour, situé au-delà et dans l'axe de la porte. (*Voyez* pl. 3 et pl. 31, *A.*, vol. IV.)

A droite et à gauche de la porte sont des arrachemens de construction dont on a trouvé des restes en faisant des fouilles ; c'est au bas des jambages de droite que ces fouilles ont été pratiquées.

La hauteur de la porte sous le linteau, et par conséquent celle des battans, était de 11^m,85 (environ 37 pieds).

PLANCHE 7.

Vue de la façade du grand temple.

Le point de vue de cette planche est marqué en D sur la pl. 2, *A.*, vol. IV.

1. Ruines de maisons modernes construites en briques crues.
2. Façade du portique du grand temple. Ce portique est formé de vingt-quatre colonnes, qui se présentent sur six de front et quatre de profondeur. Cette vue représente l'état actuel de l'encombrement, qui, à partir de l'est, où il cache les murs d'entre-colonnement, va en diminuant à

l'ouest, sans laisser toutefois apercevoir de ce côté le pied de l'édifice. Divers groupes de Français et de gens du pays sont distribués au milieu des ruines, et servent d'échelle pour évaluer les dimensions de l'édifice.

3. Tente des membres de la Commission des arts, occupés à lever les plans et à recueillir les détails d'architecture des édifices de Denderah.

PLANCHE 8.

PLANS *et coupes transversales du grand temple.*

Figure 1.

Plan du grand temple.
a. Premier portique.
b. Salle hypostyle, ou deuxième portique.
c et d. Vestibules qui précèdent le sanctuaire.
e. Sanctuaire.
f, g, h, i, k, l. Salles qui entourent le deuxième portique. Elles sont fort élevées. Les pierres qui forment leurs plafonds, sont au niveau des terrasses du temple. (*Voyez* pl. 11, fig. 1 et 2.) C'est dans la salle g que nous avons trouvé un squelette d'homme. (*Voyez* la Description de Denderah, *chapitre X.*) Les deux pièces g et k ont des portes au dehors.
m et n. Petites pièces qui ont la forme de couloirs fort étroits.
o, p, q, r, s, t, u, v, x, y, z et a. Petites salles entourant le sanctuaire. Elles servaient peut-être de logement aux prêtres qui desservaient le temple.
b. Couloirs qui enveloppent le sanctuaire et qui servaient d'issue aux pièces ci-dessus.
c. Petite pièce qui conduit à l'escalier.

d. Escalier aboutissant aux terrasses du temple; il fait trois révolutions autour d'un noyau en pierre de taille, qui a dans son plan la forme d'un rectangle. L'escalier est très-commode à monter, ses marches n'ayant pas plus de 11 centimètres (4 pouces) de hauteur. Il est éclairé au rez-de-chaussée et au premier étage par deux espèces de soupiraux correspondans aux paliers. Au troisième étage il n'y a qu'un seul soupirail, et l'escalier reçoit du jour par la porte qui débouche sur la terrasse. (*Voyez* fig. 3.)

e. Excédant de l'épaisseur des murs dans la partie inférieure, sur l'épaisseur des mêmes murs au niveau de la terrasse : c'est le résultat de cotes qui ont été prises avec le plus grand soin. Il est probable que dans cette épaisseur sont pratiqués des couloirs ou conduits secrets qui correspondaient à l'espèce de cave que nous avons retrouvée sous le sanctuaire. (*Voyez* pl. 10, fig. 2, en b.) Des pierres qui s'enlevaient à volonté, fermaient sans doute les ouvertures par lesquelles on s'introduisait dans ces conduits secrets. Elles étaient sûrement pareilles à celle que nous avons trouvée dans le sanctuaire du petit temple d'Isis à Karnak. (*Voyez* la pl. 58, fig. 3, *A.*, vol. III, et l'explication de cette planche.) On trouvera, à ce sujet, de plus amples détails dans le *chapitre X* des *Descriptions*.

f. Murs d'entre-colonnement.

Voyez, pour les autres lettres, l'explication des planches suivantes.

Figure 2.

Plan du grand temple, pris à la hauteur des premières terrasses en A B. (*Voyez* pl. 11, fig. 1 et 2.)

a. Terrasse du portique. On a ponctué les épaisseurs des murs et les architraves qui reposent sur les chapiteaux des colonnes, afin de donner une idée de leur disposition.

b. Escalier qui conduit de la terrasse du temple proprement dit sur celle du portique : il est formé de pierres qui sont en saillie sur le nu du mur inférieur et encastrées dans ce mur. Le dessous de cet escalier offre une surface plane, parfaitement dressée.

c, d, e, f, g. Terrasses au-dessus du sanctuaire et des salles qui le précèdent, ainsi que du couloir du fond. Ces terrasses ne sont point toutes à la même hauteur, comme on peut le voir dans la pl. 10, fig. 1, et dans la pl. 11, fig. 2. Les trous carrés que l'on aperçoit sont les espèces de soupiraux par où pénètre la seule lumière qui éclaire les pièces dont nous avons fait l'énumération fig. 1.

h. Terrasses des bas-côtés du temple.

i. Salle découverte. (*Voyez* fig. 3.)

k. Ouverture forcée par laquelle on pénètre sur les terrasses du temple, dans l'appartement du zodiaque. Cette ouverture est au niveau des décombres qui enveloppent l'édifice, et elle se trouve de plain-pied avec la terrasse.

l. Salle découverte qui précède la salle du zodiaque.

m. Salle au plafond de laquelle est sculpté le zodiaque circulaire de la pl. 21. Le petit trou carré qui se trouve au milieu de l'aire de cette pièce, est le soupirail qui donnait du jour à la pièce g, fig. 1.

n. Petite pièce qui ne recevait de lumière que par la porte et un petit soupirail pratiqué au plafond. (*Voyez* pl. 11, fig. 2, en a.) Elle est, ainsi que tout l'appartement du zodiaque, couverte de tableaux en bas-relief et d'hiéroglyphes extrêmement curieux et de l'exécution la plus pure.

Nota. Les trois pièces l, m et n forment l'appartement du zodiaque. On les voit en coupe pl. 11, fig. 2, à la hauteur A B.

o. Petite pièce pratiquée à la partie supérieure du noyau de l'escalier : elle est éclairée par la porte et par un petit soupirail. C'est la seule de toutes les salles du temple qui ne soit point ornée de sculptures. Nous n'y avons point aperçu le plus petit hiéroglyphe. Cette même pièce se voit en a, pl. 11, fig. 1.

p. Salle découverte, faisant partie d'un appartement pareil à celui du zodiaque. On y arrive en montant trois marches à partir du dernier palier de l'escalier.

q. Salle dont la disposition est tout-à-fait pareille à celle du zodiaque, si ce n'est que l'on voit dans l'épaisseur des murs latéraux deux niches carrées qui renfermaient sans doute quelque objet du culte égyptien.

r. Petite pièce obscure.

Tout cet appartement, composé des pièces p, q et r, n'est pas moins remarquable par la nature et l'exécution des sculptures dont il est orné, que l'appartement du zodiaque. (On le voit en coupe pl. 11, fig. 1, à la hauteur AB.)

s. Petit édifice au-dessus des terrasses du temple principal. Il a quelque analogie avec l'édifice de l'est à *Philæ*, et l'espèce de cour ornée de colonnes qui précède le temple d'*Hermonthis*. Sa disposition est presque tout-à-fait semblable à celle de l'édifice du nord à Denderah même. On ne saurait affirmer s'il devait rester à découvert. Les pierres de sa corniche sont, dans l'intérieur, placées en retraite sur les architraves; ce qui semblerait annoncer que des pierres de plafond devaient poser sur cette retraite. Les colonnes de ce petit édifice à jour paraissent être sur le modèle de celles du portique du grand temple.

t. Petits murs d'entre-colonnement.

Fig. 3. Plan pris à la hauteur du premier étage.

Voyez en a b, fig. 5, et pl. 11, fig. 1, en CD.

Cette figure a pour objet de faire connaître la disposition d'une petite pièce où l'on pénètre par l'escalier, et qui conduit à une salle découverte, ou espèce d'hypæthre.

Fig. 4. Coupe transversale du grand temple sur la ligne CD. (*Voyez* fig. 1.) Elle est destinée à faire connaître en détail l'escalier qui conduit sur la terrasse, et elle indique la manière dont cet escalier est éclairé.

Fig. 5. Coupe transversale du grand temple sur la ligne EF. (*Voyez* fig. 1.) Elle montre la façade du sanctuaire, les deux portes qui conduisent dans les couloirs dont il est enveloppé, et la pièce du premier étage, dont le plan se voit fig. 3. A droite, au-dessus de cette dernière pièce et dans le fond, on aperçoit l'élévation du petit portique marqué en s, fig. 2.

A gauche en c, on peut remarquer la grande épaisseur du mur latéral du temple. Nous présumons que dans l'intérieur de ce mur sont pratiqués des conduits secrets qui communiquaient avec l'espèce de souterrain dont on peut voir la configuration pl. 10, fig. 2, en b. (*Voyez* ce qui est dit à ce sujet dans la description, *chapitre X*.)

PLANCHE 9.

ÉLÉVATION *du portique du grand temple.*

On peut prendre dans ce dessin une idée de la décoration d'un portique égyptien. Les ornemens de la corniche, de l'architrave, des chapiteaux, des fûts de colonnes, des antes et des murs d'entre-colonnement, sont exacts, à l'exception de quelques sujets de bas-reliefs où l'on a toutefois soigneusement conservé la disposition des figures, indiquée par l'analogie. Tous les détails en grand de ces décorations se retrouvent dans les planches suivantes, et doivent être consultés par ceux qui voudront en prendre une connaissance complète; ils serviront à faire distinguer plus particulièrement les bas-reliefs entièrement exacts dont cette élévation est ornée. Il ne manque à cette riche façade que les hiéroglyphes nombreux dont elle est surchargée, et qui ne sont indiqués ici que par des espaces vides limités par de doubles traits : mais il eût fallu un temps considérable pour les recueillir en totalité.

Parmi les sculptures qui ornent le fond du portique, il n'y a d'exactes que celles de la corniche et de la frise; mais la distribution des bas-reliefs est tout-à-fait semblable à celle qui existe effectivement.

Le grand nombre de voyages que nous avons faits à Denderah, et le concours de nos collègues, nous ont mis à portée de donner une représentation aussi fidèle qu'il est possible de l'un des plus beaux portiques de l'ancienne Égypte.

Le listel de la corniche, qui est la seule partie lisse de cette façade, offre une inscription en caractères grecs, dont il est parlé fort au long dans la description. (*Voyez* le chapitre *X* des Descriptions.)

PLANCHE 10.

ÉLÉVATION *latérale et coupe longitudinale du grand temple.*

Fig. 1. Élévation latérale de l'ouest. Toutes les décorations, à l'exception de celles des corniches et des frises, ont été ajoutées pour l'effet de l'architecture. Elles suppléent aux véritables sculptures que l'on n'a point eu le temps de dessiner, et sont tirées en partie des bas-reliefs que l'on a recueillis dans le temple. Les gargouilles qui sont entre les pattes des lions, sont fort en saillie sur le nu des murs, et sont placées un peu au-dessous du niveau des terrasses; de manière que les eaux de pluie qui tombent quelquefois dans le pays, et surtout celles dont on faisait usage dans les cérémonies du culte, avaient un écoulement facile, et étaient rejetées loin du pied des murs.

Fig. 2. Coupe longitudinale du grand temple, prise sur la ligne A B. (*Voyez* pl. 8, fig. 1.)

Toutes les décorations du portique ont été copiées avec exactitude, à l'exception, pour le mur du fond, de la dernière rangée de tableaux, et de l'ornement de la partie inférieure ; la décoration de la porte d'entrée a été aussi suppléée pour l'effet de l'architecture. L'une des colonnes a été copiée avec exactitude, et ses frises et bas-reliefs ont été reportés sur toutes les autres. Le sujet qui décore l'architrave a été fidèlement copié. Les planches suivantes, notamment celles 12 et 17, font voir plus en grand toutes ces décorations.

Il faut se représenter que le reste de cette coupe n'est pas moins orné que le portique. Les portes, le mur du second portique et ses colonnes, les salles intérieures, tout, jusqu'aux parois des espèces de soupiraux qui donnent du jour dans les diverses pièces du temple, est couvert de sculptures aussi précieuses par leur exécution, que curieuses sous le rapport des sujets qu'elles représentent. L'encombrement, et surtout le défaut de temps, n'ont pas permis de recueillir ces nombreuses décorations, qui demanderaient, pour être dessinées, le concours d'un très-grand nombre de personnes.

Le sol des diverses pièces du temple varie, ainsi qu'on peut le voir, et va en montant jusqu'au sol du sanctuaire.

a. Trou pratiqué de force dans l'aire du sanctuaire.

b. Espèce de souterrain qui nous a paru occuper tout le dessous du sol du sanctuaire. L'encombrement ne nous a pas permis de le parcourir dans toute son étendue.

c. Caveau semblable à celui b, que l'on présume exister sous le corridor et les pièces qui entourent le sanctuaire. Probablement des conduits pratiqués dans les murs verticaux communiquaient avec ces caveaux souterrains. (*Voyez* l'explication de la pl. 8, fig. 1, en *e*.)

PLANCHE 11.

Coupes longitudinales du grand temple.

Fig. 1. Coupe longitudinale prise suivant la ligne GH. (*Voy*. pl. 8, fig. 1.) Elle montre l'agencement des pièces latérales du temple et de l'appartement semblable à celui du zodiaque à l'ouest. On voit aussi la coupe de l'escalier et la coupe longitudinale du petit portique découvert qui s'élève à l'extrémité de la terrasse. (*Voyez* l'explication de la pl. 8, fig. 3.)

Pour l'indication des lettres mises sur cette figure, *voyez* l'explication des planches précédentes.

Fig. 2. Coupe longitudinale prise suivant la ligne IK. (*Voy*. pl. 8, fig. 1.) Elle montre l'agencement des pièces latérales du temple et de l'appartement du zodiaque à l'est. On peut y remarquer aussi les différens mouvemens de terrasses et l'élévation latérale du petit édifice situé à l'extrémité de la terrasse du temple.

Nota. Pour se faire une idée complète des objets représentés dans ces deux coupes, il ne faut pas perdre de vue que toutes les parties de l'édifice qui sont indiquées nues et sans ornemens dans le dessin, sont réellement couvertes de sculptures innombrables. On n'a point prolongé les coupes à travers le portique, afin de ne pas multiplier sans utilité la représentation des mêmes objets.

PLANCHE 12.

1. Détail colorié d'une colonne du portique. — 2....7. Profil et plans de la colonne.

Fig. 1. Ce dessin peut achever de donner une idée complète de ce qu'était le temple de Denderah à l'époque où il a été terminé. Ainsi il faut se figurer que la façade et l'intérieur du portique (*voyez* les pl. 9 et 10), déjà si remarquables par les innombrables détails de leurs sculptures, étaient encore enrichis par l'éclat des plus vives couleurs. Il en devait être de même du reste du temple : mais à l'extérieur ces couleurs ont disparu ; et dans l'intérieur (le portique toutefois excepté), ces couleurs, ou bien n'existent plus, ou bien sont cachées sous une teinte noirâtre, produite par la poussière et par la fumée des flambeaux qu'on allumait dans le temple.

On a représenté dans cette planche la colonne en perspective pour en faire mieux connaître tous les détails.

Fig. 2. Profil coté de la colonne.
Fig. 3. Plan de la base.
Fig. 4. Plan du chapiteau vu par-dessous.
Fig. 5. Plan du chapiteau à la naissance du dé.
Fig. 6. Plan du dé à la partie supérieure.
Fig. 7. Plan du tailloir qui couronne le chapiteau.

PLANCHE 13.

Détails de deux murs d'entre-colonnement du portique, et bas-reliefs recueillis dans le grand temple.

Fig. 1. Détail de la paroi extérieure du mur d'entre-colonnement à droite de l'entrée du portique. Tous les ornemens dont ce membre d'architecture est décoré, sont complets et fidèlement copiés : il n'y manque que les hiéroglyphes, que l'on n'a point eu le temps de dessiner. Le sujet du bas-relief représente une offrande à Isis et à Osiris à tête d'épervier.

Fig. 2. Détail de la paroi intérieure de l'un des murs d'entre-colonnement du portique. Le sujet de cette sculpture est une offrande à Isis. On remarquera ici, comme dans tous les bas-reliefs égyptiens, que la main droite et la main gauche de celui qui fait l'offrande sont représentées de la même manière; ce que l'on n'a point fait à l'égard des pieds, puisqu'il y en a un droit et un gauche. Tous les hiéroglyphes de ce bas-relief ont été exactement copiés.

Fig. 3. Cette sculpture a été recueillie dans l'une des salles qui précèdent l'escalier du grand temple. Elle représente un épervier perché sur une espèce d'anneau qu'on voit toujours dans les serres du vautour qui accompagne les héros égyptiens. Les ailes de cet oiseau sacré enveloppent le corps d'une femme accroupie à tête de lion, et dont les mamelles sont pendantes. Ce groupe repose sur un socle dont la partie antérieure est formée de gradins. Sur les côtés, on voit trois serpens, un vautour et une femme sans bras et agenouillée. Au-dessous de ces figures sont des femmes agenouillées, à tête de lion, dont les mamelles sont pendantes.

Fig. 4. Oiseau dont les formes se rapprochent de celles de l'ibis. Il est attaché par le cou à une espèce de poteau.

Fig. 5. Espèce d'insecte que l'on rencontre très-souvent dans les hiéroglyphes.

Nota. C'est sans doute par erreur que le dessinateur a représenté une main fermée, au lieu de la tête de l'insecte.

PLANCHE 14.

Décoration *des antes et d'un soffite et bas-relief de l'extérieur du portique du grand temple.*

Fig. 1. Décoration de l'ante à droite du portique. Tous les détails des costumes et des ornemens des trônes sont copiés avec la plus grande exactitude : il ne manque aux bas-reliefs que les nombreux hiéroglyphes dont ils sont accompagnés, et que l'on n'a point eu le temps de dessiner.

Fig. 2. Ce dessin doit se placer immédiatement sous la fig. 1, pour former l'ante à droite dans sa hauteur totale.

Fig. 3. Partie supérieure de l'ante à gauche du portique. Cet ante a des bas-reliefs en même nombre et de même dimension que celui de droite : mais l'encombrement du portique n'a permis de copier que les deux que l'on voit ici; ils représentent, ainsi que les bas-reliefs de la fig. 2, des offrandes à Isis et à Osiris à tête d'épervier.

Fig. 4. Détail de la décoration du soffite de l'entre-colonnement du milieu du portique. Cet ornement est répété dix fois dans toute l'étendue du plafond. (*Voyez* pl. 18.)

Fig. 5. Bas-relief dessiné près de l'escalier extérieur qui conduit des terrasses du temple à celles du portique.

PLANCHE 15.

Détail *de la frise de la façade du portique du grand temple.*

Ce bas-relief décore la moitié de la frise de la façade du portique. Les dimensions des planches et l'échelle adoptée pour exprimer tous les détails n'ont pas permis de le graver sur une même ligne ; mais les figures se suivent dans l'ordre de leurs numéros, et les lettres A, B, C, répétées à la fin et au commencement de chacune des bandes, indiquent l'endroit où il faudrait les réunir, si l'on voulait les mettre bout à bout. Il ne manque à cette frise, pour être complète, que les hiéroglyphes qui accompagnent chaque personnage ; mais on n'a point eu le temps de les dessiner, et ils sont d'ailleurs hors de la portée de la vue. Cette frise représente une espèce de procession isiaque. Toutes les offrandes sont faites à Isis, dont l'image se voit au milieu de la frise, par divers personnages à tête humaine et à têtes d'animaux. Les figures qui décorent l'autre moitié de la frise, sont, à quelques modifications près dans les coiffures, les mêmes que celles de cette planche.

On a mis des numéros sur chaque figure, afin de faciliter les citations que l'on pourrait avoir besoin d'en faire. L'échelle du dessin est de 0^m,06 pour un mètre.

PLANCHE 16.

ÉLÉVATION *détaillée de la partie postérieure du grand temple.*

Ce dessin, qui est un des plus complets et des plus étendus de la collection, peut contribuer à donner une haute idée du système de décoration des édifices de Denderah.

Tous les hiéroglyphes qui accompagnent les tableaux, sont exacts ; ceux que l'on n'a point eu le temps de dessiner, sont désignés, ainsi que nous l'avons toujours fait, par des espaces vides limités par de doubles traits horizontaux et verticaux, qui indiquent jusqu'à un certain point le sens dans lequel les caractères se présentent.

La grande ligne d'hiéroglyphes qui existe au-dessous de la frise, n'a été copiée que depuis l'extrémité à gauche jusqu'au milieu de la façade. Elle a été répétée symétriquement à droite pour l'effet de l'architecture. Il en est de même des hiéroglyphes et des légendes qui forment la décoration de la corniche et de la frise : ils sont tous les mêmes dans le dessin, bien qu'ils soient presque tous variés sur le temple. Les fouilles que nous avons fait exécuter pour dégager le pied de l'édifice, ne nous ont permis de copier que la moitié de l'ornement inférieur à gauche, et on l'a répété symétriquement à droite. Nous avons pu nous assurer toutefois que les différences ne consistent que dans quelques coiffures et quelques offrandes.

Le dessin qui a servi d'original à cette gravure, a été construit, sur les lieux mêmes, avec le plus grand soin. Ainsi l'on peut prendre les mesures sur l'échelle pour suppléer celles qui ne sont pas cotées et qu'on ne retrouverait point dans les autres planches.

PLANCHE 17.

DÉTAIL *de la face latérale de l'est dans le portique du grand temple.*

Ce dessin représente, au quarantième de la grandeur naturelle, la décoration de la face latérale de l'est dans l'intérieur du portique ; c'est une coupe faite suivant la ligne PQ. (*Voyez* pl. 8, fig. 1.) L'encombrement de l'édifice n'a pas permis de recueillir le reste des ornemens de la partie inférieure, où il existe encore une rangée de tableaux, et une bande de figures portant des offrandes, comme celles qui sont ordinairement à la base des murs : c'est d'après l'analogie que nous les avons représentés dans la pl. 10, fig. 1. Toutes les frises et tous les bas-reliefs ont été copiés avec exactitude. On peut remarquer dans la frise supérieure une lacune que quelques dégradations n'ont point permis de remplir.

La grande ligne d'hiéroglyphes qui se trouve au-dessous des frises, n'a point été copiée entièrement, soit parce que le temps a manqué, soit parce qu'elle était en partie effacée.

Les espaces renfermés par de doubles lignes horizontales et verticales indiquent les portions des tableaux qui sont remplies par des légendes et des inscriptions hiéroglyphiques.

La plupart des offrandes sont faites à Isis, accompagnée le plus souvent d'Osiris à tête d'épervier.

PLANCHE 18.

Plafond *du portique du grand temple.*

Ce dessin offre la représentation complète des bas-reliefs sculptés au plafond du portique du grand temple. En prenant la gravure par les deux extrémités latérales, en la posant devant soi et l'élevant ensuite au-dessus de sa tête, toutes les figures du dessin auront la même position respective que celles du plafond, et on les verra absolument comme l'on apercevrait les sculptures de ce plafond lui-même, si l'on entrait dans le portique et que l'on s'avançât vers le fond du temple. La projection est faite sur un plan que l'on a supposé tourner autour de son intersection avec le plan vertical du fond du temple.

Les figures qui sont dans les trois soffites à droite sortent du temple, et celles qui forment la décoration des trois soffites de gauche y entrent. Six signes du zodiaque sont renfermés dans chacun des deux soffites extrêmes, et l'espèce de procession qu'ils forment avec toutes les figures qui les accompagnent, offre évidemment la représentation d'une seule et même scène relative au zodiaque céleste. Le *lion* est le premier de tous les signes; et le *cancer*, le dernier. L'analogie doit faire présumer que les avant-derniers soffites de droite et de gauche représentent une scène relative à un même sujet. Il en est ainsi des deux soffites qui sont de chaque côté de l'entre-colonnement du milieu. Toutes ces scènes sont d'ailleurs relatives à l'astronomie. (*Voyez* le *chapitre X* des Descriptions.)

Le soffite de l'entre-colonnement du milieu offre alternativement des vautours avec des ailes symboliques et des globes ailés accompagnés d'*ubœus*. De chaque côté sont des étoiles d'un jaune d'or distribuées sur un fond bleu.

On a supposé que le plan sur lequel la projection du dessin est faite, se trouve à la hauteur des tailloirs qui surmontent les chapiteaux des colonnes : c'est pourquoi l'on voit tous ces tailloirs représentés sur le dessin. On y a même ponctué la circonférence supérieure de la colonne. Les soffites des architraves intérieures et de la façade du portique sont décorés de trois lignes de grands hiéroglyphes que l'on n'a point eu le temps de dessiner, et dont la place est indiquée entre les doubles traits exprimés dans le dessin.

Les hachures du bas de la planche indiquent l'intersection du plan de projection avec le mur du fond.

PLANCHE 19.

DÉTAIL *de quatre soffites du portique du grand temple.*

En comparant cette planche à la précédente, il sera facile de reconnaître dans quels entre-colonnemens se trouvent les bas-reliefs représentés dans les fig. 1, 2, 3 et 4. Il sera également très-aisé de se faire l'idée de la position respective et de la marche des personnages. (*Voyez* l'explication de la planche précédente.) L'entrée du portique est à droite de la planche, et le fond est à gauche. Les personnages de la fig. 4 et ceux de la fig. 1 forment une seule et même procession. Les premiers sortent du temple, et les seconds y entrent pour venir à leur suite. Il en est de même des personnages de la fig. 2 et de la fig. 3.

Tous ces bas-reliefs paraissent être relatifs à l'astronomie. (*Voyez* le chapitre *X* des Descriptions.)

PLANCHE 20.

ZODIAQUE *sculpté au plafond du portique du grand temple.*

En comparant cette planche à la pl. 19, il sera aisé de s'assurer que la place occupée par les fig. 1 et 2, dans le plafond du portique, est celle des deux soffites extrêmes. L'entrée du portique est à droite, et le fond est à gauche.

En prenant le dessin par ses deux extrémités et l'élevant au-dessus de sa tête, on placera les figures dans la position qu'elles occupent dans le portique : seulement il faudra supposer les deux bandes séparées par les autres soffites du plafond. (*Voyez*, pour de plus amples détails, la description des monumens astronomiques, *Appendice* n°. II.) Chacune de ces bandes renferme six signes du zodiaque.

PLANCHE 21.

ZODIAQUE *sculpté au plafond de l'une des salles supérieures du grand temple.*

Cette sculpture orne le plafond de la salle m. (*Voyez* pl. 8, fig. 2.) Pour se représenter sa position, il faut se supposer dans la salle, ayant la face tournée vers le fond de l'appartement. Alors, si l'on place le dessin verticalement devant soi, et qu'on le ramène ensuite horizontalement au-dessus de sa tête, on le mettra absolument dans la même position que les objets dont il offre la représentation. La grande figure qui est à droite du dessin, a la tête tournée vers l'extérieur de la salle, et s'étend sur toute la longueur du plafond, qu'elle partage en deux portions égales. (*Voyez*, pour de plus amples détails, la description des monumens astronomiques, *Appendice* n°. II.)

Le dessin est au cinquième de la grandeur naturelle. Tous les hiéroglyphes sont exacts, et ont été copiés avec le plus grand soin. Les ombres portées mettent en état de juger de la saillie des diverses parties du bas-relief, que l'on a supposé éclairé de gauche à droite. On n'a pas cependant suivi le même système pour ombrer la grande figure d'Isis, qui sépare en deux le plafond de la salle. Cette figure est supposée ne recevoir qu'une lumière de reflet, ainsi que cela a lieu dans l'emplacement qu'elle occupe.

PLANCHE 22.

1. Corniche *et frise des faces latérales du portique du grand temple.* — 2, 3, 4, 5. *Bas-reliefs de l'appartement du zodiaque.* — 6, 7, 8, 9, 10, 11, 12. *Détails dessinés sur les murs du grand temple.*

Fig. 1. Cet ornement décore la corniche et la frise des faces latérales du portique à l'extérieur. Il se répète trois fois sur chaque face. On peut le voir en place dans la fig. 2 de la pl. 10, *A.*, vol. IV. Il est exécuté avec un soin et une perfection extrêmes.

Fig. 2. Ce bas-relief a été dessiné dans la salle n (*Voyez* pl. 8, fig. 2), dont il orne le plafond. Il offre la représentation de divinités égyptiennes, et d'un œil, emblème du soleil ou d'Osiris, placé dans une barque qui est traînée par quatre chacals et par quatre hommes à tête de chacal.

Fig. 3, 4 et 5. Ces bas-reliefs représentent des figures chimériques qui ont une tête humaine ou des têtes d'animaux posées sur des corps d'oiseaux dont les ailes sont déployées. Ils ornent le chambranle à droite de la porte d'entrée de la salle n. (*Voyez* pl. 8, fig. 2.)

Fig. 6, 7 et 12. Détails de costumes dessinés sur les murs extérieurs du temple.

Fig. 8. Sacrifice d'une gazelle. Il est sculpté, à l'extérieur du portique, sur le mur latéral exposé à l'est.

Fig. 9. Bas-relief sculpté près de l'escalier extérieur qui conduit de la terrasse du temple sur celle du portique.

Fig. 10. Bas-relief sculpté, dans le sanctuaire du grand temple, sur le mur latéral à gauche en entrant. (*Voy.* pl. 8, fig. 1, en e.)

Fig. 11. Sacrifice de quatre hommes enchaînés. Ce bas-relief est sculpté sur le mur extérieur du grand temple, à la partie latérale vers l'est.

PLANCHE 23.

1. Frise de la partie postérieure du portique. — 2. Corniche de la première salle de l'appartement du zodiaque. — 3. Frise et corniche du grand temple.

Fig. 1. Frise sculptée au-dessous de la corniche du portique, sur la face postérieure et parallèle à la façade principale.

Fig. 2. Frise copiée, à gauche en entrant, dans la petite salle découverte qui précède la chambre du planisphère; elle se répète plusieurs fois dans la longueur de la pièce. Faute de place, on n'a pas gravé les trois faisceaux qui sont à chaque angle, mais seulement le premier et la moitié du second. Les hiéroglyphes manquent au dessin de cette frise, l'une des plus riches de Denderah.

Fig. 3. Portion de la corniche et de la frise extérieure du grand temple, copiée sur la face latérale exposée à l'est. La corniche est développée, afin de faire mieux connaître la nature et le caractère de la décoration. Cet ornement est répété onze fois sur les faces latérales du temple, ainsi qu'on peut le voir pl. 10, fig. 2. Les hiéroglyphes de la gravure sont exacts; on n'a point rendu compte du listel sans ornemens qui couronne et termine la corniche.

PLANCHE 24.

1, 2, 3, 8, 9, 10. BAS-RELIEFS *de l'appartement du zodiaque.* — 4, 5, 6, 7, 11, 13. *Détails du grand temple et de la porte du nord.* — 12. *Couronnement de la porte du portique du grand temple.*

Fig. 1. Figure d'homme agenouillé sur deux crocodiles, et tenant d'une main une espèce de poisson, et de l'autre la dépouille d'un épervier, qui enveloppe sa tête et une partie de son corps. Les deux têtes des crocodiles sont opposées l'une à l'autre. Cette sculpture offre la preuve que, dans toutes les figures humaines qui sont représentées avec des têtes d'animaux, il ne faut voir que des visages d'homme ou de femme cachés sous des faces d'animaux. Ce bas-relief a été recueilli dans la première salle de l'appartement du zodiaque, au-dessus de la porte qui conduit dans la salle m. (*Voyez* pl. 8, fig. 2.)

Fig. 2. Ce bas-relief à été dessiné dans la salle découverte de l'appartement du zodiaque : il représente deux femmes accroupies sur des vases ou coupes. A leur corps sont attachées des ailes déployées qui suivent le contour extérieur des bras. Ces deux figures paraissent envelopper une espèce de statue en gaîne qui tient dans ses mains le crochet et le fléau, attributs ordinaires du dieu représenté avec un membre viril en érection. Au lieu de tête, cette statue a une sorte de quadruple autel au-dessus duquel est un bonnet symbolique. De part et d'autre sont des légendes hiéroglyphiques, surmontées aussi de bonnets symboliques.

Fig. 3. Figure d'homme à tête et à queue de singe. Elle tient dans la main gauche trois flèches, et dans la main droite une espèce de couteau; elle s'appuie sur un dé. Elle a été dessinée dans la pièce découverte de l'appartement du zodiaque.

Fig. 4. Détails de costumes recueillis sur les murs extérieurs du grand temple. On peut prendre ici une idée exacte de la richesse des vêtemens qui ornent toutes les figures sculptées sur le temple, et de la finesse de leur exécution.

Fig. 5. Ornement qui se trouve sur la face intérieure à droite de l'une des portes de Denderah.

Fig. 6. Cette figure a été dessinée dans l'intérieur du temple : elle représente un serpent avec des jambes et des bras d'homme. Elle fait l'offrande de deux vases.

Fig. 7. Ce fragment de bas-relief se trouve à gauche en entrant dans le portique : il représente trois figures montées sur des espèces de radeaux ou de barques. L'une d'elles est assise et tient un vase dans chacune de ses mains : sa coiffure est formée de plumes. L'autre est debout, et est précédée d'un homme qui a les bras étendus et la tête tournée de son côté. On voit une figure presque tout-à-fait pareille dans le plafond astronomique du temple d'*Hermonthis*. (*Voyez* pl. 96, fig. 2, *A.*, vol. 1.) Un épervier est à la poupe de la barque.

Fig. 8. Ce bas-relief a été dessiné dans la salle découverte de l'appartement du zodiaque : il représente une figure couchée, la face contre terre, et ayant dans ses mains les attributs d'Harpocrate, le fléau et la croix à anse. Il n'y a point de doute qu'on n'ait voulu représenter ici une figure couchée sur le ventre; mais le buste est indiqué comme si elle était couchée sur le côté. Ce défaut de perspective tient certainement à des conventions particulières. Aux pieds de la figure couchée est une femme agenouillée, qui se tient le bras droit avec la main gauche. Au-dessous de ce bas-relief, on voit une frise composée de bâtons auguraux et de croix à anse posés sur des vases en forme de coupes.

Fig. 9. Ce bas-relief a été dessiné dans la pièce n de l'appartement du zodiaque. (*Voyez* pl. 8, fig. 2.) Il représente une espèce de niche, ou peut-être même de sarcophage, renfermant une figure couchée, à la manière des sphinx, sur un lit de repos dont les pieds de devant ont la forme de ceux du lion, et les pieds de derrière, la forme de ceux de la gazelle. Sous le lit de repos, on voit diverses coiffures qui sont peut-être là pour rappeler les différentes dignités du personnage. Le couronnement du sarcophage est formé d'*ubœus* avec des disques sur la tête. Aux angles sont des éperviers. Les deux femmes qui sont aux deux côtés du sarcophage, paraissent marquer par leur attitude l'étonnement et la tristesse.

Fig. 10. Représentation d'un autre sarcophage dont le couvercle, taillé circulairement, est surmonté d'un membre viril avec des ailes. Ce sarcophage repose sur une espèce de lit recouvert de la dépouille d'un lion. Aux angles sont des éperviers. Dans l'intérieur, on voit une figure couchée, dont la coiffure est celle des divinités égyptiennes. Ce personnage a le membre viril en érection. De chaque côté du sarcophage sont deux femmes dans la même attitude que celles de la fig. 9. Ce bas-relief a été dessiné dans la petite pièce n de l'appartement du zodiaque.

Fig. 11 et 13. Détails de costumes recueillis sur les murs extérieurs du grand temple.

Fig. 12. Détail du couronnement de la porte en granit de la façade du portique.

PLANCHE 25.

BAS-RELIEFS *du grand temple, de la porte du nord, et de celle de l'enceinte de l'est.*

Fig. 1. Bas-relief sculpté sur la face latérale du grand temple, du côté de l'est. Une partie des attributs placés derrière la figure d'Harpocrate se trouve effacée : mais on les reconnaît distinctement pour les mêmes que ceux qui sont au sommet du mât, au milieu du tableau ; c'est vers ce sommet que tendent huit personnages distingués des autres par la plume dont ils sont coiffés. Ces mêmes attributs se voient encore dans une des bandes horizontales d'hiéroglyphes. L'une des colonnes verticales offre, parmi les caractères hiéroglyphiques, l'image du membre viril d'Harpocrate. N'ayant pu copier tous les signes du tableau, on a choisi ceux-là pour confirmer les observations précédemment faites sur le rapport des hiéroglyphes avec les scènes des bas-reliefs.

Fig. 2. Détail des figures à tête de lion sculptées dans l'enfoncement de la grande porte du nord. (*Voyez* pl. 6.)

Fig. 3. Bas-relief de la porte de l'est, représentant le supplice de deux hommes barbus, qu'un sacrificateur va percer de sa lance, et qu'un lion s'apprête à dévorer. Les figures sont richement costumées.

Nota. Le temps n'ayant pas permis de dessiner ces costumes sur les

A. VOL. IV. DENDERAH (TENTYRIS).

lieux, on les a rétablis dans la gravure, en les puisant dans les autres sculptures de Denderah. Cette dernière observation est commune aux fig. 4 et 5; mais elle ne regarde point les coiffures ni les autres attributs, qu'on a fidèlement copiés.

Fig. 4. Bas-relief de la même porte représentant le sacrifice d'un animal enchaîné. Comme cet animal est en partie effacé, on ne peut affirmer si c'est un quadrupède. Le costume du sacrificateur est conforme à l'original.

Fig. 5. Bas-relief de la même porte représentant le sacrifice d'un animal qui ressemble à un jeune crocodile.

PLANCHE 26.

Divers *bas-reliefs dessinés dans l'appartement du zodiaque et dans les temples.*

Fig. 1. Figures sculptées dans le portique à main gauche en entrant : elles représentent deux divinités égyptiennes assises. Elles font partie d'un bas-relief dont tous les personnages n'ont point été dessinés, et dont l'objet était sans doute une offrande à ces deux divinités. On les a copiées pour donner une idée de la richesse de leur costume et des ornemens des siéges. Le devant de ces siéges est divisé en quatre compartimens, dans lesquels on peut remarquer des lions élancés qui paraissent s'appuyer sur des arcs tendus, des hommes enchaînés à des tiges de lotus, et des agencemens de lotus en boutons épanouis et en fleurs.

Fig. 2. Détail en grand d'une figure sculptée sur la partie postérieure du temple de Denderah. On s'est attaché à rendre avec soin le profil et le caractère de la tête.

Fig. 3. Ce bas-relief a été recueilli sous le portique à gauche : il représente une offrande à Isis. Les figures sont remarquables par la richesse et l'élégance de leur costume.

Fig. 4. Cette figure fait partie du bas-relief n°. 9: elle représente un Égyptien portant dans ses mains une rame et un fléau.

Fig. 5. Figure de femme vêtue jusqu'à la ceinture. Le serpent qui est au-dessus de sa tête, ressemble à celui de la première bande du zodiaque près du signe du lion.

Fig. 6. Ce bas-relief a été dessiné dans la salle découverte de l'appartement du zodiaque. Deux femmes revêtues de robes qui laissent apercevoir toutes les formes du corps, paraissent tenir une génisse enchaînée. Un ruban dont leur coiffure est ceinte, semble retenir un ubœus placé en avant du front. Elles ont au-dessus de la tête une coupe portée sur un pied.

Fig. 7. Ce personnage est sculpté sur les murs extérieurs du temple. Il a la même coiffure que l'Harpocrate en érection.

Fig. 8. Ce bas-relief a été dessiné près du plafond dans le corridor à gauche qui entoure le sanctuaire du grand temple. On y voit un homme debout avec un masque à tête de belier surmontée d'une coiffure symbolique. Au-dessous de ses bras qui sont étendus, se développent de grandes ailes. Il tient dans la main droite un mât auquel est attachée une voile déployée et enflée par le vent; dans la main gauche est une croix à anse. De chaque côté de ce personnage, on voit des figures accroupies qui portent des attributs de divinités égyptiennes. La première à droite paraît avoir un masque de singe. En tête de ce bas-relief est une chimère à corps d'épervier avec des ailes symboliques, et à tête de belier surmontée d'une coiffure emblématique.

Fig. 9. Ce bas-relief se trouve au-dessus de l'une des portes d'entrée du corridor qui environne le sanctuaire du petit temple.

Fig. 10. Sculpture recueillie dans le portique à gauche en

entrant. Elle représente une offrande faite à Isis par un héros égyptien : c'est au moins ce que portent à croire la coiffure du sacrificateur et le vautour qui plane au-dessus de sa tête. Horus est placé en avant de la déesse, qui est assise. Derrière le sacrificateur, une femme, avec un vêtement très-serré, fait l'offrande d'une espèce de collier, et d'une tête d'Isis surmontée d'un temple.

Fig. 11. Offrande à Isis, dont la figure est cachée sous un masque d'épervier. Celui qui fait l'offrande, et qui a aussi un masque d'épervier, présente une tête d'Isis. Quatre tourterelles voltigent autour de la divinité. Ce bas-relief a été dessiné dans la salle découverte de l'appartement du zodiaque, au-dessus de la porte de la pièce m. (*Voyez* pl. 8, fig. 2.)

Fig. 12. Ce bas-relief se trouve dans la salle découverte de l'appartement du zodiaque : il offre la représentation d'Osiris assis, et ayant dans les mains le fléau et le crochet, ses attributs ordinaires. Ce dieu est enveloppé d'une tunique transparente qui laisse apercevoir les formes de son corps. En avant, sur une estrade formée de lotus, est un personnage avec un masque d'épervier, et portant dans sa main gauche une croix à anse. Son bras droit est tendu, et développe l'espèce de tunique transparente dont son corps est couvert. Derrière ce personnage, on voit une femme qui paraît élever ses mains suppliantes vers la divinité.

PLANCHE 27.

Costumes *et bas-reliefs sculptés dans l'appartement du zodiaque et sur les murs du grand temple.*

Fig. 1. Ce personnage se trouve sur la partie postérieure du portique du grand temple. On l'a dessiné pour donner une idée de la richesse de son costume : sa coiffure est surtout remarquable, et ne se rencontre point ordinairement. Il fait partie d'un bas-relief représentant une offrande d'un vase et de quatre tourterelles à une divinité égyptienne.

Fig. 2. Ce bas-relief, où l'on remarque la déesse Isis, a été recueilli dans le grand temple. Les hiéroglyphes dont il est orné ont été fidèlement copiés.

Fig. 3. Cette figure a été dessinée derrière le grand temple : elle représente Isis richement vêtue.

Fig. 4. Ce bas-relief se trouve dans la pièce n de l'appartement du zodiaque. (*Voyez* pl. 8, fig. 2.) Il représente une figure couchée sur un lit de repos recouvert de la dépouille d'un lion. Ce personnage tient à la main son membre viril en érection. Deux éperviers planent au-dessus de lui. A la tête du lit est élevée sur un socle, et agenouillée, une femme qui paraît veiller sur ce personnage. Aux pieds du lit, et sur une espèce de piédestal, on aperçoit une chimère à tête d'épervier, dont le corps ressemble à celui d'une truie. Sous le même lit de repos est une figure accroupie à tête d'ibis, qui tient dans ses mains un vase qu'elle paraît offrir. A côté sont deux serpens et une figure typhonienne.

Fig. 5. Figure d'homme couché sur un lit de repos recouvert de la dépouille d'un lion. Un épervier plane au-dessus du personnage. A la tête du lit est une femme nue qui paraît dans l'attitude de l'étonnement. Au-dessous du lit, on voit quatre vases connus sous le nom de *canopes*, et qui se trouvent presque toujours dans les scènes relatives aux embaumemens. Ce bas-relief a été copié dans la même pièce que celui de la fig. 4.

Fig. 6. Figure de prêtre portant une espèce de châsse : elle est sculptée sur les murs de l'escalier du grand temple. On voit des personnages analogues pour le costume dans les bas-reliefs du palais de Medynet-abou. (*Voyez*, dans le second volume de l'atlas des Antiquités, les planches relatives à ce monument.)

Fig. 7. Bas-relief qui orne le côté intérieur à gauche de l'une des portes de Denderah. Un porteur d'offrandes est agenouillé, et présente une petite figure accroupie, qui a dans sa main un fléau. Derrière lui est un globe avec des ailes, d'où tombe un *ubœus* dont la tête est surmontée d'un bonnet symbolique. Horus, assis sur un dé, est enfermé dans un temple dont les supports sont formés de lotus, et dont le couronnement est orné d'un globe ailé : le toit de l'édifice est circulaire. A droite du temple est un enroulement porté sur un escabeau, et dans l'intérieur duquel se trouve un œuf avec des espèces d'ailes; à gauche sont pareillement trois escabeaux sur lesquels sont posés une tête d'Isis vue de face, et des vases.

Fig. 8. Femme agenouillée et sans bras, dont la tête est recouverte d'un masque de lion. Elle se trouve au pied de l'escalier du grand temple.

Fig. 9. Ce bas-relief a été dessiné dans la pièce n de l'appartement du zodiaque. (*Voyez* pl. 8, fig. 2.) Il représente une figure couchée sur un lit de repos recouvert de la dépouille d'un lion. Le membre viril de ce personnage est en érection. Au-dessus de lui, plane une chimère à corps d'oiseau et à figure humaine. A la tête et aux pieds du lit sont des personnages qui paraissent être dans l'attente de ce qui va se passer. On peut remarquer que l'un d'eux a un masque de chacal; et un autre, un masque d'épervier, bien que ce dernier soit un peu mutilé. Dans le coin, à gauche, est une figure de femme agenouillée : elle a une ceinture autour du corps, et sa tête est ornée d'un bandeau.

Fig. 10. Sculpture qui se trouve sous la porte d'entrée de la salle découverte de l'appartement du zodiaque. (*Voyez* pl. 8, fig. 2, pièce 1.) Elle représente trois personnages dans l'action de tenir avec la main droite leur membre viril en érection. Le premier a la tête recouverte d'un masque qui offre d'un côté le profil d'un épervier, et de l'autre celui d'un bœuf : ce masque est surmonté d'une coiffure symbolique. Le second personnage a une figure humaine; et le troisième a la tête recouverte de la dépouille entière d'un épervier, qui lui retombe sur le corps. Ils ont tous deux des coiffures symboliques. Une quatrième figure paraît représenter une jeune femme qui tient dans sa main droite une cuisse de gazelle. Ces quatre personnages ont le bras gauche élevé en l'air et surmonté d'une espèce de fléau.

PLANCHE 28.

Détails *de figures et de costumes, et légendes hiéroglyphiques recueillies dans les temples.*

Fig. 1, 2, 3, 4, 5, 6, 7 et 8. Les personnages et costumes représentés ici ont été recueillis dans les divers édifices de Denderah.

Fig. 9 à 37. Légendes hiéroglyphiques dessinées dans les temples de Denderah.

PLANCHE 29.

Vue *perspective de la façade du portique du grand temple.*

Le point de vue de cette planche est marqué en E sur la pl. 2, *A.*, vol. IV.

Ce dessin offre l'ensemble complet de la décoration du portique. D'après les détails contenus dans les planches précédentes, on peut s'assurer que toutes les sculptures de cette façade sont, pour la plupart, à leur place et presque entièrement exactes. On n'a suppléé, pour l'effet de l'architecture, qu'un très-petit nombre de bas-reliefs, qui d'ailleurs ont tous été copiés dans le temple. On a aussi suppléé les hiéroglyphes dans tous les endroits où il s'en trouve réellement. Cela était indispensable pour donner l'idée de cette multitude innombrable de caractères qui accompagnent les tableaux, les frises et les ornemens des corniches des temples égyptiens. Dans la planche qui nous occupe, les antes, les murs d'entre-colonnement, la frise, la corniche et les plafonds, sont ornés de leurs véritables sculptures. L'une des colonnes a été exactement copiée, et a été reproduite dans tout le portique. Cependant on doit prévenir le lecteur que toutes ces colonnes, bien que soumises à un même système dans l'ensemble de leur décoration, offrent des variétés dans les hiéroglyphes et dans les grands tableaux dont elles sont ornées.

Il ne manque à cette planche, pour donner une idée complète de la façade du portique lors de sa construction première, que les couleurs vives et variées dont toutes les sculptures étaient recouvertes. (*Voyez* ce que nous avons dit, à ce sujet, dans le *chapitre X* des Descriptions.)

PLANCHE 30.

Vue *perspective de l'intérieur du portique du grand temple.*

Le point de vue de cette planche est marqué en F sur la pl. 2, *A.*, vol. IV, et le tableau est placé suivant la ligne LM du plan. (*Voyez* pl. 8, fig. 1.)

Le point de vue est à deux mètres du sol. Le portique est supposé débarrassé de tous les décombres qui cachent les bases des colonnes et les parties inférieures des murs, principalement vers le sud ; ce que l'on ne considérera point sans doute comme une restauration, puisque tout existe, et que d'ailleurs les fouilles que nous avons fait exécuter nous ont mis à portée de connaître les bases des colonnes, la hauteur totale de l'édifice, et même la nature des ornemens dont les parties encombrées sont décorées.

Tous les bas-reliefs et toutes les frises des planches précédentes ont été remis ici à leur place. En même temps que nous avons voulu donner une idée complète de l'architecture et de la décoration intérieure du portique, nous avons désiré montrer le zodiaque à sa place, afin qu'on pût juger facilement de la disposition et de la marche des figures. Ce dessin confirme et rend plus sensible ce que nous avons dit sur la disposition des sculptures du plafond, dans l'explication des planches précédentes. (*Voy.* les explications des pl. 18, 19 et 20.)

Il faut se représenter toutes les sculptures revêtues de couleurs vives et variées, dont on voit encore des traces si nombreuses dans le portique.

On a supposé qu'une procession isiaque pénètre dans le portique, où toutes les parois des murs, et notamment toutes les frises, renferment les images de la déesse Isis.

PLANCHE 31.

1. COUPE *du deuxième portique du grand temple.* — 2, 3, 4. *Détails du petit édifice de la terrasse.* — 5...9. *Plan, élévation et coupes de l'édifice du sud.* — 10, 11. *Plan et élévation de l'édifice du nord.*

Fig. 1. Coupe transversale du deuxième portique du grand temple, prise sur la ligne NO, en regardant la partie

A. VOL. IV. DENDERAH (TENTYRIS). 379

postérieure du portique. (*Voyez* pl. 8, fig. 1.) On n'a représenté que la moitié du portique, et, au-dessus, l'appartement semblable à celui du zodiaque, qui se trouve sur la terrasse du temple. On voit la pièce découverte de cet appartement, et l'escalier en saillie qui conduit de la terrasse du temple sur celle du portique.

Fig. 2. Détail des chapiteaux et du couronnement du petit édifice élevé sur les terrasses du temple. Les hiéroglyphes de la frise sont exacts.

Fig. 3. Plan du chapiteau à différentes hauteurs : la portion a est prise à la hauteur A (*voyez* fig. 2), la portion b l'est à la hauteur B (voyez *ibid.*), et la portion c est prise à la hauteur C (voyez *ibid.*). C'est le dessus du chapiteau qui est ici représenté.

Fig. 4. Autre plan du chapiteau à différentes hauteurs : la portion d est prise à la hauteur D (*voyez* fig. 2), et présente le chapiteau vu en dessous; la portion e est prise à la hauteur E (*voyez* fig. 2), et présente également le dessous du chapiteau.

Fig. 5. Plan de l'édifice du sud. La partie en couleur pâle indique la portion du temple dont il n'existe plus que les fondations.

Fig. 6. Élévation de l'édifice du sud.

Fig. 7. Coupe longitudinale de l'édifice du sud, prise sur la ligne A B. (*Voyez* fig. 5.)

Fig. 8. Coupe transversale de l'édifice du sud, prise sur la ligne C D. (*Voyez* fig. 5.)

Fig. 9. Coupe transversale de l'édifice du sud, prise sur la ligne E F. (*Voyez* fig. 5.) Dans le mur du fond est une petite niche où l'on avait sculpté en ronde-bosse une statue égyptienne qui a été mutilée.

Fig. 10. Plan de l'édifice du nord.

Fig. 11. Élévation de l'édifice du nord. Cet édifice n'a point été terminé; il n'offre aucune sculpture : les chapiteaux mêmes ne sont que dégrossis. C'est ainsi que nous en avons trouvé dans les colonnades qui servent d'avenue au grand temple de Philœ. Le couronnement, consistant dans l'architrave et la corniche, n'existe point, soit qu'il n'ait jamais été terminé, soit qu'il ait été détruit. La seule analogie nous en a indiqué la restauration. Les murs d'entre-colonnement ne sont qu'ébauchés.

PLANCHE 32.

PLAN, *élévations et coupes du* Typhonium.

Figure 1.

Plan du *Typhonium*. Tout ce qui est teinté en noir foncé, existe intact et parfaitement conservé. La partie antérieure du temple a été presque totalement détruite; mais on voit encore des restes qui en attestent l'ancienne existence. C'est ce que nous avons indiqué par une teinte plus pâle.

a. Galerie extérieure qui environne le temple. Si les murs d'entre-colonnement qui s'élèvent jusqu'à la moitié de la hauteur des colonnes n'existaient point, cette galerie donnerait au *Typhonium* tout-à-fait l'apparence des temples périptères des Grecs.

b. Premier vestibule.

c. Escalier qui conduit sur les terrasses de l'édifice.

d et e. Pièces très-petites, encombrées presque jusqu'à la hauteur des plafonds.

f. Deuxième vestibule.

g. Sanctuaire du temple.

h. Couloirs qui entourent le sanctuaire. Nous avons trouvé, dans les décombres dont ils sont remplis, des débris de langes et de momies.

A. VOL. IV. DENDERAH (TENTYRIS).

Fig. 2. Élévation antérieure du petit temple. Elle est restaurée. Ce qui reste de l'édifice que l'on peut considérer comme presque intact, et l'analogie des autres temples égyptiens, particulièrement du *Typhonium* d'Edfoû, nous ont guidés dans cette restauration. C'est ainsi que nous n'avons mis que deux colonnes dans cette façade antérieure, bien qu'il y en ait quatre dans la face postérieure; ce qui est suffisamment motivé par la nécessité de donner une largeur convenable à l'entre-colonnement par où l'on pénètre dans le temple.

Fig. 3. Élévation postérieure du petit temple. Il faut se représenter que toutes les parties que le dessin offre lisses, sont couvertes de sculptures qui répondent à la richesse de la décoration de la frise et de la corniche.

Fig. 4. Élévation latérale du petit temple. Même observation que pour la fig. 3.

Fig. 5. Coupe transversale du temple, suivant la ligne CD. (*Voyez* fig. 1.) Toutes les parties lisses du dessin sont couvertes de bas-reliefs et d'hiéroglyphes, la plupart relatifs à Horus et à la déesse Isis. Les décorations de la frise, de la corniche et du dé du chapiteau, sont exactes.

Fig. 6. Coupe longitudinale du temple, prise suivant la ligne AB. (*Voyez* fig. 1.) Même observation que pour les figures précédentes.

Fig. 7. Coupe transversale du temple, prise suivant la ligne EF. (*Voyez* fig. 1.) On y voit la niche pratiquée dans le mur du fond du sanctuaire, et où sans doute était renfermée quelque statue égyptienne qui aura été enlevée, ou qui est enfouie dans les décombres.

PLANCHE 33.

1, 2. DÉCORATION *de la corniche et de la frise intérieure de la galerie du* Typhonium. — 3, 4, 5, 6. *Légendes variées et détails de la même frise.*

Fig. 1. Décoration de la corniche du petit temple. On a supposé la corniche développée, afin que la projection n'altérât point la forme des ornemens. Cette décoration se répète cinq fois dans l'étendue de la face postérieure du temple, et neuf fois sur les faces latérales. Osiris, à tête d'épervier, occupe le milieu de l'ornement. Au-dessus de lui est un scarabée avec de grandes ailes déployées de chaque côté. Horus est représenté faisant une offrande à Isis, accroupie sur une espèce de tabouret; au-delà sont des légendes ornées de bonnets emblématiques, et dont on n'a point recueilli les hiéroglyphes. Une prêtresse d'Isis, une ligne d'hiéroglyphes et des cannelures, terminent de part et d'autre cet ornement. Les personnages sont remarquables par la richesse de leur costume.

Fig. 2. Frise intérieure de la galerie du petit temple. Elle a été copiée sous la galerie à gauche. (*Voyez* pl. 32, fig. 1.) Elle remplit l'intervalle existant entre les centres des colonnes. Horus, assis sur un lotus, en occupe le milieu; de chaque côté de lui sont deux figures typhoniennes, au-delà desquelles on aperçoit, de part et d'autre, une légende hiéroglyphique, une ligne d'hiéroglyphes, et un épervier dont les ailes sont déployées; et dont la tête est surmontée d'un disque accompagné de deux serpens. Des espèces de balustres terminent l'ornement. Au-dessus de cette frise sont des mascarons posés sur des coupes, et surmontés d'un temple, de chaque côté duquel se trouvent des têtes de gazelle. Ces mascarons représentent de face le visage de la figure typhonienne, vue de profil dans la frise. La même figure typhonienne, vue de face dans toute sa hauteur, orne chacun des quatre côtés du dé qui surmonte les chapiteaux des colonnes. Elle tient, avec ses bras à moitié étendus, des rinceaux de lotus.

Fig. 3. Détail en grand d'une partie de la frise représentée fig. 2. L'expression du rire est tellement variée sur les têtes de Typhon qui couronnent cette frise, que les divers dessins qu'on en a faits diffèrent jusqu'à un certain point l'un de l'autre. Dans celui-ci l'on voit davantage les dents, et l'on peut y observer encore quelques autres différences; mais on n'a pas cru, pour cela, devoir changer les dessins originaux.

Fig. 4, 5, 6. Détails des légendes hiéroglyphiques de la frise représentée fig. 2. Ils varient dans toute l'étendue de cette frise.

PLANCHE 34.

1. DÉTAIL *de la corniche et de la frise de l'édifice du sud.*
— 2, 3, 4, 5. *Sculptures intérieures du* Typhonium.

Fig. 1. Portion de l'entablement du temple du sud, prise sur la face de l'est.

Fig. 2. Décoration du plafond du sanctuaire du *Typhonium.* La partie du plafond où se trouvent les étoiles, est peinte en bleu. Les étoiles sont d'un blanc d'argent. Les couleurs des autres sculptures ne sont presque plus apparentes.

Fig. 3. Décoration du fond du sanctuaire. (*Voyez* pl. 32, fig. 6 et 7.) Indépendamment de la niche, qui, comme on le voit, était très-ornée, le fond du sanctuaire avait encore des bas-reliefs et des hiéroglyphes que l'on n'a pas eu le temps de dessiner.

Fig. 4. Détail de l'ornement qui décore l'enfoncement intérieur de la porte du sud. Les deux panneaux qui sont en regard, ont les mêmes sculptures.

Fig. 5. Chambranle intérieur de la porte d'entrée du sanctuaire du *Typhonium*.

ABYDUS.

EXPLICATION DES PLANCHES.

PLANCHE 35.

P<small>LAN</small> *des ruines et des environs.*

Ce plan, levé géométriquement à la chaîne, au pas et à la boussole, présente l'ensemble des ruines de l'ancienne ville d'*Abydus*, à l'exception d'une partie au sud, que le dessin n'a pu contenir, et qui est d'environ 200 mètres. On a tâché d'exprimer par le dessin la marche progressive des dunes sablonneuses qui descendent de la montagne libyque, et le mélange des sables avec les ruines, dont la couleur foncée contraste fortement avec le blanc des dunes. Des lignes ponctuées expriment les directions principales qui ont été suivies et mesurées. Au nord de la butte élevée qui est à la partie supérieure du plan, il y a un santon placé sur une hauteur.

La chaîne libyque est trop éloignée à l'ouest pour être figurée sur ce plan. (*Voyez* pl. 37, fig. 1, et la description, *A. D.*, *chapitre XI.*)

Il est superflu de décrire plus au long ce plan topographique, attendu les indications dont il est chargé.

PLANCHE 36.

P<small>LAN</small>, *élévation et coupes du palais.*

Fig. 1. Plan du palais. Cet édifice est encombré de sable, à l'extérieur, jusqu'à la hauteur des soffites. Ce n'est qu'en pénétrant dans l'intérieur, à travers les pierres du plafond qui ont été dérangées, que l'on aperçoit quelques parties de l'édifice qui sont plus dégagées. La masse de l'édifice la plus distincte, celle dont on peut, jusqu'à un certain point, saisir l'ensemble, est indiquée entre les points a, b, c, d.

c. Espèce de salle hypostyle, dont les plafonds sont soutenus par deux rangées de colonnes. Les entre-colonnemens correspondans aux portes sont plus larges que les autres.

f. Autre salle hypostyle semblable à la précédente, si ce n'est qu'elle a une rangée de colonnes de plus.

g. Allées ou pièces dont les plafonds sont taillés en forme de voûte. (*Voyez* la fig. 2.) On a indiqué des portes de communication de ces pièces avec la salle f, bien que l'encombrement n'ait pas permis de les voir. Un encadrement que nous avons aperçu au-dessus des sables, et qui annonce l'existence d'une porte, nous a déterminés à exprimer toutes ces portes dans le plan. Nous avons indiqué par des lignes ponctuées les murs que nous pensons avoir enfermé les salles hypostyles. Nous ne pourrions cependant assurer que l'édifice s'arrêtait à la ligne a b; nous avons, au contraire, de fortes raisons de penser qu'il s'étendait beaucoup au-delà. De ce côté, une partie de l'édifice est construite en pierre calcaire, et les arrachemens subsistans annoncent qu'il se continuait plus loin. Probablement, comme dans toutes les circonstances pareilles, ces édifices ont été détruits, et leurs matériaux employés à faire de la chaux. Nous ne pensons pas non plus que l'édifice se terminât à la ligne b c. Sa façade, qui, sans doute, était de ce côté, a été détruite, et ses débris sont enfouis sous les sables. (*Voyez* la Description des antiquités d'Abydus, *A. D.*, chapitre *XI*.)

h. Mur dont on n'aperçoit pas bien la liaison avec le reste de l'édifice.

ii. Espace renfermant des pièces dont les terrasses sont recouvertes par les sables du désert. A travers les pierres du plafond, nous avons aperçu quelques colonnes. On a gravé le dessus des terrasses, au lieu du plan, qu'il n'a pas été possible de reconnaître.

11. Espace où l'on peut croire qu'il existait des pièces dont les plafonds étaient taillés en forme de voûte, comme celles qui sont marquées de la lettre g. L'une de ces pièces m existe encore en entier.

nn. Espace rectangulaire qui renfermait une ou plusieurs salles ornées de colonnes. On aperçoit encore quelques architraves et deux colonnes : tout le reste de cette portion d'édifice est caché sous le sable. La gravure indique des architraves vues par le haut, parce qu'on n'a pu découvrir le plan des constructions.

o. Salle où nous avons compté douze colonnes encore visibles ; les architraves sont au niveau des sables. Quatre autres colonnes sont enfoncées dans ces sables.

pp. Espace occupé par des salles à colonnes, dont on n'aperçoit plus que les architraves. On n'a également gravé ici que le plan supérieur.

Les murs de clôture qui ont été vus dans plusieurs endroits, sont indiqués par des tailles croisées.

Fig. 2. Élévation prise sur la ligne AB. (*Voyez* fig. 1.) Les plafonds en forme de voûte sont composés de trois pierres. Les deux premières, à partir de la naissance de la courbe, sont posées en saillie dans l'intérieur de la pièce ; la troisième pierre, qui porte horizontalement sur les deux autres, achève de couvrir l'espace. Au-dessus de chaque pied-droit, sont de larges et profondes rainures.

Fig. 3. Coupe longitudinale, prise suivant la ligne CD. (*Voyez* fig. 1.) L'encombrement est si considérable,

25.

qu'on n'a pu entreprendre de faire des fouilles jusqu'au sol du palais. Ainsi ce n'est que l'analogie des autres édifices, et particulièrement de ceux qu'on voit à Thèbes, qui nous a déterminés à donner aux colonnes la proportion qu'elles ont dans la gravure. Les chapiteaux et les colonnes sont décorés d'ornemens analogues à ceux que l'on rencontre dans les palais de Thèbes. Nous en aurions dessiné tous les détails, si un séjour plus long sur les ruines d'*Abydus* nous eût laissé la possibilité de les recueillir. Les chapiteaux ont des côtes comme ceux du monument d'Osymandyas.

Le plafond, taillé en forme de voûte, est alternativement orné de lignes d'hiéroglyphes et d'étoiles disposées dans le sens de la longueur de la pièce.

Les terrasses du palais sont à des hauteurs inégales. Les plus élevées indiquent le côté de l'édifice où se trouvait la façade.

Fig. 4. Coupe transversale, prise sur la ligne E F (*voyez* fig. 1), en regardant le nord-est. Nous ferons ici la même observation que pour la fig. 3 : le pied des colonnes n'a pas été vu, et ce n'est que par analogie qu'on leur a donné des bases et qu'on en a fixé la hauteur.

PLANCHE 37.

1. PLAN général des environs. — 2, 3, 4, 5. Plans et profils des bâtimens du nord-ouest. — 6 . . . . . 12. *Vue* et détails d'un fragment de statue trouvé dans les ruines.

Fig. 1. Dans ce plan général, on a eu pour objet principal de faire connaître l'itinéraire de Girgeh à *Abydus*, et l'on n'a point figuré tous les canaux ni tous les villages. Pour les détails du plan de la ville, qui n'est ici que légèrement indiqué, *voyez* pl. 35.

Fig. 2. Plan massé d'un monastère qobte, appelé *Deyr Nasárah*, et habité encore par quelques religieux. Ce couvent est construit en briques crues. (*Voyez* la Description des antiquités d'Abydus.)

Fig. 3. Élévation de l'enceinte du monastère, du côté du levant, qui est celui de l'entrée. Une partie du couronnement est tombée à terre : ce qui en reste a de haut environ 18 mètres.

Fig. 4. Plan d'une vaste enceinte en briques crues, aujourd'hui abandonnée, et appelée *Chounet el-Zebyb*. Les deux massifs que l'on voit sont des enceintes en briques crues, de grande dimension. (*Voyez* les indications du plan, et la coupe, fig. 5.)

Fig. 5. Coupe en travers de Chounet el-Zebyb. Cette coupe ne fait pas voir toute la hauteur, à cause des sables et des ruines dont l'intérieur est encombré. Ce qui en reste a environ 10 mètres de haut. On pénètre aujourd'hui à travers la première et la seconde enceinte par plusieurs brèches faites aux murailles, et au moyen des amas de sables qui sont en dehors.

Fig. 6. Vue d'un fragment de statue en granit noir, d'un excellent travail et du plus beau poli. La proportion est la même que celle de la stature humaine. Ce morceau précieux a été trouvé dans les ruines, à quelque distance du palais; on l'a transporté à Alexandrie, et depuis il a été déposé au Musée Britannique à Londres. On doit regretter de ne pas posséder le haut du corps de cette belle figure.

Fig. 7. Profil de la statue. La ceinture est ornée de zigzags délicatement sculptés.

Fig. 8. Détail d'une partie des hiéroglyphes qui ornaient la face latérale de gauche du massif placé entre les cuisses de la figure. Le reste a été brisé.

Fig. 9. Hiéroglyphes du devant du massif. (*Voyez* fig. 8.)

Fig. 10. Inscription sculptée sur le derrière de la statue.

Fig. 11. Partie de l'inscription symétrique du devant du socle.

Fig. 12. Inscription latérale du socle, du côté gauche.

ANTÆOPOLIS.

EXPLICATION DES PLANCHES.

PLANCHE 38.

1. Plan général du temple et des environs. — 2...6. Monolithe. — 7, 8, 9. Bas-reliefs du temple.

Fig. 1. Ce plan fait voir, vers l'est, l'enceinte des ruines du temple d'*Antæopolis*, et les buttes de décombres provenant des anciennes constructions; vers l'ouest, les ruines d'un petit édifice, les restes d'un mur de quai, et le village de Qâou, divisé en deux parties. A droite de l'édifice de l'ouest est un massif carré qui paraît avoir servi de piédestal et être un ouvrage romain. On voit dans le fleuve une petite île, reste de l'ancien territoire d'*Antæopolis*, qui est aujourd'hui sous les eaux par suite du changement arrivé dans le cours du Nil.

Fig. 2. Vue d'une niche monolithe à sommet pyramidal : cette niche, en pierre calcaire compacte, est encore debout et située dans l'axe du temple. (*Voy.* fig. 1.) Il y a quelques fentes sur deux des faces.

Fig. 3. Plan du monolithe. L'entrée est tournée vers l'ouest, et regarde exactement l'entrée du temple. Les diagonales indiquent le plan de la pyramide.

Fig. 4. Élévation de la niche monolithe. Les hiéroglyphes très-fins qui l'ornaient à droite et à gauche, n'ont pu être dessinés. Dans le fond, il y avait aussi des ornemens, qui sont en partie effacés. L'exécution est très-belle.

EXPLICATION DES PLANCHES.

Fig. 5. Coupe de la niche monolithe sur la longueur. Les parties aujourd'hui effacées ou détruites sont indiquées dans le dessin. Au fond, on a marqué les décombres qui cachent la partie inférieure de la niche.

Fig. 6. Détail de la frise ornée de scarabées, qui couronne le haut de l'intérieur de la niche.

Fig. 7. Bas-relief sculpté sur la porte du temple, au-dessous de la corniche : il y a, au-dessus de la coiffure du sphinx, une partie d'ornement effacée.

Fig. 8. Bas-relief sculpté sur une des faces intérieures de la porte d'entrée du temple. La forme coudée de la partie inférieure du tableau indique un ressaut dans le profil de cette face.

Fig. 9. Figure d'oiseau symbolique sculptée dans la partie inférieure des colonnes du portique. (*Voyez* la Description d'Antæopolis, *A. D.*, chapitre *XII*, §. IV.)

PLANCHE 39.

Vue *du temple, prise du côté de l'ouest.*

Cette vue présente, autour et au milieu des colonnes, des groupes de dattiers. Les colonnes elles-mêmes sont couronnées de chapiteaux dont la feuille du dattier a fourni le modèle. Les pierres qui manquent dans l'entablement se voient encore à terre, et celles du milieu portent des caractères grecs en partie effacés. (*Voyez* l'explication de la pl. 40.) A droite on aperçoit un dôme de tombeau turc ruiné, et la vergue d'une grande barque sur le Nil. Au dernier plan est la chaîne arabique.

PLANCHE 40.

Vue du temple, prise du côté du sud-ouest.

Cette vue, prise d'un peu plus près que la précédente et dessinée à une échelle plus grande, fait mieux voir aussi les détails de l'architecture et de la décoration du portique. Des troncs et des groupes de palmiers sont mêlés et comme confondus avec les colonnes. Au milieu de la façade, et à terre, sont les restes de l'entablement, couverts, les uns, d'ornemens égyptiens, et les autres, de caractères grecs. Ces caractères appartiennent à l'inscription dont on voit deux fragmens en place. En avant et dans l'intérieur du portique, sont des habitans de Qâou, village bâti sur les ruines d'*Antæopolis* et placé ici à la gauche du dessin. De ce même côté sont des ingénieurs français, suivis d'un domestique égyptien, qui se préparent à dessiner et à mesurer le portique.

Devant les maisons du village est un dattier fort remarquable par la bifurcation de sa tige. Cet exemple est le seul que l'on connaisse en Égypte d'un dattier bifurqué.

PLANCHE 41.

1...5. Plan, *coupe, élévation et détails du portique du temple.* — 6. *Plan des restes de l'édifice de l'ouest.*

Fig. 1. Plan du portique, seule partie subsistante du grand temple. Sur dix-huit colonnes dont il était composé, il n'en reste que quinze entièrement debout.

a. L'entre-colonnement qui correspond à ce point milieu du portique, est beaucoup plus considérable et presque deux fois plus large que les autres.

b. Trois colonnes aujourd'hui renversées, et dont il ne reste que les fondations ou les assises inférieures.

c. Niche monolithe qui était placée dans le sanctuaire, et qui paraît encore aujourd'hui à sa place primitive.

Toute la partie de ce plan qui est légèrement ponctuée, est de restauration. Pour restaurer cet édifice, on s'est appuyé, 1°. sur la position de la niche monolithe; 2°. sur l'emplacement des débris et la grande quantité de pierres et de matériaux dont le sol est jonché; 3°. sur l'analogie des autres temples ayant à peu près les mêmes proportions. La distance qu'il y a entre le portique et le monolithe, fait voir qu'il devait y avoir un deuxième portique, et ensuite deux salles avant le sanctuaire. Les pièces latérales sont supposées ici d'après les édifices analogues. Au reste, on aurait pu faire cette restauration du temple de plusieurs manières différentes, aussi vraisemblables que celle-ci.

Fig. 2. Élévation de la façade.

Les mesures des hauteurs ont été prises à partir du sol, qu'on a découvert au pied des colonnes, et qui est à $10^m,935$ au-dessous de l'architrave. Au-dessous de ce niveau, il y avait encore, à chaque colonne, un socle de 6 décimètres de hauteur.

Les antes sont restaurés, ainsi que les deux colonnes de gauche et la colonne de droite. La corniche et l'architrave sont exprimées en entier, quoiqu'elles n'existent plus qu'en partie : mais il suffit de prolonger les lignes de la partie encore existante, pour recomposer tout l'entablement sans aucune inexactitude. Les caractères hiéroglyphiques de la frise ou architrave ont été ajoutés d'après les modèles connus, à l'exception des dix-sept premiers signes du côté droit, à partir de l'inscription grecque; ces dix-sept figures ont été copiées sur les lieux.

L'inscription est restaurée elle-même, d'après les six

fragmens aujourd'hui subsistans, partie en place, partie renversés à terre. De petites lignes perpendiculaires, légèrement tracées, indiquent dans la gravure les limites de chacun des fragmens. Le premier à gauche ne se retrouve plus aujourd'hui; le second est en place; le troisième est par terre; les quatrième et cinquième, également; enfin le sixième est à sa place. Les lettres pleines sont celles qu'on peut lire aujourd'hui; celles qui ne sont que ponctuées, ont été restituées. Pour connaître le sens de l'inscription grecque et les motifs de la restitution, lisez le Mémoire sur les inscriptions anciennes recueillies en Égypte, et la Description des antiquités d'Antæopolis, *A. D.*, *chap. XII*, (par M. Jomard).

Il paraît certain qu'à l'endroit de la frise où est aujourd'hui l'inscription, il y avait autrefois un globe ailé, pareil à celui qui est dans la corniche, et tel que celui que l'on voit dans la frise du grand temple d'Edfoû. (*Voyez* les deux mémoires cités ci-dessus.)

La décoration d'une des colonnes, qu'on a copiée dans son entier, a été répétée sur les autres. On a également répété sur le côté gauche de la porte d'entrée les ornemens qui ont été dessinés en partie sur le côté droit.

Dans la restauration de cette façade, on n'a pas cru devoir se permettre de décorer les antes, faute de données qui suffisent : seulement on y a tracé les assises de pierre d'après la proportion des assises inférieures, qui ont été mesurées et qui ont $0^m,58$.

On a supposé les deux entre-colonnemens extrêmes un peu plus grands que les autres, pour laisser à toutes les portes antérieures la même largeur, et parce qu'il résulte de cette construction une longueur de façade triple de la hauteur, proportion que l'on trouve quelquefois dans les monumens égyptiens.

Au sujet des petites portes ouvertes dans les murs d'entre-colonnement, contre l'usage ordinaire des temples, lisez la Description d'Antæopolis, §. IV.

Fig. 3. Coupe du portique sur la ligne A B. (*Voy.* fig. 1.)

Les signes hiéroglyphiques placés sur les colonnes ont été répétés d'après ceux de la façade.

Fig. 4. Plan du chapiteau de la colonne, pris à la hauteur de l'extrémité du fût, et vu par-dessous.

On y voit, 1°. en coupe, un peu plus de la moitié de l'ennéagone qui forme le chapiteau et les côtes des feuilles de dattier ; 2°. au trait, la projection des feuilles et des côtes ; 3°. ponctué, le dé carré surmontant le chapiteau.

a. b. Diamètre du chapiteau. Ce diamètre a été tracé pour faire sentir l'irrégularité que produit le nombre impair de feuilles.

Fig. 5. Élévation du chapiteau de la colonne.

Nota. On n'a point tracé, au-dessous des cinq bandes annulaires qui terminent le fût, l'ornement en forme de liens arrondis qu'on voit fig. 2 et 3.

Pour bien comprendre la forme supérieure du chapiteau, il eût fallu plus qu'une élévation géométrale. Il faut se représenter que de la ligne inférieure du dé, sur chacun des quatre côtés, il part une surface gauche, partie inclinée et partie horizontale, qui s'étend jusqu'à la sommité des feuilles et descend dans les angles rentrans et arrondis formés supérieurement par deux feuilles contiguës. C'est une forme que la projection ne pouvait faire sentir.

Fig. 6. Plan d'une partie de la rive droite du Nil, où sont situés les restes d'un ancien édifice égyptien, à l'ouest du temple. Ce petit édifice est en grande partie ruiné : quelques colonnes sont debout. On voit encore les murs d'entre-colonnement.

A. VOL. IV. ANTÆOPOLIS.

Le massif qui est du côté de l'est, et qui paraît de construction romaine, servait peut-être à supporter quelque statue. (*Voyez* la Description d'Antæopolis, *A. D.*, chapitre *XII*, §. III.)

PLANCHE 42.

Vue perspective du temple.

On a restauré, dans cette vue, la façade entière du temple, comme dans la planche précédente, à l'exception du milieu de la frise. Ici on a restitué le globe ailé qui devait orner cette frise antérieurement à l'inscription grecque. (*Voyez* la Description d'Antæopolis.) Ce dessin rétablit l'état des choses à peu près tel qu'il a été avant le temps des Perses.

1. Globe ailé qui a été enlevé et remplacé par une inscription grecque, du temps des Romains.
2. Partie postérieure et latérale du temple proprement dit, restaurée.
3. Enceinte en brique, qui environnait le temple.
4. Portion d'une pierre d'une étendue considérable, aujourd'hui couchée sur la terre, et qui a $9^m,87$ de longueur, $1^m,45$ de largeur et $1^m,60$ de hauteur. A côté sont quelques autres pierres qui sont aussi d'une grande dimension. A l'extrémité sont deux figures de prêtres égyptiens qui peuvent servir d'échelle à cette pierre gigantesque, plus pesante que chacune des deux pierres du fronton du Louvre.
5. Barque descendant sur le Nil, ou plutôt sur le canal qui, dans les temps anciens, amenait les eaux près de la ville, et qui depuis est devenu le lit même du fleuve : on suppose ici le temps de l'inondation. La forme de la barque est prise dans les hypogées d'*Elethyia*.
6. Village qu'on suppose avoir existé au midi d'*Antæopolis*.

SYOUT
(LYCOPOLIS).

EXPLICATION DES PLANCHES.

PLANCHE 43.

Vue de la montagne et des hypogées, prise à l'extrémité de la ville, du côté de l'ouest.

1. 1. Entrée de l'hypogée principal, dont les plan, coupes et élévation sont représentés pl. 44.
2. 2. Entrée des hypogées représentés pl. 47, fig. 2 et 8, et pl. 48, fig. 3 et 9.
3. 3. Entrée des hypogées représentés pl. 47, fig. 3, et pl. 48, fig. 1 et 6.
4. 4. Autres excavations moins importantes.
5. 5. Carrières.
6. 6. Extrémité méridionale du cimetière musulman, auquel on arrive de la ville en suivant l'allée d'arbres que l'on voit à gauche.
7. 7. Chemin qui conduit à la montagne et au cimetière. La chaussée est établie sur une digue élevée au-dessus des plus grandes eaux du Nil. La plaine, à droite et à gauche, est, chaque année, couverte d'eau : dans le temps de l'inondation, les eaux passent de la partie supérieure à la partie inférieure, sous un pontceau construit à travers la levée, à l'extrémité des maisons.

EXPLICATION DES PLANCHES.

8.8. Maison de Mamlouk où l'on avait établi le quartier-général de la division Desaix. Cette maison, dont les murs avaient été crénelés, est située hors de la ville; on avait placé sur les terrasses quelques pièces de canon qui dominaient sur toute la ville de Syout.

9.9. Jardins plantés en palmiers, orangers, citronniers, etc.

10.10. Porte de la ville, du côté de l'ouest. A droite, on voit le mur qui ferme la ville du côté des jardins. A gauche, sont les premières maisons de la ville. On aperçoit de ce côté, dans une cour du quartier-général français, le parc des chameaux qui servaient aux transports militaires.

Un détachement français, de retour d'une expédition contre les Mamlouks, après avoir traversé la ville, en sort par la porte de l'ouest pour rentrer au quartier-général. Il est précédé d'une pièce de canon, et suivi d'un chameau chargé d'étendards pris sur l'ennemi.

A droite de la porte, et le long du mur de la ville, sont des baraques construites en branches de palmier et en nattes : elles sont occupées par des marchands de comestibles, dont quelques-uns viennent au-devant des soldats français.

En avant, on aperçoit l'extrémité des monticules de décombres qui environnent la ville de Syout, et sur lesquels elle est construite. Ces décombres proviennent de la démolition des maisons qui tombent en ruine, et dont les matériaux, ne pouvant plus être employés, servent de base aux nouvelles constructions.

Le dessinateur a représenté, sur le premier plan, un homme du peuple qui s'oppose avec violence à ce que sa femme s'approche de la route où passe le détachement français.

PLANCHE 44.

PLAN, *coupes et élévation de l'hypogée principal.*

Fig. 1. Plan de l'hypogée dont on voit l'entrée pl. 43, 1. 1.
Fig. 2. Élévation à l'extérieur.
Fig. 3. Coupe sur la ligne A B du plan.
Fig. 4. Coupe sur la ligne CD du plan. La petite salle à gauche communique avec celle du milieu par une ouverture irrégulière pratiquée à travers le massif du rocher qui les sépare. (*Voyez* le plan, fig. 1.)
Fig. 5. Coupe sur la ligne EF du plan. On distingue les deux étages de l'hypogée et les conduits inclinés en sens inverse, ainsi que le puits qui établit la communication entre les salles supérieures et les salles inférieures.
Fig. 6. Coupe sur la ligne GH. On voit le commencement d'un des deux conduits inférieurs dont il sera parlé ci-après.
Fig. 7. Coupe sur la ligne K'L', au fond de la salle de l'étage inférieur, parallèlement à la ligne K L du plan. En haut, on voit le conduit par lequel on descend de l'étage supérieur; et en bas, deux autres conduits parallèles qui suivent une direction inclinée à l'horizon, et qui sans doute menaient à un ou plusieurs étages inférieurs. Ces derniers sont entièrement comblés, et il nous a été impossible d'y pénétrer.
Fig. 8. Coupe sur la ligne K L. On voit l'entrée du conduit qui vient de l'étage supérieur, et à côté une petite salle servant de palier. Cette coupe aurait dû être placée sous la suivante; mais cela aurait occupé trop de place sur la planche, sans une grande nécessité.

EXPLICATION DES PLANCHES.

Fig. 9. Coupe sur la longueur de l'hypogée, suivant la ligne MN du plan.

PLANCHE 45.

BAS-RELIEFS *recueillis dans la salle du fond de l'hypogée principal.*

Les huit bas-reliefs représentés dans cette planche sont placés à droite et à gauche de la porte de la salle au fond de la grotte, et dans l'intérieur de cette salle. Ils occupent tout l'espace compris entre la porte et les murs latéraux; ils ont $1^m,60$ de longueur. (*Voyez* la pl. 44, fig. 1, en a et b.) Ils paraissent représenter les diverses opérations qui se pratiquaient lors du sacrifice d'un bœuf.

PLANCHE 46.

1......8. PLAN, *coupe, élévation et détails d'un hypogée.* — 9, 10. *Vues de deux hypogées.*

Fig. 1. Plan d'un hypogée situé à hauteur moyenne dans la montagne de Syout, et creusé perpendiculairement à la face de la montagne. Le seul pilier a reste aujourd'hui dans son entier; des trois autres, b, c, d, il ne reste que les arrachemens ou les traces au plafond.

e. Excavation qui a servi de sarcophage, à en juger par ses dimensions. (*Voyez* fig. 6 et 7.)

f. Ouverture basse, communiquant avec quatre grands hypogées semblables.

f'. Communications bouchées aujourd'hui, et qui paraissent être des entrées forcées. (*Voyez* fig. 3.)

g. g. Enfoncemens irréguliers dont on ne connaît pas l'usage.

Toutes les faces de l'hypogée sont décorées de sculptures peintes et en relief. Les angles des murs sont arrondis au fond de l'hypogée, qui paraît n'avoir pas été fini entièrement.

Fig. 2. Façade de l'hypogée.

Les colonnes d'hiéroglyphes tracées sur l'encadrement de la porte et sur les deux côtés ont $0^m,165$ de large, et renferment une multitude de petits caractères que l'on n'a pu copier. La saillie du tableau de la porte est très-peu sensible; elle n'a que $0^m,02$.

Fig. 3. Coupe de l'hypogée sur la ligne A B.

On voit les excavations dont il a été parlé plus haut (*voyez* fig. 1), et plusieurs autres plus petites, qui proviennent peut-être de ce qu'on a sondé en différens endroits les parois de la grotte pour creuser une ouverture.

a. Enfoncement irrégulier marqué en g sur le plan.

Fig. 4. Portion d'une marche militaire que l'on voit en place fig. 3. Il y a des rangées de douze et de quatorze soldats, également sur trois de hauteur. Les rangées de quatorze sont en partie cachées par les deux piliers. L'intervalle qui sépare deux rangées de figures, est d'un décimètre.

Nota. On croit que ces quatorze figures sont sur le côté opposé.

Fig. 5. Détail en grand de l'un des personnages de la fig. 2. De pareilles figures sont placées à l'extérieur de tous les hypogées, toujours avec le même costume et les mêmes attributs. Celle-ci a été mesurée avec soin dans tous ses détails : on s'est contenté de donner une partie des mesures. Les hiéroglyphes gravés au-dessus de la tête sont les seuls qu'on ait pu copier.

Fig. 6 et 7. Plan et coupe d'une excavation en pyramide renversée, pratiquée dans le massif de la porte, à un mètre de hauteur. (*Voyez* fig. 1, en e.) Cette excavation est en forme de sarcophage : le haut est terminé par une feuillure propre à recevoir un couvercle; sa profondeur et sa largeur annoncent cette destination.

On pénètre jusqu'à ce creux par une niche de forme irrégulière, pratiquée dans l'épaisseur du massif.

Fig. 8. Détail du couronnement des pilastres de l'hypogée.

Fig. 9. Vue de l'entrée d'un hypogée situé plus au nord que le précédent. Le genre de décoration de ce tombeau de famille est d'un caractère fort différent du style des autres; les figures sont presque en ronde-bosse et d'un bon dessin. La dernière figure à droite, plus petite que les autres, semble indiquer un enfant inhumé dans la catacombe, à côté des autres individus de la famille.

Fig. 10. Vue d'un hypogée dont l'élévation géométrale est représentée pl. 47, fig. 1.

PLANCHE 47.

Plans, coupes, élévation et détails de divers hypogées.

Fig. 1. Élévation de l'entrée d'un hypogée dont le plan est représenté fig. 2, et la vue, pl. 46, fig. 10.

Fig. 2. Plan d'un des hypogées dont on voit l'entrée pl. 43, 2.2.

Fig. 3. Plan d'un des hypogées dont on voit l'entrée pl. 43, 3.3.

Fig. 4. Plan particulier d'un conduit incliné, de deux petites salles, et de l'entrée de trois autres conduits remplis de décombres : cet ensemble forme un deuxième étage au-dessous de l'hypogée, fig. 3.

Fig. 5. Coupe sur la longueur de l'hypogée. L'entrée du conduit, marquée en a sur cette coupe, n'est pas de ce côté : elle est sur la face opposée. (*Voyez* le plan fig. 3.)

Fig. 6. Coupe sur le conduit incliné, suivant la ligne AB des plans fig. 3 et 4.

Fig. 7. Coupe sur les salles inférieures, suivant la ligne CD du plan fig. 4.

Fig. 8. Plan d'un des hypogées dont on voit l'entrée pl. 43, 2.2. Au milieu de la petite face, dans le fond, il y a une niche de $0^m,11$ de profondeur, et de $1^m,60$ de largeur. Cette niche n'a pas été marquée sur le plan, parce qu'elle n'est pas à la hauteur du sol.

Fig. 9. Coupe suivant la ligne AB du plan fig. 8.

Fig. 10. Bas-relief situé dans l'embrasure de la porte d'entrée de l'hypogée représenté pl. 48, fig. 3, à gauche : celui de droite se voit fig. 1, pl. 49.

Fig. 11. Bas-relief analogue au précédent. Il appartient à un autre hypogée.

Fig. 12 et 13. Fragmens de bas-reliefs copiés dans l'intérieur d'un hypogée, immédiatement au-dessous du plafond.

PLANCHE 48.

PLANS, *coupes, élévations et décorations hiéroglyphiques de divers hypogées.*

Fig. 1. Plan d'un des hypogées dont on voit l'entrée pl. 43, 3.3. Il paraît être le reste d'un hypogée plus considérable, dont les salles antérieures ont été détruites.

Fig. 2. Élévation de l'entrée de cet hypogée.

Fig. 3. Plan d'un hypogée dont on voit l'entrée pl. 43, 2.2.

Fig. 4. Élévation de cet hypogée.

Fig. 5. Détail de tous les hiéroglyphes sculptés à l'entrée de

EXPLICATION DES PLANCHES.

cet hypogée. On peut regarder cette grande page d'hiéroglyphes comme très-complète et très-exacte.

Nota. L'hypogée représenté fig. 3, 4 et 5, a de l'analogie avec celui que l'on voit pl. 46, fig 1, 2......8. (*Voyez* la Description des antiquités de Syout, *chapitre XIII, A. D.*)

Fig. 6. Plan d'un hypogée dont on voit l'entrée pl. 43, 3.3. Les deux petits couloirs dont les entrées sont dans la salle intermédiaire, et qui conduisent à deux petits cabinets, sont mal placés sur le plan : ils ne sont pas parfaitement en face l'un de l'autre. Il faut s'en rapporter aux cotes pour connaître la distance à laquelle chacun d'eux se trouve du fond de la salle intermédiaire.

Fig. 7. Coupe sur la longueur de l'hypogée, suivant la ligne AB du plan fig. 6.

Fig. 8. Coupe sur la salle intermédiaire, suivant la ligne CD du plan fig. 6.

Fig. 9. Plan d'un des hypogées dont on voit l'entrée pl. 43, 2.2.

Fig. 10. Élévation de l'entrée de cet hypogée. Au-dessus de la porte, il doit y avoir trois rangs horizontaux d'hiéroglyphes, au lieu de deux qui sont indiqués. (*Voyez* fig. 11; *voyez* aussi la Description des antiquités de Syout, *chapitre XIII, A. D.*)

Fig. 11. Encadrement hiéroglyphique de la porte de l'hypogée représenté fig. 9 et 10. Les trois rangs horizontaux d'hiéroglyphes sont rétablis ici. Ces hiéroglyphes sont parfaitement exacts et complets, à quelques lacunes près, qui proviennent des dégradations du rocher.

PLANCHE 49.

DÉCORATIONS *hiéroglyphiques et bas-reliefs recueillis dans les hypogées.*

Fig. 1. Décoration de l'embrasure de la porte de l'hypogée représenté pl. 48, fig. 3, à droite en entrant. L'autre côté de la porte est représenté fig. 3 ci-après.

Fig. 2. Décoration du mur de l'hypogée principal dans l'intérieur, à droite en entrant.

Fig. 3. Décoration de l'embrasure de la porte de l'hypogée représenté pl. 48, fig. 3, à gauche en entrant.

Fig. 4. Hiéroglyphes et figures mutilées qui ont été dessinés dans l'intérieur de l'hypogée principal.

Fig. 5. Hiéroglyphes dessinés sur un bloc de granit noir dans l'intérieur de la ville du Kaire. La longueur de ce bloc est d'environ $1^m,70$.

Nota. C'est par erreur que ces hiéroglyphes sont gravés ici. L'auteur du dessin l'avait envoyé sans indiquer l'endroit où il l'avait recueilli.

Fig. 6. Décoration de l'embrasure de la porte de l'hypogée représenté pl. 47, fig. 8, à droite en entrant.

Fig. 7. Décoration de l'embrasure de la même porte, à gauche en entrant.

Fig. 8. Encadrement à gauche de l'entrée d'un des hypogées. On a oublié de noter à quel hypogée ce bas-relief appartient.

Fig. 9. Encadrement à droite de l'entrée du même hypogée.

Fig. 10. Tableau sculpté dans la salle du fond de l'hypogée principal, pl. 44, fig. 1, à droite en entrant. Ce tableau est au sixième de la grandeur naturelle, et fait partie de la représentation d'une offrande à une divinité.

EXPLICATION DES PLANCHES.

Fig. 11. Bouc dessiné dans la même salle. Il est représenté au quart de la grandeur naturelle.

Fig. 12. Gazelle dessinée dans la même salle. Elle est aussi représentée au quart de la grandeur naturelle.

Ces deux animaux sont sculptés en relief dans le creux, sur la paroi septentrionale de la salle, c'est-à-dire, à droite en entrant. On a mesuré avec soin toutes leurs proportions.

ACHMOUNEYN

(HERMOPOLIS MAGNA).

EXPLICATION DES PLANCHES.

PLANCHE 5o.

Plan *topographique des ruines.*

Ce plan a été levé exactement, à l'aide de la planchette. On a cherché à exprimer par la gravure les mouvemens des buttes de décombres ; ces buttes sont très-élevées, et recouvertes de vases brisés, de briques et de fragmens de constructions. Le monument principal était un grand temple, dont le portique subsiste encore du côté du nord. Au midi de celui-ci était un autre édifice, aujourd'hui enseveli sous ses ruines et sous les décombres. De nombreuses colonnes, de granit se remarquent dans les ruines, les unes encore debout, les autres couchées, et d'autres en tronçons épars. Un gros village, établi à l'extrémité méridionale des ruines, a succédé à l'ancienne ville d'*Hermopolis*. Les bas-fonds sont occupés par de petites mares, où l'eau arrive par les canaux du Nil.

Consultez les indications qui ont été gravées sur ce plan topographique, ainsi que la description d'*Hermopolis magna*, *A. D.*, chapitre *XIV*, par M. Jomard.

PLANCHE 51.

Vue *du portique, prise du côté du midi.*

Cette vue présente l'état actuel des colonnes du portique. Ces colonnes, étant d'une dimension colossale, ne sont ruinées qu'à la superficie, et nullement dans le noyau. On attribue cette dégradation à l'entreprise d'un bey qui voulut saper les colonnes pour chercher de prétendus trésors. Les figures placées sous le portique servent d'échelle pour faire juger de la proportion gigantesque du monument, qui était le plus considérable de la Thébaïde, après les grands palais de la capitale. Autour de l'édifice sont les buttes de décombres d'une partie de l'ancienne ville d'*Hermopolis*. *Voyez* la description, *A. D.*, *chapitre XIV*.

Nota. La gravure a rendu un peu trop sensibles les dégradations des colonnes.

PLANCHE 52.

Plan, *élévation et détails du portique du temple.*

Fig. 1. Plan du portique.

Les parties teintées en noir foncé indiquent les portions de l'édifice qui sont encore debout; les parties plus pâles sont de restauration. Ainsi qu'on peut le voir dans la planche précédente, il ne reste plus que douze colonnes du portique; il est probable qu'il y en avait encore douze autres pour compléter le nombre de vingt-quatre, qui se trouvent ordinairement dans la plupart des portiques égyptiens.

a. Murs d'entre-colonnement dont il n'existe plus que des arrachemens. (*Voyez* la planche précédente.)

b. Murs latéraux du portique. Il n'y a que l'analogie qui

nous ait déterminés à les indiquer ici; car nous n'en avons point retrouvé positivement de vestiges, probablement parce que leurs débris sont recouverts par les décombres.

L'axe du portique se trouve dans la direction du méridien magnétique.

Fig. 2. Élévation du portique.

La comparaison de cette figure avec la planche précédente fera suffisamment connaître ce que la restauration a ajouté à cette élévation. La porte d'entrée, les murs d'entre-colonnement et les antes ont été ajoutés : mais ici l'analogie est tellement frappante, qu'il n'y a, pour ainsi dire, aucun doute que les choses n'aient existé ainsi lors de la construction première du monument. Les colonnes ressemblent à celles des palais de Thèbes, si ce n'est qu'elles sont construites d'après des proportions encore plus massives. Les dés sont ornés d'hiéroglyphes, et la frise est décorée de tableaux encadrés par des hiéroglyphes, représentant des offrandes aux dieux. L'ornement de la corniche est exact. *Voyez*, pour le détail, la fig. 7.

Nota. On n'a pu prendre de mesures exactes de l'entablement ni de la base des colonnes : il est très-probable que celle-ci avait une hauteur et demie d'assise ; et l'entablement, cinq : celui-ci a, dans la gravure, une hauteur trop grande d'une quantité égale à celle du listel, par erreur de construction ; on a donné une largeur un peu trop grande au diamètre des colonnes et à celui des chapiteaux. Consultez la fig. 8 et la fig. 9 pour les dimensions exactes.

Faute de dimensions précises pour la mesure des antes, on a donné à la façade une longueur d'environ 53 mètres ; elle pourrait être réduite à 50 mètres, ou le triple de la hauteur.

Fig. 3. Plan de la colonne à la hauteur a b. (*Voyez* fig. 4.)
Fig. 4. Détail du chapiteau des colonnes du portique. Les hiéroglyphes du dé sont exacts.
Fig. 5. Plan de la colonne à la hauteur a b. (*Voyez* fig. 6.)
Fig. 6. Détail de l'apophyge et de la base des colonnes du portique.

Nota. Il doit y avoir cinq anneaux ou liens, et non quatre, au-dessus de l'apophyge : le cinquième a été oublié dans la gravure; il devait être placé à la hauteur de la ligne a, b, fig. 6. Consultez aussi la fig. 2.

Fig. 7. Détail de la corniche du portique.
Fig. 8. Moitié du profil de la colonne avec son entablement.
Fig. 9. Profil du chapiteau de la colonne.

ANTINOÉ.

EXPLICATION DES PLANCHES.

PLANCHE 53.

PLAN *topographique des ruines et de l'enceinte de la ville.*

A. Point de vue de la pl. 55.
B. Point de vue de la pl. 57.
C. Point de vue de la pl. 59, fig. 1.
D. Point de vue de la pl. 54, fig. 2.

 Ce plan a été levé géométriquement, à la planchette et à la boussole, et les dimensions ont été mesurées avec une bonne chaîne métrique; outre le polygone du levé du plan, qui a été exactement fermé, on a pris d'autres mesures dans les trois grandes rues qui partagent la ville. Comme nous avons séjourné quatre fois différentes à Antinoé, nous croyons n'avoir laissé échapper aucun détail, soit de la topographie, soit de l'architecture de cette grande ville. Le plan est gravé à l'échelle de quatre dix-millièmes de mètre pour mètre.

 Comme il n'a pas été possible de graver sur le plan topographique les nombres qui expriment les dimensions, on croit utile de rapporter ici les principaux. Voici ces mesures rapportées station par station, à partir de l'angle du midi et d'un point pris à dix mètres du rocher baigné par

EXPLICATION DES PLANCHES.

le Nil, en faisant le tour de la ville par l'est, le nord, l'ouest et le sud ;

PÉRIMÈTRE DES RUINES.

1re station, angle sud des ruines, à la 2e station............	100^m
De la 2e à la 3e (angle sud-est)........................	599.
De la 3e à la 4e (ouverture du grand chemin sablonneux qu'on regarde comme un torrent ou comme un canal), en allant le long de l'enceinte, dans la direction du nord-ouest........	500.
De la 4e à la 5e, comme un centre de l'ouverture du torrent..	63.
De la 5e à la 6e, point pris dans la même direction nord-ouest.	181.
Entre la 6e et la 7e, d'un point pris sur le prolongement du côté méridional de l'hippodrome, à l'origine de ce même côté..	133
De la 6e à la 7e, allant au nord-est.......................	40.
De la 7e à la 8e, allant au nord-nord-est.................	78.
De la 8e à la 9e, point pris dans le prolongement de la rue de l'arc de triomphe, allant au nord-ouest, le long de l'enceinte.	160.
De la 9e à la 10e (point extrême des ruines vers le nord), en allant le long de l'enceinte...........................	668.
De la 10e à la 11e, point pris dans l'axe d'une ancienne rue des ruines attribuées à Besa, allant au sud-ouest............	480.
De la 11e à la 12e, point pris dans l'axe de la principale rue d'Antinoé, allant au sud-ouest........................	438.
De la 12e à la 13e, point extrême des ruines vers l'ouest, allant à l'ouest-sud-ouest et près du Nil....................	190.
De la 13e à la 14e, allant au sud et près du Nil............	145.
De la 14e à la 15e, allant au sud-sud-est...*idem*...........	100.
De la 15e à la 16e, dans la même direction.: *id*...........	200.
De la 16e à la 17e, l'arc de triomphe....... *id*............	340.
De la 17e à la 18e, allant au sud-est........ *id*............	200.
De la 18e à la 19e, au sud-est............. *id*............	132.
De la 19e à la 20e, au sud-sud-est.........*id*............	424.
De la 20e à la 21e.........*idem*......*id*............	100.
De la 21e à la 1re.............*id*........*id*............	160.
TOTAL du périmètre des ruines........	5,298^m

INTÉRIEUR.

Principale rue.

Du portique au torrent...............................	420^m
Du torrent à la rue de l'arc de triomphe...............	320.

A. VOL. IV. ANTINOË.

De la rue de l'arc de triomphe à la seconde rue transversale.... 300ᵐ
Du même point au monument du nord-ouest................ 568,5.
Du monument du nord-ouest (côté du nord) à la porte du nord. 26.
De la porte à la 12ᵉ station............................. 38.

Rue transversale ou de l'arc de triomphe.

De l'arc de triomphe à la principale rue................. 198.
De la principale rue à l'édifice des bains............... 307.
Du même point à la porte de l'est....................... 577.
Du même point à la 9ᵉ station, sur l'enceinte........... 756.

Torrent.

De la 19ᵉ station à un point pris au-delà de la principale rue... 150.
De la principale rue au coude du torrent................ 220.
Du coude à la 5ᵉ station................................ 371.

Les autres mesures sont rapportées dans la description. (*Voyez A. D., chapitre XV.*) Les indications nombreuses gravées sur ce plan et l'expression fidèle du terrain nous dispensent d'entrer ici dans de plus grands détails. Consultez aussi le plan général des environs d'Antinoé, pl. 54, fig. 1.

Nota. Le graveur a donné trop peu de largeur aux rues du village de Cheykh A'bâdeh, bâti près des ruines. On devait écrire *édifice d'ordre corinthien*, au lieu de *piliers et colonnes ioniques*, à côté du monument qui se trouve dans la principale rue, entre le torrent et la rue de l'arc de triomphe. Dans les dessins originaux, ce même monument a six colonnes au lieu de cinq, et il est plus éloigné de la rue. (*Voyez* la pl. 60, fig. 14.)

PLANCHE 54.

1. PLAN *général des environs.* — 2. *Vue des ruines de la ville, prise du côté du sud-ouest.*

Fig. 1. Ce plan est gravé à l'échelle d'un dix-millième de mètre pour mètre, ou au quart du plan topographique.

Les environs ont été levés géométriquement à la planchette, comme le plan de la ville.

Pour la partie des ruines proprement dites d'Antinoé, voyez l'explication de la planche précédente, la ville n'étant indiquée ici qu'en masse. La ligne ponctuée indique le cadre du plan particulier, pl. 53.

On remarque principalement, au-dessus d'Antinoé, les vestiges d'une grande ville chrétienne ruinée, aussi longue que la ville romaine; un village chrétien, Deyr Abouhennis, lui a succédé. La chaîne arabique est percée de carrières, d'excavations et de galeries profondes qu'on a indiquées par des lignes anguleuses, ponctuées. Au pied est une plaine lavée annuellement par des torrens; au nord, sur le sommet du rocher, sont deux églises ruinées; au-delà d'Antinoé, est une enceinte de ruines attribuées à Besa, ancienne ville égyptienne.

Fig. 2. Vue d'une partie des ruines de la ville, prise du point D (pl. 53) : ce point de vue est placé sur une butte très-élevée, auprès de la principale rue.

Le tableau est censé parallèle à cette rue et au cours du fleuve : on a, à sa gauche, la grande rue transversale, bordée de colonnes, et dans le fond, la chaîne arabique, percée de carrières. Les buttes qui remplissent presque tout l'espace, représentent les décombres de l'ancienne ville, des débris de maisons, et, du côté gauche, les restes de l'enceinte.

1. Portion de la rue principale, bordée de colonnes de l'ordre dorique grec.
2. Hippodrome.
3. Tombeau de cheykh A'bâdeh, santon qui a donné son nom au village bâti sur les ruines d'Antinoé.
4. Entrée d'une grande grotte ou carrière.
5. Restes d'un édifice qui a servi de bain public.
6. Porte de l'est.
7. Restes d'un édifice à colonnes cannelées.

8. Tombeaux musulmans.
9. Entrée de carrières très-étendues.
10. Caravane arabe, passant dans le désert.
11. Ouverture de la grotte ou carrière principale, ayant une grande quantité de ramifications souterraines. Un de ces chemins, selon le rapport des gens du pays, conduit à Bercheh, village situé à environ un myriamètre d'Antinoé.

PLANCHE 55.

Vue *du portique du théâtre.*

Cette vue est prise du côté du nord, du point A (*voyez* pl. 53). Elle fait voir l'état actuel de la façade du portique et les débris de colonnes et de chapiteaux dont le sol est jonché. Derrière le portique est le reste de l'amphithéâtre. A droite est le Nil, avec le commencement du bois de dattiers qui borde le fleuve et les ruines de la ville. Des *fellâh* sont accroupis devant le portique; à gauche, des ingénieurs français sont occupés à dessiner les ruines. (*Voyez* pl. 56.)

PLANCHE 56.

Plan, *élévation, coupes et détails du portique du théâtre.*

Les dimensions de toutes les parties de ce portique ont été mesurées deux fois avec le plus grand soin, afin que l'on puisse comparer exactement cet édifice, qui appartient au commencement de la décadence de l'art, avec ceux du même genre élevés dans les siècles précédens. Le lecteur qui voudra faire ce parallèle, pourra donc consulter avec confiance les mesures et les cotes gravées sur cette planche. Les dimensions qui ne sont pas cotées, ont été construites avec précision et peuvent être mesurées sur l'échelle.

Fig. 1. Plan des restes du portique, pris au niveau du sol de cet édifice. (*Voyez* a b, fig. 3.)

Le théâtre était placé au sud-est, du côté marqué a ; consultez le plan général.

b b. Arrachemens de murailles. On a trouvé, dans cette partie de l'édifice, les restes d'un ordre ionique, qui paraît avoir existé dans la direction de ces murailles.

c, c. Piliers avec demi-colonnes cannelées et de l'ordre dorique.

e. Mur en brique.

L'élévation postérieure du côté a est entièrement pareille à celle du côté CD. Les entre-colonnemens sont mesurés d'un socle de colonne à l'autre.

Fig. 1'. Plan en grand de la partie b d de la fig. 1.

a. Arrachement de muraille dans la partie où l'on croit qu'il existait une galerie d'ordre ionique.

b. Arrachement de mur.

Fig. 2. Élévation du portique en arrière des colonnes, prise sur la ligne AB. (*Voyez* fig. 1.) Le stylobate est figuré en coupe. On a restauré le haut de la porte et les huit dernières assises.

Fig. 3. Élévation du portique sur la ligne CD, fig. 1. Les six marches, quoique peu sensibles aujourd'hui, ont été ajoutées pour arriver à la hauteur de la base des colonnes et du sol du portique. Le fronton n'existe plus ; on l'a ici représenté par des lignes ponctuées, en se fondant sur ce que d'anciens voyageurs ont dit l'avoir vu en place. Le fût est composé de cinq pierres : la deuxième, à partir du bas, a $2^m,18$; la cinquième ou dernière a $2^m,43$; la colonne a vingt-quatre cannelures.

Fig. 4. Double plan de la colonne du portique. La moitié

supérieure est une section horizontale prise au sommet du fût au-dessous de l'astragale, ligne a b, fig. 7. La profondeur de la cannelure creuse a été mesurée à la partie moyenne, au point où finissent les cannelures pleines.

La moitié inférieure est une section prise à la hauteur de la naissance des cannelures pleines, lignes a b, fig. 5.

Fig. 5. Détail de la base de la colonne et de la partie inférieure du fût.

Nota. Le profil de la base est gravé plus correctement dans la fig. 8.

Fig. 6. Plan du chapiteau, pris à la hauteur a b, fig. 7, et vu en dessous. L'ornement du tailloir n'est qu'indiqué.

Fig. 7. Détail du chapiteau et de la partie supérieure du fût. Le diamètre du chapiteau, excédant beaucoup celui du fût, présente une incorrection qui annonce la décadence du style. L'ornement du tailloir n'a pas été copié tel qu'on l'a figuré ici.

La cote $0^m,185$ exprime toute la largeur de la volute; les milieux des feuilles sont à $0^m,52$ de distance l'un de l'autre.

Fig. 8. Profil de la base en grand.

Fig. 9. Profil du chapiteau en grand; projection sur la ligne A B, fig. 6. On a indiqué une coupe pour l'effet du dessin.

Fig. 10. Détail en grand d'une des fenêtres percées dans le massif du portique.

Fig. 11. Détail de la base du pilastre, qui accompagne les fenêtres percées dans le massif.

Fig. 12. Coupe dans le massif, pour faire voir l'appareil et la saillie des pierres.

Fig. 13. Profil du chambranle de la grande porte. (*Voyez* en c, fig. 1'.)

Fig. 14. Profil du chambranle des deux petites portes. (*Voy.* en d, fig. 1.)

Fig. 15. Detail d'une des colonnes d'ordre ionique, trouvées auprès du portique, dans la direction b b, fig. 1.

PLANCHE 57.

Vue *de l'arc de triomphe.*

La vue est prise du point B., pl. 53. Ce monument est le mieux conservé de tous ceux de la ville. Il ne manque à l'édifice aucune partie qui puisse en rendre la restauration douteuse. Devant les petits pilastres corinthiens, il y avait des colonnes de granit, qui manquent entièrement; il ne reste que les piédestaux en place, et ils sont très-ruinés, comme on le voit dans la gravure. Devant l'arc de triomphe, on aperçoit le village de Cheykh A'bâdeh; entre les maisons et le monument, sont des colonnes de granit encore debout. (*Voyez* les explications de la pl. 58 et de la pl. 53.) Les dattiers, qui sont en grand nombre autour de l'édifice, contribuent à rendre ce point de vue un des plus pittoresques des ruines d'Antinoé. Çà et là, on voit des habitans du village, considérant attentivement les ingénieurs et les artistes français occupés à dessiner l'arc de triomphe.

PLANCHE 58.

Plan, *élévation, coupes et détails de l'arc de triomphe.*

Fig. 1. Plan général de l'arc de triomphe et des constructions environnantes.
a. Arc de triomphe.
b. Piédestal massif en avant des colonnes.

c. Grande construction en brique, ruinée; les distributions intérieures ne se voient plus aujourd'hui.

d, d. Deux grandes colonnades en granit, dont il reste encore treize colonnes debout. Il est difficile de reconnaître à quel genre d'édifice ont appartenu ces colonnades. Les colonnes renversées sont indiquées par une teinte plus claire.

Plusieurs de ces colonnes ont été transportées dans le village de Cheykh A'bâdeh, lequel est tout auprès, à l'ouest.

Fig. 2. Plan particulier de l'arc de triomphe.

a. Gros piédestal qui paraît avoir été destiné à porter une statue : il y en avait un pareil en face.

Fig. 3. Élévation de l'arc de triomphe sur la ligne A B, fig. 2.

La restauration de cette élévation se borne aux colonnes adossées, tout le reste étant conservé entièrement ou facile à rétablir sans aucune incertitude. Les colonnes elles-mêmes sont faciles à restaurer, à cause des débris que nous avons trouvés en avant de l'arc.

Les cotes n'ont pas été gravées sur toutes les figures de cette planche; une partie des dessins ayant été exactement construite sur les lieux, on peut consulter l'échelle pour avoir les mesures précises.

Fig. 4. Détail de l'archivolte et de l'imposte de l'arc-principal et de l'arc latéral du chapiteau de la colonne, avec le détail du petit entablement : cette partie répond à l'espace compris entre les points a et b, fig. 3. Il faut supposer, derrière la colonne, un pilastre correspondant. (*Voyez* fig. 11.)

Fig. 5. Profil en grand sur la ligne a b, fig. 4, faisant voir le petit entablement, le haut du petit pilastre corinthien et la petite archivolte.

Fig. 6. Détail du petit pilastre corinthien, moitié du profil.

Fig. 7. Profil d'un piédestal qui était isolé en avant des co-lonnes. (*Voyez* en b, fig. 1, et a, fig. 2 et 11.)

Fig. 8. Plan en grand de la cage d'un des escaliers à vis conduisant au sommet de l'arc de triomphe.

Fig. 9. Détail en grand du fronton du grand entablement, et de la corniche du grand pilastre. (*Voyez* l'espace compris entre le point c et l'horizontale du point d.)

Fig. 10. Profil en grand sur la ligne a b, fig. 9.

Fig. 11. Coupe transversale de l'arc de triomphe sur la ligne CD, fig. 2.

Fig. 12. Détail en plan du modillon, avec les gouttes du larmier qui appartient au grand entablement. (*Voyez* fig. 9 et 10.)

Fig. 13. Détail en plan du dessous du larmier du petit entablement. (*Voyez* fig. 4 et 5.)

Fig. 14. Détail de l'archivolte des petites voûtes transversales qu'on voit en face, dans la fig. 11.

Fig. 15. Coupe brisée de l'arc de triomphe sur la ligne EFGHIK, fig. 2.

La moitié de gauche (EFGHI) fait voir la coupe de la cage de l'un des escaliers à vis, montant dans les salles supérieures. (*Voyez* fig. 8.)

Dans la moitié de droite (IK), on aperçoit deux des voûtes transversales, plus basses que les voûtes latérales; et, dans le haut de la coupe, les salles pratiquées dans la partie supérieure de l'édifice.

Fig. 16. Plan en grand du soubassement et de la colonne b, et d'une portion du massif attenant. (*Voy.* fig. 2, et en e, fig. 3.)

Fig. 17. Détail du piédestal et de la base des colonnes.

PLANCHE 59.

1, 2. Vue et détails de la colonne d'Alexandre-Sévère. — 3, 4. Fragmens d'une statue d'Antinoüs.

Fig. 1. Cette vue est prise du point C, pl. 53. A gauche de la colonne qui est encore debout et conservée dans son entier, on voit les restes et les débris de trois autres, qui étaient aux angles du carrefour de la rue principale ; on aperçoit quelques *felláh* en marche, et un ingénieur français occupé à copier l'inscription grecque du piédestal de la colonne.

Fig. 2. Détail en grand de la partie inférieure de la colonne d'Alexandre-Sévère.

Fig. 3, 4. Fragment d'une statue en marbre blanc, trouvé dans les ruines, non loin de l'arc de triomphe et de la rue principale. La statue est de grandeur naturelle. On voit, dans cette rue, une multitude de blocs aujourd'hui informes, et qui paraissent avoir été autant de statues pareilles. On croit que toutes ces figures représentaient le jeune Antinoüs.

PLANCHE 60.

1....9. Élévation et détails de la colonne d'Alexandre-Sévère. — 10....15. Détails d'architecture de divers monumens. — 16, 17. Plan et coupe de l'hippodrome. — 18. Plan d'une partie de la rue principale.

Fig. 1. Élévation d'une des colonnes dédiées à Alexandre-Sévère.

EXPLICATION DES PLANCHES.

Le fût de la colonne, non compris l'ornement en feuilles d'olivier qui décore la partie inférieure, est composé de quatre morceaux d'égale hauteur. Cette même partie inférieure, avec les socles et la cymaise supérieure du piédestal, jusqu'à l'arête la plus saillante, est formée d'une pierre de même grandeur que les quatre du fût.

Fig. 2. Plan du chapiteau de la colonne vu en dessous, à la hauteur a b, fig. 3.

Fig. 3. Détail du chapiteau de la colonne. L'ornement du tailloir est simplement figuré en masse. On n'a pu en recueillir un dessin suffisamment correct pour le restaurer dans la gravure avec une précision qui répondît à celle de toutes les autres parties de ces dessins.

Sur le dessus du dé qui couronne le chapiteau, est un carré indiqué par une trace profonde, et dont le côté a environ o^m,82 de long. Il est probable que c'est là qu'était fixée la statue d'Alexandre-Sévère.

Fig. 4. Profil en grand de la moitié du chapiteau et du dé supérieur.

Fig. 5. Plan de la colonne et de la base, avec la cymaise qui couronne le piédestal; le plan est pris en dessus, à la hauteur a b, fig. 6. Le cercle ponctué est la projection de la circonférence extérieure du feuillage, qui est un peu plus saillante que le fût.

Fig. 6. Détail de la partie inférieure de la colonne, de la base et du piédestal. L'inscription grecque n'est que légèrement indiquée sur celui-ci. Pour l'avoir correctement, il faut consulter le vol. v d'*Antiquités*, dans la collection des antiques, et le Mémoire sur les inscriptions anciennes par M. Jomard. Le milieu offre une lacune provenant d'une pierre qui a disparu.

Fig. 7. Profil en grand de la partie inférieure du fût et de la base: moitié de la colonne.

Fig. 8. Profil en grand des moulures qui couronnent le piédestal, d'après un plan passant par la moitié de la colonne.

Fig. 9. Profil en grand de la base du piédestal : même plan.

Fig. 10, 11, 12. Détails de deux pilastres avec colonne engagée, trouvés sur le bord de la grande rue, entre l'arc de triomphe et la colonne d'Alexandre-Sévère.

Fig. 13. Détail d'un mur en brique, appartenant à une grande construction qui dépend de l'arc de triomphe. (*Voyez* en c, fig. 1, pl. 58.)

Fig. 14. Plan d'un édifice en partie détruit, composé de pilastres et de colonnes d'ordre corinthien, situé dans la rue principale, entre le torrent et la rue de l'arc de triomphe. (*Voyez* pl. 53, et l'explication, à la fin.)

Fig. 15. Profil en grand du piédestal de l'une des colonnes de l'édifice.

Fig. 16. Plan de l'hippodrome placé à l'est d'Antinoé. Cet édifice est en grande partie ruiné : les degrés de l'amphithéâtre sont moitié détruits et moitié encombrés par le sable; il reste seulement à droite, au pied des degrés, deux fragmens de colonnes qui ont peut-être appartenu à une colonnade. Malgré l'état de ruine, les lignes de l'hippodrome présentent partout des fondations bien distinctes. Il y a des buttes de sable adossées contre les murs de l'hippodrome, principalement du côté du midi : celles-ci atteignent presque au sommet du bâtiment.

a. Épine. Ce qui reste de l'épine a un mètre de haut.

b. Construction demi-circulaire ruinée.

c. Reste d'un gros pilier circulaire, à l'autre bout de l'épine.

d. Deux colonnes renversées.

e. Escaliers qui montaient au sommet de l'amphithéâtre.

f. Restes de portes.

Nota. Les cotes gravées sur la figure ont été relevées d'après un dessin en grand, construit sur les lieux par MM. Saint-Genis et Corabœuf, à l'échelle d'un millimètre pour mètre; quelques-unes peuvent être un peu trop faibles de quelques fractions de mètre.

Fig. 17. Profil de l'hippodrome, pris sur la ligne AB, fig. 16.

Fig. 18. Plan d'une partie de la rue principale, ornée de colonnes sur les deux côtés, et de l'emplacement des colonnes dédiées à Alexandre-Sévère.

a. Colonne aujourd'hui debout, représentée dans cette planche, fig. 1 à 9.
b. Colonnes renversées.
c d. Traces d'une rue transversale, encombrée.

PLANCHE 61.

1...20. PLANS, élévations et détails de divers portiques. — 21, 22, 23, 24. Plan et détails d'un bâtiment de bains. — 25, 26, 27, 28. Colonnade de la rue principale.

Fig. 1. Plan d'un portique d'ordre corinthien, bordant la grande rue d'Antinoé. (*Voyez* le plan général, pl. 53, *A.*, vol. IV.)

Fig. 2. Élévation de ce portique. La plus grande partie des colonnes et des piliers est encore debout. On a indiqué par des lignes ponctuées la masse de l'entablement et du fronton dont ce portique devait sans doute être couronné, mais dont il ne reste plus rien en place.

Fig. 3. Plan de la colonne, pris à la partie supérieure des cannelures. On a exprimé, dans la projection, le dessous du tailloir du chapiteau.

Fig. 4. Détail du chapiteau du portique.

Fig. 5. Plan de la colonne, pris à la partie inférieure des

A. VOL. IV. ANTINOÉ.

cannelures. On a exprimé, dans la projection, les différentes moulures de la base.

Fig. 6. Détail de la partie inférieure de la colonne.

> *Nota.* La base est trop basse (consultez la fig. 2). Dans un des dessins qu'on a faits de cette base, il y a une doucine au-dessus du petit tore.

Fig. 7. Plan d'un portique d'ordre ionique dans la rue des bains, à Antinoé. (*Voyez* le plan général, pl. 53, *A.*, vol. IV.)

Fig. 8. Élévation de ce portique. Les colonnes sont encore debout pour la plupart ; mais le commencement ne subsiste plus, et nous n'en avons indiqué que la masse par des lignes ponctuées.

Fig. 9. Plan du chapiteau, pris au-dessus du tailloir.

Fig. 10. Détail de l'élévation du chapiteau vu de face.

Fig. 11. Détail de l'élévation latérale du chapiteau.

Fig. 12. Plan de la colonne à la hauteur des cannelures.

Fig. 13. Détail de la base de la colonne.

Fig. 14. Profil du chambranle de la porte du même édifice.

Fig. 15. Plan d'un portique au milieu des ruines de la ville. Les colonnes n'ont point été trouvées en place : elles sont restaurées, et c'est pour cette raison qu'elles sont teintées faiblement dans la gravure.

Fig. 16. Élévation d'un des pilastres de ce portique.

Fig. 17. Détail du chapiteau des pilastres.

Fig. 18. Détail de la base des pilastres.

Fig. 19. Plan du plafond de la corniche du portique.

Fig. 20. Élévation détaillée de l'entablement du portique.

Fig. 21. Fragment d'entablement d'un édifice qui paraît avoir renfermé des thermes ou bains publics.

Fig. 22. Plan de l'édifice des bains. On remarque beaucoup de régularité et de symétrie dans la disposition des pilastres et des arrachemens de murs que nous avons retrouvés.

La hauteur des petits pilastres est de 6^m,5 depuis le dessus des chapiteaux jusqu'au-dessus du socle, c'est-à-dire sous la base.

Fig. 23. Élévation d'une cuve de 4 mètres de diamètre, trouvée à l'entrée des bains. Sa place est marquée dans la fig. 22, en a.

Fig. 24. Coupe de la même cuve.

Fig. 25. Plan d'une partie de la rue principale, aux environs du portique du théâtre. La ligne ponctuée représente l'axe de la rue. Des colonnes pareilles, d'ordre dorique-grec, bordent la rue des deux côtés et d'un bout à l'autre. (*Voyez* la Description d'Antinoé.)

Fig. 26. Plan du chapiteau de la colonne.

Fig. 27. Élévation du chapiteau et d'une partie du fût de la colonne.

Fig. 28. Profil en grand du chapiteau de la même colonne.

HEPTANOMIDE.

EXPLICATION DES PLANCHES.

PLANCHE 62.

1, 2. Vues de *Gebel Abou-fedah* et des environs. — 3, 4, 5. *Épures de chapiteaux tracées dans les hypogées de Gebel Abou-fedah.* — 6, 7, 8. *Plan et détails de Gebel Cheykh el-Harydy.*

Fig. 1. Vue de la montagne appelée *Gebel Abou-fedah*, située au-dessus de Qoçeyr, sur la rive droite du Nil, entre Qousyeh et Manfalout. Les hypogées qui y sont creusés, portent aussi le nom de *Mohura*, selon M. Balzac, qui en a fait le dessin : nous n'avons point connaissance d'un nom pareil dans cette partie du cours du Nil; c'est peut-être *Moghárah*, mot signifiant *grottes* ou *excavations*. On remarque dans cet endroit l'inclinaison assez considérable des couches de pierre de la chaîne arabique; la pierre est calcaire dans toute cette partie.

Fig. 2. Vue d'une partie de la montagne arabique, située près du village de Neydeh, à environ cinq lieues au midi de Tahtah, sur la rive droite. On y trouve des grottes antiques et des ruines de murailles qui paraissent appartenir à un ancien monastère.

Fig. 3. Dessin tracé en rouge sur la paroi intérieure de l'un des hypogées, représenté fig. 1. Cette sorte d'épure est celle d'un chapiteau à tête d'Isis, analogue à celui des grandes colonnes de Denderah. Les carreaux sont tracés en rouge comme le trait de la figure.

On remarque la pureté du trait avec lequel ont été tracées sur la pierre, dressées à l'avance, cette projection et plusieurs autres semblables qui existent dans l'hypogée.

Ce dessin fait juger de la méthode des artistes égyptiens pour dessiner et réduire leurs figures, de la manière dont ils les proportionnaient, et de plusieurs questions curieuses pour lesquelles on renvoie à la Description de l'Heptanomide. (*Voyez* la Description, *Ant. D.*, chapitre *XVI*.)

Fig. 4. Épure d'un autre chapiteau à tête d'Isis, tracée en rouge comme la précédente, et au même lieu ; la dimension du chapiteau est plus petite, et les proportions sont un peu différentes. La tête est effacée en grande partie.

Fig. 5. Épure d'un chapiteau en forme de calice de lotus, également dessinée en rouge sur une des faces du même hypogée. Ce chapiteau a de l'analogie avec celui de la grande colonnade de Louqsor.

Fig. 6. Plan des environs de Cheykh el-Harydy, village situé à trois lieues au-dessus d'Antæopolis, et lieu de pélerinage pour les musulmans. (*Voyez* la Description, chapitre *XI*, IIe. suite.)

Fig. 7. Reste d'une statue colossale attribuée aux Romains, placée à l'est et auprès du village de Cheykh el-Harydy, sur la limite du désert et des terres cultivées. La figure tourne le dos au Nil.

Fig. 8. Le même colosse, vu par derrière. Les habitans modernes ont essayé de faire éclater le bloc en deux morceaux, en pratiquant des entailles à la partie voisine du socle.

PLANCHE 63.

1, 3, 4, 5. Vue et détails des ruines d'el-Deyr. — 2. Plan d'un édifice ruiné à el-Deyr. — 6...10. Plan général d'une ancienne ville, et détails d'une porte en brique à el-Tell.

Fig. 1. Vue du village d'el-Deyr et de la chaîne arabique.
Ce village est situé à six mille mètres au nord de Qousyeh, sur la rive droite.
1. Buttes de décombres et ruines d'une ancienne ville appelée *Medynet Qeysar*.
2. Ouverture d'une grotte antique percée dans l'intérieur de la montagne.

Fig. 2. Plan des restes d'un édifice antique situé dans les ruines. Les toits et les terrasses sont détruits, et l'on ne pourrait en faire une élévation restaurée. On a exprimé par une teinte pâle les parties du monument qui ne sont plus en place. Les arrachemens indiquent ce qui est ruiné.
a. Portique.
b. Grande salle de l'édifice.
c. Sanctuaire.

Fig. 3, 4. Amphores ou vases en terre cuite, qu'on trouve dans les ruines.

Fig. 5. Partie inférieure d'un des vases antiques trouvés dans les ruines; il reste au fond un résidu qu'on attribue au vin qui a séjourné dans ces amphores.

Fig. 6. Ruines égyptiennes entre el-Tell et el-Haouâtah, à deux lieues au-dessus de Meylâouy, sur la rive droite du Nil. Ces ruines sont très-étendues; outre un grand nombre de maisons en brique, dont on voit encore l'étage inférieur ou les fondations, on remarque les restes d'une grande porte, avec une enceinte en partie conservée, et deux vastes édifices dont le plan peut se reconnaître exactement. (*Voyez* la description de ces ruines dans le *chap. XVI des Descriptions.*)

a. Grande porte égyptienne. (*Voyez* fig. 7, 8, 9.)
b. Porte ruinée.
c. Extrémité de la grande rue. De ce point, il y a encore quatre cents à quatre cent cinquante mètres jusqu'à la fin apparente des ruines : mais on croit que la ville s'étendait encore plus loin.

Fig. 7. Restes d'une grande porte égyptienne, de la même forme que les pylônes des temples. L'épaisseur est de $7^m,5$ à la base (plus de 23 pieds), et presque aussi considérable que celle du grand pylône de Louqsor; on peut en juger en comparant le plan à celui de la porte de Louqsor, l'échelle étant la même. Elle est bâtie en briques d'une grande dimension. (*Voyez* fig. 6, en a.)

a, a. Parties de la façade, démolies.

Fig. 8. Élévation de la porte sur la ligne CD (*voy.* fig. 7), en regardant vers l'intérieur.

Fig. 9. Épaisseur de la porte, élévation prise sur la ligne AB (*voyez* fig. 7). Les briques sont alternativement rangées debout et à plat; la partie supérieure est détruite.

Fig. 10. Détail de l'une des briques employées dans la construction.

HEPTANOMIDE
(BENY-HASAN).

PLANCHE 64.

1, 2. Vues des hypogées. — 3...7. Plan, coupes et détails de l'hypogée principal. — 8.....14. Plans, détails et peintures de divers hypogées.

Fig. 1. Vue générale des hypogées creusés dans la montagne arabique, prise du Nil, au-dessus du village de Beny-Hasan el-Qadym, situé à deux lieues et demie environ au nord d'Antinoé. Les petites ouvertures que l'on aperçoit à mi-côte, sont les entrées de ces catacombes. La tradition apprend que des anachorètes y ont séjourné long-temps. La rive du Nil est sablonneuse et inculte dans cette partie.

Fig. 2. Vue perspective intérieure d'un des hypogées de Beny-Hasan. L'architecture est remarquable par la forme des colonnes, leur base plate et élargie, et le plafond en toit incliné. On n'a pu dessiner qu'une partie des peintures curieuses qui ornent la plupart de ces catacombes.

Fig. 3. Plan d'un des plus grands hypogées de Beny-Hasan, situé vers le nord. Cet édifice souterrain est en entier conservé. Dans toute l'Égypte, ce lieu est le seul où se trouvent des colonnes cannelées comme celles qu'on voit ici dans la grande salle. Toutes les faces sont ornées de peintures égyptiennes qui représentent des scènes familières extrêmement curieuses.

Exp. des Pl.

a. Niche où l'on a sculpté un groupe très-saillant et en ronde-bosse, dont les personnages sont aujourd'hui effacés.

b, b. Quatre colonnes cannelées.

c. Piliers octogones.

Fig. 4. Coupe de l'hypogée principal, sur la ligne AB, fig. 3. Les murailles qu'on voit dans cette coupe, ainsi que toutes les autres, sont couvertes de peintures dont on n'a pu dessiner qu'une partie. (*Voyez* pl. 65 et 66.)

a. Reste d'un groupe sculpté, taillé dans le roc. (*Voy*. en a, fig. 3.)

b. Partie de rocher extérieur. Cette partie de la figure n'indique point un endroit démoli, mais la forme naturelle de la montagne.

c, c. Paroi extérieure du rocher, qui a été dressée et aplanie.

Fig. 5. Coupe de l'hypogée principal, sur la ligne CD, fig. 3.

Fig. 6. Plan en grand de l'un des piliers antérieurs. Le nombre des pans est de huit; la hauteur est de 7 diamètres, ce qui excède la proportion ordinaire en Égypte.

Fig. 7. Plan en grand d'une des colonnes cannelées de l'intérieur. Le nombre des cannelures est de seize. Ces colonnes sont encore plus élancées que les piliers : elles ont 7 diamètres et demi. Semblables aux colonnes de l'ordre dorique grec, elles manquent aussi de base; mais le chapiteau y est remplacé par un simple tailloir. (*Voyez*, dans la Description, les remarques sur ce sujet.)

Fig. 8, 9. Plans de deux hypogées de Beny-Hasan. Les colonnes formées en faisceau sont fréquemment répétées dans ces catacombes. (*Voyez* fig. 2.)

Fig. 10. Plan détaillé de la moitié d'une des colonnes de l'hypogée fig. 9.

Fig. 11. Élévation en grand de la base et de la partie inférieure du fût de la colonne.

Fig. 12. Détail du chapiteau et de la partie supérieure du fût de la même colonne.

Fig. 13, 14. Fragmens de pierres représentant des ornemens peints au plafond des hypogées. Le trait est dessiné en rouge dans la fig. 14; le fond et les bandes sont alternativement bleu et vert. Les couleurs sont d'un éclat très-vif.

Nota. Les lignes des ornemens ne sont point d'équerre dans le dessin, fig. 14; mais il n'est pas certain que cette imperfection existe dans le monument.

PLANCHE 65.

1. VUE d'une ancienne carrière appelée Establ A'ntar. — 2, 3, 4. Bas-reliefs et peintures de divers hypogées.

Fig. 1. Vue d'une ancienne carrière égyptienne, que les habitans appellent *establ A'ntâr* ou écuries de A'ntâr, nom qui passe pour être celui d'un géant; on appelle aussi cette excavation *dyouân* ou *divan*. La carrière est vers la moitié de la hauteur de la montagne, qui est presque taillée à pic. Cet endroit est situé sur la rive droite du Nil, un peu au-dessus de Meylâouy; plusieurs *fellâh* y amènent leurs bestiaux, et même y séjournent, dit-on, après que leurs travaux sont finis.

Fig. 2, 2'. Bas-relief relatif à l'agriculture, sculpté et peint dans un des hypogées de Beny-Hasan. Les deux bandes doivent être rejointes, en les mettant bout à bout au point marqué A sur l'une et l'autre. Le terrain sur lequel marchent les bœufs, est coloré en jaune, et représente un amas de blé. Les masses sur lesquelles trois hommes sont dans l'action de frapper, à la droite de la fig. 2, sont peintes en couleur jaune et représentent évidemment du grain mûr.

Fig. 3. Sujet sculpté et peint au même lieu, représentant une barque à voile carrée. (*Voyez* un sujet analogue dans la pl. 68, *A.*, vol. 1.) L'eau est indiquée par des zigzags.

Fig. 4. Barque symbolique renfermant un catafalque et une momie sur le lit funéraire.

PLANCHE 66.

Bas-reliefs *et peintures de divers hypogées.*

Fig. 1. Fragment d'une scène sculptée et peinte dans l'un des grands hypogées de Beny-Hasan, composée de groupes de deux figures qui paraissent lutter ensemble et qui sont dans des attitudes extrêmement variées. Les unes sont teintées en rouge pâle, comme le sont toutes les figures égyptiennes dans les peintures des catacombes; les autres sont teintées en noir. Il existe un grand nombre de groupes semblables, entrelacés en mille façons, qui suivent et précèdent ce fragment. (*Voyez* la Description, *chapitre XVI.*)

Fig. 2. Scène qui paraît exprimer une leçon de danse.

Fig. 3. Homme tenant en lesse des chiens lévriers, semblables au *selouq* des camps arabes.

Fig. 4. Égyptiens armés de flèches, et chassant après des gazelles, sur un terrain montueux. Cette scène est auprès de la précédente.

Fig. 5, 7. Offrandes de fleurs, de fruits et de légumes, parmi lesquels on distingue des ognons.

Fig. 6. Égyptiens portant des plantes de diverses espèces.

A. VOL. IV. HEPTANOMIDE. 437

Fig. 8, 13. Sujets représentant une balance et une sorte d'enclume.

Fig. 9. Figure égyptienne pinçant d'une harpe à sept cordes.

Fig. 10. Scène représentant le supplice de la bastonnade.

Fig. 11. Arbres ou arbrisseaux que l'on voit souvent représentés dans les hypogées.

Fig. 12, 16. Ornemens sculptés et peints sur des plafonds.

Fig. 14. Décoration d'une frise ornant le haut de la muraille, dans un des hypogées.

Fig. 15. Ibis et un autre oiseau, qui paraissent perchés sur des lotus.

HEPTANOMIDE.

PLANCHE 67.

1. Plan de Cusæ. — 2...6. Antiquités de Meyláouy et des environs. — 7..10. Deyr au nord d'Antinoé. — 11, 12, 13. Deyr Abou-fâneh. — 14.....20. Plan et détails de Tehneh. — 21. Ouâdy el-Teyr.

Fig. 1. Plan des ruines de Cusæ, aujourd'hui Qousyeh, au nord de Manfalout. L'espace occupé par les buttes de décombres est peu étendu et aujourd'hui abandonné; ce qui paraît provenir de ce que la ville actuelle est bâtie sur l'emplacement de l'ancienne.

Fig. 2. Plan d'un monolithe en basalte noir, d'un beau poli, découvert à Meyláouy el-A'rych; le dessous seul du monolithe n'est pas poli. Le poids est de plus de deux milliers et demi de livres (poids de marc).

Fig. 3. Élévation du monolithe. Il était orné, sur la façade, de deux colonnes d'hiéroglyphes ; on ne voit plus que quelques figures, le reste est effacé.

Fig. 4. Coupe sur AB. (*Voyez* fig. 2.)

a a. Deux petites ouvertures dont l'usage n'est pas connu.

Fig. 5. Fragment d'une colonne en granit, trouvée à Etlidem, au nord d'Achmouneyn. Ce fragment est évidemment le reste d'une partie de quelque plafond égyptien, qui était couvert d'étoiles et qu'on a arrondi grossièrement.

Fig. 6. Vue d'une pierre circulaire, taillée intérieurement en carré, avec un couvercle, trouvée à Naouây el-Ibghâl, à l'est d'Achmouneyn ou *Hermopolis magna*, sur le bord du canal de Joseph.

Fig. 6′. Plan de la même pierre, à l'échelle d'un centième environ.

Fig. 7. Plan d'une enceinte en brique, située au-dessous d'Antinoé, près de la rive droite du Nil, sur le penchant de la montagne arabique.

a. Ancienne église ruinée.

Fig. 8. Plan d'une ancienne église ruinée. (*Voyez* en a, fig. 7.)

B. Colonne renversée.

Fig. 9. Coupe de l'église sur la ligne AB, fig. 8.

Fig. 10. Coupe d'un grand réservoir en pierre, placé à l'entrée de l'église. (*Voyez* fig. 7, en a.)

Fig. 11. Plan de Deyr Abou-fâneh, ancien monastère situé dans le désert, à l'ouest du canal de Joseph et au nord d'Achmouneyn. A l'extérieur, le bâtiment est en grande partie enterré sous les sables.

a. Citerne.

b. Autel.

c. Escalier montant sur la terrasse.

d, d. Sortes de cloisons ou séparations en bois.

e. Four.

A. VOL. IV. HEPTANOMIDE.

Fig. 12. Étage supérieur de Deyr Abou-fâneh.
a. Dôme qui répond au-dessus de l'autel.
b, b. Dômes.
c. Escalier.
d. Entrée du monastère, au haut de l'escalier. Les sables s'élèvent jusqu'à ce point, et forment une rampe qui permet aujourd'hui de pénétrer par-là dans l'édifice.
Fig. 13. Coupe de Deyr Abou-fâneh sur la ligne AB, fig. 11.
a b. Niveau actuel des sables.
Fig. 14. Plan des ruines situées près de Tehneh, sur la rive droite du Nil, au nord de Minyeh et en face de Tahâ el-A'moudeyn. A l'est des ruines, est une montagne percée de carrières et de grottes antiques.
a. Angle de la fondation d'un édifice antique.
b, c. Entrées de deux hypogées.
Fig. 15. Plan d'un hypogée situé dans la montagne, au midi des ruines. (*Voyez* en c, fig. 14.)
Fig. 16. Plan d'une grotte antique, aujourd'hui ruinée et enfumée, où l'on n'aperçoit plus les sculptures égyptiennes. (*Voyez* en b, fig. 14.) On y montait par sept degrés taillés dans le roc.
Fig. 17. Plan de l'angle d'un édifice antique (en pierre calcaire), presque entièrement rasé, situé en a, fig. 14. On y voit la place des queues d'aronde qui liaient les pierres, semblables à celles qui ont été découvertes dans les monumens de la haute Égypte; elles prouvent l'antiquité de la ville dont Tehneh occupe l'emplacement.
Fig. 18. Dessin de l'entrée extérieure d'un hypogée situé à mi-côte, avec les bas-reliefs situés sur la façade. (*Voy*. fig. 15, et aussi la fig. 14, au point c.)
Fig. 19. Sujet sculpté sur le rocher, à l'extérieur, auprès de l'hypogée fig. 15. Ce sujet est analogue aux figures sculptées au-dehors d'un des tombeaux de *Lycopolis*. (*Voyez*

pl. 46, fig. 9.) Il y a une petite inscription grecque, que l'on trouvera gravée en entier dans le vol. v des Antiquités. (*Voyez* le Mémoire sur les inscriptions anciennes recueillies en Égypte.)

Fig. 20. Détail du bouton, de la feuille et de la fleur d'une plante de l'espèce appelée *nymphœa lotus*, sculptée sur le rocher auprès de la fig. 19.

Fig. 21. Vue du village de Ouâdy el-Teyr, situé à l'embouchure d'une vallée principale, qui donne son nom à ce village. L'un et l'autre tirent le nom d'*el-Teyr* de celui de *Gebel el-Teyr*, ou la montagne des Oiseaux, grand rocher à pic baigné en tout temps par le Nil.

La montagne de Ouâdy el-Teyr est percée d'excavations et de grottes qui annoncent l'existence d'une ancienne position dans ce même endroit.

1. Entrées de grottes et de carrières.
2. Village de Ouâdy el-Teyr et embouchure de la vallée.

PLANCHE 68.

1......10. PLANS *et détails d'un hypogée d'architecture dorique, situé à Saouâdeh.* — 11...20. *Plans, Bas-reliefs et détails d'un hypogée et d'une carrière au midi de Saouâdeh.*

Fig. 1. Plan d'un hypogée d'architecture dorique, creusé dans la montagne qui est à l'est de Saouâdeh, en face de Minyeh.

Le milieu du portique est à jour. On y descend par un escalier pratiqué dans le roc. Dès les premiers temps il a servi d'église aux chrétiens, et il a encore aujourd'hui la même destination. On y voit beaucoup de tombeaux que les chrétiens actuels disent appartenir à des saints, et qui sont bâtis en brique. Du côté A, est l'église proprement dite.

a, a. Tombeaux chrétiens.

Fig. 2. Coupe de l'hypogée, à l'échelle du plan, prise sur la ligne AB, fig. 1.

Fig. 3. Coupe de l'hypogée sur la ligne CD, fig. 1. Quoique plusieurs colonnes soient brisées, l'entablement est toujours en place, parce qu'il tient au rocher; on voit, à la gauche des tombeaux chrétiens en brique, et en coupe, une des niches que l'on remarque dans les fig. 1 et 2.

Fig. 4. Détail de la colonne et de l'entablement du même hypogée.

Fig. 5....10. Détails de six tombeaux chrétiens en briques diversement arrangées, situés en a, a. (*Voyez* fig. 1.)

Fig. 11. Plan d'un hypogée situé dans la montagne qui est à l'est de Zâouyet el-Mayetyn, au midi de Saouâdeh.

Fig. 12. Coupe transversale de l'hypogée sur la ligne AB, fig. 11. Cette face et la face opposée sont ornées de tableaux, distribués en trois bandes horizontales. Les lignes horizontales indiquent de petites réglettes sur lesquelles sont appuyés les bas-reliefs, dont cet hypogée est décoré dans toutes ses parties.

Nota. Les dimensions en hauteur n'ont pas été mesurées avec précision; en construisant cette figure, on a eu pour principal but de faire connaître la disposition des ornemens.

Fig. 13, 14, 15. Tableaux sculptés en relief léger, sur la face qui regarde celle de la coupe, *figure précédente*. Ces tableaux sont situés au-dessus du point a du plan, fig. 11. Les sujets sont relatifs à l'agriculture et à différens points de l'économie rurale. (*Voy.* la Description, *chap. XVI.*)

Fig. 16. Marche de paysans égyptiens, chargés de lotus et jouant de la flûte, que l'on croit être placés du côté b (fig. 11).

Fig. 17. Fragment d'une scène composée de différens sujets, dont l'un paraît représenter le commerce des oies; on croit qu'elle est placée du côté b, fig. 11.

Fig. 18. Barque en partie brisée, sculptée dans la même catacombe. Parmi les lignes en zigzag représentées sous la barque, on remarque la fleur et la feuille du lotus bleu (*nymphœa cœrulea*), que l'artiste a peintes au milieu des eaux.

Fig. 19. Plan d'une colonne octogonale ou à huit pans, d'une très-grande dimension, taillée dans les carrières voisines de Saouâdeh, et couchée sur le sol; elle est brisée à une extrémité.

Fig. 20. Fragment, couché à terre, de la colonne octogonale. Les habitans modernes y ont fait des entailles, pour l'exploiter à leur usage.

FAYOUM.

EXPLICATION DES PLANCHES.

PLANCHE 69.

Vues *d'un temple égyptien situé vers l'extrémité occidentale du lac appelé* Birket el-Qeroun.

Fig. 1. Vue latérale du temple appelé *Qasr-Qeroun*, prise du côté du midi, à l'heure du coucher du soleil. A droite, on voit la caravane des ingénieurs français, précédés de leurs guides arabes et accompagnés d'une escorte ; à gauche, sur le second plan, le campement d'une tribu ennemie, cachée derrière des monticules de sable.

À une demi-lieue du temple, et au pied de la chaîne libyque, on voit le lac appelé *Birket el-Qeroun*, et qui est le reste de l'ancien lac de Mœris. (*Voyez* le Mémoire sur le lac de Mœris, *A. M.*, tom. VI.)

L'encombrement est peu considérable.

Fig. 2. Façade du temple, vue de nuit, et dessinée du côté du levant. Le monument est censé éclairé par un beau clair de lune, tel qu'on en voit constamment dans le climat de l'Égypte.

A l'entrée du temple, on aperçoit les voyageurs qui se préparent à pénétrer dans l'édifice, sous la conduite de leurs guides ; à la droite est le campement de la caravane.

On distingue, sur les pierres provenant de la démolition, une marque particulière en chevron (*voyez* pl. 70,

444 EXPLICATION DES PLANCHES.

fig. 11, 12); une de ces pierres porte une petite inscription grecque (*voyez* même planche, fig. 13).

En avant du temple sont les restes d'une enceinte, avec deux colonnes qui formaient une sorte de portique. La demi-colonne adossée à la façade paraît d'une époque postérieure à la construction de l'édifice.

Dans le haut, on voit le fond de l'étage supérieur, que la démolition d'une partie du mur de la façade a laissé à découvert. Le massif qui est au-dessus de la porte, est le reste de cette muraille antérieure. On distingue, dans l'appareil des pierres qui posent sur le bandeau, des joints inclinés qui figurent une sorte de voûte plate. La plupart des pierres de l'édifice ont une dimension très-considérable. (*Voyez* la Description, *A. D.*, chap. *XVI*, sect. II.).

Ce dessin ne présente aucune restauration, si ce n'est à la terrasse de gauche, où l'on a profilé la corniche, bien que l'angle extrême soit renversé. (*Voyez* la fig. 1.) On peut faire sur l'encombrement extérieur la même remarque que celle qu'on a faite sur la fig. 1.

Derrière le monument sont les monticules de sable du désert.

PLANCHE 70.

1...13. Plans, *élévation, coupes et détails d'un temple égyptien situé vers l'extrémité occidentale du lac appelé* Birket el-Qeroun. — 14...18. *Plans et détails de plusieurs antiquités des environs.*

Fig. 1. Plan du temple égyptien appelé par les Arabes *Qasr-Qeroun*. Ce temple est situé à environ une lieue à l'est de l'extrémité du lac; autour, sont des ruines appelées *Beled Qeroun*.

a. Emplacement d'un petit mur au fond du sanctuaire, en partie abattu et enfoncé.
b. Petit mur faisant pendant au précédent, encore aujourd'hui conservé.
c. Emplacement d'une pierre qui posait sur le plancher de la pièce haute ou couloir placé derrière le sanctuaire. Il paraît que cette pierre s'enlevait à volonté. (*Voyez* en a, fig. 7.)
d, d. Escaliers dont les degrés sont aujourd'hui convertis en rampes par l'amas des décombres.
e, e'. Niches décorées.
f. Puits percé dans le massif de la construction.
g. Colonne en partie subsistante.
h. Demi-colonne adossée à la muraille, et qu'on croit postérieure à l'édifice.
i. Partie de l'enceinte hors de terre.
k. Colonne renversée.
l. Parties de l'enceinte entièrement démolies.
m. Corridors étroits.

M. Bertre, ancien capitaine ingénieur-géographe, a levé, le premier, le plan du Qasr-Qeroun.

Fig. 1'. Plan de la pièce haute placée derrière le sanctuaire.
a. Pierre mobile, et qu'on ôtait à volonté.

Fig. 2. Plan de la terrasse.
a, e. *Voyez* fig. 8.
b, c. *Voyez* fig. 10.
d, d. Escaliers.
f, g. Salles qui paraissent avoir été découvertes et sans toit.

Les parties teintées indiquent les salles de l'étage supérieur, qui étaient couvertes d'une terrasse.

Autour de la partie teintée du plan, on voit la projection des faces inclinées des quatre murailles extérieures.

Fig. 3. Élévation prise sur la ligne AB, fig. 1.

On a supposé la porte déblayée jusqu'au sol du temple, qui est élevé lui-même au-dessus du sol extérieur. (*Voyez* fig. 7.)

a. Niveau de l'encombrement extérieur.

La demi-colonne du côté droit, adossée et non liée à la façade, paraît, comme on l'a dit, moins ancienne que l'édifice.

La hauteur du temple est de plus de 10 mètres, d'après la construction et le compte de trente-huit assises, à partir du cordon jusqu'au niveau de l'encombrement extérieur, marqué en a, fig. 3, et en m, fig. 7. Ces trente-huit assises sont toutes égales, de $0^m,225$ chacune; et elles font $8^m,55$; en ajoutant $1^m,575$ pour quatre assises encombrées qu'on a restituées, et les trois assises de la corniche, le total est de $10^m,125$.

Nota. Il y a incertitude sur le nombre total de 45 assises : la description, qui a été faite sur les lieux mêmes, porte seulement 42; ce qui réduirait la hauteur à $9^m,47$; c'est-à-dire que les trente-huit assises compteraient du dessus de la corniche, et non du cordon.

Fig. 4. Coupe transversale prise sur la ligne CD, fig. 1. La porte de la seconde salle est ornée d'un double disque ailé et d'une corniche d'*ubæus* ; l'étage supérieur paraît avoir été découvert dans le milieu. On voit, dans le haut de la coupe, la face représentée en plan, dans la fig. 2, sur la ligne h i.

Fig. 5. Coupe transversale prise sur la ligne EF, fig. 1. On y remarque les corridors élevés qui entourent le sanctuaire, comme dans le petit temple de Karnak.

En a et b, on voit les niches du sanctuaire aujourd'hui sans portes, marquées des mêmes lettres dans le plan (*voyez* fig. 1). Ces niches sont couronnées de petits *ubæus*, et le tout est encadré par une corniche générale, composée de ces mêmes serpens plus en grand.

Sur le mur du fond, en c, est une pierre deux fois plus haute que les autres, qui paraît avoir été mobile. Les joints des pierres de cette muraille sont la plupart obliques. Dans le haut de la coupe, on voit deux figures égyptiennes en bas-relief, sculptées au fond de la terrasse (*voyez* fig. 2, en e, a); entre elles deux, était une niche dont les parois sont brisées.

Nota. Les deux niches en coupe, à l'étage inférieur, auraient dû être couronnées, dans la gravure, du même profil que dans la fig. 6. (*Voyez* fig. 6, en a.)

Fig. 6. Coupe transversale du sanctuaire, prise sur la même ligne que la précédente, mais en regardant l'entrée extérieure. Cette figure fait voir en élévation les deux niches e, e, décorées en forme de monolithe, près de la porte du sanctuaire, et en coupe, les deux niches e', e'. (*Voyez* fig. 1.)

Fig. 7. Coupe longitudinale faite sur la ligne G H, fig. 1.

Ce qui a été dit des figures précédentes dispense d'entrer ici dans beaucoup de détails : on se bornera à faire remarquer le point a correspondant à la pierre mobile marquée en c, fig. 5; le point b, où était la pierre qu'on enlevait à volonté pour s'introduire dans le couloir placé derrière le sanctuaire; l'escalier f conduisant à des souterrains aujourd'hui encombrés, et la partie g, qu'on a forcée pour découvrir des issues secrètes.

c. Colonne en partie subsistante. (*Voyez* en g, fig. 1.)

d. Reste de construction de l'enceinte. On n'a pas cru pouvoir se permettre ici aucune espèce de restauration.

e. L'une des niches marquées en e', fig. 1.

h. Petite colonne en c, fig. 2.

i. Partie brisée. (*Voyez* fig. 4, 5, 8.)

k k. Niveau actuel de l'encombrement intérieur dans la première salle.

l. Emplacement des degrés antérieurs ou de la rampe.

m. Niveau de l'encombrement extérieur.

Fig. 8. Détail des sculptures en bas-relief qui décorent le fond de l'étage supérieur. (*Voyez* en e, a, fig. 2.)

Fig. 9. Fragment de bas-relief trouvé à terre sur la terrasse; ce fragment appartient évidemment au personnage de droite de la fig. 8. La pierre où était la partie supérieure de la coiffure, est encore en place, mais soulevée.

Fig. 10. Détail d'une sorte de colonne basse, adossée à une face latérale de la pièce f, fig. 2, en c. Le haut du fût est comme cannelé. Ce fragment est vu dans le sens de la ligne a b, même figure. On n'a représenté qu'un arrachement de la muraille, qui, de ce côté est démolie en partie.

Fig. 11. Une des pierres tombées devant la façade du temple, et marquée, comme elles le sont toutes, d'une sorte de chevron. (*Voyez* la pl. 69, fig. 2.)

Fig. 12. Fragment d'une des colonnes renversées; ce tambour porte la même marque que les autres pierres. (Voy. *ibid.*)

Fig. 13. Fragment d'inscription grecque trouvé sur une des pierres accumulées devant la façade. (Voyez *ibid.*)

Fig. 14. Plan d'un petit temple à jour, situé vers le nord-est du Qasr-Qeroun, dans un endroit où il y a beaucoup de ruines appelées *Beled Qeroun*; sa forme est analogue à celle du temple carré de Philæ, et de quelques autres édifices égyptiens. Il reste encore des pans de murs assez élevés.

Fig. 15. Plan d'une porte d'entrée qui se trouve au même endroit, et qui paraît avoir appartenu à un assez grand édifice.

Fig. 16, 17, 18. Plan, élévation et coupe d'un dessus d'autel trouvé sur le sol, au nord-ouest du temple: les ornemens sont d'une faible exécution; le style paraît plutôt grec qu'Égyptien.

PLANCHE 71.

Vue et détails de l'obélisque de Begyg.

Fig. 1. Vue de l'obélisque et du village de Begyg. Sur le premier plan est l'obélisque renversé à terre : à droite est un santon; à gauche, une caravane sortant du bois de palmiers qui conduit à el-Garadoû; dans le fond est le village de Begyg.

Fig. 2. Plan de l'obélisque, pris par en-haut. La matière du monument est le granit. Ce dessin exprime la forme particulière du sommet, qui est terminé par une surface cylindrique à base presque parabolique, au lieu du pyramidion ordinaire.

On voit, au milieu, les projections horizontales des surfaces gauches, produites par le renfoncement de la partie moyenne, en forme d'entailles arrondies en tout sens. Il est probable que cette partie supportait quelque ornement qui a été enlevé.

Les deux côtés de ce singulier obélisque sont de dimensions très-différentes, et presque sous-doubles.

Fig. 3. Élévation de l'obélisque vu sur le plus grand côté; les colonnes perpendiculaires, au-dessous des cinq tableaux, sont remplies d'hiéroglyphes qu'on n'a pu dessiner.

Fig. 4. Élévation de l'obélisque vu sur le petit côté : on n'a pu copier les figures qui sont sculptées sur cette face.

Fig. 5, 6. Détails de la partie supérieure de l'obélisque vu sur le grand et sur le petit côté.

Fig. 7. Partie supérieure de l'obélisque en perspective, montrant l'entaille pratiquée au sommet.

FAYOUM
ET ENVIRONS.

PLANCHE 72.

1, 2. Vues de deux pyramides en briques, à l'est du Fayoum. — 3. Pyramide de Meydouneh. — 4. Pyramides d'el-Metânyeh. — 5, 6. Pyramides de Saqqârah.

Fig. 1. Vue d'une pyramide en briques crues, à l'est de la province du Fayoum et au nord du canal de Joseph; cette vue est prise au bord du canal, vis-à-vis Haouârat el-Soghayr.

Le monument est entièrement dans le désert, et bâti sur un plateau élevé et sablonneux; les dimensions de cette pyramide sont plus grandes que celles de la pyramide d'el-Lâhoun, et elle est beaucoup mieux conservée. (*Voyez* fig. 2.) La longueur de la base est de 110 mètres, et la largeur, d'environ 60.

On croit que cette pyramide est celle qui, suivant les auteurs, était auprès du labyrinthe.

Fig. 2. Vue d'une pyramide en briques, plus à l'est que la précédente, et voisine du village d'el-Lâhoun, qui a donné son nom à cette pyramide : elle est également dans le désert.

Dans la partie inférieure, sont différentes parties de constructions en pierre de taille, qui, vraisemblablement, ont servi de noyau et d'appui à la masse de briques. La sommité est fort dégradée ; il en est de même des arêtes et des faces, et l'on y monte assez facilement.

La dimension de cette pyramide est de 60 mètres de base; ce qui reste visible de la hauteur actuelle, a environ 20 mètres. Le massif élevé sur lequel repose la pyramide, et qui paraît en grande partie formé par ses débris, a 80 mètres de longueur et 6 à 7 mètres de haut. La largeur du sommet est de 18 mètres. Chaque brique a $0^m,4$ de largeur sur $0^m,14$, et $0^m,21$ dans les autres dimensions.

Fig. 3. Pyramide de Meydouneh, tirant son nom d'un village qui est à une lieue et demie du Nil. La vue est prise des environs de Raqqah el-Kebyr.

Cette pyramide se voit de fort loin, parce qu'elle est élevée sur un massif considérable qui a lui-même la forme pyramidale; on la remarque encore à cause de sa partie supérieure, qui est en retraite sur la partie inférieure, et qui est tronquée. La pyramide entière est en pierre de taille.

Fig. 4. Vue des pyramides d'el-Metânyeh, ainsi appelées d'un village dont elles sont peu éloignées. Cette vue est prise des bords du Nil, à la hauteur du village. Elles sont encore assez bien conservées; la plus grande est bâtie sous deux inclinaisons, comme plusieurs de celles de Saqqârah. (*Voyez* fig. 5 et 6.)

Fig. 5. Vue d'une des plus grandes pyramides de Saqqârah, prise du Nil.

La différence d'inclinaison entre la partie inférieure et la partie supérieure est ici extrêmement forte et remarquable : la seconde est comme un pyramidion posé sur la première. Il est probable que les constructeurs s'étant aperçus qu'ils avaient commencé la pyramide sous un angle trop ouvert, et qu'elle exigeait trop de temps et de dépense, ont imaginé de l'achever sous une inclinaison moins grande.

EXPLICATION DES PLANCHES.

Fig. 6. Vue des dernières pyramides de Saqqârah au midi, prise des bords du Nil. La construction qui est vers la droite est tellement ruinée, qu'on pourrait douter si cette masse a été une pyramide.

FIN DU VOLUME IV.

MEMPHIS

ET

LES PYRAMIDES.

~~~~~~~~

EXPLICATION DES PLANCHES.

PLANCHE 1.

PLAN *général de l'emplacement de Memphis et des environs.*

Ce plan présente dans son ensemble tout l'espace compris, d'un côté, entre les grandes pyramides dites *de Gyzeh* et le village de Tarfeh au midi des ruines de Memphis, et, de l'autre, entre la citadelle du Kaire et la pyramide de Dahchour. Toutes les pyramides sont indiquées sur le plan de manière à rendre inutile une explication détaillée de la planche. Il en est de même des environs du Kaire, de la vallée de l'Égarement, des carrières de Torrah, des catacombes de momies à Saqqârah, des villages, et du reste de la plaine de Memphis. On fera seulement observer ici la position des carrières, non loin et précisément en face des ruines de cette ville; en second lieu, les ruines qu'on trouve à Abousyr et ailleurs, qui prouvent que cette ancienne capitale de l'Égypte s'étendait bien au-delà des ruines aujourd'hui apparentes : celles-ci indiquent seulement ce qui n'a pas été recouvert par le limon du Nil ou effacé par la culture. (*Voyez* les

Mémoires sur la géographie comparée, et la Description de Memphis et des Pyramides.)

On ajoutera ici quelques mots sur les pyramides qui sont au midi de celles de Gyzeh. La première, à une lieue, est entièrement ruinée, et ne forme plus qu'une éminence; ensuite viennent trois pyramides en pierre, très-dégradées, qui jadis ont été revêtues; leur base est moindre que celle de la troisième pyramide de Gyzeh; 3°. une grande pyramide à six degrés, entourée de trois autres très-dégradées; 4°. la pyramide à cinq degrés au sud-ouest du village de Saqqârah, appelée *Moustabet el-Fara'oun*, environnée de trois pyramides très-ruinées, savoir, deux au nord (dont la première est en brique) et une autre au sud-ouest; 5°. la grande pyramide du sud, appelée *Haram el-Kebyreh*, comparable à la deuxième pyramide de Gyzeh; 6°. la pyramide de Dahchour, accompagnée de deux autres à l'est, toutes deux en brique et très-dégradées : la plus méridionale de ces deux dernières est hors du plan.

Toutes ces pyramides sont orientées exactement, comme celles de Gyzeh.

PLANCHE 2.

Vues *des pyramides de Saqqârah et des environs.*

Fig. 1. Vue de quatre pyramides des environs de Saqqârah, auprès des ruines de Memphis. Celle qui est à gauche, n.° 1, est la plus considérable de toutes les pyramides de Saqqârah; sa base diffère peu de celle de la deuxième pyramide dite *de Gyzeh* : on l'appelle *Haram el-Kebyreh*. La deuxième, n°. 2, est une pyramide à cinq degrés, appelée *Moustabet el-Fara'oun*. Les deux autres, n°ˢ. 3 et 4, au nord de la précédente, sont dégradées; la pyramide n°. 3 est en brique. (*Voyez* la Description de Memphis et des Pyramides, ainsi que la planche précédente et son explication.)

Fig. 2. Vue de quatre pyramides au midi de Saqqârah. Celle de gauche, n°. 2, est distinguée par la double inclinaison de ses faces; on l'appelle *Pyramide de Dahchour*. La grande à droite, n°. 3, est la même que celle de la fig. 1, n°. 1. (*Voyez* pl. 72, *A*., vol. IV, fig. 5 et 6.). Les ruines situées à gauche, n°. 1, appartiennent à une pyramide en brique, presque entièrement ruinée. La pyramide n°. 4 est une des petites qui sont à l'ouest de Saqqârah.

Fig. 3. Vue de deux pyramides de Metranyeh, ou plutôt d'el-Metânyeh.

Fig. 4. Le n°. 1 est la vue d'une fausse pyramide : on présume que c'est une des deux en brique, situées au nord de Dâhchour. Il existe une autre fausse pyramide appelée *Haram el-Khaddâb* : c'est la pyramide de Meydouneh. (*Voyez* pl. 72, *A*., vol. IV.)

PLANCHE 3.

Vue *des ruines de Memphis, prise du sud-est*

On aperçoit au fond les pyramides de Gyzeh; au milieu des décombres il y a des étangs formés par l'inondation. Çà et là sont des ruines et des débris antiques. Le poignet colossal que l'on voit sur le devant est en granit rose : on croit qu'il a appartenu à la statue de Vulcain. Un ingénieur français est occupé à le faire charger sur des madriers; auprès sont des cordages et des pièces de bois pour servir au transport.

Les dattiers de Memphis sont les plus beaux des environs du Kaire; leur hauteur est de 24 à 26 mètres (70 à 80^{ds}).

PLANCHE 4.

1. Poignet d'un colosse à Memphis. — 2....7. Plan, coupe et détails d'un tombeau de momies d'oiseaux, à Saqqârah. — 8. Vue des carrières de Torrah. — 9. Vue d'un mur antique.

Fig. 1. Vue d'un poignet colossal en granit rose, trouvé dans les ruines de Memphis, et que l'on croit avoir appartenu à la statue de Vulcain (voyez pl. 3). Le morceau pose en partie sur un tronc de dattier renversé. Dans le fond, sont les buttes de décombres, restes de la ville de Memphis.

Ce morceau avait été apporté au Kaire et de là à Alexandrie, pour être transporté en France; mais il est tombé au pouvoir des Anglais par suite de la capitulation: maintenant il est déposé au Musée Britannique; on en a rapporté à Paris une épreuve en plâtre, qui pourra servir à former une copie exacte du monument.

Fig. 2. Plan de la catacombe de momies d'oiseaux, nommée vulgairement le *Puits des oiseaux*, située à 1200 mètres environ au nord de la pyramide à degrés.

a, a. Parties obstruées ou encombrées des galeries de la catacombe, et où il n'a pas été possible de pénétrer; ces galeries ou canaux conduisent probablement à des chambres semblables à la salle c.

b. Puits par où l'on descend dans la catacombe.

c. Une des galeries où sont déposés les pots des momies d'oiseaux. (*Voyez* fig. 4, 5.)

Fig. 3. Coupe de la catacombe prise sur la ligne EF, fig. 2.

a. Échelle destinée à descendre dans la catacombe.

b. Partie d'un canal principal, haute seulement d'un tiers de mètre (1 pied), dans une longueur de 3 mètres $\frac{1}{3}$ (10 pieds). On ne peut traverser cet espace qu'en se traînant à plat ventre; ce qui provient de l'affluence des sables. La coupe du rocher présente un grand nombre de fissures, remplies de filons de gypse.

Fig. 4. Coupe de la salle c, fig. 2, prise sur la ligne AB, en regardant vers le bas de la planche. Cette coupe fait voir que l'arrangement des pots de momies d'oiseaux est absolument le même que celui des bouteilles dans nos caves. L'auteur du dessin a ouvert plus de deux cents poteries semblables pour y choisir des momies bien conservées, et il en a rapporté plusieurs qui sont très-remarquables par l'entrelacement des bandelettes-ou des fils. (*Voy.* fig. 6 et 7, et, dans le II*e* volume des Antiquités, la pl. 52, fig. 1....6.)

Fig. 5. Coupe de la salle c, fig. 2, prise sur la ligne CD.

Fig. 6, 7. Dehors et dedans d'un pot de momie d'oiseau. L'intervalle existant entre le couvercle et le bord du vase est scellé en gros plâtre.

Fig. 8. Vue des carrières situées auprès de Torrah; au sommet, il y a une tour bâtie par les Mamlouks : autour est une enceinte dans laquelle se trouve renfermée une partie des carrières; c'est de là que sont sortis en partie les matériaux des pyramides de Gyzeh.

Fig. 9. Vue d'un ancien mur égyptien en brique, situé dans une anse du fleuve, entre Beny-Hasan et Antinoé. Ces sortes de murailles sont appelées par les Arabes *Hâyt el-A'gouz*. (*Voy.* la Description de l'Heptanomide, *A. D.*, chapitre *XVI.*) Les grandes dimensions des briques, et leur arrangement les rendent également remarquables.

PLANCHE 5.

DÉTAILS *d'une tunique trouvée dans un des tombeaux de Saqqârah.*

Cette tunique a été rapportée en France par le général Reynier; elle est d'un tissu très-fin, et enrichie de broderies de diverses couleurs; les ornemens du col, des manches et de la partie inférieure, sont très-bien exécutés, et elle paraît avoir appartenu à un personnage important : aujourd'hui elle est déposée à la bibliothèque de l'Institut de France. (*Voyez* la Description de Memphis et des Pyramides.)

Le dessin est au tiers de la grandeur de l'original. La couleur de celui-ci est d'un jaune sale et foncé. -

Fig. 1. Partie antérieure de la tunique.
Fig. 2. Partie postérieure.
Fig. 3. Détail en grand de la broderie du col.
Fig. 4, 5. Détail des broderies de la partie inférieure.

On remarque le cordonnet qui borde les deux côtés de la chemise, et aussi des parties qui paraissent avoir été raccommodées. Il est probable que cette tunique était pliée en plusieurs doubles et posée sous la tête de la momie d'un personnage de distinction : on a trouvé des voiles et d'autres étoffes ainsi placés.

PLANCHE 6.

PLAN *topographique des pyramides et des environs.*

On remarque du côté de l'est, sur la pente de la colline, qui a environ 100 pieds de haut, deux longues éminences couvertes de grosses pierres, restes des chaussées sur lesquelles on charria les matériaux des pyramides. Une troisième chaussée, très-bien conservée, et longue de 800 pieds, est à l'est de la *troisième* pyramide; les pierres dont elle est formée sont gigantesques.

Les fossés qui entouraient les deux grandes pyramides, les pyramides secondaires, les tombeaux isolés ou groupés ensemble, les puits, les grottes, les catacombes et les constructions ruinées, les enceintes rectangulaires qui entourent et séparent les divers monumens, enfin tous les accidens des terrains et les vestiges d'antiquités, sont indiqués sur le plan, de manière que le lecteur puisse se passer d'autre légende. A l'est, on voit le sphinx, tourné vers le soleil levant, mais non parfaitement orienté; les faces des pyramides le sont exactement.

C'est à la méridienne et à la perpendiculaire de la grande pyramide qu'a été rapportée la carte topographique de l'Égypte, ainsi que la situation des lieux : c'est pourquoi l'on a cru devoir tracer ici le méridien qui passe par l'axe de ce monument.

A. Point de vue de la planche 7.
B. Point de vue de la planche 10.
a. *Monument de l'est*, à l'orient de la *troisième* pyramide. (*Voyez* la pl. 16.)
b. Grande chaussée conduisant au *monument de l'est*. (*Voyez* la pl. 16.)
c. Grand tombeau égyptien placé à 350 mètres à l'ouest de la grande pyramide.
d. Tombeau principal situé à l'ouest de la grande pyramide. (*Voyez* fig. 5, pl. 14.)

Nota. La *quatrième* pyramide (la plus grande de celles qui sont placées au sud de la *troisième*) se trouve, dans un plan de M. Jomard, alignée avec celle-ci sur la face de l'est; et la *première* pyramide à degrés est alignée avec la face de l'ouest de la même *troisième* pyramide : cependant on a cru devoir conserver ici le plan de M. le colonel Jacotin, tel qu'il l'a levé.

Les mots *pyramides à degrés* ne s'appliquent qu'aux deux petites pyramides à l'ouest de la *quatrième*.

Voyez, pour les détails des *deuxième*, *troisième*, *quatrième* et autres pyramides, la pl. 16, vol. v, et la Description des Pyramides.

PLANCHE 7.

Vue *générale des pyramides, prise du sud-est.*

Cette vue est prise du point A, fig. 6.
1. *Quatrième* pyramide, dite *de Gyzeh*.
2. *Troisième* pyramide, dite *de Gyzeh*, revêtue en granit, appelée aussi *le Mycerinus*.
3. Tombeaux ruinés situés à l'est de la *deuxième* pyramide, dans lesquels ont été copiés les bas-reliefs des pl. 17 et 18 ; l'un de ces tombeaux est de forme pyramidale.
4. *Deuxième* pyramide *de Gyzeh*, appelée *le Chephren*; elle est revêtue au sommet, et environnée d'anciennes constructions.
5. Sycomores, avec une petite citerne où l'on trouve de l'eau fraîche.
6. Construction antique ruinée.
7. Tentes des voyageurs français.
8. *Grande pyramide de Gyzeh*, appelée aussi *le Cheops*.
9. Sphinx.
10. Petite pyramide.
11. Autre pyramide en partie démolie.

PLANCHE 8.

Vue générale des pyramides et du sphinx, prise au soleil couchant.

Cette vue est prise d'un point placé entre le sphinx et le point A (*voyez* le plan, pl. 6), mais plus près du sphinx, et vers le sud-est de la grande pyramide.

1. Constructions ruinées que l'on voit dans la planche 7, à gauche de la *deuxième* pyramide (*Voyez* pl. 6.)
2. *Quatrième* pyramide.
3. Pyramide à degrés.
4. *Troisième* pyramide.
5. Petite caravane allant de la haute Égypte dans la basse, à travers le désert.
6. Deux Arabes, attentifs aux opérations des ingénieurs français.
7. *Deuxième* pyramide, revêtue au sommet.
8, 9. Tentes et bivouac des voyageurs français, et feux allumés dans le camp.
10. *Grande* pyramide. La partie claire marquée 10′, un peu au-dessous du sommet, représente la rupture des pierres, qui est plus sensible sur la ligne de l'apothème que partout ailleurs, à cause de la direction que prennent dans leur chute les pierres qui se détachent du sommet.
11. Petites pyramides ruinées, au sud de la *grande* pyramide.
12. Un ingénieur mesurant l'étendue du sphinx.
13, 14. Petites pyramides.
15. Groupe d'officiers et d'ingénieurs français.
16. Sphinx. La proportion de cette figure colossale est marquée par les personnages placés au-dessus.

17. Rocher formant l'angle sud-est du plateau sur lequel sont bâties les pyramides.

PLANCHE 9.

Vue de l'entrée de la grande *pyramide*, prise au soleil levant.

Cette vue est prise presque dans l'axe et à environ 300 mètres au nord de la *deuxième* pyramide, hors du plan gravé dans la planche 6.
1. Grandes pierres placées en arc-boutant, au-dessus de l'ouverture de la *grande* pyramide.
2. Ouverture ou entrée de la pyramide.
3. Campement français.
4. Officiers et ingénieurs français allant visiter les pyramides.
5. *Deuxième* pyramide.
6. Tombeau de forme pyramidale, au nord de la *deuxième* pyramide.

PLANCHE 10.

Vue de la deuxième *pyramide*, prise du côté du levant.

Cette vue est prise du point B., pl. 6; elle représente principalement la *deuxième* pyramide dite *le Cephren*, et ce qui reste de son revêtement : à droite, est l'angle sud-est de la *grande* pyramide, en partie détruit. Les figures donnent, par leur petitesse même, une idée de ces gigantesques monumens.
1. *Quatrième* pyramide.
2. *Troisième* pyramide.
3. Constructions ruinées.

4. *Deuxième* pyramide. Au pied de la face ombrée, qui est celle du nord, on voit un monticule provenant des fouilles qui ont été faites pour découvrir l'entrée.
5. Décombres amoncelés au bas de la pyramide, provenant des débris du revêtement et des pierres qui descendent du sommet.
6. Pierre de l'angle nord-est de la base de la *grande* pyramide, telle que l'ont découverte MM. Le Père et Coutelle, très-loin en avant de la base apparente.
7. Portion de la *grande* pyramide. Comme cette pyramide est fort endommagée à sa base, l'aspect du dessin devait présenter cet état de destruction, d'une manière d'autant plus sensible que l'édifice est sur le premier plan.

PLANCHE 11.

Vue *du sphinx de la* grande *pyramide, prise du sud-est.*

Cette vue du sphinx est prise de trois quarts; le point de vue est au sud-est. Il est aisé de reconnaître dans cette tête colossale, quoique malheureusement très-mutilée, un grand caractère de sculpture, et même ce qui reste des yeux et de la bouche n'est pas entièrement dépourvu d'une certaine grâce. (*Voyez* la pl. 12.)
1. Angle nord-est de la *deuxième* pyramide.
2. Campement des voyageurs français.
3. Figure de Turk servant d'échelle à la tête du *sphinx.*
4. Tête du *sphinx*, sur laquelle se distinguent les lits de la pierre.
5. Coiffure du *sphinx*, avec ses bandes peintes en rouge.
6. *Grande* pyramide.
7. Voyageurs sur la plate-forme de la *grande* pyramide.
8 et 9. Petites pyramides situées à l'est de la grande.

PLANCHE 12.

Vue du *sphinx et de la* grande *pyramide, prise du levant.*

Cette vue est prise aussi à l'est du *sphinx*, d'un point placé au nord du point de vue de la planche précédente : elle fait voir le *sphinx* un peu plus en face.
1. *Deuxième* pyramide.
2. Figure d'Arabe qui donne l'échelle du *sphinx*.
3. Partie de la coiffure, ornée de bandes peintes.
4. La tête du *sphinx* était peinte en rouge; les yeux étaient noirs.
5. Partie du cou détruite.
6. Campement des Français.
7. Angle sud-ouest de la *grande* pyramide.

Les voyageurs français ont commencé des fouilles devant le sphinx jusqu'à la profondeur de 10 mètres (30 pieds) : le sable qui affluait dans les fouilles les a rendues infructueuses, et les événemens militaires n'ont pas permis de les recommencer.

PLANCHE 13.

Vues *de la galerie haute de la* grande *pyramide, prises du palier supérieur et du palier inférieur.*

Fig. 1. Vue perspective prise du point F (pl. 14, fig. 2), sur le palier supérieur de la grande galerie, en regardant vers le nord, c'est-à-dire vers l'entrée de la pyramide. Au premier plan est posée la grande échelle portative qu'avait fait construire M. Le Père, architecte, qui est représenté lui-même au bas de l'échelle. Dans le haut, on voit son collaborateur M. Coutelle, qui avait été chargé conjointement avec lui de faire des fouilles et des recherches dans les pyramides; et celui-ci est sur le point de pénétrer dans une chambre basse, inconnue jusque là aux voyageurs. (*Voyez* pl. 15, fig. 4, au point a.)

Au second et au troisième plan sont plusieurs autres voyageurs français gravissant le canal supérieur.

Cette vue, qui sert en même temps de coupe transversale de la grande galerie, fait juger exactement de la disposition des assises dont sont composées les parois du canal, disposition qui correspond à ce qu'on appelle *un encorbellement;* le plafond est également formé de pierres en retraite l'une sur l'autre ou plutôt en zigzag. Il faut faire attention que le fond monte vers le spectateur, effet qui est difficile à rendre en perspective.

1. Partie du palier inférieur conduisant à la chambre dite *de la Reine.*
2. Issue de la première galerie ascendante.
3. Mur du fond inférieur de la grande galerie.
4. Plafond de la grande galerie, formé de pierres saillantes l'une sur l'autre.
5. Entrée d'une chambre supérieure récemment découverte.

Fig. 2. Vue perspective prise du point E, pl. 14, fig. 2, sur le palier inférieur de la grande galerie, en regardant vers le sud, c'est-à-dire vers l'axe de la pyramide. Cette vue représente dans le plus grand détail la disposition de la galerie; celle du sol, et des entailles qu'on a creusées dans la pierre pour monter moins difficilement; des banquettes latérales et de leurs cavités prismatiques; de l'entrée du vestibule de la grande chambre appelée *chambre du Roi*, et en avant de l'entrée du canal horizontal qui conduit à la pièce qu'on nomme *chambre de la Reine*, et d'où l'on voit déboucher un voyageur français. L'artiste a aussi exprimé la manière dont l'on passe du premier canal ascendant à la deuxième galerie. Là est un palier inférieur d'environ 2^m,3 au sol de cette galerie, et par conséquent on ne peut y atteindre qu'avec une échelle, ou à l'aide d'un homme sur lequel on s'élève : cette circonstance est représentée ici sur le premier plan; à droite, un Égyptien donne la main à un voyageur pour l'aider à sortir du puits (*voyez* pl. 14); dans le fond, auprès de l'entrée du vestibule de la chambre du Roi, se voit la grande échelle dressée pour monter à la pièce supérieure. (*Voyez* pl. 14 et 15.)

1. Entrée de la galerie basse qui conduit à la chambre de la Reine.
2. Dessus de l'entrée de la galerie que l'on doit gravir pour arriver à la grande galerie ascendante.
3. L'une des cavités prismatiques, bordant la rampe où le dessus des banquettes.
4. Entrée du vestibule de la *chambre du Roi.*
5. Ouverture supérieure du puits.

PLANCHE 14.

1...4. PLAN, *coupe et entrée de la* grande *pyramide.* — 5.....10. *Plan, élévation, coupe et détails d'un tombeau principal situé à l'ouest, et de son sarcophage.* — 11......16. *Détails des environs.*

Fig. 1. Plan de la *grande* pyramide, à une petite échelle, pris au niveau supérieur de l'encastrement. (*Voyez* la ligne AB, fig. 3.)

a. Place de l'encastrement.
b. Position de la salle supérieure appelée communément *chambre du Roi*, dans l'axe de l'édifice.
c. Projection de l'entrée actuelle de la pyramide.

Fig. 2. Quart du plan de la pyramide, pris à la hauteur AB, fig. 3. L'échelle est de $0^m,0025$ pour mètre, comme celle de tous les plans de monument.
E. Point de vue de la fig. 2, pl. 13, en regardant vers le sud.
F. Point de vue de la fig. 1, pl. 13, en regardant vers le nord.
b. Galerie haute.
c. Plan de la salle supérieure appelée communément *chambre du Roi*.
d. Plan de la salle inférieure dite *chambre de la Reine*.
e. Entrée du puits.
f. Sarcophage en granit.
g. Angle nord-est de la grande pyramide, qui a été désencombré pour déterminer la vraie longueur de la base.
h. Passage forcé, pour communiquer du premier canal dans le second.
i. Entrée actuelle de la pyramide.
a, a. Couloirs descendant et ascendant.
Fig. 3. Coupe de la pyramide, prise sur la ligne AB du plan (fig. 2), prolongée à la gauche. Ce profil présente deux cent trois marches à partir du sol de l'encastrement : on les a numérotées en montant et en descendant, pour avoir la facilité de les coter. Les deux grandes cotes gravées dans la partie inférieure expriment, l'une, la demi-base apparente mesurée par M. Jomard; l'autre, la demi-base totale, mesurée, entre les deux encastremens opposés, par MM. Le Père et Coutelle.
a. Entrée actuelle du canal qui conduit dans l'intérieur de la pyramide.
b, b. Couloirs descendant et ascendant.
b'. Galerie haute, ayant la même inclinaison que le couloir ascendant.
c. Vestibule.
c'. Salle supérieure appelée communément *chambre du Roi*.

468 EXPLICATION DES PLANCHES.

c″, Chambre basse pratiquée au-dessus de la chambre du Roi.

d. Salle inférieure nommée communément *chambre de la Reine*.

e. Puits; à $16^m,242$ au-dessus du fond, sa largeur est seulement de $0^m,65$ sur $0^m,60$. (*Voyez* la Description et les Observations sur la construction des pyramides.) L'obliquité du puits n'a pas été mesurée avec précision.

f. Excavation latérale pratiquée dans la partie supérieure du puits.

g. Plate-forme supérieure, longue et large de $9^m,96$; il y a encore deux marches au-dessus. (*Voyez* les tables des hauteurs des marches, dans la Description des Pyramides.) Les coupes des fig. 2 et 3 ont été exécutées à l'aide de la machine à graver, inventée par feu Conté, et qui seule pouvait produire des teintes uniformes d'une aussi grande dimension.

Fig. 4. Vue de l'entrée de la *grande* pyramide.

1. Ouverture actuelle du canal.

2. Pierres d'environ 4 mètres de long, placées au-dessus de l'ouverture pour servir de décharge.

Fig. 5. Plan d'un tombeau principal situé à l'ouest de la *grande* pyramide.

a. Sarcophage.

b. Fond du puits.

Fig. 6. Élévation extérieure du tombeau.

Fig. 7. Coupe prise sur la ligne AB du plan fig. 5.

a a. Niveau actuel des décombres : on les a fouillés jusqu'à la ligne b b.

b b. Niveau du rocher.

c. Sarcophage.

Fig. 8. Plan d'un sarcophage en granit, marqué a sur le plan fig. 5.

Fig. 9. Coupe du sarcophage.

A. VOL. V. MEMPHIS, PYRAMIDES.

Fig. 9'. Détail du couvercle.

Fig. 10. Coupe prise sur la largeur du sarcophage.

Fig. 10'. Couvercle du même.

Fig. 11...14. Plan, élévations et détail d'un tombeau à l'ouest de la *grande* pyramide. La ligne ponctuée sépare le plan en deux parties égales : on n'en a gravé qu'une moitié faute de place. La fig. 14 est la coupe de l'entrée, sur la ligne AB, fig. 11.

Fig. 15. Inscription hiéroglyphique tracée sur le rocher à l'ouest de la *deuxième* pyramide.

Fig. 16. Marques tracées en rouge sur les pierres de la *quatrième* pyramide.

PLANCHE 15.

1, 2. PLAN *et élévation de l'angle nord-est de la* grande *pyramide.* — 3.....8. *Plan et coupes de l'entrée, et détails du sarcophage de la salle supérieure.*

Fig. 1. Détail du plan de l'angle nord-est de la *grande* pyramide.

a. Partie du noyau actuel de la pyramide.

b. Emplacement où était encastrée la pierre d'angle, mis à découvert; la profondeur de l'encastrement est de 0^m,207. (*Voyez* en g, pl. 14, fig. 2.)

c. Partie du rocher sur lequel la base était assise.

Fig. 2. Élévation de l'angle nord-est de la *grande* pyramide.

a. Partie du noyau de la pyramide.

b. Assise taillée dans le roc, divisée en deux parties.

c. Profil de l'encastrement de la pierre angulaire.

Fig. 3. Plan d'une partie de la galerie haute et du passage de la galerie à la chambre du Roi.

a. Couloir secret communiquant de la galerie haute à la salle pratiquée au-dessus de la chambre du Roi.

a'. Entrée du couloir.

b. Partie de la chambre du Roi.

c. Quatre cannelures creuses pratiquées au-dessus de l'entrée de la chambre.

Fig. 4. Coupe prise sur la ligne AB, fig. 3.

a. Entrée du couloir secret communiquant de la galerie haute à la salle pratiquée au-dessus de la chambre du Roi; cette entrée est en face de la partie qui est vue dans cette coupe, c'est-à-dire du côté de l'ést. (*Voyez* a', fig. 3.)

a'. Couloir.

a''. Chambre supérieure.

b. Cavités prismatiques ou trous carrés pratiqués sur les deux banquettes dans toute la longueur de la galerie haute.

c. Vestibule divisé en quatre travées.

d. Pierre en granit qui semble suspendue dans la première travée.

e. Partie du sarcophage en granit, placée dans la chambre du Roi.

Fig. 5. Coupe en travers prise sur la ligne CD (fig. 3). On voit une partie du sol de la galerie haute.

a. Entrée du couloir secret qui conduit à la chambre supérieure.

b. Coupe des banquettes de la galerie.

c. Entrée du vestibule de la chambre du Roi.

Fig. 6. Coupe en travers sur la ligne EF (fig. 3).

On voit dans le fond l'entrée de la chambre du Roi, et, au-dessus, quatre cannelures creuses figurées dans le plan. (*Voyez* fig. 3, en c.)

Fig. 7. Coupe en travers du sarcophage en granit de la chambre du Roi.

Fig. 8. Coupe en longueur du même sarcophage.

PLANCHE 16.

1........8. Plan et élévation de la deuxième *pyramide;* plans et coupes d'un hypogée à l'ouest et d'un autre à l'est. — 9, 10. *Plan et élévation de la* troisième *pyramide,* de l'édifice de l'est et d'une grande chaussée. — 11...14. *Plans et élévation de la* quatrième *pyramide et d'une pyramide à degrés.* — 15, 16. *Tombeau pyramidal à l'ouest de la* grande *pyramide.*

Fig. 1. Plan de la *deuxième* pyramide dite *le Chephren* et des fossés qui l'entourent. Ces fossés sont plus profonds au nord et à l'ouest; ils paraissent comblés par les sables au midi et au levant. La pyramide est exactement dirigée vers le nord, comme la *grande* pyramide dite *le Cheops.*

a a. Ligne du fossé creusé dans le roc et taillé à pic en forme de muraille; ce fossé est profond d'environ 6 mètres. L'arrachement de la teinte indique la diminution de la profondeur du fossé, qui va en mourant à cause de l'ensablement.

b, b, b. Grottes ou excavations pratiquées au pied du rocher.

c. Hypogée avec un puits. (*Voyez* fig. 3.)

d. Dalle de granit, à $2^m,4$ au sud de l'angle sud-ouest de la pyramide, en forme de prisme avec une face inclinée et qui paraît appartenir à l'ancien revêtement. On a jugé que ce morceau était à sa place. Peut-être la partie inférieure de la pyramide était-elle ainsi revêtue. Au pied de la pyramide est une sorte de mur droit, en forme de stylobate (ou de soubassement) : c'est ce que portent les notes mises sur le dessin original de M. Jomard.

Nota. Ce socle n'est pas tout-à-fait assez exprimé dans le plan. (*Voyez* fig. 2.)

e. Projection de la partie subsistante du revêtement.

f f. Espace ensablé, à la partie inférieure de la pyramide, sur les faces du nord et de l'est. Les débris proviennent des décombres qui descendent de la partie supérieure; on ne les a pas exprimés sur le dessin pour conserver la forme de la pyramide. (Consultez les vues pittoresques.)

Le fossé ou l'enceinte du côté de l'ouest s'étend encore à 100 mètres au-delà de la pyramide.

Fig. 2. Élévation de la *deuxième* pyramide sur la face de l'ouest. On n'a pas non plus exprimé ici les décombres qui cachent le pied de la pyramide.

La partie conservée du revêtement est plus étendue sur les autres faces. (*Voyez* les pl. 7, 8, 9, 10 et 12.) Cette partie revêtue descend au-delà de 40 mètres sur la face de l'est, et moins sur les faces du nord et du sud : on a indiqué cette différence par une ligne ponctuée.

Le socle est d'un mètre de large; la hauteur totale est de 3 mètres environ. La mesure de 138 mètres comprend le socle; ce qui porte à 135 mètres la hauteur même de la pyramide, qu'on a trop réduite en la bornant à 132 mètres dans un des Mémoires d'antiquités (*A. M.*, vol. VII, pag. 517.)

Fig. 2'. Détail de la partie inférieure de la *deuxième* pyramide et du socle sur lequel elle pose.

Fig. 3. Plan d'une catacombe située en c, fig. 1, auprès du fossé de la pyramide.

Fig. 4. Coupe de cette catacombe sur la ligne A B, fig. 3.

Fig. 5. Coupe de la même catacombe sur la ligne C D, fig. 3.

Le puits est plus profond qu'on ne l'a marqué dans la coupe ; mais on n'a pu le fouiller plus avant. On remarque au plafond un ornement singulier; c'est une suite de troncs de palmier, représentés ici en coupe, et, dans la fig. 4, en élévation. Les modernes habitans recouvrent encore ainsi leurs maisons, sans se donner la peine d'enlever l'écorce.

Fig. 6. Plan d'un hypogée ou catacombe sculpté; il est creusé dans la colline à l'est de la *deuxième* pyramide (*voyez* la pl. 6). Le plan est pris à la hauteur a a, fig. 7.

a. Porte ou ouverture pratiquée dans un mur bas, avec chaperon triangulaire.

b. Trous pratiqués à hauteur d'appui.

c. Escalier taillé dans le roc, par lequel on descend de la montagne à l'entrée de la grotte ou catacombe.

d. Niveau supérieur du rocher d'où l'on descend par l'escalier c.

e. Place d'un filon ferrugineux dans la montagne.

Fig. 7. Coupe de l'hypogée sur la ligne coudée A A B B du plan fig. 6.

Comme la coupe est brisée, on a mis dans l'ombre toute la face b du plan, qui effectivement serait privée de lumière par rapport au plan B B.

Fig. 8. Coupe du même hypogée sur la ligne C D du plan : on y remarque, en profil, le petit mur à chaperon qui n'a pas 22 centimètres (8 pouces) de largeur, et qui a été réservé dans le rocher.

Fig. 9. Plan de la *troisième* pyramide dite *le Mycerinus*; elle était revêtue entièrement en granit. Le plan renferme *le monument de l'est* et la chaussée attenante.

a. Point sur la face du nord où l'on aperçoit une ouverture aujourd'hui obstruée, à la hauteur actuelle des décombres : nous n'y avons point pénétré; auprès, est un bloc posé à sa place et sur assises : il y en a d'autres au milieu des décombres.

b. Sur cette face du nord, il y a des blocs de granit posés sur les assises près de l'ouverture, et parmi les décombres, dans le milieu de la face.

c. Face du sud : à ce point sont deux blocs de granit à la hauteur des décombres ; parmi ces ruines et dans le milieu, il y a quantité de blocs semblables.

d. Face de l'ouest ; blocs de granit posés sur les assises, dans le milieu et sur les côtés, ainsi que parmi les décombres.

Fig. 10. Élévation de la *troisième* pyramide, de la chaussée qui y conduit, et des restes du *monument de l'est*. Ce monument et la chaussée sont construits avec des matériaux énormes.

Fig. 11. Plan de la *quatrième* pyramide : c'est celle dont MM. Le Père et Coutelle ont commencé la démolition. (*Voyez* les Observations sur la construction des pyramides, par M. Coutelle.)

a a. Ligne sensible sur le sol, qui paraît indiquer le bord d'un fossé, enfermant la *quatrième* pyramide.

Fig. 12. Plan de l'une des deux pyramides à degrés, voisines de la *quatrième* pyramide.

Fig. 13. Plan de la même pyramide, représentée plus en grand.

Fig. 14. Élévation de la même pyramide. La pente des contre-marches des degrés semble annoncer que ces pyramides n'ont pas été revêtues.

Fig. 15. Détail d'un des tombeaux situés à l'ouest de la *grande* pyramide.

Fig. 16. Profil d'angle du même tombeau.

PLANCHE 17.

BAS-RELIEFS *et fragmens d'hiéroglyphes*, sculptés dans les tombeaux situés à l'est de la deuxième pyramide.

Ces fragmens ont été copiés dans les tombeaux ruinés qu'on voit pl. 7, au point 3, à quelque distance de l'enceinte

A. VOL. V. MEMPHIS, PYRAMIDES. 475

de la pyramide. Ils pèchent encore plus par la perspective que les peintures de la haute Égypte; mais les sujets intéressent sous plusieurs rapports.

Fig. 1. Figure remarquable par le siége à pieds de biche sur lequel elle est assise.

Fig. 2. Figure de danseuse.

Fig. 3. Musicienne battant la mesure avec les mains.

Fig. 4. Autre figure de danseur en équilibre.

Fig. 5. Quatre hommes occupés à battre ou peut-être à polir un corps plat que deux d'entre eux tiennent dans leurs mains. Le défaut de perspective et de détail empêche de distinguer l'action.

Fig. 6. Scène de musique où l'on remarque un harpiste, des flûteurs et deux hommes battant la mesure : le geste que ceux-ci font d'une main est assez remarquable.

Fig. 7, 8, 10. Figures tenant des lotus et d'autres plantes.

Fig. 9. Une biche allaitant son petit dans la pose qui lui est ordinaire; à côté, un homme emporte dans une cage suspendue à un long levier les faons qu'il a enlevés à la mère.

Fig. 11. Homme tenant une grande outre, bien reconnaissable à sa forme.

Fig. 12. Hommes portant deux fardeaux à l'aide d'un levier ployant et élastique, posé sur leurs épaules.

Fig. 13. Deux hommes qui paraissent remplir une meule de grain. (*Voyez* pl. 68, fig. 15, *A.*, vol. IV.)

Fig. 14....18. Deux fragmens hiéroglyphiques.

Fig. 15. Deux hommes occupés à remplir et ranger de grandes jarres.

Fig. 16, 17. Scènes de labourage et d'ensemencement. La fig. 17 est le seul exemple du labourage fait par un bélier; ce qui supposerait des terres fort légères.

PLANCHE 18.

BAS-RELIEFS *sculptés dans les tombeaux situés à l'est de la* deuxième *pyramide.*

Les règles de la perspective sont également violées dans cette planche, mais d'une manière moins choquante que dans la précédente; les sujets sont encore plus curieux.

Fig. 1. Trois hommes en marche, suivis d'un enfant, et portant des outres, des boîtes et des sacs.

Fig. 2. Cinq ouvriers occupés à tordre et à presser une grande étoffe renfermant des raisins ou tout autre fruit à liqueur, et dont le nœud est traversé à chaque bout par une grande perche : la disposition et l'action de ces hommes sont également remarquables; les deux qui sont suspendus en l'air, font un grand effort pour écarter les perches l'une de l'autre et augmenter la pression. Afin d'empêcher que les bâtons ne se rapprochent par le bas, deux autres hommes tirent à eux fortement l'extrémité inférieure. Enfin, pour que l'écartement, d'où dépend la plus grande pression, soit le même au milieu de la longueur des perches, un cinquième ouvrier, aussi suspendu en l'air, appuie de part et d'autre de toutes ses forces, tant avec les deux pieds qu'avec les deux mains. On ne peut nier que tous ces mouvemens et attitudes ne soient combinés d'une manière assez ingénieuse : à la vérité, un pressoir produirait un effort encore plus grand avec une dépense de force beaucoup moindre.

Fig. 3. Ce sujet paraît représenter des marchands d'objets pour la toilette, occupés à vendre ou à faire voir des colliers contenus dans de grandes boîtes.

Fig. 4. Plusieurs taureaux en marche.

Fig. 5. Ce sujet, qui paraît dessiné incomplétement, semble représenter le bord du Nil et une de ces barques légères en papyrus décrites par les auteurs, ou peut-être en lotus : un homme nu est sur le rivage; un autre, assis dans la barque, fait un geste qui indique un ordre. On reconnaît un oiseau de rivage dans l'animal à pattes si élevées qui est sur l'arrière. (*Voyez* la fig. 7 ci-dessous, et les pl. 6, 8, fig. 18, *A.*, vol. IV, et la pl. 65, même volume.)

Fig. 6. Ce sujet représente l'abatage d'un taureau d'une proportion gigantesque; des cordes sont attachées aux pieds de devant et aux pieds de derrière; trois hommes de chaque côté tirent ces cordes pour renverser l'animal : un homme retient une des jambes de devant; un autre, une des jambes de derrière : un neuvième empêche que la queue ne frappe ses camarades; enfin deux autres sont grimpés sur la tête et sur le dos du taureau, et retiennent les cornes. (*Voyez* la pl. 45, *A.*, vol. IV.)

Fig. 7. Trois hommes paraissent occupés à fabriquer une barque légère semblable à celle de la fig. 5, sous la surveillance d'un maître placé à l'avant; les liens dont ils entourent la barque annoncent qu'elle est plate et sans rebord : peut-être les gerbes de lotus que deux autres hommes transportent doivent servir à la construction.

Fig. 8. Plusieurs personnages des deux sexes portant sur la tête et à la main des paniers, des sacs pleins et des volatiles, qu'ils vont sans doute vendre au marché; les paniers paraissent renfermer du pain et diverses provisions.

Fig. 9. Trois gazelles conduites par autant d'hommes, qui les tirent par les cornes.

Fig. 10. Sujet analogue, où l'on voit de plus un homme portant une oie dans ses bras, et un autre portant un quadrupède qui, par sa queue, ressemblerait un peu à un jeune renard.

VALLÉE DU NIL
ET LAC MARÉOTIS.

PLANCHE 19.

1, 2. Profil de nivellement du lac Maréotis à la mer. — 3. Profil de la vallée du Nil à la hauteur des Pyramides. — 4, 5. Plan et profil de la vallée du Nil à Syout ou Lycopolis.

Fig. 1. Premier profil de nivellement du lac Maréotis à la Méditerranée. Ce profil est pris entre la vallée de Maryout et la mer, à la hauteur du santon nommé *Abou el-Kheyr* et des ruines qu'on regarde comme celles de *Marea*; les cotes du bas sont des distances mesurées. L'échelle des hauteurs, dans cette figure et les deux suivantes, est beaucoup plus grande que celle des distances horizontales : cette différence a pour objet de rendre plus sensibles les différences de niveau. Ce profil part des ruines qu'on croit être celles de l'ancienne *Marea*, traverse le lac Maryout et une petite chaîne calcaire qui domine, d'une part, le bassin de l'ancien lac Maréotis, et, de l'autre, la Méditerranée. (*Voyez* le Mémoire sur la partie occidentale de la province de Bahyreh, *É. M.*)

a. Sol des ruines de l'ancienne *Marea*.

b. Élévation figurée de l'un des cinq môles construits en pierre de taille, qui se rattachent au mur de la double enceinte de *Marea* et s'avancent dans le lac Maréotis, en y formant autant de murs de quai, ou de jetées, destinés au service de la navigation et du commerce de cette ancienne ville.

cc. Ligne des eaux du lac Maréotis, établie au niveau des eaux de la Méditerranée. La largeur du lac, en cette partie, est de 1420 pas simples, équivalant à 581 toises ou 1132^m,39 : on l'a mesurée en suivant un petit chemin ferré qui existe en ce point du lac.

d. Emplacement du santon *Abou el-Kheyr*, tombeau d'un cheykh arabe de ce nom, entouré de quelques palmiers. Entre les points d, e, se trouve le profil de la langue de terre qui sépare le lac de la Méditerranée; le trajet est de 3520 pas mesurés, équivalant à 1467 toises ou 2859^m,24. On voit par ce profil que le point le plus élevé de cette chaîne est, de 19^m,623 (60^{ds} 4° 11^1), supérieur aux eaux de la mer et du lac Maryout.

ee. Ligne du niveau des eaux de la Méditerranée sur le golfe des Arabes. Toutes les ordonnées ou cotes de ce profil de nivellement sont rapportées à un plan horizontal supposé, de 22^m,739 (70^{ds}), supérieur aux eaux de la Méditerranée.

Fig. 2. Deuxième profil de nivellement du lac Maréotis à la Méditerranée. Ce profil est pris sur les vestiges d'un canal de communication aujourd'hui comblé, et qu'on croit avoir existé entre la rade du port vieux d'Alexandrie et le lac Maréotis. La tête de ce canal était vers le centre de la rade, à une distance de 5850 mètres (2991^t 2^{ds} 10°) au sud-ouest de la grande colonne d'Alexandrie.

aa. Niveau des eaux de la mer dans la rade du port vieux. Entre les points a et b est le profil du nivellement, fait sur les traces de cet ancien canal; son étendue mesurée est de 1416 pas ou 1133 mètres depuis la mer jusqu'à l'extrémité d'un ancien môle du lac.

A mi-chemin le canal traverse une chaîne calcaire dont

le point le plus élevé est de 7 à 8 mètres au-dessus des eaux de la mer; le trait simple indique la chaîne qui longe la côte jusqu'au-delà de la tour des Arabes, au sud-ouest.

b b. Ligne des eaux du lac, établie au niveau de la mer.

Toutes les ordonnées ou cotes de ce deuxième profil sont rapportées à un plan horizontal supposé, de 16^m,242 (50^{ds}), supérieur aux eaux de la Méditerranée.

Consultez le Mémoire de M. Gratien Le Père sur la partie occidentale de la province de la Bahyreh, *É. M.*, et son Mémoire sur les lacs de l'Égypte inférieure, *ibid.*

Fig. 3. Profil de la vallée du Nil, entre le château du Kaire et la grande pyramide de Gyzeh.

Toutes les ordonnées ou cotes de ce profil de nivellement sont rapportées au plan général de comparaison adopté dans le Mémoire sur le canal des deux mers (Appendice, IIIe partie, §. vi, *É. M.*, tom. xi, pag. 347), c'est-à-dire supposé à 150 pieds (48^m,726) au-dessus du niveau de la haute mer à Soueys, observé le 24 janvier 1799. Ce profil ne comporte de précision qu'à partir du meqyâs situé à la pointe sud de l'île de Roudah, point h, d'où il traverse la vallée et va se terminer à l'angle nord-est de la grande pyramide de Gyzeh, au point q. Toute la partie à gauche du meqyâs, du point h au point a, ne représente que la configuration du site d'après des données approximatives.

a. Gebel Moqattam, ou *montagne coupée* : cette montagne calcaire, qui longe la vallé du Nil à l'orient, est de roche calcaire blanche, coquillière; son élévation au-dessus des eaux du Nil est de 100 mètres environ. La cote 115^m,643 n'est qu'une approximation.

b. Emplacement du milieu de la citadelle du Kaire, à 2 ou 300 pas de la montagne.

c. Puits de Joseph, creusé dans la partie orientale et la plus élevée de la citadelle. La cote de 90^m,60 (278^{ds} 9° 1^l) indique la profondeur de ce puits, dans la supposition très-vraisemblable que le fond a été creusé au niveau des basses eaux du fleuve. L'échelle des hauteurs est décuple de celle des longueurs.

d, d. Emplacement de la ville du Kaire.

e. Aqueduc prenant les eaux du Nil au Mygreh, dans le petit bras de l'île de Roudah, construit sur le roc et très-sinueux; il est percé de 238 arcades.

f. El-Mygreh, château d'eau de l'aqueduc, tour de forme hexagonale, construite sur la rive droite du petit bras de l'île de Roudah.

La cote 25^m,987 (80^{ds}), qui représente la hauteur de la plate-forme, par rapport au plan général de comparaison du nivellement, n'est pas rigoureusement exacte : elle n'est établie que sur la hauteur mesurée par approximation des cordes des machines à chapelets placées sur la tour, au-dessus des eaux du Nil, pendant les moyennes eaux. Cette cote assigne 27^m,362 ou 84^{ds} 2° 9^l et 84^{ds} de compte rond pour la hauteur de cette plate-forme au-dessus des basses eaux du Nil, dont la cote est 53^m,349 (164^{ds} 2° 9^l).

La cote 26^m,637 (82^{ds} 0° 3^l), portée à l'extrémité orientale de l'aqueduc, est fictive : on l'a supposée d'après le calcul d'une pente de 0^m,00021 par mètre, sur 3100 mètres de longueur développée de l'aqueduc.

g. Petit bras du Nil qui sépare le vieux Kaire de l'île de Roudah.

h. Meqyâs de l'île de Roudah, situé à la pointe méridionale de cette île. (*Voyez* les pl. 5 et suiv., *É. M.*, vol. 1.) La cote portée à 46^m,535 (143^{ds} 3° 1^l) est celle de la seizième coudée nilométrique; cette coté, ainsi que toutes celles qui sont portées au profil, à partir de ce point jusqu'à la grande pyramide de Gyzeh, sont exactes et appartiennent au plan général du nivellement de l'isthme de Soueys, plan qui coïncide avec la ligne horizontale et supérieure du profil, cotée à $48^m,726$ (150^{ds}) au-dessus des hautes marées de la mer Rouge.

i. L'espace dont cette lettre occupe le milieu répond au grand bras du Nil, dont la largeur transversale est ici de 400 mètres environ.

La cote $46^m,048$ (141^{ds} $9°$ $1'$) est celle du palier supérieur des degrés appelés *Escalier de Moïse*, au sud-ouest de l'île de Roudah.

k. Site du bourg de Gyzeh, sur la rive gauche du Nil, vis-à-vis de l'extrémité sud de l'île de Roudah.

La cote $46^m,363$ (142^{ds} $8°$ $8'$) est celle de la rive du Nil à l'extrémité sud du bastion de l'enceinte fortifiée.

l. Site du village de Kouneyceh. La cote $45^m,672$ (140^{ds} $7°$ $2'$) appartient au dessus d'un pontceau en brique, situé près et à l'est de ce village.

m. Site du village de Talbyeh, dont la cote $48^m,981$ (150^{ds} $9°$ $5'$) répond à la ligne des eaux du canal qui passe près et à l'est du village.

n. Village de Nezlet el-Aqta'; la cote $47^m,866$ (147^{ds} $4°$ $3'$) appartient à la ligne des eaux du canal qui longe la lisière du désert.

o. Limites du sol cultivé de la vallée, et commencement des sables du désert. On trouve en cet endroit des débris de pierres calcaires et numismales, de grès, de granit, de marbre, et autres débris des matériaux dont les pyramides ont été construites.

p. Sol du sphinx dit en arabe *Abou el-Houl*; la cote $30^m,896$ (95^{ds} $1°$ $4'$) a été prise au niveau des sables qui atteignent aujourd'hui le poitrail du sphinx et recouvrent le dos de ce colosse.

A. VOL. V. MEMPHIS, PYRAMIDES.

q. Sol du rocher de la grande pyramide de Gyzeh, à l'angle de l'arête nord-est de la pyramide, au pied d'un socle ou première assise en deux parties, taillé dans le rocher, ayant de hauteur $1^m,849$. La cote de ce point est de $3^m,379$ (10^{ds} 4° 10¹); et, comme celle des basses eaux du Nil est de $53^m,349$ (164^{ds} 2° 9¹), il s'ensuit que le sol du rocher de la pyramide est à $49^m,970$ (153^{ds} 9° 11¹) au-dessus des basses eaux.

Le niveau de ce sol doit être d'environ 50 mètres (154^{ds}) au-dessus des basses eaux du Nil.

r. Fond du puits de la grande pyramide; la profondeur de $63^m,344$ (195^{ds}) trouvée par MM. Le Père et Coutelle, suppose ce fond de niveau avec divers points du sol de la vallée du Nil, dans sa partie la plus basse, entre autres, la partie adjacente à la montagne occidentale ou chaîne libyque.

Nota. La mesure inscrite sur la ligne supérieure ou plan de comparaison, pour la distance totale entre le puits de la Pyramide et le puits de Joseph que l'on peut prendre, sans erreur sensible, pour la tour des Janissaires, est, d'après ces calculs, de *douze mille trois cent trente-sept mètres;* la longueur développée du même espace est de 14980 mètres.

Les distances partielles sont indiquées, soit en *mètres*, d'après la grande carte d'Égypte, soit en *pas*, d'après le nivellement : celles-ci sont les lignes de circuit pendant l'opération, et les cotes en mètres sont les distances en lignes droites.

Les deux lignes horizontales inférieures indiquent les *hautes* et les *basses eaux du Nil,* et servent de comparaison aux diverses cotes du profil. Leurs cotes sont
pour les hautes eaux . . . . . . $45^m,388 = 139^{ds}$ 8° 7¹;
pour les basses eaux. . . . . . . 53 ,349 = 164. 2. 9.
(*Voyez* le Mémoire particulier de M. Gratien Le Père sur le nivellement de la vallée du Nil.)

Fig. 4. Profil de la vallée du Nil à la hauteur de Syout, entre la chaîne arabique et la chaîne libyque; les côtes sont rapportées à un plan qui passe par une des fenêtres du bâtiment de la douane.

L'échelle des hauteurs est beaucoup plus grande que celle des dimensions horizontales, différence qui a pour objet de rendre plus sensibles les formes du terrain.

Fig. 5. Plan de la vallée du Nil à la hauteur de Syout.

BABYLONE ET ENVIRONS.

EXPLICATION DES PLANCHES.

PLANCHE 20.

PLAN, vue et détails d'un édifice de construction romaine.

Fig. 1. Plan général de l'enceinte appelée *Qasr el-Chama'* et des environs. Cette enceinte est uniquement habitée par des chrétiens, et renferme plusieurs églises. (*Voyez* les détails relatifs à ce lieu, dans les Mémoires sur l'Égypte moderne.)
a. Emplacement d'un arc romain, surmonté d'un fronton. (*Voyez* fig. 2.)
b, b, b. Murailles et tours de construction romaine, bâties en pierre et en brique.
c. Deyr el-Qebât, couvent des Qobtes.
d. Couvent grec.
e. Couvent qobte.
f. A'tfet el-Kenyseh.
g. A'tfet el-Moghârah.
h. Couvent qobte.
i. A'tfet sitty Barbarah, rue de Sainte-Barbe.
k. Deyr Maryam, couvent de Sainte-Marie.
l. Rue appelée *Sekket Mo'alleq*.
m. Couvent qobte.
n. Couvent catholique.

Fig. 2. Vue d'un édifice de construction romaine, en pierre et en brique.

1. Double arcade qui a pour objet d'alléger le poids de la construction.

1'. Fronton antique.

2. Pierre égyptienne couverte d'hiéroglyphes, qui a été taillée et employée dans l'appareil. (*Voyez* fig. 3.)

3. Ingénieur français occupé à dessiner cette construction antique.

4. Soldats de l'escorte.

5. Buttes de décombres qu'on regarde comme les vestiges de l'ancienne Babylone.

Fig. 3. Détail d'une partie de l'arc de l'archivolte, et de la pierre égyptienne employée dans la construction.

Fig. 4. Coupe de l'archivolte.

Fig. 5. Plan du dessous du fronton.

PLANCHE 21.

Détails *des quatre faces d'un obélisque trouvé au Kaire.*

Les faces représentées dans les figures 1 et 3 sont opposées entre elles : il en est de même des figures 2 et 4.

La matière dont ce petit obélisque et son pendant (*voyez* pl. 22) sont composés, est un basalte noir, à grain fin, susceptible d'un très-beau poli : aussi l'exécution de la sculpture y est de la plus grande perfection. Mais la gravure des figures 1 et 2 laisse quelque chose à désirer sous le rapport du style.

On regrette que ces monumens aient été privés de leur sommité, qui était probablement en forme de pyramidion. Ils ont été découverts au Kaire par les Français, et transportés à Alexandrie, d'où l'on devait les expédier en France;

mais, par suite de la capitulation, ils sont tombés aux mains de l'armée anglaise, ainsi que les sarcophages représentés pl. 23, 24, 25, 40 et 41 : ils sont maintenant déposés au Muséum Britannique. (*Voyez* l'explication des pl. 52 et suivantes.)

On a jugé qu'il suffisait de terminer la gravure de deux des faces, et de donner au trait les deux autres. On n'a pas donné de plan, parce que les cotes rendaient ce plan inutile.

PLANCHE 22.

DÉTAILS *des quatre faces d'un obélisque trouvé au Kaire.*

Les figures 1 et 3 sont opposées entre elles : il en est de même des figures 2 et 4.

Cet obélisque, pendant du précédent, est un peu moins tronqué. Il ne manque probablement aucun signe au-delà de l'épervier dont on voit le reste au haut de la fig. 1. (*Voyez* l'explication de la planche précédente.)

PLANCHE 23.

SARCOPHAGE *en forme de momie, trouvé sur le bord du Nil à Boulâq.*

Ce monument est fait en basalte noir, d'un grain et d'un poli très-fins ; le travail en est extrêmement soigné : aussi, par la perfection de la sculpture des oiseaux et des autres hiéroglyphes, mérite-t-il d'être regardé comme un modèle en ce genre. On s'est efforcé d'exprimer avec la plus grande fidélité possible le style très-pur du dessin hiéroglyphique et le travail du ciseau.

MM. Jomard et Raffeneau-Delile ont déposé à la galerie

d'architecture qui dépend de l'école des beaux-arts, un modèle en plâtre, et en grand, de ce sarcophage, moulé sur l'original même par M. Raffeneau et exécuté avec le plus grand soin. (*Voyez* l'explication des pl. 21, 52, etc.)

1, 2. Plan et coupe en long du sarcophage.
3. Élévation longitudinale du même, à une échelle double.
4. Élévation de l'extrémité antérieure : au milieu était probablement une tête en relief, qui a été détruite.
5. Détail de la bande d'hiéroglyphes qui couronne le monument. Ce sont les seuls hiéroglyphes qu'on y voie sculptés. Les lettres A, B, C, D, servent à rejoindre les portions contiguës de cette bande. Le vide que l'on remarque dans la seconde portion est plus grand qu'on ne l'a figuré ici : on peut en connaître l'étendue sur le plan, fig. 1.

PLANCHE 24.

1. Fragment *trouvé près de la porte du château du Kaire.*
— 2........10. *Plans, coupe, élévations et sculptures extérieures d'un sarcophage en granit, trouvé à Qala't el-Kabch, sous la mosquée de Touloun.*

Fig. 1. Morceau de sculpture égyptienne en granit noir trouvé près de la citadelle du Kaire, et servant d'appui à la fenêtre d'une citerne ; il est brisé en deux longitudinalement. On a rapproché les deux parties, et essayé de remplir en points une portion des lacunes. La dimension de ce fragment devait être d'environ 3 mètres.

Fig. 2. Plan d'un grand sarcophage en granit noir, tout couvert d'hiéroglyphes en dedans et en dehors. Il a été trouvé au Kaire, dans la grande rue qui conduit à la citadelle, auprès de la mosquée de Touloun, endroit qui s'appelle *Qala't el-Kabch.* Il avait servi autrefois de réservoir ou abreuvoir, comme on le voit par l'ouverture percée à l'un des bouts. (*Voyez* fig. 7.)

L'échelle du plan et des coupes, fig. 1....5, est d'un vingtième; celle des détails, d'un cinquième : les mesures gravées ont été prises à la partie supérieure du monument.

D. Partie antérieure. Avec un peu d'attention, l'on reconnaîtra les points entre lesquels sont prises les mesures gravées sur ce plan; les cotes sont au milieu de l'espace qu'elles expriment.

Fig. 3. Élévation latérale du sarcophage, sur la face A du plan. Des lignes fines tracées sur la surface indiquent l'espace occupé par la décoration hiéroglyphique. On n'a pas cru devoir dessiner les arêtes rompues, suivant l'état actuel de la pierre; seulement, on a indiqué les cassures par des hachures légères. On a également pensé qu'il était préférable de publier ce monument au trait, au lieu de l'ombrer; ce qui aurait ôté de la pureté aux hiéroglyphes.

Fig. 4. Élévation postérieure du sarcophage : le trait fin marque la partie occupée par les hiéroglyphes.

Fig. 5. La partie à droite est la moitié de la coupe transversale du sarcophage; on y voit la place occupée par la décoration intérieure : la partie à gauche est la moitié de l'élévation antérieure du monument, portant aussi l'indication de l'espace décoré.

Fig. 6. Détail des ornemens de la face extérieure du sarcophage marquée A sur le plan, jusqu'au tournant indiqué par la ligne ponctuée; la ligne pleine, à droite, représente l'arête qui sépare les faces A et D.

Fig. 7. Détail de la partie extérieure tournante, marquée B sur le plan, et développée. La place n'a pas permis de tracer les lignes ponctuées correspondantes à celles des fig. 6 et 8.

Fig. 8. Détail de la face extérieure marquée C sur le plan. (*Voyez* la fig. 6.)

Fig. 9. Détail de la petite face extérieure marquée D sur le plan.

Fig. 10. Détail de la décoration du fond du sarcophage. La tête de la figure de femme se distingue par un caractère particulier qui diffère du style ordinaire.

Ce beau monument a été moulé tout entier en soufre, par les soins de M. Jomard, sur l'original, aujourd'hui déposé au Musée Britannique; les soufres sont destinés à construire en pierre artificielle, et pour l'un des musées du roi, un modèle qui sera, sauf la matière, identique avec le sarcophage. (*Voyez* l'explication des pl. 52 et suiv.)

PLANCHE 25.

INTÉRIEUR *d'un sarcophage en granit, trouvé à Qala't el-Kabch, sous la mosquée de Touloun.*

Fig. 1. Détail de la face longue intérieure du sarcophage, marquée E sur le plan. La ligne ponctuée désigne la partie tournante. Ce détail et les suivans sont à l'échelle de 1 pour 5, comme dans la pl. 24.

L'intérieur du monument a beaucoup souffert par le séjour de l'eau et par les frottemens, et un grand nombre d'hiéroglyphes sont effacés; mais les répétitions périodiques des mêmes groupes permettent d'y suppléer en partie.

Fig. 2. Détail de la partie intérieure marquée F sur le plan, et développée. Les deux endroits où finit la partie tournante sont indiqués par des lignes ponctuées.

Fig. 3. Détail de la face intérieure marquée G sur le plan.

Fig. 4. Détail de la petite face intérieure marquée H sur le plan.

HÉLIOPOLIS.

EXPLICATION DES PLANCHES.

PLANCHE 26.

1. Plan des ruines et de l'enceinte de la ville. — 2, 3, 4. Détails de l'obélisque.

Fig. 1. Plan de l'enceinte et des vestiges d'antiquités qui subsistent près de Mataryeh, sur le site de l'ancienne Héliopolis.

Le bloc de pierre siliceuse qui est à l'ouest de l'enceinte, a paru être à quelques-uns des voyageurs français le débris d'un sphinx; mais le morceau est trop fruste pour qu'on puisse prononcer.

Fig. 2. Plan de l'obélisque d'Héliopolis, et élévation sur la face du sud, marquée a dans le plan. Il repose sur un grand socle en grès, d'un seul morceau.

Les hiéroglyphes sont sculptés en creux; le relief, au fond, est très-léger.

Les hiéroglyphes des faces du sud et de l'est (a et d, fig. 1.) sont tournés dans le même sens, c'est-à-dire de gauche à droite; ceux des deux autres faces sont tournés dans le sens opposé.

Depuis le sommet jusqu'au point e, les signes sont communs à toutes les faces, et ils sont bien conservés sur chacune d'elles; à partir de ce point en descendant, ils sont également communs aux trois faces a, b, d (fig. 1), à

l'exception de trois caractères sur la face de l'ouest.
(*Voyez* l'explication de la fig. 4.)

Ils sont, en général, mieux conservés sur celle du nord que sur celle du midi; cependant la figure f n'est presque pas visible sur la première.

Depuis le point e jusqu'au bas de l'obélisque, les quatre faces sont dépolies, et les hiéroglyphes un peu détruits.

Sur la face de l'est (d, fig. 1), les caractères entre le point e et la légende en forme de scarabée au-dessous sont presque effacés. Le contour de la légende est aussi effacé : il en est de même du signe qui vient immédiatement au-dessous. La partie supérieure du signe qui représente une main (le douzième en remontant) n'est plus visible; il en est de même du septième signe.

La ligne horizontale (ou barre finale) sur les faces b et d (fig. 1) n'est qu'à $1^m,24$ de la fondation.

On voit, par les lignes des eaux et du terrain, que le niveau de l'inondation s'est élevé, depuis les temps anciens, de $3^m,33$ (10^{ds} 3° environ) au-dessus du socle de l'obélisque.

Nota. Les cotes $3^m,33$, $7^m,41$ et $2^m,96$, ont été prises pour fixer la place des hiéroglyphes; on ne trouve pas ces mesures exactement dans la figure gravée au trait, qui a pour objet principal de donner les mesures, et d'indiquer les points entre lesquels on les a prises.

Fig. 3. Élévation détaillée de la face sud de l'obélisque, marquée a, fig. 1.

a. Cette lettre correspond aux parties de la figure de l'épervier qui paraissent avoir été entaillées par les Arabes.

b. Ligne qui indique une cassure de l'obélisque sur la face b, fig. 1.

c. Ligne de la cassure sur la face d, fig. 1.

Fig. 4. Détail d'une portion de la face ouest de l'obélisque (c, fig. 1), où l'on distingue trois hiéroglyphes différens de ceux qui ornent les autres côtés : c'est la seule différence que présentent les inscriptions des quatre faces.

Les autres signes inférieurs de la face de l'ouest sont presque effacés : on les a restaurés ici d'après l'analogie. On voit pourtant encore la ligne ou *barre finale*, qui se trouve, comme dans la face du sud, à 1^m,46 au-dessus du socle.

ENVIRONS
D'HÉLIOPOLIS ET D'ATHRIBIS.

PLANCHE 27.

1, 2, 15. FRAGMENS *trouvés à Qelyoub.* — 3......9. *Plan, vues et détails d'Athribis.* — 10.... 14. *Ponts construits sur des fondations romaines.*

Fig. 1. Vue d'un fragment de tête colossale, trouvé à el-Khousous, au nord et non loin des ruines d'Héliopolis; sa largeur, prise au front, est d'environ 0^m,50 ou 18 pouces; la hauteur du fragment est égale : elle devait avoir, entière, 8 décimètres; ce qui suppose la proportion d'une figure de 6 mètres environ.

Fig. 2. Chapiteau en brèche siliceuse, de la même espèce que celle du colosse de Memnon, trouvé au même lieu, auprès d'une salle de bain. Les côtes ou cannelures sont au nombre de huit; le travail est très-bon : la présence de ces fragmens de sculpture et d'architecture fait présumer que les ruines d'Héliopolis doivent s'étendre jusqu'à el-Khousous.

Fig. 3. Plan général des ruines d'Athribis. Les lettres a à m indiquent, la plupart, des stations qui ont servi pour le levé du plan : elles n'ont pas besoin d'explication. Voici plusieurs des distances qui ont été mesurées dans la ville ancienne.

La distance b l est de 104 mètres; b d, 183 mètres; c d, 84 mètres; d e, 75 mètres; e f, 152 mètres; h m, 84 mètres; h i, 250 mètres; i k, 250 mètres. Le tour des ruines subsistantes est d'environ 2500 mètres.

La largeur des deux grandes rues est de 42 mètres.

Près de Benhâ, il y a de grandes citernes de construction antique, sur le bord du Nil; leur plan est elliptique; les diamètres sont de $3^m,9$ et $7^m,8$.

Nota. Les roues à pots marquées l, m, sont trop grandes pour l'échelle.

Fig. 4. Vue d'un bâtiment en brique, de forme pyramidale, situé au milieu des ruines (*voyez* le plan, fig. 3). La construction est d'une petite dimension.

Fig. 5. Vue d'une salle antique découverte, bâtie en brique.

Fig. 6. Plan de la même salle.

Fig. 7, 8. Fragmens de vases trouvés dans les ruines; le vase fig. 8 paraît avoir servi d'urne lacrymatoire.

Fig. 9. Grande digue au nord d'Athribis. La face antérieure a $19^m,50$; la face dans l'ombre, $13^m,64$.

Fig. 10. Plan du premier pont de Myt-Kenân, sur une branche du canal de Filfel : il est bâti en brique, sur des fondations très-anciennes, et il a quatre arches; sa longueur est de près de 40 mètres.

Fig. 11. Élévation du même pont, le canal étant à sec.

Fig. 12. Plan du pont d'el-Choumout, en brique, sur le canal appelé *Filfel*, bâti, comme le précédent, sur d'anciennes fondations.

Fig. 13. Coupe en travers du pont d'el-Choumout. La disposition des briques est assez remarquable; la voûte est plate.

Fig. 14. Détail de l'arrangement des briques.

Fig. 15. Piédestal en granit trouvé à Qelyoub, chef-lieu de la province du Kaire, qui a succédé au nome dont Héliopolis était la capitale.

TANIS (SÂN).

EXPLICATION DES PLANCHES.

PLANCHE 28.

PLAN *des ruines et des environs* [1].

a. Blocs de granit entassés, au nombre de cinquante-trois, couronnant une grande butte de sable de 16 mètres d'étendue; les plus gros blocs ont 1 mètre de large sur $1^m,5$ d'épaisseur et sur une longueur de 3 mètres : ces blocs paraissent être les débris d'une porte.

b. Obélisque en granit renversé, rompu vers la base. La partie supérieure est enterrée; la partie inférieure est hors de terre de 5 décimètres. La face qui se voit est couverte d'hiéroglyphes assez bien conservés. Ce fragment a $3^m,07$ de longueur sur $1^m,015$ de largeur [2].

c. Autre obélisque en granit renversé, enterré comme le précédent. La face qui se voit est très-endommagée; les hiéroglyphes se voient à peine. Cet obélisque est rompu; sa longueur visible est de 8 mètres.

d. Autre obélisque en granit rompu, moins enterré que le précédent, mais encore plus endommagé : la longueur du plus grand morceau a $4^m,16$; sa plus grande largeur est

---

[1] *Voyez* la Description de Tanis, *A. D.*, chap. XXIII, par M. Cordier.

[2] Il paraît que ces mesures, prises par M. Jacotin, représentent les fragmens qui étaient visibles à l'époque où il a levé le plan des ruines.

de 1ᵐ,8. Les arêtes de cet obélisque sont rongées par le temps. Les hiéroglyphes s'aperçoivent à peine.

d'. Emplacement où l'on a trouvé beaucoup de fragmens de lapis lazuli, des bronzes, des verreries, etc.

e. Fragment d'un obélisque en granit; il est presque entièrement enseveli; sa longueur visible est de 5ᵐ,4; sa largeur, de 1ᵐ,2. Les hiéroglyphes que l'on y aperçoit sont détruits par le temps.

Nota. L'obélisque a été vu par M. Cordier dans une position perpendiculaire à celle qu'il a sur le plan.

f. Tronçon d'un cinquième obélisque.

f'. Bloc de granit qui paraît avoir fait partie d'un obélisque; il est enterré en partie : celui qui est hors de terre a 2ᵐ,5 de longueur. C'est le plus considérable des neuf qui se trouvent dans les ruines.

g. Treize gros blocs de granit très-endommagés, dont on ne devine plus quel a été l'emploi. La longueur du plus grand est de 4ᵐ,8; sa largeur, de 2ᵐ,2. Ces blocs sont en partie enterrés : ils reposent sur un groupe de dunes.

g'. Deux grands monolithes, dont la base est un rectangle allongé, et le sommet, une surface cylindrique (*voyez* pl. 71, *A.*, vol. IV, et les Descriptions). Les grandes faces ont 2 mètres ½ de haut et de large.

h. Deux blocs en granit qui ont appartenu au même obélisque, et dont les hiéroglyphes ne se reconnaissent plus. La longueur du premier est de 3ᵐ,6; celle du deuxième, de 2ᵐ,8 : la largeur moyenne est de 0ᵐ,8.

h'. Deux fragmens du huitième obélisque; l'un des deux a conservé son sommet.

i. Neuvième obélisque, renversé, dont une des faces est à fleur de terre; sa longueur est de 9 mètres, et sa largeur visible, de 1ᵐ,42. La sommité est enterrée. On croit que cet obélisque est celui qui est figuré pl. 29, fig. 13.

k. Colonnes de granit renversées et brisées. Les chapiteaux, à feuilles de dattier à huit pans, sont analogues à ceux d'Antæopolis.
l. Statue de granit renversée, que l'on croit être une figure d'Isis; sa longueur est de $2^m,8$.
m. Bloc de granit.
n. Sommet le plus élevé des ruines, sur lequel on remarque d'autres débris; il y a une construction carrée de 30 mètres de côté, restes d'un bâtiment moderne.
o. Monolithe en granit brisé : sa longueur, dans œuvre, est de $1^m,8$; la hauteur et la profondeur de la niche, de $0^m,69$; la largeur totale, de $0^m,9$.
p. Bloc de granit.
q. Espace qui paraît avoir été destiné à des tombeaux modernes; on y trouve plusieurs pierres blanches, couvertes d'hiéroglyphes bien conservés.
r. Blocs de granit; il y en a plusieurs autres disséminés.
s. Bloc de basalte, qui paraît être le tronçon d'une statue d'Osiris ou d'Horus.
t. Troncs de colonnes en granit, au nombre de douze, portant leurs chapiteaux, et placés sur deux lignes distantes l'une de l'autre de 10 mètres. Ces douze blocs, situés dans la direction du sud-est au nord-ouest, forment deux parties séparées par un espace de 68 mètres. Les mieux conservés de ces blocs ont 27 décimètres de diamètre sur la hauteur d'un mètre. Ils sont généralement dégradés; mais ils offrent de l'intérêt par leur masse et la manière dont ils sont placés, et surtout par la matière, attendu qu'on trouve peu de colonnes égyptiennes en granit. On ne devine point à quel monument ils ont pu appartenir, quoiqu'au levant on aperçoive quelques décombres.
u. Port ou lieu d'embarquement et de débarquement des bâtimens qui naviguent sur le canal de Moueys.

v. Village habité par des pêcheurs.

Les ravins marqués sur le plan, entre les montagnes de décombres, n'ont de l'eau que pendant les pluies, qui ne tombent ordinairement qu'en hiver. Ce sont les pluies qui ont donné naissance à ces ravins, et qui, en entraînant les décombres, ont formé le système de montagnes indiqué par le plan.

ISTHME

DE

SOUEYS, BUBASTE, TANIS, THMUIS.

PLANCHE 29.

1...4. FRAGMENS *persépolitains.* — 5. *Mouqfâr.* — 6...8. *Groupe d'Aboukeycheyd.* — 9. *Antiquités de Bubaste;* — 10......15. *de Tanis.* — 16...19. *Monolithe de Thmuis.*

Fig. 1. Figure qui se trouve sur un bloc détaché, qu'on a rencontré, avec d'autres semblables, dans l'intérieur de l'isthme de Soueys, à environ 3 myriamètres de ce port, auprès des traces d'un ancien canal. Le bloc porte plusieurs lignes de caractères persépolitains. Cette figure, qui est du quart de la grandeur naturelle, représente un prêtre persan, assis sur un siége, et tenant à la main une espèce de crosse, telle qu'on en voit sur les monumens des Égyptiens. L'exécution de cette figure a tous les caractères du travail des sculpteurs de cette nation. La matière est en granit rose de Syène.

Fig. 2, 3, 4. Caractères persépolitains copiés au même lieu, sur des fragmens détachés de blocs considérables, qui sont pareils au morceau précédent, et qui sont aussi de granit rose.

Fig. 5. Plan général du Mouqfâr. On croit que ce mot

signifie un *terrain nu et inhabité*, et qu'il dérive de *qafr*, قفر, désert.

a. Ce plan n'est que le figuré du grand bâtiment appelé *Mouqfâr*; il est construit en briques non cuites, entièrement rasé, jusqu'à 40 à 60 centimètres au-dessus du sol environnant, qui est couvert çà et là de vestiges d'anciennes constructions; il offre encore la distribution qu'on remarque dans tous les okels, caravanserais ou magasins publics de l'Égypte. Les côtés de cette enceinte ont, l'un, $48^m,7$ environ; l'autre, $52^m,6$.

(Voyez *É. M.*, tom. xi, le Mémoire sur le canal des deux mers, pages 74, 85, et les notes géologiques des pages 336 et suiv.)

b. Bloc de granit sur lequel on a déterminé la cote du nivellement du canal des deux mers, à $157^{ds}\ 6°\ 2^l$ (station n°. 208), et dont le dessus se trouve de $2^m,653$ ($8^{ds}\ 2°\ 0^l$) supérieur au fond du canal, vis-à-vis l'angle sud-est du bâtiment.

c. Point du fond du canal, dont la cote de nivellement étant $165^{ds}\ 10°\ 2^l$ indique que ce point est de $15^{ds}\ 10°\ 2^l$ inférieur au niveau des hautes marées du golfe à Soueys.

Nota. L'orientation de ce plan n'est tracée que par approximation.

Fig. 6, 7, 8. Groupe en granit trouvé aux ruines d'Aboukeycheyd, dans la vallée de Saba'h-byâr, et vu sous trois aspects.

Fig. 9. Fragmens d'un plafond et d'un couronnement trouvés à Bubaste, parmi des restes de murailles; le plafond égyptien se reconnaît aux étoiles.

Fig. 10. Façade d'une niche monolithe en granit, rompue en trois pièces détachées, trouvée dans les ruines de Tanis, aujourd'hui Sân. Ce monolithe est situé en o sur le plan, pl. 28.

A. VOL. V. TANIS (san).

Fig. 11. Coupe de la niche monolithe. M. Cordier a dessiné aussi ce monument, et son dessin, en tout semblable, présente de plus une cassure horizontale dans la partie à droite. On y remarque aussi des trous profonds aux quatre angles de la feuillure qui encadre la niche.

Nota. Dans la gravure, la profondeur est un peu trop petite.

Fig. 12. Fragment d'obélisque en granit, trouvé dans les ruines de Tanis.

Fig. 13. Autre obélisque mieux conservé, copié dans les mêmes ruines. On présume que ce monument est celui qui est marqué de la lettre i sur le plan de Tanis. (*Voyez* pl. 28.)

Fig. 14. Statue tronquée du même lieu, en granit noir.

Fig. 15. Détail de l'inscription hiéroglyphique placée au dos de la statue fig. 14. La légende hiéroglyphique se termine par des signes numériques exprimant le nombre 21, I∩∩.

On trouve en outre, dans les ruines de Tanis, des colonnes dont le chapiteau est remarquable : à défaut de gravure, on en donnera ici une courte description. Le plan est octogone; chaque face est occupée par une large feuille de palmier saillante comme dans le chapiteau des colonnes d'Antæopolis, et disposée de la même manière; sa hauteur est de $1^m,25$; sa largeur, au dé, est de $1^m,1$: ce dé a $0^m,25$ de hauteur.

Fig. 16. Plan d'un grand monolithe en granit, trouvé dans les ruines de Thmuis, aujourd'hui Tmây el-Emdyd; on croit que cette niche était destinée à renfermer un animal sacré.

Fig. 17. Élévation du monolithe. La hauteur du pyramidion n'a pas été mesurée par M. Girard, à qui l'on doit les dessins; selon M. de Chanaleille, qui a visité et décrit les ruines de Thmuis, elle est de 0^m,298 (11 pouces). Dans cette élévation, l'on n'a pas eu égard aux accidens de la pierre, qui renferme des lézardes assez profondes. Sur la façade se trouvent quelques hiéroglyphes très-effacés, qui n'ont pas été dessinés par cette raison.

Fig. 18. Coupe du monolithe, en travers. On présume que les saillies situées aux deux tiers de la hauteur étaient destinées à supporter un châssis où se posait l'animal sacré.

Fig. 19. Cette élévation générale a été gravée seulement pour donner l'ensemble du monolithe et de son soubassement; faute de place, on n'a indiqué qu'un arrachement dans le haut, au lieu d'exprimer la hauteur totale. (*Voyez* une Notice sur Tmây el-Emdyd, l'ancienne Thmuis, rédigée d'après le journal de M. de Chanaleille, dans un Appendice au *chapitre XXII* des Descriptions.)

DELTA,

ENVIRONS DE SEBENNYTUS.

EXPLICATION DES PLANCHES.

PLANCHE 30.

1........9. PLAN topographique et détails d'un temple d'Isis à Bahbeyt. — 10....14. Monolithe et sarcophages à Mehallet el-Kebyr.

Fig. 1. Plan topographique des ruines de Bahbeyt.

Toutes les indications mises sur ce plan suffisent pour donner une première idée des objets qu'il renferme. Au milieu de l'enceinte et sur un monticule factice, sont amoncelés les débris d'un temple consacré à Isis. D'après l'étendue qu'occupent les décombres, et l'analogie des temples de la haute Égypte, on a indiqué d'une manière vague le plan du temple d'Isis, dont il est impossible de reconnaître aujourd'hui le contour et la distribution.

Fig. 2. Détail de l'un des chapiteaux du temple d'Isis. On a compté parmi les débris jusqu'à huit de ces chapiteaux. (*Voyez* la description, *chapitre XXV des Antiquités-Descriptions.*)

Fig. 3. Bas-reliefs recueillis parmi les débris du temple.

A droite, un prêtre égyptien fait l'offrande de deux vases à une divinité qui était sans doute Isis, et dont on ne voit ici que les jambes et les bras. A gauche est une autre figure d'Isis tenant dans les mains les emblèmes caractéristiques de la divinité, et dont la coiffure est un disque entouré des cornes du taureau. Les bas-reliefs sont incomplets, parce qu'on n'a dessiné que ce qui se trouvait sur une seule et même pierre. Les hiéroglyphes qui accompagnent ces figures ont été copiés sur place.

Fig. 4. Espèce de frise composée d'hiéroglyphes et d'une rangée d'étoiles. A gauche, au-dessous de cette frise, est une figure de femme aux mamelles pendantes, telle qu'on en voit à la partie inférieure des édifices de la haute Égypte; elle porte, sur un plateau, deux vases au milieu desquels est un bâton augural à tête de lévrier. Trois cordons attachés au-dessous du plateau tiennent suspendus des croix à anse et un bâton augural à tête de lévrier. Cette figure a une coiffure formée de lotus, et est elle-même entourée de grandes tiges de cette plante, surmontées de calices de fleurs et de boutons.

On présume que l'oiseau qui sépare les deux légendes de la frise, n'a pas été gravé correctement.

Fig. 5. Tête d'Isis surmontée de l'image d'un temple, et accompagnée d'ubæus : elle faisait probablement partie d'une frise supérieure.

Fig. 6. Tête de prêtre égyptien avec un masque de belier; elle a en outre pour coiffure d'autres cornes de belier, surmontées d'un disque au milieu duquel est le serpent sacré.

Fig. 7. Tête d'homme, ornée d'un double bonnet symbolique, indiquant sans doute la dignité et l'importance du personnage.

Fig. 8. Ornement composé alternativement de bâtons auguraux à tête de lévrier et de croix à anse, avec le fragment inférieur d'une figure.

A. VOL. V. DELTA, etc.

Fig. 9. Fragment d'hiéroglyphes du même temple.

Nota. Toutes ces différentes sculptures sont exécutées sur le granit. Le temple d'Isis lui-même était construit en entier en granit. (*Voyez* le chapitre *XXV* des *Antiquités-Descriptions.*)

Fig. 10. Monolithe en granit noir, semblable aux monumens du même genre trouvés dans les sanctuaires des temples de la haute Égypte, notamment à Philæ. Il est placé au milieu de l'hypèthre de l'une des mosquées de Mehallet el-Kebyr, où il est renversé et sert de vase pour les ablutions. (*Voyez* la description, *chapitre XXV.*)

Fig. 11. Plan d'un sarcophage en pierre calcaire. Ce morceau antique est encastré dans le sol d'une pièce dépendante de l'une des mosquées de Mehallet el-Kebyr. (*Voyez* le *chapitre XXV.*)

Fig. 12. Élévation du même sarcophage.

Fig. 13. Élévation latérale d'un sarcophage en granit rouge, existant dans une cour de l'une des mosquées de Mehallet el-Kebyr. La forme de ce sarcophage, les ornemens dont il est décoré et l'exécution des sculptures annoncent un ouvrage grec. (*Voyez* la description, *chapitre XXV.*)

Fig. 14. Élévation antérieure du même sarcophage.

ALEXANDRIE.

EXPLICATION DES PLANCHES.

PLANCHE 31.

CARTE *générale des côtes, rades, ports, ville et environs d'Alexandrie.*

A. Point de vue de la pl. 34, fig. 1.
B. Point de vue de la pl. 32.
C. Point de vue de la pl. 35, fig. 1.

 On a inscrit sur cette carte toutes les indications des lieux, suivant les anciennes et les nouvelles dénominations : ainsi l'on aura une connaissance assez exacte de la topographie de l'ancienne Alexandrie, quand on aura étudié cette planche à l'aide de la *Description* et du Mémoire sur Alexandrie. On est, en conséquence, dispensé de donner l'explication de toute cette planche par une désignation particulière des lieux, au moyen de lettres ou de chiffres de renvoi, la carte étant d'ailleurs surchargée par le travail du burin.

 On pourra retrouver dans le grand plan de la ville d'Alexandrie (*É. M.*, vol. II, pl. 84) tous les détails indicatifs de la position des plus célèbres monumens de l'ancienne ville. L'échelle de cette carte, deux fois et demie moins grande que celle du plan, n'a pas permis de les porter sur la pl. 31, *A.*, vol. V.

Ports et rade.

Les chiffres inscrits dans l'emplacement des deux ports et de la rade indiquent les sondes ou profondeurs des eaux de la mer, exprimées *en pieds de France*.

Fonds de roche.

Le travail d'un burin plus serré, que l'on remarque sur la ligne du Phare au Marabou, exprime, autant que cela est possible, l'étendue des fonds de roche qui existent sur cette ligne, et qui rendent les passes de la rade dans le port vieux d'un accès difficile aux vaisseaux de guerre, seulement au-dessus de 5o à 6o canons; car on voit, par les sondes, que, ces passes étroites et sinueuses une fois franchies, la rade et le port vieux ont assez de profondeur d'eau pour suffire au mouillage des plus grands vaisseaux de guerre.

Distances itinéraires.

Les cotes des distances portées sur les rayons tirés du Phare et de la grande colonne au Marabou, ainsi que la distance indiquée par le rayon du Phare sur Abouqyr, sont le résultat des calculs trigonométriques fournis par M. Nouet, astronome. Quant à l'autre rayon, dirigé du pont le plus occidental du canal d'Alexandrie sur Abouqyr, sa distance et sa direction ont été relevées sur un plan dressé d'après d'autres opérations trigonométriques.

Échelles.

L'échelle métrique de cette carte est de 0,004 pour 100 mètres $= \frac{1}{25000}$.

Les autres échelles en mesures modernes et anciennes,

portées au bas de ces cartes et plans, ont pour but de faciliter les recherches sur les mesures indiquées par les auteurs anciens qui ont parlé si diversement des distances itinéraires et des dimensions de la ville d'Alexandrie.

Nota. Cette carte, dressée par M. Gratien Le Père pour servir à l'intelligence de son Mémoire sur la ville d'Alexandrie, est (ainsi que l'a consigné M. Le Père, son frère, dans son Mémoire sur le canal des deux mers, *É. M.*, tome XI, *section* III, §. V, pages 239 et 240) l'ouvrage de MM. les ingénieurs civils et militaires de l'armée d'Orient.

Longueurs vraies des échelles.

Échelle de 2000 toises.................. 0^m,1559.
Échelle de 20 stades de 95 toises.......... 0 ,1481.
Échelle de 3 milles romains............. 0 ,1768.
Échelle de 4000 mètres................. 0 ,1600.
Échelle de 40 stades de 51 toises.......... 0 ,1590.
Échelle de 25 stades de 76 toises.......... 0 ,1481.

PLANCHE 32.

Vue *de l'obélisque appelé* aiguille de Cléopâtre, *et de* la tour *dite* des Romains, *prise du sud-ouest.*

Au pied de l'obélisque en granit appelé *l'aiguille de Cléopâtre*, est un autre obélisque renversé, également en granit, et presque entièrement enseveli dans les sables. Il a été déblayé et dessiné. (*Voyez* pl. 33.)

A droite, on voit les buttes de décombres de l'ancienne Alexandrie; à gauche, le port neuf et le Pharillon.

Au-devant, sont des chameaux chargés, dont l'un porte de grandes outres pleines d'eau. Deux ingénieurs sont occupés à mesurer l'obélisque. Dans le fond, sont des femmes du pays, portant des vases remplis d'eau puisée dans des outres.

PLANCHE 33.

1, 2. ÉLÉVATION de deux faces de l'obélisque appelé aiguille de Cléopâtre. — 3...6. Élévation de deux faces de l'obélisque renversé.

1. Face du sud-ouest de l'obélisque debout, appelé par les voyageurs *aiguille de Cléopâtre*. Cette face est la même que celle qui est représentée pl. 32. Elle est dessinée jusqu'au bas, telle qu'on l'a vue en faisant les fouilles du monument. C'est M. Conté qui fit exécuter ces fouilles, et qui reconnut l'énorme bloc de granit et les degrés de même matière qui servaient de piédestal. Aujourd'hui le monument est enfoui d'environ $4^m,9$. On ignore à quelle époque l'obélisque a été brisé ainsi à sa base et relevé ensuite sur son socle.

2. Face du sud-est du même obélisque.

3. Face supérieure de l'obélisque couché à terre.

4, 6. Détails des sculptures gravées sur le pyramidion de l'obélisque renversé, face supérieure et face du nord-est.

5. Face latérale de l'obélisque renversé, tournée du côté du nord-est.

Il résulte de la comparaison des deux faces, qu'elles n'étaient pas tout-à-fait égales. On trouve, par le calcul, que la base inférieure avait $2^m,21$ sur $2^m,42$. L'obélisque debout présente une différence moindre.

7. Plan de l'obélisque renversé.

PLANCHE 34.

Vue, *élévation et détails de la grande colonne appelée communément* colonne de Pompee.

Fig. 1. Vue de la colonne, prise du côte du sud (*voyez* point A, pl. 31, *A.*, vol. v). On remarque à la partie inférieure du fût une dégradation assez profonde, mais un peu trop sensible sur la planche. Il en est de même de plusieurs des stries qui paraissent dans la partie supérieure. Tout le reste de la surface du fût a conservé un poli parfait. Le chapiteau n'a jamais été poli, non plus que la base. On n'a pas pu exprimer dans le dessin la légère inclinaison de la colonne, laquelle n'est que de 7 pouces sur toute la hauteur du fût, et se trouve dans le sens opposé à la grande cassure inférieure.

Le piédestal repose sur un massif de pierres amassées confusément, et parmi lesquelles on distingue deux fragmens égyptiens et plusieurs tronçons de colonnes.

L'inscription grecque portant le nom de Dioclétien, et qui se trouve sur la partie supérieure du socle de la colonne, ne peut se voir dans le dessin. Dans la face ombrée de ce même socle est un cadre légèrement tracé.

On voit, dans le fond, une partie de l'enceinte et de la ville des Arabes, et la mer à l'horizon; sur le devant, des cavaliers, des groupes arabes et quelques bestiaux.

Le point de vue est aussi en A, pl. 84, *É. M.*

1, 1', 1". Tour de l'enceinte de la ville des Arabes.

2, 2'. Minarets des mosquées de la ville des Arabes.

3. Obélisque appelé *aiguille de Cléopâtre*.

4. Fissure dans l'obélisque. Le granit est dépoli au-dessous.

5. Emplacement d'une inscription grecque. (*Voyez* le Mémoire sur les inscriptions et la pl. 56, *A.*, vol. v.)

6. Derviche lisant.

7. Arabes avec leurs enfans et leurs troupeaux.

8. Mamlouk armé d'un carquois et d'un arc.

Fig. 2. Élévation géométrale de la colonne, avec le détail de toutes les mesures. Cette figure sert à faire voir les pièces monolithes dont se compose le monument : le chapiteau, dont la hauteur est de $3^m,208$ (9^{ds} $10°$ 6^i); le fût, $20^m,499$ (63^{ds} $1°$ 3^l); la base et le piédestal, $5^m,042$ (15^{ds} $6°$ 3^l). Elle montre aussi le renflement, qui est exécuté avec le plus grand soin. Son diamètre est de $2^m,707$ (8^{ds} $4°$); les diamètres supérieur et inférieur sont de $2^m,657$ et $2^m,346$ (8^{ds} $2°$ 2^l et 7^{ds} $2°$ 8^l). Pour apprécier l'exactitude des mesures et connaître les moyens qu'on a employés pour se les procurer, voyez la description particulière de la colonne par M. Norry.

Fig. 3. Moitié du profil de la base et du piédestal.

Fig. 4. Moitié du profil du chapiteau.

Fig. 5. Plan d'une portion du tailloir.

Fig. 6. Détail en grand du massif placé sous le piédestal du côté du midi. Sur la face perpendiculaire au plan de cette figure, sont trois tronçons de colonnes en granit.

a. Bloc. Il y a une écornure considérable à l'un des angles de cette face. (*Voyez* la fig. 1.)

b. Blocs en marbre. Les autres blocs que l'on voit sous le socle sont en pierre ordinaire.

Fig. 7. Détail de la face du même massif exposée à l'est.

a. Blocs et tronçon de colonne en granit.

b. Fragmens en marbre blanc. Celui du milieu est orné d'hiéroglyphes; le reste est en pierre blanche et moellons.

Fig. 8. Détail du soubassement sur la face de l'ouest.

a. Bloc. Ce bloc en brèche, qui supporte tout le poids du monument, est couvert d'hiéroglyphes. Il est posé de manière que les hiéroglyphes sont renversés.

b. Un autre fragment égyptien en albâtre, dont les hiéroglyphes sont également renversés.

Ce morceau antique sert de remplissage, ainsi que toutes les pierres de diverses grosseurs dont cette maçonnerie est composée.

Fig. 9. Détail plus en grand du fragment égyptien en albâtre, indiqué fig. 8 et dessiné ici dans sa position naturelle.

TABLEAU *des principales mesures de la colonne, en pieds et en mètres.*

Hauteur totale de toutes les parties de la colonne.	88ds	6° 0¹ ou	28m,748.
Hauteur du piédestal.	10	0 0 —	3 ,248.
Hauteur du socle et de la base.	5	6 3 —	1 ,793.
Hauteur du fût.	63	1 3 —	20 ,499.
Hauteur du chapiteau.	9	10 6 —	3 ,208.
Socle du piédestal.	2	4 0 —	0 ,758.
Piédestal.	4	2 0 —	1 ,353.
Socle inférieur de la base.	1	5 0 —	0 ,460.
Socle de la base.	2	9 6 —	0 ,907.
Diagonale du tailloir.	16	3 0 —	5 ,278.
Diamètre du tailloir.	9	2 0 —	2 ,978.
Diamètre inférieur du chapiteau.	7	11 0 —	2 ,570.
Diamètre supérieur de la colonne.	7	2 8 —	2 ,346.
Diamètre du fût, à 36ds de la base.	8	2 4 —	2 ,662.
——— à 24ds	8	3 2 —	2 ,684.
——— à 12ds au renflement.	8	4 0 —	2 ,707.

Diamètre inférieur du fût. . . . . 8^{ds} 2° 2^1 — 2^m,657.
Largeur du socle de la base. . . . 11 0 2 — 3 ,578.
Largeur du piédestal. . . . . 11 10 0 — 3 ,844.
Largeur du socle du piédestal. . . 13 6 0 — 4 ,385.

PLANCHE 35.

1. VUE *de trois colonnes en granit, situées au sud de l'ancienne basilique vulgairement nommée* mosquée de Saint-Athanase. — 2......8. *Vue intérieure, plans, coupes et détails d'une tour antique placée au nord des deux obélisques, et connue sous le nom de* tour des Romains.

Fig. 1. Cette vue est prise du point C (pl. 31, *A.*, vol. v), au sud de l'édifice.
  1. Minaret construit par les Arabes dans l'ancienne basilique de Saint-Athanase.
  2, 3. Portes d'entrée latérales.
  4, 5, 6. Colonnes de granit d'un seul bloc et d'une belle conservation.
  7. Fragment d'une colonne arabe.
    Entre les trois colonnes et l'édifice, est le chemin qui conduit à la porte de Rosette.

Fig. 2. Vue intérieure d'une tour que l'on croit être l'ouvrage des Romains, et qui en porte le nom. Le fond de la salle est encombré par les ruines de l'une des voûtes, qui paraît s'être écroulée depuis long-temps.

Fig. 3. Plan de la tour, au rez-de-chaussée. Du côté du sud-ouest, la tour est engagée dans un massif de construction plus moderne, indiqué dans le plan par une teinte légère.
  a b. Emplacement d'une partie de mur antique représentée fig. 7.

A. VOL. V. ALEXANDRIE.

c. Angle du massif, où se trouve un quart de colonne d'ordre dorique, avec une construction en brique. (*Voyez* fig. 9.)

Fig. 3'. Plan du quart de colonne indiqué fig. 3, en c.

Fig. 4. Plan supérieur de la tour, au deuxième étage, et de la voûte qui la couronne. Cette voûte est surbaissée et formée de pierres de petite dimension. Elle paraît, ainsi que d'autres parties de la tour, être l'ouvrage des Arabes. Beaucoup de pierres de l'ancienne construction ont été remplacées par les Arabes, qui y ont substitué des fragmens mal choisis. Ils ont recouvert en plâtre d'autres pierres anciennes.

Fig. 5. Coupe de la tour sur la ligne AB (fig. 3). On a indiqué par une ligne ponctuée l'ancienne voûte que l'on présume avoir existé entre les deux étages.

Fig. 6. Demi-coupe prise sur la ligne CD (*voyez* fig. 3).

Fig. 7. Face de l'ancienne construction sur la ligne a b, fig. 3. On y voit une corniche antique d'un caractère mâle, et bien conservée. Les pierres sont de plus grande dimension que les autres : il y en a d'un mètre de haut. Le ton de ces pierres est brun et très-coloré; mais la matière est la même que celle des autres matériaux de la tour, c'est-à-dire en pierre calcaire numismale. L'ouverture que l'on voit dans cette façade est le reste d'une ancienne porte; au-dessus est un cintre qui paraît simplement gravé sur la muraille, et qui figure un arc de décharge.

Fig. 7'. Détail de la corniche et de l'appareil antique de la fig. 7.

Fig. 8. Détail du plan d'une des embrasures de la tour. (*Voyez* fig. 3.)

Fig. 9. Détail d'une colonne engagée dans le massif qui est au sud-ouest de la tour. (*Voyez* en c, fig. 3.)

Exp. des Pl.

PLANCHE 36.

1.......8. PLAN, coupes et détails d'une grande citerne.
— 9, 10. Détails d'une colonne avec un chapiteau en marbre. — 11......18. Sarcophages, statue et socle en granit.

Fig. 1. Plan d'une grande citerne située dans l'enceinte de la ville des Arabes. Les colonnes sont de marbre et bien conservées; le sol de la citerne est également en marbre blanc. On y descend par un puits étroit, au moyen d'entailles pratiquées sur les parois du puits, et dans lesquelles on place les pieds de droite et de gauche. Cet édifice souterrain paraît entièrement construit sur le plan d'une citerne antique; peut-être les Arabes n'ont-ils fait autre chose que de rétablir les colonnes, et de substituer des chapiteaux de nouveau style aux chapiteaux anciens.

a. Ouverture principale par laquelle la citerne est éclairée.
b, b, b. Autres ouvertures servant de jours.
c. Emplacement du puits de la citerne.

Tous les angles des piliers sont arrondis, afin de mieux résister à l'action des eaux.

Fig. 2. Coupe longitudinale de la citerne, prise sur la ligne AB, fig. 1. Dans la partie inférieure sont des niches pratiquées dans la maçonnerie. On voit en b deux des jours de la citerne. Les colonnes sont réunies par des bandeaux en arcade.

Fig. 3. Coupe transversale de la citerne, prise sur la ligne CD, fig. 1. On voit en b la grande ouverture carrée destinée à éclairer la citerne.

Fig. 4. Portion de coupe, prise sur la ligne EF, faisant voir le puits par où l'on descend dans la citerne, au moyen des entailles pratiquées sur les parois.

A. VOL. V. ALEXANDRIE.

Fig. 5...8. Détails de trois chapiteaux de la citerne. On remarque, dans la fig. 8, des ornemens analogues aux chapiteaux égyptiens; dans la fig. 6, les mêmes ornemens que dans l'édifice moderne du Kaire appelé *divan de Joseph*; et, dans les fig. 5 et 7, des croix semblables à la croix de Malte. Quant au galbe de ces chapiteaux, il est pareil à celui des chapiteaux du divan de Joseph.

Fig. 9. Vue d'une construction telle qu'il s'en trouve un grand nombre dans la ville des Arabes, et aussi dans beaucoup de lieux de l'Égypte, et dont la destination est de servir à abreuver les voyageurs. L'eau est contenue dans les deux cavités circulaires que l'on voit, dans la figure, à hauteur d'appui. Un homme est chargé de tenir ces réservoirs pleins d'eau.

Fig. 10. Détail en grand du chapiteau de la colonne qui supporte la construction représentée fig. 9. Ce chapiteau est en marbre.

Fig. 11, 12. Plan et vue perspective d'un sarcophage en granit, trouvé à 5 pieds de profondeur en creusant les fossés d'Alexandrie, près de *la tour des Bains*.

Fig. 13, 14. Plans de deux sarcophages en granit, trouvés dans le même endroit.

Fig. 15, 16. Vues d'un sarcophage en granit et d'un bloc de même matière, imitant la forme d'un socle égyptien, et provenant des mêmes fouilles.

Fig. 17. Statue en granit rouge, dont l'attitude est semblable à celle des figures égyptiennes. Cette statue est vue par-devant; elle représente une femme vêtue d'une draperie dont le style est un peu vague. La main gauche tient la croix à anse, qui, quoique brisée, est bien reconnaissable. On sait que cette croix était l'attribut de la Divinité chez les Égyptiens. On voit que cette figure est du sexe féminin, et il semble que l'artiste grec ou romain qui l'a exécutée avait le dessein de représenter la déesse Isis. On a trouvé la statue en démolissant un mur contigu à la tour des Romains.

Fig. 18. Ce détail représente la même statue, vue par derrière.

PLANCHE 37.

1, 2, 3. PLAN, *élévation et coupe d'une ancienne église dite* mosquée des Mille colonnes ou des Septante.

4....23. *Plans, coupes et détails de huit des principales citernes de l'ancienne ville.*

Fig. 1. Plan d'une ancienne église improprement appelée *mosquée des Mille colonnes*. Les colonnes de cet édifice sont de marbre précieux ou de granit; il y en a un grand nombre en porphyre.

a. Carrés cultivés au milieu de la cour de l'édifice : l'un d'eux renferme un petit pavillon et une grande cour destinés aux ablutions. (*Voyez* fig. 3.)

b. Entrée principale formée par un porche soutenu par quatre colonnes, et au-dessus duquel se trouve le minaret.

c. Tribune.

Fig. 2. Élévation de l'édifice, prise sur la ligne C D (*Voyez* fig. 1.)

Fig. 3. Coupe de l'édifice, prise sur la ligne AB (*Voyez* fig. 1.)

Le minaret n'est indiqué que par arrachement.

Les citernes représentées dans cette planche sont un choix fait parmi les nombreuses citernes qui existent encore dans l'ancienne ville.

Fig. 4. Plan de la citerne dite *el-Aghâr el-Kebyr*.

Fig. 5. Coupe de la même citerne sur la ligne AB, fig. 4.

Fig. 6. Plan de la citerne dite *el-Sangaq el-Kebyr*, placée près de la mosquée des Septante. La partie gravée au trait indique ce qui a été démoli, parce que l'eau s'y perdait.

Fig. 7. Coupe de la même citerne sur la ligne AB, fig. 6. La partie légèrement teintée indique ce qui a été démoli.

Fig. 8. Plan de la citerne dite *el-Zereby el-Kebyr*, située entre le fort triangulaire et la montagne voisine.

Fig. 9. Coupe de la même citerne sur la ligne AB, fig. 8. L'ouverture à l'angle supérieur a est celle d'un puits qui descend dans la citerne.

b. Tronc de colonne en marbre, comme il y en a ordinairement à l'entrée des jours des citernes.

Fig. 10. Plan de la citerne dite *el-Geytân el-Kebyr*.

Fig. 11. Coupe de la même citerne sur la ligne AB, fig. 10.

Fig. 12. Plan de la citerne dite *el-Helouah*, formant un carré parfait.

Fig. 13. Coupe de la même citerne sur la ligne AB, fig. 12.

Fig. 14. Plan de la citerne dite *Safouân el-Kebyr*. Toutes les colonnes de cette citerne et de beaucoup d'autres sont en granit rouge. Il y a huit ouvertures : les deux principales sont terminées par deux bases attiques; l'une en marbre verni, l'autre en granit. Les margelles des autres ouvertures sont en maçonnerie ou en tronçons de colonne.

Fig. 15. Coupe de la même citerne sur la ligne AB, fig. 14.

a. Deux pierres contribuant à soutenir les margelles avec les pierres b c.

b, c. Quatre pierres posées en diagonale sur l'ouverture des deux puits principaux. Une de ces pierres est en granit et ornée d'hiéroglyphes très-soignés.

Fig. 16. Coupe du puits, où l'on voit les troncs de colonne placés en travers au niveau de chaque étage, et posant sur les plates-bandes. On voit aussi les entailles qui servaient d'échelons. Ces trous sont pratiqués dans des morceaux de marbre encastrés dans la maçonnerie, et disposés alternativement, les pleins opposés aux vides.

Fig. 17. Plan de la citerne dite *Safouân el-Soghayr*.

Fig. 18. Coupe de la citerne sur la ligne AB, fig. 17.

Fig. 19. Plan d'un des angles de la citerne.

Fig. 20. Coupe sur la ligne AB, fig. 19, faisant voir les détails d'une ouverture circulaire terminée par un tronc de colonne creusé. Le plan des quatre arcades est racheté par autant de trompes, sur lesquelles sont disposées de longues pierres croisées les unes sur les autres, jusqu'au niveau du terrain.

Fig. 21. Coupe sur la ligne CD, fig. 19.

Fig. 22. Plan de la citerne dite *el-Totti el-Kebyr*.

Fig. 23. Coupe sur la ligne AB, fig. 22.

PLANCHE 38.

PLAN, *élévation, coupe et détails d'une ancienne basilique vulgairement nommée* mosquée de Saint-Athanase.

Fig. 1. Plan particulier d'un ancien édifice chrétien qui a été converti en mosquée et a conservé le nom d'un patriarche d'Alexandrie.

a. Sarcophage placé dans un petit bâtiment octogone à l'extérieur, et, en dedans, de forme circulaire. Ce sarcophage est le même que le monument connu depuis longtemps en Europe par les récits des voyageurs. La matière est en brèche égyptienne, de la plus grande beauté et d'un poli parfait. La surface entière est ornée, taillée et sculptée avec délicatesse. (*Voyez* pl. 40.)

b. Petit bâtiment destiné aux ablutions.

c, d. Tribunes.

e. Minaret très-élevé.

f. Portion de la cour, où l'on cultive aujourd'hui des légumes.

g, g. Portes. Les parties du plan marquées d'une teinte légère sont des constructions peu élevées et plus modernes.
h. Puits destiné à arroser le jardin de la mosquée.
i. Cadran solaire arabe.
k. Piscine.
l. Petite chaussée en marbre, dépendante de la piscine.
m. Maison de l'imâm, gardien de la mosquée.
n. Jardin.
o. Niche ornée de marbre.
p, p, p. Cabinets nécessaires au service de la mosquée.
Fig. 2. Élévation de l'édifice sur la ligne AB, fig. 1.
Fig. 3. Coupe de l'édifice sur la ligne CD, fig. 1.
a. Coupe transversale du sarcophage.
Fig. 4. Détail en grand de la moitié d'une des portes latérales marquées de la lettre g, fig. 1.
Fig. 5. Détail d'un des chapiteaux de l'édifice. Les ornemens sont presque superficiels, à la manière des chapiteaux arabes. Il est remarquable par sa forme carrée au sommet et circulaire à la base.
Fig. 6. Détail en grand de l'une des fenêtres de l'édifice.

PLANCHE 39.

1. VUE *intérieure d'une ancienne basilique vulgairement nommée* mosquée de Saint-Athanase. — 2, 3. *Plan et coupe d'un stade situé au sud-ouest de la colonne dite* de Pompée.

Fig. 1. Vue d'une ancienne basilique vulgairement nommée mosquée de *Saint-Athanase*. Cette vue est prise près de l'angle ouest de la cour (*voyez* pl. 38). A droite, est le petit bâtiment qui renferme le grand sarcophage égyptien en brèche. Ce monument lui-même s'aperçoit dans l'ombre. Sur le premier plan, sont des carrés cultivés en légumes.

Fig. 2. Plan topographique des vestiges et des environs d'un ancien stade situé à l'angle sud-ouest de la ville antique, entre le canal et la colonne, et que l'on croit être celui qui est désigné par Strabon.

a a. Partie occidentale du stade, qui présente les vestiges les plus reconnaissables. La même lettre indique le talus.

b b. Partie orientale, où ces vestiges sont encore distincts. Le sommet du talus est marqué par des restes de murailles qui forment une enceinte. Ces vestiges sont plus sensibles du côté du nord que du côté du midi.

c c. Restes de l'*épine* qui séparait le stade en deux parties, suivant sa longueur. Ce qui subsiste est peu élevé au-dessus du sol.

d. Portion du stylobate, qui avait environ $2^m,3$ de hauteur, et auquel aboutissaient les degrés de l'amphithéâtre.

e. Excavation sur l'emplacement de la borne (*meta*) que les coureurs devaient doubler. Ce sol est élevé d'un mètre au-dessus de celui de l'arène.

f. Débris de colonnes.

g, g, g. Restes de l'ancien sol du stade, en pierres de taille.

h h. Terrain sablonneux inférieur au niveau de l'ancien sol, et aujourd'hui cultivé.

i, i'. Ruines placées à l'orient, dans des points correspondans à celles de la partie occidentale du stade.

k. Gradins ruinés.

l. Fragment qu'on croit avoir appartenu à un petit obélisque.

m. Fondations d'un bassin en briques revêtues de ciment, dans lequel l'eau arrive par un petit canal dérivé du canal d'Alexandrie.

n. Fondations d'une petite salle.

o. Sortie du cirque, conduisant à Nécropolis.

La longueur intérieure du stade, mesurée entre les points p et p', est de $559^m,37$ (287 toises), d'après l'échelle du dessin original de M. Balzac. Si l'échelle,était originairement d'une ligne pour toise, comme on est porté à le croire, la longueur serait de 284^t 2^{ds}, ou 554^{m}17.

La largeur intérieure est de 51^m,6.

La longueur extérieure, compris l'amphithéâtre, entre les points i et q, est de 614^m,6.

Fig. 3. Coupe transversale du stade, prise sur la ligne AB (*voyez* fig. 2). Elle fait voir le profil de l'épine, du soubassement et des gradins inférieurs.

a. Épine.
b. Restes du stylobate.
c c. Fonds cultivé.
d. Sortie du stade du côté de Nécropolis.
e. Restes peu sensibles de la muraille qui couronnait le talus, et qui est rasée presque entièrement.

PLANCHE 40.

1......7. PLAN *et détails des sculptures d'un sarcophage en brèche égyptienne, trouvé dans l'édifice appelé* mosquée de Saint-Athanase. — 2, 3, 4. *Faces extérieures.* — 5, 6, 7. *Faces intérieures.*

Fig. 1. Plan d'un grand sarcophage égyptien, en brèche, qui ornait la basilique de Saint-Athanase à Alexandrie. Ce monument, quoique tout couvert de figures et de symboles hiéroglyphiques, était l'objet des hommages des musulmans, et il paraît que les Arabes l'avaient ainsi en vénération depuis les premiers siècles de l'islamisme. Cependant il a aussi servi de réservoir, comme on le voit par les huit ouvertures que les barbares ont pratiquées dans la partie inférieure.

La matière est une des plus dures et des plus belles qui soient au monde; c'est une brèche dont la carrière est située dans le désert de la Thébaïde, non loin de la vallée qui joint le Nil et la mer Rouge. On l'appelle en Italie *breccia verde ;* elle est aussi connue sous le nom de *brèche égyptienne.* Les parties principales qui la composent sont des fragmens roulés de granit et de porphyre, des couleurs les plus brillantes et les plus variées ; le fond est une roche verte, non moins dure (*voyez* la pl. 9 de minéralogie, *H. N.,* vol II). Quand cette pierre est polie, elle présente de larges taches plus ou moins arrondies, et d'un effet très-beau. Les Égyptiens ont employé rarement cette pierre, qui devait être fort difficile à travailler. Néanmoins la sculpture exécutée sur le sarcophage d'Alexandrie est si fine et si délicate, que l'on trouve quelquefois jusqu'à huit, dix et même douze hiéroglyphes dans un espace d'un pouce carré seulement. La superficie sculptée équivaut à plus de cent pieds carrés, et le nombre des caractères dépasse ving-un mille sept cents.

L'échelle de ce plan est *d'un vingtième pour cent,* comme celle du plan du sarcophage de Qala't-el-Kabch (*voyez* pl. 24); les coupes et élévations sont dans la pl. 41. Les mesures gravées ont été prises à la partie supérieure.

La partie sculptée de la face D a $1^m,085$.

Ce beau monument était embarqué pour être transporté en France, lorsque la capitulation l'a fait tomber au pouvoir de l'armée anglaise. L'auteur du dessin en a pris à Londres des empreintes en soufre, au moyen desquelles on pourra reproduire une copie très-exacte, en pierre artificielle, de ce rare morceau d'antiquité. (*Voyez* l'explication des pl. 23, 24, 25, 52 et suivantes.).

Fig. 2. Détail des sculptures de la face extérieure du sarcophage, marquée A sur le plan, fig. 1. L'échelle de ces détails et des suivans est au quart de la grandeur naturelle.

Il aurait été difficile d'ombrer les figures et de les graver au fini sans nuire à la pureté des caractères, et par conséquent à l'intérêt de la gravure, sous le rapport de l'étude. C'est pourquoi l'on a préféré de donner toutes ces figures au simple trait, et de s'attacher à la fidélité la plus minutieuse, en observant toutefois une différence très-remarquable qui existe entre certains hiéroglyphes et les autres. Ceux qui occupent la partie à droite de la fig. 2 et quelques autres endroits, ont été sculptés plus profondément : non-seulement les contours en sont très-purs et très-bien arrêtés, mais le fond des figures est travaillé; au contraire, dans d'autres endroits, et ce sont les plus nombreux, les figures ont un contour un peu plus indécis, et la sculpture n'est pas loin d'être terminée à l'intérieur. Cependant il n'y a pas une de ces figures dont le style ne soit exactement conforme au type égyptien le mieux caractérisé. Au reste, le travail de la sculpture, sur une pierre composée de tant de parties différentes, toutes d'une extrême dureté, a dû être fort long et fort difficile, et il n'est pas surprenant qu'on ne l'ait point parachevé. Cette différence dans l'état du travail a été également observée, par une teinte plus légère, dans la gravure des autres dessins.

On remarque au fond du monument quatre ouvertures pratiquées par les Arabes, qui, à une époque inconnue, ont transformé ce monument en réservoir.

Fig. 3. Détail des sculptures de la face extérieure du sarcophage, marquée C sur le plan. (*Voyez* la fig. 1; la partie B est sur la planche suivante.)

On observe que toutes les figures de cette face et de la face antérieure D, hors la bande inférieure, sont tournées de droite à gauche, tandis que celles de la face opposée et de la face tournante regardent de gauche à droite. Il y a aussi quatre ouvertures pratiquées dans le bas.

Fig. 4. Détail des sculptures de la face extérieure, marquée D sur le plan, fig. 1.

Fig. 5. Détail des sculptures de la face intérieure tournante, marquée F sur le plan, fig. 1. La face E est sur l'autre planche.

Le système de la décoration n'est pas le même au dedans qu'au dehors : au dedans, les signes sont plus grands, et le haut est occupé par une frise. La sculpture est également soignée. Il reste un grand espace nu entre le bas de l'ornement et le fond du sarcophage : c'est là qu'on voit le mieux la nature de la brèche.

Fig. 6. Détail des sculptures de la face intérieure, marquée G sur le plan.

Fig. 7. Détail de la face intérieure, marquée H sur le plan.

PLANCHE 41.

1...4. COUPES *et détails des sculptures d'un sarcophage en brèche égyptienne trouvé dans l'édifice appelé mosquée de Saint-Athanase.* — 5. *Face extérieure.* — 6. *Face intérieure.*

Fig. 1. Élévation latérale du sarcophage, sur la face A. (*Voyez* le plan, pl. 40, fig. 1.)

La partie décorée des sculptures est indiquée ici par un trait léger. Les points tracés sur cette figure et les trois suivantes indiquent les fractures du monument sur ses arêtes et en divers endroits.

Fig. 2. Coupe du sarcophage sur la ligne BD du plan. Les lignes intérieures gravées par un trait léger indiquent la limite des décorations.

Fig. 3. Élévation de la face extérieure tournante, face B du plan. On doit remarquer que le dessous du monument n'est pas horizontal dans sa largeur.

Fig. 4. La partie à droite indique la coupe en travers du sarcophage : la partie à gauche est la moitié de l'élévation antérieure, face D du plan.

Fig. 5. Détail des sculptures de la partie postérieure tournante du sarcophage, marquée B sur le plan. Trois ouvertures ont encore été pratiquées sur cette face par les barbares, qui ont fait du monument un abreuvoir. La partie sculptée sur cette face tournante a $1^m,77$ (5^{ds} 5^p $4^{l\frac{1}{2}}$); elle commence à $0^m,095$ ($3°6^l$) de l'arête à gauche, et à $0^m,076$ ($2°10^l$) de l'arête à droite.

Fig. 6. Détail des sculptures de la face intérieure, marquée E sur le plan.

PLANCHE 42.

PLANS, *coupes et détails d'un monument souterrain situé à l'ouest de la ville antique.*

Fig. 1. Plan général à la superficie du terrain. On a figuré ici les parties du monument où l'on n'a pu pénétrer.

a, a, a. Emplacement du monument.

b. Entrée forcée par laquelle on pénètre aujourd'hui dans le monument.

c, c, c. Restes de constructions arabes.

d, d, d. Puits par où le sable et les débris ont pénétré dans le monument et l'ont encombré. Les puits que l'on voit dans le plan détaillé, fig. 2, ne sont pas apparens à la surface du terrain.

e. Petites salles creusées dans le rocher, aujourd'hui remplies d'eau de mer, et connues sous le nom de *bains de Cléopâtre*. On voit au-dessus les restes d'une mosaïque.

f. Citerne avec un enduit en ciment. On voit dans les environs plusieurs autres citernes antiques. (*Voyez* la description, *chapitre XXVI.*)

g. Baie dont les bords sont en partie taillés de main d'homme.

Fig. 2. Plan détaillé du monument. Les parties des salles où l'on n'a pu pénétrer à cause de l'encombrement, sont indiquées par un trait léger. (*Voyez* en k'.)

a. Ancienne entrée, ou entrée principale, aujourd'hui encombrée.

b. Porte du vestibule, également bouchée.

c. Entrée forcée par laquelle on pénètre aujourd'hui dans le monument. Ce point correspond au point b du plan général, fig. 1.

d. Passage forcé par lequel on entre dans les salles intérieures.

e. Autres passages forcés.

f. Ouvertures forcées et aujourd'hui sans issue. On trouve de l'eau en f'.

g. Porte d'entrée de la rotonde.

h. Voûtes au haut desquelles on voit l'image du soleil tracée en rouge.

i. Salle dont le plafond à la forme d'un berceau, sur lequel on voit des lignes horizontales tracées en rouge.

l. Petites portes au-dessus desquelles on voit le tracé des frontons, également en couleur rouge.

Fig. 3. Coupe du monument sur la ligne AB, fig. 2.

Fig. 4. Coupe sur la ligne CD, fig. 2, faisant voir la porte d'entrée de la rotonde.

Fig. 5. Coupe sur la ligne EF, fig. 2.

Fig. 6. Coupe sur la ligne GH, fig. 2.

Fig. 7. Détail du fronton qui couronne la porte d'entrée de la rotonde. On remarque un croissant sur le fronton. (*Voyez* fig. 4.)

Fig. 8. Détail de la base du pilastre qui est placé à la porte de la rotonde.

L'explication de la planche 43 sera fournie avec l'un des volumes suivans.

PAPYRUS,

HIÉROGLYPHES,

INSCRIPTIONS ET MÉDAILLES.

EXPLICATION DES PLANCHES.

PLANCHE 44.

1, 3, 4, 5, 7. MANUSCRITS *sur papyrus*. — 2, 6. *Fragmens de manuscrits*.

Fig. 1. Papyrus communiqué par M. Denon et apporté de Thèbes. La largeur est de 0^m,16 (5° 11^l); la longueur, de 0^m,95 (2^{ds} 11°) : il paraît entier. Ce manuscrit est tout en écriture cursive, à l'exception de quelques hiéroglyphes. Il est altéré dans la partie inférieure, principalement dans les trois lignes de dessous, presque à moitié coupées par des déchirures profondes. Il n'y a aucun caractère rouge. L'encre est plus ou moins noire, et l'on a tâché d'imiter dans la gravure la différence de ton. On s'est efforcé aussi de rendre avec une scrupuleuse exactitude tous les caractères, quoiqu'écrits un peu négligemment.

Fig. 2, 3, 4. Trois fragmens d'un autre papyrus, provenant du même lieu, et qui paraissent écrits en hiéroglyphes cursifs. On les a gravés pour donner un échantillon d'une écriture particulière, avec des ligatures, et en même temps très-soignée; on y voit que l'écrivain a pris quelque liberté dans le tracé des signes, et même qu'il a laissé courir sa plume avec une sorte d'élégance.

Fig. 5, 6. Fragmens détachés de papyrus, en caractères hiéroglyphiques, écrits avec une très-grosse plume. On a rapproché, dans la gravure, deux morceaux de la fig. 6, qui paraissent avoir été contigus dans l'original.

Fig. 7. Papyrus communiqué par M. de Révil (provenant du cabinet de M. d'Hermand). La longueur est de $1^m,20$ (3^{ds} $8°$ 5^l); la largeur, de $0^m,24$ ($8°$ 10^l).

Ce papyrus, écrit en hiéroglyphes, paraît entier, quoique les lignes du cadre atteignent le bord du papier du côté droit. On en juge ainsi, 1°. parce qu'il n'y a aucun caractère dans le vide qui reste après la première colonne à droite, 2°. par l'espèce des signes qui commencent cette même colonne.

On a représenté par un simple trait les caractères écrits en encre rouge. Quant aux figures rouges environnées d'un trait noir, comme les onze disques de la première et de la seconde bandes, il n'a pas été possible d'indiquer la couleur : il en est ainsi des deux banderoles qui sont sur le corps de la momie couchée. L'écrivain avait ébauché la figure de cette même momie avec un trait rouge qu'il n'a pas suivi.

Le même avait tracé une ligne en rouge pâle pour fixer la hauteur des figures debout, placées à la droite de la barque et au-dessous; elle est plus sensible dans la rangée inférieure, où l'on voit cette ligne double, au-dessus de la tête de cinq figures.

On a fait en sorte que la gravure imitât la différence de teinte dans l'encre, et la variété de la plume. Les accidens du papier sont aussi imités avec soin.

Ce manuscrit est parfaitement conservé. On a pu graver tous les détails avec la plus grande fidélité.

PLANCHE 45.

Manuscrit sur papyrus.

Ce manuscrit a été calqué d'après l'original déposé au cabinet des antiques du *Musée Britannique*, à Londres. (*Voyez* l'explication des pl. 24 et suiv.)

A la gauche de l'extrémité du manuscrit, il y a un espace d'environ $0^m,12$ (4 à 5 pouces) en papyrus non écrit.

La tête du papyrus est détruite; mais il paraît que rien ne manque à la droite de cette lacune. On ne voit pas ici la scène du jugement, qui est si fréquente dans les manuscrits. La figure du crocodile qui est en tête d'une page, et celle du taureau au-dessus de l'autre, sont assez remarquables.

Nota. Le caractère a été gravé un peu plus fort et plus épais que dans l'original.

PLANCHE 46.

Manuscrit sur papyrus.

Ce manuscrit est en deux morceaux; il a été calqué d'après l'original déposé à la *Société des antiquaires*, à Londres. La conservation du manuscrit est très-médiocre, et la gravure présente conséquemment beaucoup de parties incertaines.

Il provient de M. Hamilton, qui en a fait don à la société.

Parmi les figures, on remarque des sujets analogues à ceux de la planche précédente : il y manque également la scène du jugement.

Nota. En général, les caractères ont été gravés d'une manière trop irrégulière, et ils sont un peu trop larges.

PLANCHE 47.

1, 2. Pierre avec inscription, trouvée à Edfoû. — 3, 4, 5, 11, 12. Bas-reliefs. — 6, 7, 8. Autel en pierre. — 9. Buste en albâtre. — 10. Étoffe brodée en couleur.

Fig. 1, 2. Profil et dessus d'un fragment antique de granit noir, et qui paraît être un petit autel portatif. Le dessus (fig. 2) est légèrement creusé et porte une gouttière; mais le creux est très-peu profond, et l'on peut douter qu'il ait servi à recevoir et faire écouler l'eau lustrale ou toute autre. L'inscription qui entoure cet autel, a été examinée dans le *Mémoire sur les inscriptions anciennes :* elle prouve que ce morceau est du temps des Grecs; et ce qui le prouve également, c'est le genre de la sculpture, qui n'est qu'une imitation de fantaisie du style antique. On n'y voit pas d'hiéroglyphes; on pourrait le comparer, sauf la forme et le caractère des ornemens, avec un vase ou dessus d'autel en granit, gravé dans la pl. 74 de ce volume.

Fig. 3, 4. Deux bas-reliefs copiés dans l'enceinte de la seconde pyramide de Gyzeh. Il y a dans l'original une bande horizontale d'hiéroglyphes au haut de la fig. 3.

Fig. 5. Fragment trouvé à Alexandrie, et qu'on croit avoir appartenu à la partie inférieure d'un sarcophage.

Fig. 8. Sorte de tabernacle monolithe, en pierre, orné de sculptures et d'hiéroglyphes. La tête d'Isis paraît associée au corps de l'*ubœus* ou de l'*agathodæmon*. Ce petit monument était peint en rouge dans plusieurs parties.

Fig. 6, 7. Faces latérales du même monolithe.

Fig. 9. Petit buste d'Isis en albâtre, analogue à celui qui est représenté pl. 87, fig. 11. Plusieurs parties de ce morceau sont peintes en rouge et en vert.

Fig. 10. Fragment d'étoffe de coton, dont le tissu est d'un grain très-fin, brodée en fleurs avec d'autres dessins coloriés. Le fond des fleurs est en fil rouge ou vert, et la bordure en est verte ou rouge. Le travail de la broderie est exécuté très-artistement.

Fig. 11, 12. Fragment en pierre grise tendre, de la nature de la pierre ollaire, sculpté des deux côtés. D'un côté est la figure d'un homme à tête et à queue de cynocéphale, en adoration devant Isis couronnée de lotus. Au revers, la pierre représente deux lions marchant l'un au-dessus de l'autre. Le style de la sculpture paraît un peu postérieur à l'ancienne époque de l'art.

PLANCHE 48.

PLAN, *coupes et détails hiéroglyphiques d'un monolithe égyptien, trouvé à Damiette.*

Partie supérieure d'un monolithe en granit noir à grain fin, couvert d'hiéroglyphes sculptés en relief dans le creux. Il a été recueilli par M. le comte de Choiseul-Gouffier. Le bas du monument n'a pas été apporté en France.

Fig. 1. Plan du monolithe.
Fig. 2. Élévation sur la ligne CD du plan, fig. 1.
Fig. 3. Coupe sur la ligne AB; fig. 1. On voit, dans ce profil, la feuillure qui servait à recevoir le battant d'une porte, comme dans presque tous les monolithes semblables : elle ne se voit pas sur les côtés.
Fig. 4. Coupe sur la diagonale CE, fig. 1.
Fig. 5. Sculpture d'un des côtés (face latérale DE, fig. 1).

Ce dessin est aux deux tiers de l'original, ainsi que la figure suivante.

Fig. 6. Sculpture de la partie postérieure (face BE, fig. 1).
Le lion est représenté huit fois avec une tête d'épervier et avec des bras humains armés d'un arc. La queue de l'épervier est ajoutée derrière celle du lion; particularité que je n'ai point vue ailleurs. Il y a beaucoup d'hiéroglyphes numériques dans ce monolithe. Voyez à ce sujet, et sur d'autres détails du monument, les Mémoires d'antiquités. On doit fort regretter que le bas de ce morceau curieux soit perdu.

Nota. M. le comte de Choiseul-Gouffier le regardait comme venant de Damiette; d'autres pensent qu'il a été trouvé à Rosette.

PLANCHE 49.

Inscriptions *hiéroglyphiques et coiffures copiées à Denderah.*

Fig. 1. Ce fragment de bas-relief de Denderah a beaucoup d'analogie avec les bas-reliefs de Karnak, représentés vol. III, pl. 35 et 38. La bande inférieure renferme encore des signes numériques valant 1 et 100.

Fig. 2. Partie inférieure d'un bas-relief du même lieu, représentant une offrande à la Divinité.

Fig. 3. Portion de frise de Denderah, analogue aux inscriptions hiéroglyphiques des dés de chapiteau.

Fig. 4, 5, 6. Offrande et figures dessinées au même endroit.

Fig. 7...20. Légendes hiéroglyphiques, copiées à Denderah.

Fig. 21...31. Coiffures de prêtres, dessinées dans le même lieu.

Fig. 32. Hiéroglyphe composé d'un poisson et de jambes humaines.

PLANCHE 50.

TABLEAU *méthodique des hiéroglyphes.* (1re partie.)

Ce tableau est divisé en deux planches : la première renferme les figures *simples* et une partie des figures *complexes* ou combinées; la seconde, les *groupes* de signes : le tout est réparti en onze classes. Il n'entre point, dans le tableau, de ces figures qui sont en scène dans les bas-reliefs et les peintures, d'une manière plus ou moins analogue aux figures des bas-reliefs ordinaires anciens ou modernes, et qu'on appelait autrefois des hiéroglyphes; on y a admis seulement ces signes d'écriture qui accompagnent toujours les scènes dont il s'agit, comme pour leur servir de légende ou d'explication, et qui sont toujours aussi groupés entre deux petites baguettes, et disposés en colonnes verticales ou horizontales. Tous ces signes ont une forme constante, qui se rapporte à un type déterminé et à peu près uniforme : ainsi les animaux et les plantes, par exemple, ont une forme invariable et toujours facile à reconnaître, ou du moins à distinguer d'avec les autres.

Ire classe (*voyez* la première colonne à gauche), consacrée aux *figures humaines.*

IIe classe (contenue dans la colonne 2), renfermant les *parties de figures humaines.*

IIIe classe (colonnes 3, 4, 5), *figures d'animaux.*

IVe classe (colonne 6), *portions de figures d'animaux.*

V^e classe (colonnes 7 à 18), figures imitant des *objets inanimés,* des ustensiles, vases, meubles et instrumens, et en général les ouvrages de l'industrie humaine.

VIe classe (colonnes 19, 20), *figures rectilignes,* la plupart empruntées à la géométrie, et qui ne paraissent pas être l'imitation d'un objet déterminé.

VII⁰ classe (colonnes 21, 22), *figures mixtilignes*, ou composées de lignes droites et de lignes courbes, avec diverses figures indéterminées.

VIII⁰ classe (colonnes 23, 24), *figures de végétaux*.

IX⁰ classe (colonnes 25 à 42), *figures complexes*, ou caractères combinés ensemble deux à deux, et quelquefois trois à trois.

Ainsi les classes I, II, III, IV et VIII représentent les êtres vivans organisés, et la classe V⁰, les ouvrages de l'homme social. Les deux autres comprennent ce qui n'entre pas dans les précédentes, ou ce qui est moins facile à déterminer. La classe IX⁰ est la réunion des uns et des autres.

Au moyen des numéros que porte chaque signe, et de la forme invariable du type, il sera facile aux savans de correspondre sur cette matière, et de citer les hiéroglyphes qu'ils voudront désigner dans leurs recherches.

Voyez la pl. 51 pour l'indication des classes X et XI, et consultez, pour l'intelligence du tableau, les *Observations et recherches nouvelles sur les hiéroglyphes*, ainsi que la *Notice sur les signes numériques des anciens Égyptiens*, par M. Jomard.

PLANCHE 51.

TABLEAU *méthodique des hiéroglyphes.* (2ᵉ partie.)

Cette planche renferme deux des classes ou subdivisions du tableau, formées des groupes de figures et légendes.

X⁰ classe (colonnes 1 à 7), groupes de figures, ou signes accolés et répétés.

XI⁰ classe (colonnes 8 à 27), légendes encadrées, ou phrases particulières enfermées dans un lien arrondi, et qu'on appelle quelquefois des *scarabées*, parce qu'on en trouve d'écrites sur le plat de certains amulettes qui ont, supérieurement, la forme de ces insectes.

La première portion, en seize colonnes, renferme les légendes verticales; et la seconde, en quatre colonnes, les légendes horizontales. On a donné ici celles qui sont composées des mêmes figures et qui ne diffèrent que par la position, afin de fournir le moyen de connaître comment les écrivains et les artistes égyptiens disposaient l'écriture hiéroglyphique, toujours avec plus ou moins de symétrie. On apprend par-là qu'elle servait à l'ornement, en même temps qu'à l'expression et à la notation des idées. (*Voyez* la pl. 5o et l'explication.)

PLANCHE 52.

PIERRE *trouvée à Rosette.* (Partie supérieure, en écriture hiéroglyphique.)

Le monument en trois langues qui fait l'objet de cette planche et des deux suivantes, est tellement connu, et même est devenu si célèbre, qu'il est presque superflu de le décrire en détail; on se bornera ici aux principales circonstances. La pierre est en granit noir : son épaisseur moyenne est de $0^m,27$ (10 pouces); sa largeur inférieure, de $0^m,735$ ($2^{ds} 3^o 2^l$); et sa hauteur, dans l'état actuel, de $0^m,963$ ($2^{ds} 11^o 7^l$): car malheureusement la partie supérieure a été tronquée fortement, et l'on ne peut même connaître que par conjecture ce qui manque de la pierre. A en juger par la cassure seulement, il en manque une hauteur égale à $0^m,177$ ($6^o 6^l$) : ainsi la pierre avait au moins $1^m,14$ ($3^{ds} 6^o 1^l$) de haut. Cette partie écrite a $0^m,720$ dans le bas, $0^m,702$ dans le haut, la pierre ayant une pente sensible sur ses côtés.

548 EXPLICATION DES PLANCHES.

C'est en faisant exécuter des fouilles près du fort de Rosette, situé à une lieue au nord de cette ville, et à égale distance de la ville et de l'embouchure du Nil, que l'on a découvert ce monument; le monde savant est redevable au capitaine du génie Bouchard, ancien élève de l'école polytechnique, de ce précieux reste de l'antiquité. Aussitôt qu'il fut trouvé, M. Lancret, qui était alors en mission à Rahmânyeh, annonça la découverte à l'Institut du Kaire, qui s'empressa de faire venir la pierre et d'en faire tirer des empreintes. Depuis, le monument fut transporté à Alexandrie, et c'est là que le général en chef de l'armée britannique l'a obtenu du général français par un article de la capitulation.

Le texte hiéroglyphique a été dessiné deux fois avec l'attention la plus scrupuleuse, tant d'après le soufre rapporté par M. Raffeneau-Delile, que d'après une épreuve en plâtre que l'auteur du dessin a prise à Londres sur le monument original[1]. On a mis un soin religieux à conférer ensemble les moindres détails des deux empreintes; ce qui a donné le moyen d'arrêter les formes avec toute la certitude possible dans toutes les parties qui sont un peu vagues ou indécises: le caractère particulier donné par le graveur égyptien à certains signes hiéroglyphiques exigeait d'ailleurs une attention spéciale pour être conservé sans altération.

Dans la seule partie subsistante du texte hiéroglyphique, il manque environ un quart, par l'effet de la troncature qui existe à droite et à gauche, sans compter tout ce qui manque au-dessus de la première ligne, et qui pouvait être équivalent à une moitié ou deux tiers en sus.

[1] C'est au zèle éclairé de sir Joseph Banks et à son amour pour les sciences, qu'on doit de posséder en France le plâtre du monument, et l'on n'a pas moins d'obligation à M. Taylor Combe, conservateur des antiques au Musée Britannique, pour la bienveillance et l'empressement avec lesquels il a donné à l'auteur du dessin toutes les facilités dont il avait besoin pour se procurer cette précieuse empreinte.

On a gravé, au bas de cette planche, la première ligne de l'inscription intermédiaire, pour servir de repère, et l'on a fait de même dans les deux planches suivantes. Au moyen de ces repères, les trois gravures peuvent être réunies en une seule feuille, qui sera de la même grandeur que le monument, sauf le retrait du papier.

Les cassures et les parties usées de la pierre ont été imitées avec le plus de fidélité possible, de manière à ne pas nuire à la netteté de la copie.

PLANCHE 53.

PIERRE *trouvée à Rosette.* (Partie intermédiaire, en langue égyptienne vulgaire.)

Voyez l'explication de la planche précédente. Il ne manque rien à gauche; et la troncature à droite est très-petite, en comparaison de celle du texte hiéroglyphique. Il y a aussi quelques cassures dans le corps de l'inscription; mais elles sont peu considérables. Il est aisé de reconnaître, dans les signes dont ce texte se compose, plusieurs hiéroglyphes peu altérés. Le dessin de cette planche et celui de la suivante ont été faits avec un soin minutieux par M. Raffeneau-Delile, d'après les excellens soufres pris par lui-même en Égypte : il a imité avec un fini extrême tous les accidens de la pierre et toutes les variétés des formes.

PLANCHE 54.

PIERRE *trouvée à Rosette.* (Partie inférieure, en langue grecque.)

Voyez l'explication des planches précédentes. La troncature qui existe à l'angle inférieur de droite, est égale à en-

EXPLICATION DES PLANCHES.

viron une quinzième partie du texte. Dans le corps de l'inscription, il y a plusieurs cassures assez étendues que M. Raffeneau-Delile a imitées fidèlement d'après l'original, ainsi que tous les autres accidens du monument.

PLANCHE 55.

1.... 13. INSCRIPTIONS *de Philæ;* — 14, 15. *d'Éléphantine;* — 16, 17. *d'Ombos;* — 18. *d'Edfoû;* — 19, 20.... 24. *de Thèbes* (*Karnak*); — 25..... 30. *de Medynet-abou;* — 31....45. *du colosse de Memnon.*

Fig. 1. Inscription dont les caractères sont assez analogues à l'écriture intermédiaire de la pierre de Rosette; elle est tracée sur une muraille, dans le voisinage du grand temple de Philæ. Cette inscription est *figurative*, ainsi que toutes celles des pl. 55 et 56, c'est-à-dire que les formes et la place des signes y sont conservées comme dans l'original, et qu'on peut les regarder comme des *fac simile* qui seraient réduits. (*Voyez* le Mémoire sur les inscriptions anciennes par M. Jomard, pour les éclaircissemens relatifs aux inscriptions des pl. 55 et 56.)

Fig. 2. Inscription tracée en rouge à Philæ, dans une salle voisine du Nil, où est représentée la mort d'Osiris. (*Voyez* pl. 19, fig. 2, *A.*, vol. 1.) Cette salle est remplie d'une multitude d'inscriptions tracées au plafond et sur les murailles. Les deux inscriptions précédentes ont été recueillies par M. Fourier.

Fig. 3. Tracé sur le socle qui supporte une figure d'Horus, derrière le grand temple de Philæ (*voyez* pl. 15, fig. 15, *A.*, vol. 1, et l'explication des planches). Copié par M. Dutertre.

Fig. 4, 5, 6. Inscriptions grecques tronquées, qui occupent

la partie inférieure du grand pylône à Philæ. Les caractères paraissent avoir été coupés et effacés par la sculpture. (*Voyez* le Mémoire sur les inscriptions anciennes.) La lettre isolée E qu'on voit fig. 5 est le reste de celles qui faisaient suite au fragment placé à la même hauteur, et qui ont disparu sous le ciseau.

Fig. 7. Inscription grecque, gravée, sous Ptolémée Denys, sur la partie inférieure du fût d'un obélisque en grès, élevé au midi de l'île de Philæ.

Fig. 8. Inscription grecque tracée sur le grand temple de Philæ; copiée par M. Jollois.

Fig. 9, 10. Inscriptions latines gravées auprès du grand pylône de Philæ.

Fig. 11, 12, 13. Inscriptions grecques chrétiennes, gravées sur le second pylône. La fig. 13 a été copiée par M. Jollois.

Fig. 14, 15. Inscriptions grecques tracées, à deux époques, auprès de l'échelle nilométrique de l'escalier d'Éléphantine, destinées à marquer l'élévation du Nil : l'une sous un Antonin, l'autre sous Septime Sévère; copiées par M. Jollois et par M. Girard. (*Voyez*, pour la place qu'elles occupent, la pl. 33, fig. 3, *A*., vol. 1; et l'explication ainsi que le Mémoire de M. Girard sur le nilomètre d'Éléphantine, et la description de cette île, *A. D.*, *ch. III.*)

Fig. 16. Inscription grecque sculptée sur le listel d'une corniche, dans l'une des salles du fond du grand temple d'Ombos, au nom des troupes cantonnées dans le nome *Ombites*, sous Ptolémée Philométor.

Fig. 17. Fragment de pierre calcaire avec des lettres qobtes, trouvé à Ombos par M. Regnault.

Fig. 18. Inscription grecque gravée autour d'une pierre carrée ou autel en granit noir, trouvée à Edfoû par M. Girard. (*Voyez* la pl. 47, fig. 12, *A*., vol. v.)

Fig. 19, 20, 21. Inscriptions égyptiennes gravées sur la terrasse du vieux temple de Karnak; deux pieds sont sculptés au-dessous, comme pour indiquer que les auteurs des inscriptions sont venus visiter le temple. (*Voyez* la pl. 57, fig. 4, 5, 6, *A.*, vol. III.)

Fig. 22. Deux mots gravés sur un sphinx à Karnak, faisant partie de l'avenue qui se dirigeait vers le Nil.

Fig. 23, 24. Mots isolés gravés sur le petit temple d'Isis à Karnak : l'un sur la terrasse, derrière une fenêtre; l'autre dans le portique, près d'une petite porte à gauche.

Fig. 25. Inscription égyptienne tracée, à Médynet-abou, sur le mur de la salle du fond, à droite du petit temple. Copiée par M. Villoteau, ainsi que les deux suivantes. Elles ne sont point gravées sur la pierre, mais plutôt écrites.

Fig. 26, 27, 28. Inscriptions grecques tracées sur les murs de la même salle.

Fig. 29, 30. Deux petites inscriptions tracées par les chrétiens sur les robes de deux figures faisant partie d'un bas-relief peint, à Médynet-abou. (*Voyez* le dessin de M. Redouté, pl. 12, *A.*, vol. II.)

Fig. 31....45. Quinze inscriptions grecques ou latines, gravées sur les jambes du colosse de Memnon, à Thèbes, par des voyageurs grecs et romains, et attestant qu'ils ont entendu la voix de Memnon au lever de l'aurore. La plus ancienne de celles-ci est de l'an XI de Néron. Il existe un beaucoup plus grand nombre d'inscriptions tracées sur la statue : on les trouvera rassemblées dans le Voyage de Pocock, et citées dans la *Description de Thèbes*, par MM. Jollois et Devilliers. On n'a voulu donner place ici qu'à celles qui ont été copiées pendant l'expédition française.

31, 32.... Copiées en dedans de la jambe droite.

33, 43, 45. — sur le pied droit.

34........ Copiées au-dessous du genou droit.
35....... — sur le côté de la jambe droite.
37, 40.... — sur la jambe gauche, peut-être sur le pied droit.
39....... — sur la jambe gauche.
41....... — sur le devant de la jambe droite.
42....... — sur la jambe droite.
44....... — sur le coude-pied de la jambe droite.

On compte soixante-douze inscriptions sur la statue : une sur le socle, trente-deux vers la droite de la figure, et trente-neuf vers la gauche, dont vingt-cinq sur la jambe et quatorze sur le pied. Il n'y a pas d'inscription au-delà des genoux, hormis une sur le haut de la petite figure qui est debout au milieu des jambes.

PLANCHE 56.

1......9, 15, 16. INSCRIPTIONS *des tombeaux des rois et autres hypogées;* — 10. *d'*Apollinopolis parva; — 11, 12. *de* Tentyris; — 13. *de* Panopolis; — 14. *d'*Antæopolis; — 17. *d'*Hermopolis magna; — 18, 19. *d'*Antinoé; — 20. *d'*Acoris; — 21. *du Fayoum;* — 22. *du Kaire;* — 23. *de* Canope; — 24, 25. *d'Alexandrie;* — 26... 29. *de Damiette.*

Fig. 1. Inscription grecque tracée sur les murailles de l'un des tombeaux des rois à Thèbes sous l'empereur Claude.
Fig. 2....6. Inscriptions grecques et fragmens tracés dans les tombeaux des rois; fig. 4, sous Antonin.
Fig. 7. Inscription latine du même endroit.
Fig. 8. Inscription tracée par le voyageur Pococke au même lieu.

EXPLICATION DES PLANCHES.

Fig. 9. Bande de toile de momie, de Thèbes, écrite en hiéroglyphes cursifs.

Fig. 10. Inscription grecque monumentale, sculptée à Qous (*Apollinopolis parva*), sur le listel du couronnement de la porte; copiée par M. Jollois.

Fig. 11 et 12. Autre inscription monumentale, gravée à Denderah; 11. sur le listel de la corniche d'une porte isolée, au sud-est du grand temple, face exposée à l'ouest : cette même inscription est gravée sur le côté opposé de la porte, c'est-à-dire vers l'est, également sur le listel (*voyez* fig. 12). Elle a été tracée au nom des habitans du nome et de la ville de *Tentyris*, sous César Auguste.

Fig. 13. Inscription monumentale sculptée à *Panopolis* (Akhmym), sur une pierre qui paraît avoir appartenu à l'architrave d'un temple : elle est en l'honneur du dieu Pan; gravée sous l'empereur Trajan. (*Voyez* la Description de Panopolis, *A. D.*, chapitre *XI*, et le Mémoire sur les inscriptions anciennes.) L'*oméga* est figuré par deux *sigma* accolés, ΣΣ.

Fig. 14. Inscription analogue, qui était sculptée sur l'architrave du grand temple d'*Antæopolis*. Lorsqu'elle a été copiée, il ne restait en place que les parties b, f; les parties c, e, se trouvaient renversées à terre. Les fragmens correspondans aux lettres a, d, n'ont pas été retrouvés. Au moyen des mesures de l'architecture, de la proportion des lettres, et des dimensions précises de l'architrave, on a rapproché les divers fragmens comme on le voit ici, presque sans lacune.

L'inscription a été gravée sur un espace qu'occupait précédemment un globe ailé, en relief, et qui a été effacé incomplètement : on aperçoit encore les restes des pennes. Elle a été faite en l'honneur d'Antée : la première partie de l'inscription se rapporte à l'époque de Ptolémée Philométor; la seconde, à celle des Antonins. (*Voyez* la Description d'Antæopolis, *A. D.*, *chapitre XII*, et le Mémoire sur les inscriptions anciennes, où cette inscription est restaurée et expliquée.)

Fig. 15. Inscriptions tracées sur le roc à Gebel Aboufedah, rive gauche du Nil; lieu qui a servi d'hypogée à l'ancienne ville de *Cusæ* sur la rive gauche.

Fig. 16. Inscription chrétienne tracée dans l'un des hypogées de Beny-Hasan (*Speos Artemidos*).

Fig. 17. Commencement d'une inscription grecque sculptée à *Hermopolis magna* (Achmouneyn), sur une pierre qui paraît avoir appartenu à un édifice plus récent que le grand portique égyptien; elle date des Antonins. La pierre a un mètre sur trois : elle repose, avec d'autres qui sont renversées comme elle, sur des colonnes de granit. La forme de l'*oméga* ∞ est assez remarquable.

Fig. 18. Inscription grecque, sculptée à Antinoé, sur le piédestal d'une colonne triomphale, en l'honneur d'Alexandre Sévère. L'écriture est inégale et peu soignée. Il y avait quatre colonnes pareilles, à l'un des points de la grande rue d'Antinoé, formant une place publique; celle-ci est la colonne du nord.

Fig. 19. La même inscription gravée sur le piédestal de la colonne du nord : ces deux inscriptions se complètent presque en entier l'une par l'autre. A la sixième ligne se trouvait le joint d'une assise : la destruction de ce joint a fait disparaître l'écriture.

Fig. 20. Inscription tracée sur le roc à *Acoris* (Tehneh), dans un endroit où se trouvent des carrières et des hypogées. (*Voyez* la Description de l'Heptanomide, *A. D.*, *chapitre XVI.*)

Fig. 21. Fragment copié sur une des pierres du temple égyptien appelé *Qasr Qeroun*, dans le Fayoum, près de l'extrémité ouest du lac de Mœris. Cette pierre est renversée au milieu de beaucoup de débris.

Fig. 22. Inscription grecque gravée sur une pierre de basalte noir : elle est en l'honneur de Ptolémée Évergète II. La pierre a été trouvée au Kaire, par M. Jomard, dans une maison de Mamlouk, non loin de Gâma' el-Dâher et de l'étang appelé *Birket el-Rotly*. La pierre a $1^m,137$ ($3^{ds} \frac{1}{2}$) de long ; le bout sur lequel l'inscription est gravée a $0^m,65$ (2^{ds}) de large, sur $0^m,325$ (1^d) de hauteur. Depuis, elle a été transportée par M. Marcel dans sa maison de la place Ezbekyeh.

Fig. 23. Inscription grecque gravée sur un marbre de Paros : elle a été trouvée par M. Legentil dans une fouille faite en face d'Abouqyr, près de l'ancienne Canope.

Fig. 24. Inscription grecque gravée sur la base de la grande colonne d'Alexandrie, appelée vulgairement *colonne de Pompée*, mais qui serait mieux nommée *colonne de Dioclétien*, puisqu'elle a été érigée (ou élevée de nouveau) en l'honneur de cet empereur par un préfet d'Égypte. Cette inscription, dont la copie a été rapportée par M. Jaubert, lors de son second voyage en Égypte, est difficile à apercevoir : il faut que le soleil l'éclaire d'une certaine façon pour la rendre visible. (*Voyez* la pl. 34, *A.*, vol. v.) D'autres voyageurs l'ont également copiée.

Fig. 25. Fragment d'une inscription grecque d'Alexandrie, tracée sur un cippe cylindrique en pierre nummismale, de $0^m,325$ (12°) de diamètre et de $0^m,81$ (30°) de haut ; elle sert de socle à une colonne qui, avec cinq autres colonnes semblables, supporte une petite tribune, dans une place voisine du port *vieux*. On a gravé l'inscription sur une surface dressée à cet effet.

Fig. 26. Inscription latine, de Damiette, gravée sur un

A. VOL. V. PAPYRUS, ETC.   557

socle ou piédestal, à la porte d'une maison particulière. La largeur du socle est de 0^m,853 (2^{ds} 7° 6^l).

Fig. 27. Inscription grecque, de Damiette, sur un socle semblable de la même maison; la largeur est de 0^m,744 (2^{ds} 3° 6^l) : ces deux inscriptions ont été copiées par MM. Févre et Legentil.

Fig. 28. Colonne de marbre, dans une petite mosquée de Damiette, avec une inscription chrétienne; dessinée par M. Févre.

Fig. 29. Détail de l'inscription précédente.

Fig. 30. Inscription gravée sur une pierre dont le lieu est inconnu; copiée par M. Dutertre.

Nota. Les inscriptions de cette planche sont figuratives, comme celles de la planche précédente. *Voyez*, pour les éclaircissemens, le *Mémoire sur les inscriptions anciennes*, par M. Jomard, lequel a copié toutes les inscriptions qui sont ici sans nom de coopérateur.

PLANCHE 57.

DIFFÉRENTES *inscriptions recueillies sur la route du mont Sinaï.*

Fig. 1....52. Inscriptions en caractères samaritains, grecs, romains, arabes, etc., recueillies par M. Rozière sur les rochers de Gebel el-Mokatteb, dans l'intérieur des déserts de Sinaï, non loin de la vallée de Farân. Ces rochers, taillés à pic, offrent des inscriptions semblables pendant l'espace de plusieurs lieues. Les inscriptions sont entremêlées d'images, très-grossièrement tracées, d'hommes et d'animaux, telles qu'on les voit représentées ici; la plupart représentent des chameaux, des chevaux, des hommes armés, etc.

Les caractères sont à peu près d'une dimension double de celle du dessin; et les figures, d'une dimension triple.

558 EXPLICATION DES PLANCHES.

Fig. 53....75. Inscriptions copiées par M. Coutelle sur la route du mont Sinaï aux sources de Moïse, depuis Gebel el-Mokatteb jusqu'à Ouâdy Hammoud.

Les premières inscriptions se trouvent au Gebel Mokatteb, à dix-sept heures de marche du mont Sinaï en revenant à Soueys, et à neuf heures de la vallée de Farân. On en trouve successivement jusqu'à Ouâdy Hammoud, qui est à dix-sept heures plus loin, et à vingt heures environ des sources de Moïse. Les points où elles se trouvent sont Gebel Mokatteb, Ouâdy Khameyleh, Ouâdy Nasb, Ouâdy Hammoud, et d'autres stations intermédiaires, où l'on prend seulement quelques heures de repos.

La dernière inscription, n°. 75, a été copiée dans la vallée d'Hammoud, à trente-quatre heures du mont Sinaï et dix-sept de Gebel Mokatteb.

Les caractères de plusieurs de ces inscriptions ont de l'analogie avec ceux qui sont gravés sur une idole des Druses, dans le *Museum Cuficum* d'Adler, pl. XI. (*Voyez le Mémoire sur les inscriptions anciennes.*)

Niebuhr a trouvé sur les rochers, dans ce même espace, des hiéroglyphes qui ont échappé aux voyageurs français.

PLANCHE 58.

MÉDAILLES *des nomes d'Égypte.*

NOMES DE LA HAUTE ÉGYPTE ET DE L'HEPTANOMIDE.

Fig. 1. ΑΠΟΛΛΩΝΟΠΟΛΙΤΗC (*Apollonopolites*). Nome d'Apollonopolis. Au revers, une figure tenant un épervier coiffé du disque solaire; ce qui a beaucoup de rapport avec le culte qui était usité dans cette ville. (Médaille d'Antonin).

Fig. 2. ΛΑΤΟΠΟΛ (*Latopolites*). Nome de *Latopolis*. Revers, le poisson *latus*, qui, selon les Grecs, avait donné son nom à la ville. (Médaille d'Adrien.)

Fig. 3. ЄΡΜѠΝΘ (*Hermonthites*). Nome d'*Hermonthis* : figure tenant un bouc. (Médaille d'Adrien.)

Fig. 4. ΔΙΟΠΟΛΙ ΜΕ (*Diospolis magna*). Nome de Thèbes ou la grande *Diospolis* : figure tenant un belier. (Médaille d'Adrien.)

Fig. 5. ΚΟΠΤΙΤ (*Coptites*). Nome de *Coptos* : figure tenant un cerf. (Médaille de Trajan.)

Fig. 6. ΤЄΝΤΥΡΙΤ (*Tentyrites*). Nome de *Tentyris* : figure tenant un oiseau; l'animal paraît être un épervier. (Médaille d'Adrien.)

Fig. 7. ΔΙΟΠΟΛЄΙΤΗC (*Diospolites*). Nome qui peut appartenir, soit à la grande *Diospolis*, soit à la petite. L'incertitude n'est pas dissipée par l'attribut que tient la figure à cheval gravée au revers; savoir, le serpent *agathodæmon*. (Médaille d'Antonin.)

Fig. 8. ΘΙΝΙ (*Thinites*). Nome de *This*, ville voisine de *Ptolemaïs*. Le personnage au revers tient une petite figure debout, dans sa main gauche. (Médaille d'Adrien.)

Fig. 9. ΠΑΝΟ (*Panopolites*). Nome de *Panopolis* ou *Chemmis*, aujourd'hui Akhmym. La figure du revers tient un petit quadrupède et une victoire. (Médaille d'Adrien.)

Fig. 10. ΟΜΒΙΤ (*Ombites*). Nome d'*Ombos*. Le revers est un crocodile coiffé du disque solaire, et confirme ce qu'on sait sur le culte pratiqué dans cette préfecture. (Médaille d'Adrien.)

Nota. Cette médaille devrait précéder les autres, d'après l'ordre géographique; mais elle a été découverte seulement en 1817, par M. Édouard Rüppel, et c'est après la planche achevée qu'elle a été communiquée à M. Jomard par M. de Hammer, conseiller aulique de S. M. l'empereur d'Autriche.

Fig. 11. ΑΝΤΑΙ (*Antæopolites*). Nome d'*Antæopolis*. Au revers, un homme tenant un épervier. (Médaille de Trajan.)

Fig. 12. ΤΨΗΛΗ (*Hypsele*). Nome d'*Hypsele*. La figure du revers tient un sistre et un quadrupède. (Médaille de Trajan.)

Fig. 13. ΛΥΚΟ (*Lycopolites*). Nome de *Lycopolis* : figure tenant un oiseau. (Médaille d'Adrien.)

Fig. 14. ϾΡΜΟΠΟΛΙΤΗ (*Hermopolites*). Nome d'*Hermopolis magna*. Au revers, un ibis sur une espèce d'autel : le personnage tient d'une main un caducée; de l'autre, une figure accroupie qui est peut-être celle d'un cynocéphale. On sait que l'ibis et le cynocéphale étaient consacrés à Thoth, l'Hermès ou Mercure égyptien, divinité de cette ville. (Médaille de Trajan.)

Fig. 15. ΚΥΝΟΠ. (*Cynopolites*). Nome de *Cynopolis*. La figure du revers porte un chien ressemblant au chacal. (Médaille d'Adrien.)

Fig. 16. ΟΞΥΡΥΝΧΙΤΗϾ (*Oxyrhynchites*). Nome d'*Oxyrhynchus*. La figure tient de la main gauche une petite victoire, et de l'autre une bipenne. (Médaille d'Antonin.)

Fig. 17. ΗΡΑΚ (*Heracleopolites*). Nome d'*Heracleopolis magna*. Le revers présente une tête d'Hercule, laurée. (Médaille d'Adrien.)

Fig. 18. ΑΡϹΙΝΟΕΙΤΗϾ (*Arsinoïtes*). Nome d'Arsinoé, auparavant *Crocodilopolis*, chef-lieu de la province aujourd'hui appelée *le Fayoum*. Au revers, une figure tient un petit buste sur la main. D'autres types offrent un crococodile, animal qui était vénéré dans cette préfecture. (Médaille de Trajan.)

Fig. 19. ΑΦΡΟΔΕΙΤΟΠΟΛΙΤΗϾ (*Aphroditopolites*). Nome

d'*Aphroditopolis*. Au revers, une figure de femme tenant de la main droite une petite figure, sous un portique à colonnes égyptiennes, avec fronton circulaire; de chaque côté, un autel portant un quadrupède. (Médaille de Trajan.)

Fig. 20. ΝΟΜΟC ΜΕΝΦΙΤΗC (*Menphites* ou *Memphites*). Nome de *Memphis*. Le bœuf Apis, qui était adoré dans cette ville, accompagne la figure du revers, portant dans sa main l'*agathodæmon*. (Médaille de Trajan.)

NOMES DE LA BASSE ÉGYPTE.

Fig. 21. ΗΛΙΟΠ (*Heliopolites*). Nome d'*Heliopolis*. La figure radiée qui est au revers porte un quadrupède difficile à qualifier. (Médaille d'Adrien.)

Fig. 22. ΦΑΡΒΑΙ (*Pharbœtites*). Nome de *Pharbœtus*. Même remarque sur l'attribut de la figure qui est au revers. (Médaille d'Adrien.)

Fig. 23. ΑΡΑΒΙΑ (*Arabia*). Nome d'Arabie, dont *Phacusa* était le chef-lieu. On ne peut reconnaître les attributs portés par la figure qui est au revers. (Médaille d'Adrien.)

Fig. 24. CΕΘΡΟΕΙΤΗC (*Sethroïtes*). Nome de *Sethrum* ou *Heracleum*. Un épervier se trouve dans la main de la figure qui est au revers, et la tête du même oiseau sert de masque à cette figure. (Médaille d'Antonin Pie.)

Fig. 25. ΤΑΝΙ (*Tanites*). Nome de *Tanis*, aujourd'hui Sân. La figure a dans la main droite un oiseau qui paraît être un épervier. (Médaille d'Adrien.)

Fig. 26. ΜΕΝΔΗCΙΟC (*Mendesius*). Nome de Mendès. Le bouc placé dans la main de la figure caractérise le culte qu'on sait avoir été célébré dans cette ville. (Médaille de Marc-Aurèle jeune.)

Fig. 27. ΛΕΟΝΤΟΠΟΛΙ (*Leontopolites*). Nome de *Leontopo*-

lis. Le lion qu'on voit dans la main de la figure qui est au revers, ne laisse aucun équivoque sur l'objet et l'attribution de cette médaille. (Médaille d'Antonin.)

Fig. 28. ⲂⲞⲨⲂⲀⲤ (*Bubastites*). Nome de Bubaste. Le petit animal placé dans la main de la figure paraît être un ichneumon, ou peut-être la musaraigne. (Médaille d'Adrien.)

Fig. 29. ⲀⲐⲢⲒⲂⲒⲦⲎⲤ (*Athribites*). Nome d'*Athribis*. Dans la main de la figure de femme qui est au revers, est un quadrupède méconnaissable. (Médaille de Trajan.)

Fig. 30. ⲠⲢⲞⲤⲰⲠⲒⲦⲎⲤ (*Prosopites*). Nome de *Prosopis* ou *Nicü*. La figure du revers porte une massue, et approche la main de la bouche, comme dans les figures d'Harpocrate. (Médaille d'Antonin Pie.)

Fig. 31. ⲪⲐⲈⲘⲪ (*Phthemphites*). Nome de *Taua*, placé sur le Nil, au-dessous du précédent. La figure du revers porte à la main une autre petite figure trop vaguement indiquée pour qu'on puisse la reconnaître. (Médaille d'Adrien.)

Fig. 32. ⲜⲞⲒⲦ (*Xoïtes*). Nome de *Xoïs*. Une massue et un petit quadrupède sont dans les mains de la figure qui est au revers. (Médaille d'Adrien.)

Fig. 33. ⲂⲞⲨⲤⲒ (*Busirites*). Même revers, sauf la massue, qui paraît remplacée ici par un épi. (Médaille d'Adrien.)

Fig. 34. ⲤⲈⲂⲈⲚⲚⲨⲦⲎⲤ (*Sebennytes*). Nome de *Sebennytus*. Le guerrier placé au revers a devant lui un quadrupède qui a du rapport avec un cerf. (Médaille de Trajan.)

Fig. 35. ⲞⲚⲞⲨⲪⲒ (*Onuphites*). Nome d'*Onuphis*. Point d'attribut dans la main de la figure de femme qui est au revers. (Médaille d'Adrien.)

Fig. 36. ⲪⲐⲈⲚⲈ (*Phtheneotes*). Nome de *Buto*. Harpocrate, assis sur un lotus, occupe le revers. (Médaille d'Adrien.)

Fig. 37. ⲤⲀⲈⲒⲦⲎⲤ (*Saïtes*). Nome de *Saïs*. Minerve, appuyée sur un bouclier et tenant un hibou, rappelle ici l'origine saïtique attribuée à la ville d'Athènes. (Médaille d'Antonin.)

Fig. 38. ⲚⲀⲦⲔⲢⲀⲦⲒⲤ (*Naucratis*) : médaille de ville et peut-être de nôme. Nome de *Naucratis*. C'est encore un *agathodæmon* que tient dans sa main la figure du revers. (Médaille d'Antonin Pie.)

Fig. 39. ⲔⲀⲂⲀⲤ (*Cabasites*). Nome de *Cabasa*. Dans les mains de la figure est un oiseau difficile à distinguer. (Médaille d'Adrien.)

Fig. 40. ⲘⲈⲦⲎⲀⲒ (*Metelites*). Nome de *Metelis*. Au revers, un épervier remplit tout le champ de la médaille. La tête de l'empereur est sans légende. (Médaille d'Adrien.)

Fig. 41. ⲀⲎⲦⲞⲠ (*Letopolites*). Nome de *Letopolis*. Au revers, un ichneumon bien caractérisé. (Médaille d'Adrien.)

Fig. 42. ⲢⲦⲚⲀⲒⲔ (*Gynæcopolites*). Nome de *Gynæcopolis* et d'*Andropolis*. La figure tient dans la main un quadrupède. (Médaille d'Adrien.)

Fig. 43. ⲘⲈⲚⲈⲀⲀⲒ (*Menelaïtes*). Nome de *Menelaïtis*. La figure du revers tient d'une main un roseau, et de l'autre un animal ou un objet qui est méconnaissable. (Médaille d'Adrien.)

Fig. 44. ⲀⲀⲈⲤⲀ (*Alexandria*). Nome d'Alexandrie ou des Alexandrins. La figure qui est au revers porte un animal également méconnaissable. (Médaille d'Adrien.)

Fig. 45. ⲘⲀⲢⲈⲰⲦⲎⲤ (*Mareotes*). Nome de *Marea*. La figure tient un belier dans les mains; la présence de cet animal, dédié à Jupiter Ammon, s'explique par le voisinage du *Mareotes* et de l'*Hammoniacus*. (Médaille d'Adrien.)

Fig. 46. ⲠⲎⲀⲞⲢ (*Pelusium*). Médaille de ville, et non de nome. Péluse faisait partie du *Sethroïtes* (voyez la fig. 24). Au revers est une belle tête grecque. (Médaille d'Adrien.)

Fig. 47. ⲚⲈⲞⲢⲦ (*Neout*). Nome de *Panephysis*, situé entre les branches Mendésienne et Tanitique. La figure, au revers, a un quadrupède dans la main. (Médaille d'Adrien.)

Nota. Cette médaille aurait dû être placée après la fig. 25, d'après la place qu'occupe le nome de Neout; mais elle a été gravée après coup, l'empreinte ayant été envoyée en 1816 seulement à M. Jomard par M. Ramus, directeur du cabinet du Roi de Danemarck à Copenhague. (*Voyez* les Mémoires sur la géographie ancienne et comparée.)

Toutes ces médailles, ou les dessins, hormis quatre, ont été tirées du cabinet de M. Tôchon, qui a bien voulu les communiquer pour être gravées dans cet ouvrage.

PLANCHE 59.

1. MÉDAILLE *trouvée à Tyr.* — 3. *Médaille d'Alexandre;* — 4, 18, 21. *des Ptolémées;* — 19. *de Cyrène.* — 2, 5....17, 24, 25. *Médailles grecques.* — 20, 22, 23. *Médailles romaines.* — 26, 27. *Tortue en or.*

La beauté du style a décidé à graver ces échantillons, quoique les types soient connus pour la plupart. Les dix-sept premières médailles sont en argent: on a tâché d'exprimer par la gravure le brillant et l'éclat particulier de ce métal, ainsi que la perfection du dessin des figures. Les médailles n°s. 18 à 25 sont en bronze.

Fig. 1. Médaillon de Tyr, trouvé sur les lieux par le général Vial. (*Voyez* l'extrait de son journal de voyage, annexé au Mémoire de M. le colonel Jacotin sur la construction de la carte d'Égypte.)

Fig. 2. Médaille athénienne, que l'on croit antérieure à Périclès. R. ΤΥΡΟΥ ΙΕΡΑΣ.:..ΚΡ.

Fig. 3. Médaille d'Alexandre, supposée d'*Amphipolis.* R. ΑΛΕΞΑΝΔΡ.

Fig. 4. Médaille qu'on a attribuée à Ptolémée Philadelphe; mais la marque de l'année ιι s'oppose à cette attribution.

Fig. 5. Médaille grecque de l'Élide.

Fig. 6. Médaille de l'île d'Ægine.

A. VOL. V. PAPYRUS, etc.

Fig. 7. Médaille de Rhodes. R. ΡΟΔΙΟΝ.
Fig. 8. Médaille de Scio. R. ΔΕΚΡΤΛΟΣ ΧΙΟΣ.
Fig. 9. Médaille supposée de Sicyone en Achaïe.
Fig. 10. Médaille de Larisse en Thessalie.
Fig. 11. Médaille de Cleoné dans l'Argolide. R. ΚΛΕΩΝ.
Fig. 12. Médaille de Thèbes en Béotie. R. ΔΙ.
Fig. 13. Médaille de la Phocide.
Fig. 14. Médaille de *Siphnus*, l'une des Cyclades. R. ΣΙ.
Fig. 15. Médaille d'*Histiœa* d'Eubée. R. ΙΣΤΙΑΙΕΩΝ.
Fig. 16. Médaille grecque, supposée arcadienne.
Fig. 17. Médaille supposée de la ligue achéenne.
Fig. 18. Médaille de Ptolémée Évergète. R. ΕΤΕΡΓΕΤΟΤ ΒΑΣΙΛΕΩΣ.
Fig. 19. Roi de Cyrène.
Fig. 20. Adrien; frappé à Alexandrie. R. ΑΤΤΟΚΡΑΤ...
Fig. 21. Ptolémée et Bérénice; on croit lire au revers ΒΑΣΙΛΕΩΣ... ΒΕΡΕΝΙ...
Fig. 22. Julia Mæsa, de *Nysa* en Carie. ΙΟΤ. ΜΑΡ. CΕΒ. R. ΝΤCΑΕΩΝ.
Fig. 23. Trajan. ΑΤΤ. ΚΑΙC. ΤΡΑ.
Fig. 24. Amyntas II, roi de Macédoine.
Fig. 25. Médaille athénienne relative à la défaite des Perses. R. ΑΘΗΝΑΣ ΝΙΚΗΦΟΡΟΤ.
Fig. 26, 27. Agrafe antique en or massif, de la forme d'une tortue, trouvée en Égypte. Elle pèse $78^{gram.},66$ (2 onces 4 gros 41 grains).

COLLECTION D'ANTIQUES.

EXPLICATION DES PLANCHES.

BRONZES

ET

FIGURES DIVERSES.

PLANCHE 60.

1...4. Figure en granit noir. — 5, 6, 7. *Fragmens en albâtre calcaire.*

Fig. 1...4. Figure en granit noir, trouvée à Alexandrie. Les hiéroglyphes sont d'une médiocre exécution.
Fig. 5, 6, 7. Fragmens inférieurs de petites statues en albâtre, trouvés aux tombeaux des rois.

PLANCHE 61.

1....5. Bustes en basalte noir. — 6, 7. *Tête en albâtre.* — 8. *Buste en stéatite.*

Fig. 1, 2. Figure en basalte noir trouvée à Tahtâ, dans la haute Égypte.

EXPLICATION DES PLANCHES.

Fig. 3, 4 et 5. Face, profil et derrière d'une figure de Jupiter en basalte noir, à grain très-fin, trouvée à Thèbes. On ignore quels sont les caractères gravés sur le dos.

Fig. 6, 7. Figure en albâtre (ou marbre blanc grossier), trouvée au Kaire.

Fig. 8. Buste supposé de Jupiter Ammon en stéatite, trouvé à Alexandrie. Cette figure appartient plutôt à Sérapis.

PLANCHE 62.

1.....8. FIGURES *en bronze*. — 9.....16. *Figures et fragmens en terre cuite émaillée.*

Fig. 1 et 2. Bronze anciennement doré, vu de face et de profil. Il a été trouvé dans la haute Égypte.

Fig. 3. Figure de femme à tête de lion, en bronze.

Fig. 4, 5 et 6. Autre figure en bronze. Le visage est mutilé.

Fig. 7 et 8. Bronze représentant Osiris ou un prêtre de cette divinité, trouvé à Edfoû.

Fig. 9, 10, 13, 14. Amulettes à tête de lion et autre, provenant de Thèbes et de Saqqârah, en pâte ou terre cuite.

Fig. 11, 12. Figure de grenouille, amulette.

Fig. 15, 16. Figure en terre cuite bleue, trouvée à Thèbes: c'est une espèce de pâte analogue à la porcelaine.

PLANCHE 63.

1....5. FIGURES *en bronze*. — 6. *Buste en basalte gris.*

Fig. 1 et 2. Face et profil d'une figure d'Osiris à tête d'épervier; bronze trouvé à Thèbes. Le socle de la figure n'est pas antique.

Fig. 3, 4, 5. Bronze trouvé à Edfoû.

Fig. 6. Figure en basalte gris, trouvée dans les catacombes de Thèbes. Elle représente un homme de la classe du peuple.

Nota. Les fig. 2, 5 et 6 ont été retournées dans la gravure.

PLANCHE 64.

Groupe en basalte.

Ce beau groupe en basalte, dessiné ici sous les quatre faces, a été trouvé à Thèbes, dans les tombeaux des rois. Il représente deux époux. L'habillement de la femme, les coiffures et les colliers des deux figures, sont dignes d'attention. Le travail de la sculpture est très-soigné.

PLANCHE 65.

1, 2, 3. Figure en bronze. — 4, 5. Figure en basalte. — 6. Figure en terre cuite émaillée.

Fig. 1, 2, 3. Bronze trouvé à Qené, vu sous trois faces, représentant un prêtre. Le socle n'est pas antique. L'échelle du dessin est d'un cinquième en sus de la grandeur naturelle.

Fig. 4 et 5. Figure en basalte, trouvée dans la haute Égypte. Cette figure n'a pas été terminée; ce qu'on voit aux traces du travail du ciseau. L'échelle est d'un dixième en sus de la grandeur naturelle.

Fig. 6. Figure en pâte verte, trouvée à Thèbes, dans les catacombes. L'échelle est d'un quart en sus de la grandeur naturelle.

Nota. Les dessins 4, 5 et 6 ont été retournés dans la gravure.

EXPLICATION DES PLANCHES.

PLANCHE 66.

1, 2, 3. Figure en bronze. — 4, 5, 6. Figure en serpentine.

Fig. 1, 2, 3. Harpocrate en bronze, représenté sous trois faces; trouvé à Achmouneyn.
Fig. 4, 5, 6. Groupe en serpentine trouvé à Thèbes, également vu sous trois faces; il représente un prêtre tenant devant lui l'image d'une divinité.

PLANCHE 67.

1, 2, 3, 12, 13....30. Figures et amulettes en terre cuite; — 4....9. en bronze; — 10, 11. en serpentine; — 21. en verre.

Fig. 1, 2, 3. Figures en pâte verte, trouvées dans la haute Égypte.
Fig. 4, 5, 6. Bronze trouvé en Nubie, représentant un jeune initié.
Fig. 7, 8, 9. Bronze représentant Osiris à tête de bélier ou Jupiter Ammon, trouvé au Kaire.
Fig. 10, 11. Fragment en serpentine trouvé au Fayoum, représentant, d'un côté, une figure de singe; de l'autre, un poisson, et, au-dessus, la partie inférieure d'une figure humaine.
Fig. 12. Tête de Typhon en pâte bleu-lapis.
Fig. 13..., 20, 22, 23, 25....28. Figurines, scarabées et amulettes en pâte bleue; de Saqqârah.
Fig. 21. Figure d'ibis, en verre.

Fig. 24. Figure de l'œil d'Osiris, en terre rouge.
Fig. 29, 30. Petit groupe d'Isis et d'Horus, en pâte violette.

PLANCHE 68.

1.....6. Figures *en bronze;* — 7, 8. *en serpentine;*
— 9.....14. *en terre cuite.*

Fig. 1, 2, 3. Bronze que l'on croit représenter une prêtresse; trouvé à Louqsor.
Fig. 4, 5, 6. Autre figure de prêtresse en bronze, trouvée à Thèbes.
Fig. 7. Tête de Typhon en serpentine, trouvée dans la haute Égypte.
Fig. 8. Autre tête en serpentine, trouvée dans la haute Égypte.
Fig. 9, 10. Cynocéphale en pâte bleue.
Fig. 11. Tête en pâte verte, trouvée dans la haute Égypte. Derrière, est une inscription hiéroglyphique, comme dans les scarabées, représentant une figure de divinité debout, laquelle est devant un scarabée et un signe de cette forme, ⌒.
Fig. 12. Figure de quadrupède en pâte bleue.
Fig. 13. Amulette en pâte verte, trouvé dans la haute Égypte.
Fig. 14. Autre semblable en pâte bleue, trouvé dans la haute Égypte.

PLANCHE 69.

1, 2. Figure *en pâte de porcelaine*. — 3, 4, 5, 6, 9, 10, 21, 22. *Figures en bois peint*. — 7, 8, 12, 13, 14, 15. *Figures en basalte*. — 11. *Bas-relief en pierre*. — 16, 17, 20, 23. *Masques en terre*. — 18, 19. *en bronze*.

Fig. 1, 2. Figure en pâte analogue à la porcelaine : la couleur de la coiffure et celle des hiéroglyphes tirent sur la laque; le visage et les mains sont d'un rouge brun; les yeux, la bouche et le nez sont tracés en noir; trouvée dans les tombeaux des rois à Thèbes.

Fig. 3, 4. Deux mains en bois que l'on croit de cèdre, peintes en rouge brun; par-dessous la couleur, on aperçoit çà et là une couche de blanc, qui servait de fond à la préparation. Les marques que l'on voit sur les doigts sont bleues et rouges, et indiquent probablement des bagues ou anneaux. Le bracelet de la main droite est en jaune rayé de rouge et de bleu. On présume, d'après les trous qu'on y trouve, que ces mains étaient fixées sur un sarcophage de momie.

Ces fragmens ont été tirés de la collection de M. Geoffroy Saint-Hilaire.

Fig. 5, 6. Figure en bois peint, provenant de la même collection.

Fig. 7, 8. Fragment de statue en basalte, sculpté avec soin, poli parfaitement, et supérieurement fini. Les formes sont bien exprimées. On regrette que la tête et les jambes de cette belle statue aient disparu. Elle appartenait d'abord au général Vial, qui l'avait trouvée à Semennoud, l'ancienne *Sebennytus*; aujourd'hui elle est déposée à la Bibliothèque du roi.

Fig. 9, 10. Figure en bois peint : la coiffure et les hiéroglyphes sont en noir ; trouvée aux tombeaux des rois à Thèbes.

Fig. 11. Bas-relief représentant une sorte de portique, avec deux serpens à tête humaine ; l'une des têtes paraît représenter Sérapis. M. Dutertre a fait don de ce morceau à la Bibliothèque du roi ; trouvé auprès des pyramides de Saqqârah.

Fig. 12, 13. Statue en basalte d'une parfaite conservation et d'une exécution soignée. Les hiéroglyphes sont également bien exécutés.

Fig. 14. Détail du dessus du monolithe que la même statue tient entre ses bras.

Nota. Ce monument appartenait à M. Sucy, ordonnateur en chef de l'armée française, qui fut assassiné à Messine, à son retour en France.

Fig. 15. Détail des hiéroglyphes de la plinthe qui supporte la statue ci-dessus.

Fig. 16. Masque formé en terre et paille hachée, et couvert de peintures.

Fig. 17. Masque de la même matière, peint en rouge brun ; les yeux sont tracés en noir. Le bandeau est blanc, avec des raies vertes.

Fig. 18, 19. Figure en bronze.

Fig. 20. Masque en terre, pareil aux précédens, et peint en vert. Le bandeau est blanc et vert. Il paraît qu'il avait été attaché avec des chevilles sur un sarcophage.

Fig. 21, 22. Autre masque en bois, qui avait probablement la même destination. Le profil est d'un caractère particulier. Les lèvres sont un peu bordées, mais beaucoup moins que chez les nègres, à la physionomie desquels ce profil est tout-à-fait étranger.

Fig. 23. Autre masque en terre, dont la peinture a disparu, et qui semble sortir du moule. M. Dutertre en a fait don à la Bibliothèque du roi.

PLANCHE 70.

1.....6. GROUPE en basalte apporté des Oasis. — 7, 8...11. Morceau en pierre ollaire. — 12...15. Masques en bois. — 16..18. Enveloppes de momies.

Fig. 1. Fragment en basalte noir, apporté de la grande Oasis au Kaire par un cheykh arabe. Selon le rapport de ce cheykh, il y avait douze figures semblables sur la même pierre. Pour la rendre plus portative, il l'avait réduite à la dimension que l'on voit. Le travail de la sculpture est soigné. Il est fâcheux que les têtes des figures soient détruites.

Fig. 2, 3. La même pierre, vue de profil.

Fig. 4. Caractères hiéroglyphiques tracés sur le dessus de la pierre.

Fig. 5, 6. Détail des hiéroglyphes de la fig. 1.

Fig. 7. Morceau en pierre ollaire noire et d'un poli doux. On l'a trouvé au Kaire. Le sujet qui s'y trouve représenté est analogue à ceux qu'on voit sur des pierres semblables apportées d'Abyssinie. Deux crocodiles croisés servent d'appui à la figure d'Horus, laquelle tient dans ses mains des figures de scorpion, de lion et d'autres animaux.

Fig. 8, 9, 10, 11. Derrière, profil, dessus et dessous de la même pierre.

Fig. 12, 13. Masque de momie en bois de sycomore, peint de couleur jaunâtre, trouvé dans les catacombes. On voit dans ces figures les chevilles qui servaient à fixer le masque sur la momie.

Fig. 14, 15. Autre masque de momie en bois de sycomore, peint en couleur verdâtre.

Fig. 16. Portion de couvercle de momie, en carton de toile recouvert de peintures; trouvé à Thèbes. On y a compté environ soixante-quatorze toiles collées l'une sur l'autre.

Fig. 17. Derrière du fragment précédent, à une échelle plus petite; on y remarque un enduit de plâtre.

Fig. 18. Fragment de couvercle de momie en torchis ou bouse de vache; les ornemens sont peints en jaune.

PLANCHE 71.

1....10, 12, 13, 20....24. FIGURES *en bronze.* — 11. *Fragment de bas-relief en pierre;* — 14, 15, 16. *en marbre;* — 17, 18. *en hématite;* — 19. *en plomb.*

Fig. 1, 2. Statue d'Osiris en bronze, trouvée dans le Delta. Elle paraît avoir été ajustée pour être portée au bout d'une enseigne. Elle tient dans les mains un sceptre et un fléau, marques de la divinité. 1, vue de profil; 2, vue de face.

Fig. 3. Autre statue d'Osiris, aussi en bronze et portant les mêmes attributs. Elle vient du Delta.

Fig. 4. La même figure représentée de face.

Fig. 5. Idole d'Osiris en bronze. Elle est aplatie, et paraît avoir été destinée à être appliquée contre quelque objet. Elle a été achetée dans le Delta.

Fig. 6. Statue d'Isis en bronze, qui paraît avoir été destinée à être ajustée au bout d'une enseigne. Elle est assise, les mains appuyées sur les cuisses. Elle vient aussi du Delta.

Fig. 7. La même statue vue de profil.

Fig. 8. Tête d'ibis en bronze, venant de Dénderah.

Fig. 9. Tête en bronze, trouvée dans le Delta.

Fig. 10. Profil de la même tête.

Fig. 11. Fragment de sculpture en pierre, trouvé à Denderah.

Fig. 12. Statue d'Isis en bronze, allaitant Horus; acheté dans le Delta.

Fig. 13. Profil de la même statue.

Fig. 14. Main en marbre trouvée à Denderah. Le dessin représente le dessus de la main.

Fig. 15. Intérieur et doigts de la même main.

Fig. 16. Profil de la même main. Cette main était fermée, et tenait peut-être un *volumen* ou un bâton augural. Quoique la main soit seulement ébauchée, le travail en est excellent.

Fig. 17. Tête de belier en hématite. Elle est du plus beau travail. Les yeux devaient être incrustés en émail ou en métal. Plusieurs trous que l'on voit sur la tête, aux oreilles et sous le menton, indiquent que cette tête était ornée d'un bonnet symbolique, de cornes et d'une barbe, lesquels étaient peut-être en métal. Ce morceau antique a été trouvé à Thèbes.

Fig. 18. La même tête vue de face.

Fig. 19. Gazelle en plomb, achetée à Éléphantine. Le corps était vide.

Fig. 20. Figure du bœuf Apis en bronze, déformée par l'oxidation.

Fig. 21 et 23. Contours d'yeux en bronze, qui ont été incrustés dans une statue en pierre ou en bois; le globe de l'œil était probablement en émail ou en métal.

Fig. 22. Sourcil en bronze de l'un de ces yeux.

Fig. 24. Ornement en bronze représentant la tête d'un belier.

PLANCHE 72.

1, 2, 3, 7, 8, 12, 15. Figures *en bronze.* — 4, 5, 9, 10. *Figures en pierre schisteuse et en serpentine.* — 6, 11, 13, 14. *Figures en terre cuite.*

Fig. 1, 2, 3. Bronze vu sous trois faces. Ce bronze, d'un bon travail, paraît avoir été doré en entier. Il reste encore des portions d'or sur la partie postérieure de la figure.

Fig. 4, 5. Fragment représentant Isis et son fils Horus en pierre blanche schisteuse. Il ne reste de la petite figure que les jambes.

Fig. 6. Figure de lion accroupi, en pâte verte.

Fig. 7. Bronze représentant un ichneumon.

Fig. 8. Figure en bronze avec une tête de chat, tenant de la main gauche un amulette.

Fig. 9, 10. Buste d'Isis en serpentine.

Fig. 11. Fragment en pâte cuite.

Fig. 12. Bronze de travail romain.

Fig. 13. Oiseau à tête humaine, en pâte grise.

Fig. 14. Figure de lion debout, également en pâte colorée.

Fig. 15. Taureau en bronze, qui pouvait se porter sur une enseigne.

PLANCHE 73.

1, 4, 13, 14. Fragmens *de bas-reliefs.* — 2, 3, 7, 8. *Amulettes en forme de scarabée, et autres.* — 5, 6. 12. *Lampes et vase.* — 9, 11. *Masques en bois.* — 10. *Tunique de momie.*

Fig. 1. Fragment de sculpture détaché des parois d'une grotte de la haute Égypte. Le fond des figures est peint en bleu. La pierre est calcaire et d'un grain très-fin.

Fig. 2, 3. Amulette en scarabée, vu en dessus et en dessous.

Fig. 4. Fragment de bas-relief détaché des parois de la grande grotte située près du monument d'Osymandyas. La pierre est calcaire : le fond est peint en rose; les chairs sont en rouge, et le bonnet en blanc.

Fig. 5, 6. Lampes de terre cuite, trouvées, la première, à Syène, et la seconde à Denderah.

Fig. 7. Amulette en pâte, en forme de colonne à tige de lotus; ce n'est ici que la partie inférieure : il a été trouvé à Thèbes.

Fig. 8. Amulette en terre cuite, ayant la forme d'une datte, avec l'impression sur chaque face d'une feuille de palmier, et percé d'un trou; trouvé à Syène.

Fig. 9. Masque de momie en bois de sycomore, couvert de baume : ce morceau a été doré; trouvé dans les grottes de Thèbes.

Fig. 10. Espèce de tunique de momie, en toile de lin, trouvée dans les hypogées de Thèbes. Le globe ailé, les figures et les hiéroglyphes sont peints en blanc; les têtes d'animaux et le réseau, en noir. La toile a pris une teinte jaune, comme toutes celles qu'on trouve sur les momies. Les parties en noir sont comme brûlées avec un fer rouge.

Fig. 11. Tête de jeune homme, en bois peint, de la collection de M. Descostils.

Fig. 12. Vase en terre cuite, fond jaune; trouvé dans les hypogées de Saqqârah.

Fig. 13, 14. Fragment de sculpture en relief dans le creux, d'un très-beau travail, trouvé non loin de Damanhour dans la basse Égypte. Cette figure est la représentation d'Isis accroupie. Le corps est enveloppé d'une étoffe légère. La main gauche tenait une tige de lotus, dont on voit encore une partie. La pierre est semblable à celle du temple d'Antæopolis, c'est-à-dire calcaire, à cassure conchoïde, d'un grain très-fin et susceptible d'un certain poli. La sculpture est extrêmement délicate. On admire la pureté du travail dans l'oreille et dans d'autres parties de cette jolie figure. (De la collection de M. Jomard.)

VASES ET LAMPES.

PLANCHE 74.

Vase *en granit noir trouvé près de Damanhour* (Hermopolis parva).

Ce beau morceau de sculpture est un modèle pour la pureté des figures hiéroglyphiques. Le poli est très-beau, et toute l'exécution est très-soignée. Il paraît ou plutôt il est certain que ce vase était placé sur un autel, puisque la partie inférieure sur laquelle il reposait, n'a été que dégrossie. Ce sont les Arabes qui ont creusé la gouttière qu'on voit au-dessus de la tête d'Isis, apparemment pour faire de ce vase un bassin à laver.

PLANCHE 75.

Vases *en terre cuite trouvés à Thèbes, Éléphantine, Alexandrie, Denderah, Saqqârah, Antinoé et autres endroits.*

Fig. 1. Vase trouvé à Thèbes, près du grand palais de Karnak.
Fig. 2. Vase lacrymatoire, trouvé dans un tombeau près de l'île d'Éléphantine.
Fig. 3. Autre vase du même endroit.

Fig. 4. Vase trouvé à Alexandrie, dans les fouilles d'un fort appelé *redoute de Cléopâtre.*

Fig. 5. Vase qui était rempli d'un sel nitreux ; de Saqqârah.

Fig. 6. Petit vase trouvé dans le suivant.

Fig. 7. Vase rempli d'un sel nitreux.

Fig. 8, 9, 10, 11. Divers vases de la haute Égypte.

Fig. 12, 13, 14, 15. Vases trouvés dans les grottes de Saqqârah.

Fig. 16. Vase trouvé à Denderah.

Fig. 17....22. Vases trouvés aux grottes de Saqqârah.

Fig. 23. Vase trouvé à Denderah.

Fig. 24, 25. Vases trouvés dans les grottes de Saqqârah.

Fig. 26. Vase embaumé avec une momie.

Fig. 28....32. Vases trouvés aux grottes de Saqqârah.

Fig. 33, 34, 35. Autres vases trouvés parmi les ruines d'Antinoé.

Fig. 36. Vase trouvé aux grottes de Saqqârah.

Fig. 27, 37. Autres vases.

Fig. 38, 39. Autres vases trouvés parmi les ruines d'Antinoé.

Fig. 40. Concrétion résineuse trouvée au fond d'un pot antique d'Antinoé.

PLANCHE 76.

1, 2, 3, 6, 7, 10, 11, 17, 20. V<small>ASES</small> *antiques de la haute Égypte.* — 4, 5, 9, 12. *Verres colorés et porcelaine antique.* — 8, 16. *Autres vases.* — 13, 14, 15, 18, 19. *Pots de momies et lampes trouvés à Saqqârah, Thèbes et Denderah.*

Fig. 1, 2, 3, 6, 7, 10, 11. Fragmens de vases en terre rouge-étrusque, trouvés dans les ruines de Denderah et d'Antinoé.

Fig. 4, 5, 12. Fragmens en verre coloré, trouvés à Denderah. La fig. 4 représente le fond d'un vase : le verre est blanc, et l'anneau bleu. Dans la fig. 5, le col est entouré d'un filet coloré. On en a trouvé d'analogues à Qasr-Qeroun, dans le Fayoum.

Fig. 8. Vase provenant des ruines de Syène dans la haute Égypte. (*Voyez* la fig. 16.)

Fig. 9. Fragment de vase en porcelaine blanche, avec des bandes noires et de couleur.

Fig. 13. Pot de momie de Saqqârah.

Fig. 14, 15. Pot en pierre calcaire, contenant une momie venant de Qournah. (Communiqué par M. Rouyer.)

Fig. 16. Vase rempli de poudre; trouvé au Phare d'Alexandrie : ce morceau ne paraît pas antique.

Fig. 17. Vase antique. (Communiqué par M. Barré.)

Fig. 18. Lampe trouvée à Qournah.

Fig. 19. Lampe trouvée à Denderah. (Communiqué par M. Villoteau.)

Fig. 20. Vase trouvé à Denderah. (Communiqué par le même.)

PLANCHE 77.

1.....7. Lampes *en bronze*. — 8, 9. *Pierres gravées*.

Fig. 1, 2. Lampe en bronze, de travail romain, trouvée à Héliopolis.

Fig. 3, 4. Autre lampe semblable et aussi en bronze, du même lieu.

Fig. 5, 6, 7. Lampe en bronze, sous la forme d'un pygmée, qu'on croit de travail romain; trouvée à Héliopolis.

Fig. 8. Pierre gravée, trouvée à Antinoé.

Fig. 9. Pierre gravée, trouvée en Syrie. (Rapportée par M. Michaux.)

PLANCHE 78.

1, 2, 3, 5, 6. Lampe et figure en bronze. — 4, 7, 8, 9. Figures en pierre calcaire; — 10, 11, 12, 14, 15..17. en terre cuite; — 13. en cuivre.

Fig. 1, 2, 3. Lampe en bronze.
Fig. 4. Figure en pierre calcaire compacte, à grain fin, trouvée dans la haute Égypte.
Fig. 5, 6. Épervier en bronze.
Fig. 7, 8, 9. Figure de singe femelle tenant son petit; en pierre calcaire compacte, à grain fin; trouvée en Nubie.
Fig. 10. Figure d'Isis, en terre rouge; de Louqsor.
Fig. 11, 12. Figure en grosse terre; des hypogées du *Memnonium*.
Fig. 13. Aiguille en cuivre.
Fig. 14. Amulette en pâte bleue, de Saqqârah.
Fig. 15, 17. Lampe en terre rouge, de la haute Égypte.
Fig. 16. Manche d'une lampe en terre, venant d'Alexandrie.

AMULETTES

EN SCARABÉE,

PIERRES GRAVÉES, ETC.

PLANCHE 79.

AMULETTES *en forme de scarabée, en terre cuite, en jade et autres pierres dures.*

Fig. 1. Objet en terre cuite ou pâte verte.

Fig. 2, 3. Amulette en forme de scarabée, de même pâte; vu en dessus et en dessous.

Fig. 4, 5, 6. Scarabées en pâte verte. On remarque un crocodile sur la fig. 4.

Fig. 7, 8. Autre scarabée en pâte verte, vu en dessus et en dessous.

Fig. 9. Scarabée en pâte rougeâtre, représentant un sphinx et un serpent ailé.

Fig. 10. Pierre dure veinée, noire. Le sujet paraît représenter un lion se jetant sur un quadrupède.

Fig. 11, 12. Amulette en pâte grisâtre, vu en dessus et en dessous.

Fig. 13....20. Scarabées en pâte verte. Les fig. 17, 18, appartiennent au même scarabée. Le dessus est un singe. La fig. 15 représente un sphinx.

Fig. 21, 22, 23. Deux amulettes en pâte verte. La fig. 21 est le dessus, et la fig. 22, le dessous du même objet. On remarque en dessus douze petits scarabées accolés.

EXPLICATION DES PLANCHES.

Fig. 24. Scarabée en pâte fine verdâtre.
Fig. 25, 26. Scarabée en pâte colorée.
Fig. 27, 28, 29. Deux scarabées en pâte verte. Les fig. 27 et 28 sont le dessus et le dessous du même amulette.
Fig. 30. Scarabée en pâte jaune.
Fig. 31, 32. Scarabée vu en dessus et de profil, morceau en serpentine qui a été couvert de baume et doré; sans hiéroglyphes.
Fig. 33, 34. Scarabée vu en dessus et de profil; sans hiéroglyphes : morceau en serpentine.
Fig. 35, 36. Scarabée vu en dessus et de profil; sans hiéroglyphes : morceau en jade.
Fig. 37. Amulette en pâte verte, représentant un scorpion.
Fig. 38. Amulette en cornaline, représentant un petit vase.
Fig. 39. Scarabée en pâte grise.
Fig. 40. Scarabée en pâte verte.

PLANCHE 80.

Amulettes en forme de scarabée, en terre cuite, en jaspe et autres pierres dures.

Fig. 1, 2. Dessus et dessous d'un scarabée.
Fig. 3.....7. Scarabées en pâte verte; 5 et 6, dessus et dessous.
Fig. 8. Scarabée en pâte grise.
Fig. 9. Autre scarabée.
Fig. 10. Scarabée en pâte verte.
Fig. 11, 12. Scarabées en pâte grise.
Fig. 13. Scarabée en serpentine.
Fig. 14, 15. Scarabée en pâte blanche, le dessus et le dessous.
Fig. 16, 17, 18. Scarabées en pâte verte.
Fig. 19. Scarabée en pâte grise.

Fig. 20. Autre scarabée.
Fig. 21. Scarabée en pâte verte.
Fig. 22. Scarabée en pâte grise.
Fig. 23. Scarabée en pâte verte.
Fig. 24. Scarabée en pâte grise.
Fig. 25. Scarabée en pâte verte.
Fig. 26. Scarabée en jaspe verdâtre.
Fig. 27. Scarabée en pâte verte.
Fig. 28. Autre scarabée.
Fig. 29, 30. Dessus et dessous d'un scarabée en pâte verte.
Fig. 31. Scarabée en pâte grise.
Fig. 32. Scarabée en pâte verte.
Fig. 33, 34. Dessus et dessous d'un scarabée en cornaline. Le sujet paraît être celui d'Isis sous la figure d'une vache allaitant son petit.
Fig. 35. Scarabée en pâte verte.
Fig. 36, 37. Autres scarabées.
Fig. 38. Scarabée en pâte grise.
Fig. 39. Scarabée en pâte rouge.
Fig. 40....44. Scarabées en pâte verte. La fig. 43 et la fig. 44 sont le dessus et le dessous d'un même scarabée; la première porte trois petites images de cet insecte, accolées ensemble.
Fig. 45, 46. Dessus et dessous d'un amulette en pâte verte.
Fig. 47, 48. Autres scarabées de même pâte.
Fig. 49, 50. Scarabées en pâte verdâtre. La fig. 49 paraît représenter un cheval.
Fig. 51, 52. Dessus et dessous d'un scarabée en pâte.
Fig. 53, 54, 55, 57, 58. Scarabées en pâte grise.
Fig. 56, 63, 64. Scarabées en pâte verte.
Fig. 59, 60. Dessus et dessous d'un amulette en pâte verte.
Fig. 61. Scarabée en pierre noire.
Fig. 62. Scarabée en cornaline.

PLANCHE 81.

AMULETTES en forme de scarabée, et diverses figures en terre cuite, en argent, en hématite et autres pierres dures.

Fig. 1, 2, 3. Dessus, profil et dessous d'un scarabée en serpentine. Cette figure n'a été qu'ébauchée.
Fig. 4, 5, 6. Dessus, profil et dessous d'un scarabée en pierre dure.
Fig. 7, 8, 9. Mêmes détails d'un scarabée en serpentine.
Fig. 10, 11, 12. Mêmes détails d'un scarabée en jaspe.
Fig. 13, 14. Lion en pâte verte.
Fig. 15, 16. Amulette en hématite.
Fig. 17, 18. Figure d'Osiris en argent.
Fig. 19, 20. Amulettes en pâte verte, représentant, l'un, un petit groupe, et l'autre, un Harpocrate.
Fig. 21. Figure accroupie.
Fig. 22. Amulette en pâte verte.
Fig. 23. Autre amulette.
Fig. 24, 25, 26. Têtes d'Isis et amulette en pâte verte.
Fig. 27. Autre amulette.
Fig. 28. Amulette en pâte bleue.
Fig. 29, 32, 33, 34. Amulettes en pâte verte, représentant un prêtre, un *agathodæmon*, une tête de veau, etc.
Fig. 30, 31. Profil et face d'une figure en pâte verte, représentant un prêtre d'Osiris.
Fig. 35. Scarabée en pâte.

PLANCHE 82.

1, 3....18. Pierres *gravées en améthyste, jaspe, agate, cornaline, lapis-lazuli et grenat;* — 2. *en verre.* — 19, 20, 23.....36. *Amulettes en scarabée et autres.* — 21, 22, 37....46. *Figures en terre cuite, en bois et en bronze.*

Fig. 1. Pierre en rouge antique, sur laquelle est gravé un cheval.

Fig. 2. Morceau de verre divisé en trois zones par deux lignes blanches. La zone du milieu est bleue; les deux autres, vertes. La tête à droite est celle d'un cheval, l'autre est celle d'un bouc. Ce morceau a été trouvé à Denderah.

Fig. 3, 4. Pierre gravée en améthyste, trouvée à Mehallet el-Kebyr.

Fig. 5, 6. Dessus et dessous d'un jaspe rouge gravé, trouvé à Denderah.

Fig. 7. Agate-onyx sur laquelle est gravé un scorpion.

Fig. 8. Autre pierre gravée.

Fig. 9. Cornaline gravée, provenant de M. Hamelin.

Fig. 10. Agate sur laquelle sont sculptés des hiéroglyphes; elle est percée d'un trou dans sa longueur, pour servir d'amulette.

Fig. 11. Amulette en jaspe, orné d'hiéroglyphes bien gravés.

Fig. 12. Revers du n°. 11.

Fig. 13. Pierre gravée en lapis-lazuli, portant un sujet égyptien.

Fig. 14. Pierre gravée en jaspe, trouvée à Denderah.

Fig. 15. Grenat sur lequel est gravée en creux une tête d'Isis. Il a été acheté dans le Delta.

Exp. des Pl.

Fig. 16. Autre pierre gravée.

Fig. 17. Agate rubanée sur laquelle est gravée en creux une figure de la Victoire. Elle vient du Delta.

Fig. 18. Tête attribuée à Bérénice, en cornaline.

Fig. 19, 20, 23....34. Amulettes en forme de scarabée. La fig. 20 renferme un sphinx.

Fig. 21, 22, 38....43. Figures et fragmens en terre cuite, représentant Typhon, Isis, Nephthys et d'autres personnages mythologiques.

Fig. 35, 36. Autres amulettes.

Fig. 37. Figure en bois que l'on croit représenter un archer.

Fig. 44, 45, 46. Face, profil et derrière d'une figure d'Osiris en bronze. On remarque sur le dos une croix à trois branches, qui correspond à la triple image d'un autel hiéroglyphique.

Nota. Au titre de la planche, lisez *agate*.

PLANCHE 83.

1, 2, 3, 10....14, 17....27, 29....34, 36....39, 41...50, 53....59, 62....77. AMULETTES *en forme de scarabée, en terre cuite et en porcelaine.* — 4..9, 15, 16, 28, 35, 40, 51, 52, 60, 61. *Autres amulettes.*

Fig. 1. Amulette qui paraît représenter un scorpion.

Fig. 2, 3. Revers et dessus d'une espèce de scarabée en terre cuite.

Fig. 4. Sorte de bouton ou ornement en terre cuite.

Fig. 5. Revers du n°. 4.

Fig. 6. Amulette en pierre où sont figurés des sujets égyptiens.

Fig. 7. Revers du n°. 6.
Fig. 8. Scarabée en forme de sphinx, en terre cuite.
Fig. 9. Revers du n°. 8.
Fig. 10. Scarabée en porcelaine.
Fig. 11. Double scarabée en terre cuite.
Fig. 12. Revers du n°. 11.
Fig. 13. Dessous d'un scarabée fruste.
Fig. 14. Scarabée en terre cuite.
Fig. 15. Amulette carré en terre cuite.
Fig. 16. Revers du n°. 15.
Fig. 17. Scarabée en porcelaine, représentant un animal à longues oreilles.
Fig. 18. Revers du n°. 17.
Fig. 19. Scarabée en porcelaine.
Fig. 20. Revers du n°. 19.
Fig. 21. Revers d'un scarabée en belle porcelaine, représentant un prêtre dans l'action de frapper une victime.
Fig. 22, 23. Revers et dessus d'un scarabée ailé, en porcelaine.
Fig. 24. Revers d'un scarabée en porcelaine, représentant un sphinx et d'autres figures.
Fig. 25. Revers d'un scarabée en terre cuite.
Fig. 26. Revers d'un scarabée.
Fig. 27. Revers d'un scarabée en terre cuite.
Fig. 28, 29. Revers et dessus d'un amulette carré, en terre cuite.
Fig. 30. Revers d'un scarabée en faïence.
Fig. 31. Revers d'un scarabée en faïence, ayant l'aspect noirâtre.
Fig. 32. Revers d'un scarabée en terre cuite.
Fig. 33, 34. Revers et dessus d'un scarabée en porcelaine, orné de serpens.
Fig. 35. Revers d'un scarabée.

Fig. 36. Dessus d'un scarabée en belle porcelaine, dont tous les détails sont bien rendus.

Fig. 37. Le même scarabée vu en perspective, pour faire apercevoir le trou de cet amulette.

Fig. 38. Revers du même scarabée représentant un sphinx. Les hiéroglyphes sont très-bien exécutés.

Fig. 39. Chaton d'une bague en terre cuite, offrant la forme d'un scarabée.

Fig. 40. Amulette qui imite une espèce de crapaud; en caillou.

Fig. 41. Revers d'un scarabée en terre cuite.

Fig. 42. Revers d'un scarabée en terre cuite.

Fig. 43. Revers d'un scarabée en terre cuite.

Fig. 44. Revers d'un scarabée en terre cuite.

Fig. 45. Revers d'un scarabée en porcelaine.

Fig. 46. Revers d'un scarabée en porcelaine.

Fig. 47. Revers d'un scarabée en terre cuite.

Fig. 48. Revers d'un scarabée en porcelaine.

Fig. 49. Revers d'un scarabée.

Fig. 50. Revers d'un scarabée en porcelaine.

Fig. 51. Amulette circulaire.

Fig. 52. Revers du n°. 51.

Fig. 53. Revers d'un scarabée en porcelaine, représentant en dessous un Harpocrate.

Fig. 54, 56. Revers et dessus d'un scarabée.

Fig. 55. Le même scarabée vu de côté.

Fig. 57. Revers d'un scarabée en porcelaine.

Fig. 58. Revers d'un scarabée en porcelaine.

Fig. 59. Revers d'un scarabée.

Fig. 60, 61. Dessus et revers d'un amulette en pâte verte.

Fig. 62. Revers d'un scarabée en porcelaine.

Fig. 63. Revers d'un scarabée en pâte grise.

Fig. 64. Revers d'un scarabée.

Fig. 65. Revers d'un scarabée.

Fig. 66. Revers d'un scarabée.
Fig. 67. Revers d'un scarabée.
Fig. 68. Revers d'un scarabée en terre cuite.
Fig. 69. Revers d'un scarabée en pâte noire, représentant deux poissons.
Fig. 70. Revers d'un scarabée en terre cuite.
Fig. 71. Revers d'un scarabée en terre cuite.
Fig. 72. Revers d'un scarabée.
Fig. 73. Scarabée en forme de crapaud.
Fig. 74. Revers du n°. 73.
Fig. 75. Amulette en cornaline.
Fig. 76. Amulette en forme de scarabée.
Fig. 77. Cornaline gravée.

Tous ces objets ont été recueillis ou achetés en divers lieux de l'Égypte qu'il est impossible d'indiquer.

PLANCHE 84.

1....4, 6....14, 20, 21, 23, 26....34, 40....42, 44, 45, 49....55, 57....64, 67....75, 77....82. FIGURES, amulettes en scarabée et autres, en terre cuite. — 5, 36. *Fragmens de sculptures.* — 15, 16, 18, 19, 24, 56, 65, 66. *Vases en terre cuite;* — 17. *en basalte;* — 22, 38, 39, 76. *en verre;* — 25. *en albâtre.* — 35, 37. *Pierre gravée en cornaline;* — 43. *en bronze.* — 46, 47. *Médaille en or;* — 48. *en pierre de touche.*

Fig. 1, 4, 6, 9, 14, 20, 42, 50, 52, 62, 64, 69. Figurines en terre cuite vernissée.
Fig. 2, 3, 7, 8, 10...13, 26, 32, 55, 57, 68. Amulettes en forme de scarabée.

EXPLICATION DES PLANCHES.

Fig. 5, 36. Fragmens de bas-reliefs des pyramides de Saq-qârah et des environs.

Fig. 15, 16, 19, 24. Vases en terre rouge.

Fig. 17. Figure de prêtre en basalte.

Fig. 18. Vase en terre jaune.

Fig. 21, 23, 29, 33, 34, 40, 44, 45, 49, 53, 59, 70. Différens amulettes en terre cuite vernissée.

Fig. 22, 39. Sorte de mosaïque de verre.

Fig. 25. Vase en albâtre.

Fig. 27, 28, 30, 51, 63. Amulettes de la forme de l'œil d'Osiris.

Fig. 31. Imitation d'un chapiteau en calice de lotus.

Fig. 35, 37. Pierre gravée en cornaline, représentant, d'un côté, la tête d'Isis, et, de l'autre, un aigle avec deux têtes de femme; en avant, une corne d'abondance, symbole de l'Égypte. Quelques personnes y voient la tête de Cléopâtre.

Fig. 38. Médaille en verre.

Fig. 41. Fragment en faïence verte, avec les hiéroglyphes en émail blanc.

Fig. 43. Chat en bronze.

Fig. 46, 47. Médaille en or, de Ptolémée Philadelphe.

Fig. 48. Sorte de coin, en pierre de touche.

Fig. 54, 58, 61, 67. Amulettes en forme de bonnet.

Fig. 56. Vase de forme pointue, pour enterrer dans le sable.

Fig. 60. Amulette en forme de taureau.

Fig. 65, 66. Couvercle d'un vase du genre de ceux qu'on appelle *canopes*.

Fig. 71.... 75. Amulettes en faïence à deux couleurs, bleue et verte.

Fig. 76. Collier en verre, avec un amulette en verre.

Fig. 77, 78. Amulettes en faïence, à deux couleurs, bleue et jaune.

Fig. 79. Espèce de clochette.

Fig. 80, 81. Coquilles enfilées et doublées d'une enveloppe de cuivre.
Fig. 82. Amulette à fond bleu et taches jaunes ou rouges.

PLANCHE 85.

1. AMULETTE *en cornaline;* — 2, 3. *en jade.* — 4, 5, 9...12, 16....20. *Amulettes et figures en terre cuite;* — 6, 7, 8, 13, 14, 21...24. *en bronze;* — 15. *en stéatite.*

Fig. 1. Amulette en cornaline.
Fig. 2, 3. Fragment de tête de belier en jade, trouvé à Thèbes.
Fig. 4, 9...12, 16....20. Amulettes venant de Saqqârah.
Fig. 5. Bague en agate-onyx.
Fig. 6, 7, 8. Jupiter en bronze.
Fig. 13, 14. Bronze trouvé dans les tombeaux d'Alexandrie.
Fig. 15. Figure de bœuf, en stéatite, qui paraît couronnée du disque d'Osiris.
Fig. 21. Espèce de clochette en bronze.
Fig. 22, 23, 24. Bague pour tirer de l'arc; bronze trouvé à Héliopolis.

EXPLICATION DES PLANCHES.

TERRES CUITES
ET DIVERS DÉTAILS.

PLANCHE 86.

1....19, 21....27, 29, 30, 32, 33, 34, 36, 38.... 41, 43, 46, 48, 49, 51....62, 64, 65. Figures en terre cuite; — 20. en marbre. — 28, 31, 35, 37, 44, 45. Amulettes; — 42, 47. en pierre; — 49. en serpentine. — 50, 63. Vase et lampe en terre cuite.

Fig. 1. Figure présumée d'Anubis; en porcelaine. Le corps et la tête sont de couleur bleue; les épaules rayées de rouge. Cette figure est toute plate; elle était destinée à être appliquée en ornement. On l'a trouvée dans les grottes de Thèbes.

Fig. 2, 6. Figure avec un *phallus* monstrueux, en terre cuite. Elle a été trouvée à Thèbes.

Fig. 3. Vautour en terre cuite brunâtre, trouvé à Edfoû.

Fig. 4. Tête d'Isis, en porcelaine. La figure d'Isis se répète des deux côtés. Ce morceau a été trouvé à Denderah.

Fig. 5, 13. Lion-sphinx.

Fig. 7. Nephthys en terre cuite, trouvée à Denderah.

Fig. 8. Autre amulette.

Fig. 9. Jeune Typhon en terre cuite.

Fig. 10. Buste d'Osiris en faïence, avec couverte bleue.

Fig. 11. Figure à tête de chacal, en porcelaine.

Fig. 12. Isis à tête de lion, en faïence bleue.

Fig. 14. Nephthys, en faïence bleue.

Fig. 15. Épervier, en faïence bleue.
Fig. 16. Crocodile, en porcelaine.
Fig. 17. Isis, en faïence bleue.
Fig. 18. Figure de truie, en terre cuite.
Fig. 19. Tête de chat, en faïence bleue.
Fig. 20. Épervier, en marbre blanc.
Fig. 21. Jeune Typhon.
Fig. 22. Figurine tenant dans ses mains un *phallus* monstrueux : elle est en faïence bleue.
Fig. 23. Figure de cynocéphale assis.
Fig. 24. Figure agenouillée.
Fig. 25. Figure en faïence blanchâtre.
Fig. 26. Typhon, en faïence.
Fig. 27. Figure accroupie, en faïence.
Fig. 28. Amulette en faïence.
Fig. 29. Figure agenouillée, en faïence.
Fig. 30. Masque de Typhon, en faïence.
Fig. 31. Amulette qui ressemble à ce qu'on désigne sous le nom de *sarcophage d'Osiris*.
Fig. 32. Typhon, en faïence bleue.
Fig. 33. Tête d'Horus, en faïence bleue.
Fig. 34. Typhon, en faïence bleue.
Fig. 35. OEil d'Osiris, en porcelaine noire.
Fig. 36. Petite figure de Typhon.
Fig. 37. OEil d'Osiris, en pâte verte.
Fig. 38. Tête de Typhon, en faïence.
Fig. 39. Profil du n°. 29.
Fig. 40. Typhon, en faïence verte.
Fig. 41. Lièvre, en faïence.
Fig. 42. Tête en pierre noire.
Fig. 43. Tête d'Isis, en terre cuite.
Fig. 44. Rosace en porcelaine bleue.
Fig. 45. Face opposée du n°. 37.

Fig. 46, 51. Figures de divinités égyptiennes, en faïence bleue et en pâte.

Fig. 47. Osiris, en pierre noire.

Fig. 48. Tête grecque en terre demi-cuite, trouvée à Denderah.

Fig. 49. Tête d'Isis, en serpentine.

Fig. 50. Vase de terre cuite, trouvé à Syène : il est gravé à moitié de sa grandeur.

Fig. 52, 53, 57, 58. Figures que l'on croit représenter Isis.

Fig. 54, 55. Dessus et dessous d'un scarabée.

Fig. 56. Figure de Typhon.

Fig. 59, 60, 64, 65. Figures de divinités égyptiennes, en faïence colorée.

Fig. 61, 62. Figure à tête de chacal.

Fig. 63. Lampe en terre cuite.

PLANCHE 87.

1....13, 15....37, 40....44, 48.....56, 58, 61... 64, 66.......84. FIGURES, *amulettes en scarabée et autres, en terre cuite;* — 14. *en bois;* — 38, 39, 45, 46, 47, 57, 65. *en bronze;* — 59, 60. *en émeraude.*

Fig. 1. Fragment trouvé à Memphis; il est en terre cuite émaillée, avec hiéroglyphes. Ce morceau est précieux pour la belle couverte d'émail bleu imitant parfaitement le lapis-lazuli. Le travail des hiéroglyphes est parfait, et l'on voit que la cuisson n'a en rien altéré les traits qu'avait tracés le dessinateur. La couche bleue est très-mince et parfaitement adhérente. On suppose que ce fragment faisait partie d'une muraille ainsi revêtue; nous n'avons aucune connaissance d'un autre morceau semblable; la terre est grise, couleur du limon du Nil, et d'un grain extrêmement fin : l'effet de ce revêtement devait être d'une grande beauté.

Il paraît que les hiéroglyphes se détachaient en blanc : il reste dans l'intérieur une matière analogue au stuc.

Fig. 2, 3, 4. Petite figure en terre cuite, d'une couleur brune et d'un travail excellent, trouvée aux Cataractes. La délicatesse de la sculpture est admirable : la tête n'a que 5 millimètres de hauteur, et cependant on voit le jour à travers la bouche. On ne conçoit pas comment des détails si fins ont pu se conserver au feu. La figure représente Nephthys, sœur de Typhon, selon la mythologie égyptienne; les bras humains sont terminés par des griffes de lion. Ce morceau a été vendu à l'auteur du dessin par un Barbary ou Nubien, non loin des Cataractes.

Fig. 5. Plaque en forme d'aile d'épervier, en faïence, avec une couverte d'un beau bleu de ciel : on attachait de pareilles plaques sur la poitrine des momies, au moyen de plusieurs trous comme ceux qu'on voit figurés ici; elles faisaient partie d'un filet en tube d'émail. L'empreinte de la toile de momie sur laquelle on l'avait posée, est marquée au derrière de la plaque; ce qui prouve qu'on appliquait les pâtes sur une toile avant de les mettre au feu.

Fig. 6, 7. Petite figure de divinité en faïence ou terre cuite, avec couverte bleue.

Fig. 8. Fragment de même matière, portant l'imitation d'un chapiteau en forme de calice de lotus; trouvé à Saqqârah.

Fig. 9. Même pâte : fragment d'une figure de Typhon; la tête et les jambes manquent; ce qui reste de la figure est d'un bon travail. Cette figure, quoiqu'elle soit égyptienne, semblerait exprimer Hercule enfant, plutôt que Typhon. Trouvé à Saqqârah.

Fig. 10, 11. Profil et face d'un buste en terre cuite ou porcelaine, avec couverte, d'une belle conservation; trouvé à Abydus. La coiffure est noire, le corps est d'un beau bleu lapis; la tête, le corps et les bras sont de couleur de chair. Ce morceau est le seul de ce genre que nous connaissions. Le dessus portait un anneau par où l'on suspendait la figure.

Fig. 12. Tête de Typhon, en faïence ou pâte verte.

Fig. 13. Petite figure de Typhon en faïence verte, ayant un bras placé sur la tête.

Fig. 14. Petite statue en bois peint en jaune, sur un enduit blanc, et parfaitement conservé; la coiffure est d'un bleu noir. Elle tient une feuille de chaque main. Trouvée aux tombeaux des rois.

Fig. 15, 16. Figure de prêtre à tête d'ibis, en faïence bleue, d'un beau travail.

Fig. 17. Fragment en stéatite noire, espèce d'amulette plat: on ignore le sujet qu'il représente.

Fig. 18. Figure d'épervier en faïence verte, trouvée à Saqqârah.

Fig. 19, 20, 21. Dessus, dessous et profil d'une sorte de couvercle ayant appartenu à un petit vase, en faïence bleue; trouvé à Qournah. Le rebord inférieur fait penser que ce pouvait aussi être un bouton d'agrafe. Le travail est très-bon.

Fig. 22. Figure de prêtre à tête de chacal, en faïence bleue.

Fig. 23. Figure de Nephthys en faïence verte.

Fig. 24. Amulette en forme de légende ou scarabée; il ne s'y trouve aucun caractère, mais on voit la trace d'un tissu de toile. Ce morceau est en faïence verte.

Fig. 25. Figure de même matière, représentant un œil gauche; le bord est crénelé. Cette figure et celles des n°s. 26, 27, 28, ont été trouvées à Thèbes, Abydus, Denderah, Saqqârah, etc.

Fig. 26. Figure en faïence verte, représentant un œil droit; le sourcil est en émail noir, ainsi que la prunelle.

Fig. 27. Autre figure représentant un œil droit, d'un travail soigné; le sourcil est cordelé; la pâte est verte.

Fig. 28. Figure d'un œil droit, en pâte noire, surmontée d'un anneau.

Fig. 29. Figure de cynocéphale assis, en pâte verte; la poitrine est marquée de traits croisés.

Fig. 30. Sorte de médaille en faïence bleue, représentant un buste d'Harpocrate couronné; celui-ci est en relief, ayant la main droite sur la bouche, et tenant, de la main gauche, un instrument semblable à un fléau. Un serpent est sur sa tête; autour, est un cercle particulier formé de points jaunes : la couronne, ainsi que le serpent, sont aussi en jaune. Cette figure paraît un peu étrangère au style égyptien : elle ressemble beaucoup à celle de la frise que nous avons trouvée à Médynet-abou. (*Voyez* pl. 9, *A.*, vol. II.)

Fig. 31. Fragment en belle matière, d'un rouge vif, représentant une figure de Typhon debout, appliquée sur un dossier, avec un trou percé pour l'enfiler : on remarque la trace des coups d'ébauchoir.

Fig. 32. Autre figure de Typhon accroupi, en pâte verte, trouvée dans les ruines de Mendès par M. Alibert. La tête est d'un bon travail; le caractère particulier à cette figure y est bien exprimé, comme on le voit au *Typhonium* de Denderah. (*Voyez* pl. 33, *A.*, vol. IV.)

Fig. 33. Fragment de tête de Typhon en pâte verte, bien caractérisée.

Fig. 34, 35. Double figure en pâte verte : d'un côté, est un torse d'enfant; le corps est très-arrondi, le ventre saillant : du côté opposé, c'est une figure de Typhon plus âgée. Le corps est plat, la tête très-grosse.

Fig. 36. Typhon en pâte verte, ayant une main sur la tête, comme la fig. 13.

Fig. 37. Figure en pâte verte, dont la tête a un caractère singulier.

Fig. 38, 39. Sorte de petit cachet, pouvant servir à former une empreinte composée de deux hiéroglyphes : ce morceau, qui est le seul de cette nature, est en bronze; sa forme est celle d'un anneau carré. Trouvé dans les ruines de Thèbes.

Fig. 40, 41. Tête de jeune homme en faïence verte, d'un bon travail et très-bien conservée. Trouvée à Saqqârah.

Fig. 42, 43. Figure d'enfant en faïence verte : l'artiste a exprimé cet âge par des traits ramassés et par un front très-proéminent. Trouvée à Saqqârah.

Fig. 44. Figure de prêtre à tête d'ibis : le bec est soutenu par une masse inférieure, comme dans le n°. 16, pour donner de la solidité. Trouvée à Saqqârah.

Fig. 45, 46. Bronze qu'on croit représenter Horus ou peut-être Osiris; la tête est du plus beau travail. Cette figure tient les attributs ordinaires de la divinité, la crosse et le fléau. Trouvé à Abydus. Ce bronze est d'une excellente conservation.

Fig. 47. Fer de flèche en bronze, à trois faces.

Fig. 48, 54. Deux scarabées en pâte d'un vert pâle. Ces scarabées, ainsi que les n°s. 49, 50, 51, 52, 53, 55, 58, 62, 63, 64; ont été trouvés à Thèbes, Abydus, Dendederah et autres endroits.

Fig. 49, 52, 53. Deux scarabées en pâte verte : l'un des deux est vu en dessus et en dessous.

Fig. 50. Scarabée d'une pâte plus tendre.

Fig. 51. Scarabée en jaspe vert, d'un beau travail.

Fig. 55. Scarabée en pâte d'un vert foncé, en partie brisé; ce qui reste est de la plus grande finesse : il y a un hiéroglyphe qui n'a pas plus d'un demi-millimètre de hauteur, et qui est parfaitement dessiné; il faut une loupe pour le bien voir. On a peine à concevoir comment cet objet a pu sortir du feu dans un tel état de perfection : la gravure n'en donne qu'une idée insuffisante.

Fig. 56. Figure en pâte blanche tendre : la tête est d'un joli travail ; la figure tient un socle de la main droite. Trouvée à Saqqârah.

Fig. 57. Morceau de bronze en forme lenticulaire, faisant corps avec une tige de même métal.

Fig. 58, 62. Deux scarabées en pâte verte, portant, au lieu des hiéroglyphes, de simples enroulemens.

Fig. 59, 60. Amulette en émeraude, en forme de croix hiéroglyphique, avec un trou percé dans l'une des branches de la croix, et qui servait à la suspendre.

Fig. 61. Figure à tête d'animal du sexe féminin, à ventre saillant ; en pâte verte. Trouvée à Saqqârah.

Fig. 63. Scarabée en pierre.

Fig. 64. Scarabée en pâte verte.

Fig. 65. Figure de chat en bronze, trouvée dans les catacombes de Saqqârah. Le travail est très-bon : l'on y reconnaît parfaitement le caractère distinctif de cette espèce d'animal.

Tous les objets qui précèdent font partie de la collection de M. Jomard.

Fig. 66. Figure en pâte, ayant un genou en terre et l'autre relevé, portant sur la tête un globe et autres attributs.

Fig. 67, 72, 75......82. Sept scarabées trouvés en divers endroits : trois d'entre eux, n°s. 75, 78, 80, sont représentés en dessus et en dessous.

Fig. 68. Fragment de figure en pâte, qui paraît représenter une tête de lion.

Fig. 69. Petite figure de crocodile, en pâte.

Fig. 70. Figure d'un œil, en terre cuite ; les sourcils et les paupières sont en noir.

Fig. 71. Amulette représentant une tête de lion.
Fig. 73. Amulette sur lequel on paraît avoir tracé une tête de fantaisie. (*Voyez* fig. 17.)
Fig. 74. Tête de Typhon en pâte bleue, imitant le lapis-lazuli, analogue à la figure représentée pl. 67, fig. 12, de cette collection d'antiques.

Les objets numérotés 66 à 76 avaient été communiqués à l'auteur du dessin par M. Descostils.

Fig. 83, 84. Petit amulette en pâte, vu de profil et en dessous.

PLANCHE 88.

1, 2, 7....31, 33...36, 38, 39, 41...44, 46, 47, 49, 52.......65, 68, 69, 70. AMULETTES *en terre cuite*. — 3, 6, 45, 51. *Amulettes en forme de scarabée.* — 4, 5. *Figure en terre cuite.* — 32, 37, 48, 50. *Fragmens à fond de couleur émaillé, et verres colorés, avec hiéroglyphes en blanc;* — 40. *en bronze;* — 66, 67. *Pierres gravées, trouvées en Syrie.*

Fig. 1, 7, 9, 11...14, 16. Amulettes en terre vernissée.
Fig. 2, 10, 15, 19, 22, 25, 36, 38, 59. Figures de Typhon.
Fig. 3. Scarabée représentant un lion qui paraît tenir un crocodile par la queue.
Fig. 4, 5. Figure en terre cuite.
Fig. 6. Scarabée en jaspe vert doré.
Fig. 8. Amulette en forme de coiffure.
Fig. 17, 18, 20, 21, 26...29, 31, 33, 34, 35, 39, 41, 42, 44, 46, 47, 54, 55, 57, 60, 61, 62. Différens amulettes.
Fig. 23, 24. Horus assis sur des lotus, et entouré des tiges de cette plante.
Fig. 30. Singe accroupi.

Fig. 32. Fragment en faïence verte : les hiéroglyphes sont incrustés en blanc.

Fig. 37. Mosaïque en faïence rouge émaillée, avec des hiéroglyphes incrustés en blanc.

Fig. 40. Figure de bras en bronze.

Fig. 43. Amulette attaché avec un cordon en laine.

Fig. 45, 51. Amulettes en forme de scarabée.

Fig. 48. Fragment en verre noir; les caractères sont en blanc.

Fig. 49. Pâte représentant un sujet bizarre.

Fig. 50. Figure de lion, sur une médaille en verre jaune.

Fig. 52. Sorte de clochette.

Fig. 53. Image en petit d'une colonne à tige de lotus.

Fig. 56. Figure de taureau.

Fig. 58. Image d'un petit autel portatif, semblable au fragment gravé pl. 47, fig. 1, 2, *A.*, vol. v.

Fig. 63, 64, 65, 68, 69, 70. Différens amulettes.

Fig. 66. Pierre gravée représentant un roi parthe.

Fig. 67. Pierre gravée d'Antioche. M. de Corancez présume que le sujet est relatif à une victoire. L'objet qui est sous les pieds de la figure de ville assise, représente un fleuve (l'Oronte). Le travail est très-négligé.

PLANCHE 89.

1, 3, 4, 5. Toiles *peintes.* — 2. *Masque en bois.* — 6, 14, 28. *Objets en terre cuite.* — 7.... 13, 16, 18... 27, 29. *Diverses figures et amulettes en forme de scarabée.* — 15. *Fragment de bas-relief.* — 17. *Tête de bœuf en pierre.*

Fig. 1. Ce morceau est composé de trois toiles collées l'une sur l'autre : elles sont couvertes d'une couche de stuc très-mince.

Les chacals sont peints en noir; les cravates, en rouge foncé; les deux espèces de fléau, du même rouge : les ornemens sont jaune, bleu et rouge.

Trouvé dans les hypogées de Saqqârah.

Fig. 2. Masque de bois de sycomore, couvert d'une toile parfaitement collée sur le bois; peint en vert, sur une couche de stuc blanc, d'un demi-millimètre d'épaisseur.

Les yeux et les sourcils sont coulés en cuivre rouge; les ornemens qui entourent la barbe, sont rouge foncé et vert clair. Les masques étaient placés sur la caisse qui renfermait le mort.

Trouvé dans les hypogées de Saqqârah.

Fig. 3. Deux figures peintes sur plusieurs toiles collées l'une sur l'autre, et couvertes d'une couche de stuc.

L'une des figures est peinte en noir, le dessous du cou en rose, les ornemens en jaune sur un fond jaune clair.

L'autre figure est en rose, le dessous du cou en jaune, les ornemens comme dans la première; autour des bras, des ornemens, de la figure et des oreilles, est un liséré noir : le filet qui lie les cheveux, également en noir.

Les toiles sont à deux fils dans la chaîne et la trame, et, quoique grosses, parfaitement unies.

Fig. 4. La caisse dont ce morceau faisait partie était précieusement travaillée. Elle est formée de plus de cent épaisseurs de toile de différentes espèces, collées l'une sur l'autre, formant un corps solide de 15 millimètres d'épaisseur (6 lignes).

L'extérieur et l'intérieur sont couverts d'une couche de stuc blanc, d'un demi-millimètre jusqu'à deux d'épaisseur.

La figure principale et les ornemens sont peints en jaune foncé, sur un fond bleu; le siége sur lequel elle est assise, en jaune, vert et rouge; l'instrument qui est en face, en jaune.

L'animal et le monolithe, en jaune foncé, sur un fond vert.

Les quatre figures au-dessus du lotus sont en jaune clair; le vêtement des trois premières, aussi en jaune clair, et celui de la quatrième, en rouge foncé : toutes sur un fond vert clair.

La tige du lotus est jaune; les feuilles, vert et jaune; les fleurs, rouges : les ornemens qui entourent ce fragment sont alternativement verts et rouges.

Fig. 5. Autre morceau de caisse à peu près de la même dimension que l'autre, qui couvrait le derrière de l'épaule gauche, ainsi qu'une partie de la taille. Il est également fait de toiles collées, mais plus épais. La partie qui couvrait l'épaule est peinte en rouge; les ornemens et les hiéroglyphes, en vert. Les hiéroglyphes du milieu, ainsi que les lignes qui les séparent, sont également en vert, sur un fond jaune, ainsi que la partie de la taille qui est rayée. Le dedans de ces gaînes, enduit de stuc comme le dessus, était couvert de figures en noir.

La partie supérieure de ces caisses entrait en recouvrement à moitié sur la partie inférieure, de sorte que l'extérieur était uni. Les deux parties étaient retenues par des chevilles qui existent encore sur les morceaux. On peignait après avoir chevillé.

Fig. 6. Petit vase en terre cuite, rouge; des hypogées de Saqqârah.

Fig. 7....... 13. Amulettes en forme de scarabée, en terre cuite, trouvés au même lieu.

Fig. 14. Petit vase en terre cuite, rouge, rayé circulairement en noir; trouvé au même lieu.

Fig. 15. Fragment de bas-relief représentant un scarabée avec deux mains, sculpté sur pierre calcaire. Ce fragment vient d'un petit temple auprès du *Memnonium* à Thèbes.

Fig. 16. Petite figure en terre cuite, tenant des deux mains un vase par ses deux oreilles; trouvée à Saqqârah.

Fig. 17. Tête de bœuf en pierre calcaire, couronnée d'un globe ailé, avec un serpent au milieu des cornes; trouvée dans les hypogées de Saqqârah.

Fig. 18. Petit scarabée de grandeur naturelle, en hématite; trouvé dans les fouilles faites aux Pyramides, par M. Coutelle.

Fig. 19. Grenouille en terre cuite, émaillée en beau bleu; de Saqqârah.

Fig. 20. Dessus du n.° 19.

Fig. 21. Petit vase en terre cuite.

Fig. 22. Petite figure en terre cuite, émaillée en bleu, jouant de la harpe posée sur son *phallus*.

Fig. 23....27. Amulettes en terre cuite, émaillés de bleu, trouvés au cou d'une momie, avec un scarabée de même matière, dans les hypogées de Saqqârah, par M. Coutelle.

Fig. 28. Lampe en terre cuite, trouvée par le même dans les ruines de Memphis.

Fig. 29. Petite figure de pierre, de 17 centimètres (6° 3¹), couverte d'hiéroglyphes sculptés en creux; trouvée dans les hypogées de Thèbes.

FIN DU VOLUME V ET DERNIER DES ANTIQUITÉS ET DES EXPLICATIONS DES PLANCHES.

TABLE

DES NOMS DES LIEUX ET DES COLLECTIONS.

PREMIER VOLUME.

	Pages.
Ile de Philæ.	1
Ile d'Éléphantine et Syène.	31
Ile d'Éléphantine et environs.	Ibid.
Ile d'Éléphantine et Syène.	33-42
Ile d'Éléphantine.	36
Supplément à l'explication des planches de Philæ.	44
Koum-Ombou (*Ombos*).	45
Selseleh (Silsilis).	52
Edfou (*Apollinopolis magna*).	53
El-Kab (*Elethyia*).	69
Esné (*Latopolis*).	77
Environs d'Esné (Latopolis).	89
Environs d'Esné (Contra-Lato).	92
Erment (*Hermonthis*).	95
Erment et environs.	99

SECOND VOLUME.

Thèbes.	101
Thèbes (Medynet-abou).	102
Thèbes (*Memnonium*).	129
Thèbes (*Qournah*).	159
Thèbes (*hypogées*).	161
Thèbes (*Bybân el-Molouk*).	211

TROISIÈME VOLUME.

Thèbes (*Louqsor*).	257
Thèbes (*Karnak*).	271

TABLE DES NOMS DES LIEUX.

Pages.

Thèbes (*Med-A'moud*)... 337
Thèbes... 339

QUATRIÈME VOLUME.

Denderah (*Tentyris*)... 341
   Environs de Denderah. — Qous (*Apollinopolis parva*), Qeft
   (*Coptos*)... Ibid.
   Denderah (*Tentyris*)... 343
Abydus... 385
Antæopolis... 391
Syout (*Lycopolis*).. 399
Achmouneyn (*Hermopolis magna*).................................... 409
Antinoé.. 413
Heptanomide... 429-437
   Heptanomide (Beny-Hasan)... 433
Fayoum... 443
   Fayoum et environs... 450

CINQUIÈME VOLUME.

Memphis et les Pyramides... 453
   Vallée du Nil et lac *Maréotis*.................................. 478
Babylone et environs... 485
Héliopolis... 491
   Environs d'Héliopolis et d'Athribis.............................. 493
Tanis (*Sán*).. 497
   Isthme de Soueys, Bubaste, Tanis, Thmuis......................... 501
Delta. — Environs de Sebennytus...................................... 505
Alexandrie et Taposiris.. 509
Papyrus, hiéroglyphes, inscriptions et médailles..................... 539
Collection d'antiques.. 567
   Bronzes et figures diverses...................................... Ibid.
   Vases et lampes.. 579
   Amulettes en scarabée, pierres gravées, etc...................... 583
   Terres cuites et divers détails.................................. 594

FIN DE LA TABLE DES EXPLICATIONS DES PLANCHES D'ANTIQUITÉS.

BARREAU ANGLAIS
ou
CHOIX DES MEILLEURS PLAIDOYERS
DES AVOCATS ANGLAIS

Traduits par MM. CLAIR et CLAPIER, avocats à la Cour royale de Paris.

Trois volumes in-8° format et texte du Barreau français, dont ils formeront les tomes 17, 18 et 19, si les souscripteurs veulent les joindre à leur collection. Prix : 18 fr. les trois volumes. Chez C. L. F. PANCKOUCKE, éditeur, rue des Poitevins, n. 14.

Extrait du Prospectus.

« Notre recueil réunira tout ce que le barreau anglais a produit de plus remarquable. Les Œuvres du lord Erskine nous fourniront un corps complet de doctrine sur la liberté de la presse ; ses plaidoyers pour le doyen de Saint-Asaph, pour Stockdale, pour Thomas Paine, présentent le résumé des plus intéressantes questions sur ce sujet. Nous emprunterons à Mackintosh sa défense du libraire Pelletier, poursuivi pour avoir publié à Londres une ode contre Napoléon, que l'on attribuait à Chénier ; Philipps et Currant nous offriront quelques procès fameux de divorce et de séduction, qui nous feront connaître l'état des mœurs domestiques en Angleterre ; enfin, le procès de M. Hastings nous apprendra comment s'exerce, dans le parlement anglais, cette responsabilité ministérielle qui n'existe encore chez nous que de nom. Ainsi, notre recueil ne sera pas seulement utile à l'avocat auquel il offrira de nouveaux modèles : tout homme qu'une honorable ambition invite aux études plus relevées du droit public, trouvera dans ces précédens de liberté, des enseignemens utiles. »

L'ouvrage est imprimé dans le même format et du même caractère que le *Barreau français* auquel il se lie naturellement. La première livraison qui est actuellement sous presse, contient les plaidoyers de lord Erskine ; de courtes notices, placées en tête de chaque plaidoyer, en feront connaître l'objet et le résultat.

Les termes et les usages de la jurisprudence anglaise qui pourraient présenter quelques difficultés aux lecteurs français, seront expliqués dans des notes claires et concises.

Enfin, rien ne sera négligé par l'éditeur pour rendre cet ouvrage digne de la faveur dont le public a honoré la collection du Barreau français.

Il y joindra quatre portraits des plus célèbres orateurs du Barreau anglais.

www.ingramcontent.com/pod-product-compliance
Lightning Source LLC
Chambersburg PA
CBHW060401230426
43663CB00008B/1346